# PORTRAITS

## CONTEMPORAINS

Il a été tiré *cent exemplaires numérotés*, sur papier de Hollande, avec deux épreuves du Portrait, dont une épreuve, *avant la lettre*, sur papier de Chine volant. — Prix : 10 francs.

---

## OUVRAGES DU MÊME AUTEUR

### DANS LA BIBLIOTHÈQUE-CHARPENTIER

à 3 fr. 50 chaque volume

PARIS. — IMP. SIMON RAÇON ET COMP., RUE D'ERFURTH, 1.

# THÉOPHILE GAUTIER

d'après une gravure à l'eau-forte par lui-même

( vers 1833 )

Imp. A. Durand_Paris

# THÉOPHILE GAUTIER

# PORTRAITS

## CONTEMPORAINS

LITTÉRATEURS — PEINTRES — SCULPTEURS
ARTISTES DRAMATIQUES

AVEC UN

**PORTRAIT DE THÉOPHILE GAUTIER**

d'après une gravure à l'eau-forte

**PAR LUI-MÊME**

vers 1833

## DEUXIÈME ÉDITION

**PARIS**

CHARPENTIER ET Cⁱᵉ, LIBRAIRES-ÉDITEURS

28, QUAI DU LOUVRE, 28

**1874**

# PORTRAITS CONTEMPORAINS

## THÉOPHILE GAUTIER

NÉ EN 1811 — MORT EN 1872

J'ai accepté un peu étourdiment, je m'en aperçois en prenant la plume, d'écrire les quelques lignes qui doivent accompagner mon portrait, dessiné par Mouilleron d'après l'excellente photographie de Bertall[1]. Au premier coup d'œil cela semble bien simple de rédiger des notes sur sa propre vie. On est, on le croit du moins, à la source des renseignements, et l'on serait mal venu ensuite à se plaindre de l'inexactitude ordinaire des biographes. « Connais-toi toi-même » est un bon conseil philosophique, mais plus difficile à suivre qu'on ne pense, et je découvre à mon embarras que je ne suis pas aussi informé sur mon propre compte que je me l'imaginais. Le visage qu'on regarde le moins est son visage à soi. Mais enfin, j'ai promis, il faut que je m'exécute.

---

[1] Cette étude se trouve jointe à un portrait de l'auteur dans les *Sommités contemporaines*. — Aug. Marc et Cᵉ, éditeurs.

Diverses notices me font naître à Tarbes, le 31 août
1808. Cela n'a rien d'important, mais la vérité est que je
suis venu dans ce monde où je devais tant faire de copie,
le 31 août 1811, ce qui me donne un âge encore assez res-
pectable pour m'en contenter. On a dit aussi que j'avais
commencé mes études en cette ville et que j'étais entré
en 1822, pour les finir, au collége Charlemagne. Les
études que j'ai pu faire à Tarbes se bornent à peu de
chose, car j'avais trois ans quand mes parents m'emme-
nèrent à Paris, à mon grand regret, et je ne suis retourné
à mon lieu de naissance qu'une seule fois pour y passer
vingt-quatre heures, il y a six ou sept ans. Chose singulière pour un enfant si jeune, le séjour de la capitale me
causa une nostalgie assez intense pour m'amener à des
idées de suicide. Après avoir jeté mes joujoux par la fenêtre, j'allais les suivre, si, heureusement ou malheureusement, on ne m'avait retenu par ma jaquette. On ne
parvenait à m'endormir qu'en me disant qu'il fallait se
reposer pour se lever de grand matin et retourner là-bas.
Comme je ne savais que le patois gascon, il me semblait
que j'étais sur une terre étrangère, et une fois, aux bras
de ma bonne, entendant des soldats qui passaient parler
cette langue, pour moi la maternelle, je m'écriai : « Al-
lons-nous-en avec eux; ceux-là, ce sont des nôtres! »

Cette impression ne s'est pas tout à fait effacée, et
quoique, sauf le temps des voyages, j'aie passé toute ma
vie à Paris, j'ai gardé un fond méridional. Mon père, du
reste, était né dans le Comtat-Venaissin, et malgré une
excellente éducation, on pouvait reconnaitre à son accent
l'ancien sujet du pape. On doute parfois de la mémoire
des enfants. La mienne était telle, et la configuration des
lieux s'y était si bien gravée qu'après plus de quarante ans
j'ai pu reconnaitre, dans la rue qui mène au Mercadieu,
la maison où je naquis. Le souvenir des silhouettes de

montagnes bleues qu'on découvre au bout de chaque
ruelle et des ruisseaux d'eaux courantes qui, parmi les
verdures, sillonnent la ville en tous sens, ne m'est jamais
sorti de la tête et m'a souvent attendri aux heures son-
geuses.

Pour en finir avec ces détails puérils, j'ai été un enfant doux, triste et malingre, bizarrement olivâtre, et
d'un teint qui étonnait mes jeunes camarades roses et
blancs. Je ressemblais à quelque petit Espagnol de Cuba,
frileux et nostalgique, envoyé en France pour faire son
éducation. J'ai su lire à l'âge de cinq ans, et depuis ce
temps je puis dire, comme Apelles : *Nulla dies sine linea.*
A ce propos, qu'on me permette de placer une courte
anecdote. Il y avait cinq ou six mois qu'on me faisait
épeler sans grand succès; je mordais fort mal au *ba, be,
bi, bo, bu,* lorsqu'un jour de l'an le chevalier de Port de
Guy, dont parle Victor Hugo dans *les Misérables,* et
qui portait les cadavres de guillotinés avec l'évêque
de ***, me fit cadeau d'un livre fort proprement relié et
doré sur tranche, et me dit : « Garde-le pour l'année prochaine, puisque tu ne sais pas encore lire. — Je sais
lire, » répondis-je, pâle de colère et bouffi d'orgueil. J'em-
portai rageusement le volume dans un coin, et je fis de
tels efforts de volonté et d'intelligence que je le déchif-
frai d'un bout à l'autre et que je racontai le sujet au chevalier à sa première visite.

Ce livre, c'était *Lydie de Gersin.* Le sceau mystérieux
qui fermait pour moi les bibliothèques était rompu. Deux
choses m'ont toujours épouvanté, c'est qu'un enfant ap-
prît à parler et à lire; avec ces deux clefs qui ouvrent
tout, le reste n'est rien. L'ouvrage qui fit sur moi le plus
d'impression, ce fut *Robinson Crusoé.* J'en devins comme
fou, je ne rêvais plus qu'île déserte et vie libre au sein
de la nature, et me bâtissais, sous la table du salon, des

cabanes avec des bûches où je restais enfermé des heures entières. Je ne m'intéressais qu'à Robinson seul, et l'arrivée de Vendredi rompait pour moi tout le charme. Plus tard, Paul et Virginie me jetèrent dans un enivrement sans pareil, que ne me causèrent, lorsque je fus devenu grand, ni Shakespeare, ni Gœthe, ni lord Byron, ni Walter Scott, ni Chateaubriand, ni Lamartine, ni même Victor Hugo, que toute la jeunesse adorait à|cette époque. A travers tout cela, sous la direction de mon père, fort bon humaniste, je commençais le latin, et à mes heures de récréation je faisais des vaisseaux correctement gréés, d'après les eaux-fortes d'Ozanne, que je copiais à la plume pour mieux me rendre compte de l'arrangement des cordages. Que d'heures j'ai passées à façonner une bûche et à la creuser avec du feu à la façon des sauvages! Que de mouchoirs j'ai sacrifiés pour en faire des voiles! Tout le monde croyait que je serais marin, et ma mère se désespérait par avance d'une vocation qui dans un temps donné devait m'éloigner d'elle. Ce goût enfantin m'a laissé la connaissance de tous les termes techniques de marine. Un de mes bâtiments, les voiles bien orientées, le gouvernail fixé dans une direction convenable, eut la gloire de traverser tout seul la Seine en amont du pont d'Austerlitz. Jamais triomphateur romain ne fut plus fier que moi.

Aux vaisseaux succédèrent les théâtres en bois et en carton, dont il fallait peindre les décors, ce qui tournait mes idées vers la peinture. J'avais attrapé une huitaine d'années, et l'on me mit au collége Louis-le-Grand, où je fus saisi d'un désespoir sans égal que rien ne put vaincre. La brutalité et la turbulence de mes petits compagnons de bagne me faisaient horreur. Je mourais de froid, d'ennui et d'isolement entre ces grands murs tristes, où, sous prétexte de me briser à la vie de collége, un immonde

chien de cour s'était fait mon bourreau. Je conçus pour
lui une haine qui n'est pas éteinte encore. S'il m'appa-
raissait reconnaissable après ce long espace de temps, je
lui sauterais à la gorge et je l'étranglerais. Toutes les
provisions que ma mère m'apportait restaient empilées
dans mes poches et y moisissaient. Quant à la nourriture
du réfectoire, mon estomac ne pouvait la supporter; je
dépérissais si visiblement, que le proviseur s'en alarma :
j'étais là dedans comme une hirondelle prise qui ne veut
plus manger et meurt. On était du reste très-content de
mon travail, et je promettais un brillant élève si je vivais.
Il fallut me retirer, et j'achevai le reste de mes études à
Charlemagne, en qualité d'*externe libre*, titre dont j'étais
extrêmement fier, et que j'avais soin d'écrire en grosses
lettres au coin de ma copie. Mon père me servait de répétiteur, et c'est lui qui fut en réalité mon seul maître. Si
j'ai quelque instruction et quelque talent, c'est à lui que
je les dois. Je fus assez bon élève, mais avec des curiosités bizarres, qui ne plaisaient pas toujours aux professeurs. Je traitais les sujets de vers latins dans tous les
mètres imaginables, et je me plaisais à imiter les styles
qu'au collége on appelle de décadence. J'étais souvent
taxé de barbarie et d'africanisme, et j'en étais charmé
comme d'un compliment. Je fis peu d'amis sur les bancs,
excepté Eugène de Nully et Gérard de Nerval, déjà célèbre
à Charlemagne par ses odes nationales, qui étaient im-
primées. Outre mes latins décadents, j'étudiais les vieux
auteurs français, Villon et Rabelais surtout, que j'ai sus
par cœur, je dessinais et je m'essayais à faire des vers
français; la première pièce dont je me souvienne était le
*Fleuve Scamandre*, inspirée sans doute par le tableau de
Lancrenon, des traductions de Musée, de l'Anthologie
grecque, et plus tard un poëme de l'Enlèvement d'Hélène,
en vers de dix pieds. Toutes ces pièces se sont perdues.

Il n'y a pas grand mal. Une cuisinière moins lettrée que la Photis de Lucien en flamba des volailles, ne voulant pas employer du papier blanc à cet usage. De ces années de collége il ne me reste aucun souvenir agréable et je ne voudrais pas les revivre.

Pendant que je faisais ma rhétorique, il me vint une passion, celle de la nage, et je passais à l'école Petit tout le temps que me laissaient les classes. Parfois même, pour parler le langage des collégiens, je filais, et passais toute la journée dans la rivière. Mon ambition était de devenir un caleçon rouge. C'est la seule de mes ambitions qui ait été réalisée. En ce temps-là, je n'avais aucune idée de me faire littérateur, mon goût me portait plutôt vers la peinture, et avant d'avoir fini ma philosophie j'étais entré chez Rioult, qui avait son atelier rue Saint-Antoine, près du temple protestant, à proximité de Charlemagne ; ce qui me permettait d'aller à la classe après la séance. Rioult était un homme d'une laideur bizarre et spirituelle, qu'une paralysie forçait, comme Jouvenet, à peindre de la main gauche, et qui n'en était pas moins adroit. A ma première étude il me trouva plein de « chic, » accusation au moins prématurée. La scène si bien racontée dans l'*Affaire Clémenceau* se joua aussi pour moi sur la table de pose, et le premier modèle de femme ne me parut pas beau, et me désappointa singulièrement, tant l'art ajoute à la nature la plus parfaite. C'était cependant une très-jolie fille, dont j'appréciai plus tard, par comparaison, les lignes élégantes et pures ; mais d'après cette impression, j'ai toujours préféré la statue à la femme et le marbre à la chair. Mes études de peinture me firent apercevoir d'un défaut que j'ignorais, c'est que j'avais la vue basse. Quand j'étais au premier rang, cela allait bien, mais quand le tirage des places reléguait mon chevalet au fond de la salle, je n'ébauchais plus que des masses confuses.

Je demeurais alors avec mes parents à la place Royale,
n° 8, dans l'angle de la rangée d'arcades où se trouvait
la mairie. Si je note ce détail, ce n'est pas pour indiquer à
l'avenir une de mes demeures. Je ne suis pas de ceux
dont la postérité signalera les maisons avec un buste ou
une plaque de marbre. Mais cette circonstance influa beaucoup sur la direction de ma vie. Victor Hugo, quelque
temps après la révolution de Juillet, était venu loger à la
place Royale, au n° 6, dans la maison en retour d'équerre.
On pouvait se parler d'une fenêtre à l'autre. J'avais été présenté à Hugo, rue Jean-Goujon, par Gérard et Pétrus Borel,
le lycanthrope. Dieu sait avec quels tremblements et quelles angoisses ! Je restai plus d'une heure assis sur les marches de l'escalier avec mes deux cornacs, les priant d'attendre que je fusse un peu remis. Hugo était alors dans
toute sa gloire et son triomphe. Admis devant le Jupiter
romantique, je ne sus pas même dire, comme Henri
Heine devant Gœthe : « Que les prunes était bonnes pour
la soif sur le chemin d'Iéna à Weimar. » Mais les dieux
et les rois ne dédaignent pas ces effarements de timidité
admirative. Ils aiment assez qu'on s'évanouisse devant
eux. Hugo daigna sourire et m'adresser quelques paroles
encourageantes. C'était à l'époque des répétitions d'*Hernani*. Gérard et Pétrus se portèrent mes garants, et je reçus un de ces billets rouges marqués avec une griffe de
la fière devise espagnole *hierro* (fer). On pensait que la
représentation serait tumultueuse, et il fallait des jeunes
gens enthousiastes pour soutenir la pièce. Les haines entre classiques et romantiques étaient aussi vives que celles des guelfes et des gibelins, des gluckistes et des pic-
cinistes. Le succès fut éclatant comme un orage, avec
sifflements des vents, éclairs, pluie et foudres. Toute une
salle soulevée par l'admiration frénétique des uns et la
colère opiniâtre des autres ! Ce fut à cette représentation

que je vis pour la première fois madame Émile de Girardin, vêtue de bleu, les cheveux roulés en longue spirale d'or comme dans le portrait d'Hersent. Elle applaudissait le poëte pour son génie, on l'applaudit pour sa beauté. A dater de là, je fus considéré comme un chaud néophyte, et j'obtins le commandement d'une petite escouade à qui je distribuais des billets rouges. On a dit et imprimé qu'aux batailles d'*Hernani* j'assommais les bourgeois récalcitrants avec mes poings énormes. Ce n'était pas l'envie qui me manquait, mais les poings. J'avais dix-huit ans à peine, j'étais frêle et délicat, et je gantais sept un quart. Je fis, depuis, toutes les grandes campagnes romantiques. Au sortir du théâtre, nous écrivions sur les murailles : « Vive Victor Hugo! » pour propager sa gloire et ennuyer les *philistins*. Jamais Dieu ne fut adoré avec plus de ferveur qu'Hugo. Nous étions étonnés de le voir marcher avec nous dans la rue comme un simple mortel, et il nous semblait qu'il n'eût dû sortir par la ville que sur un char triomphal traîné par un quadrige de chevaux blancs, avec une Victoire ailée suspendant une couronne d'or au-dessus de sa tête. A vrai dire, je n'ai guère changé d'idée, et mon âge mûr approuve l'admiration de ma jeunesse. A travers tout cela, je faisais des vers, et il y en eut bientôt assez pour former un petit volume entremêlé de pages blanches et d'épigraphes bizarres en toutes sortes de langues, que je ne savais pas, selon la mode du temps. Mon père fit les frais de la publication, Rignoux m'imprima, et avec cet à-propos et ce flair des commotions politiques qui me caractérisent, je parus au passage des Panoramas, à la vitrine de Marie, éditeur, juste le 28 juillet 1830. On pense bien, sans que je le dise, qu'il ne se vendit pas beaucoup d'exemplaires de ce volume à couverture rose, intitulé modestement *Poésies*.

Le voisinage de l'illustre chef romantique rendit mes

relations avec lui et avec l'école naturellement plus fréquentes. Peu à peu je négligeai la peinture et me tournai
vers les idées littéraires. Hugo m'aimait assez et me laissait
asseoir comme un page familier sur les marches de son
trône féodal. Ivre d'une telle faveur, je voulus la mériter,
et je rimai la légende d'Albertus, que je joignis avec quelques autres pièces à mon volume sombré dans la tempête,
et dont l'édition me restait presque entière; à ce volume,
devenu rare, était jointe une eau-forte ultra-excentrique
de Célestin Nanteuil. Ceci se passait vers 1833. Le surnom
d'Albertus me resta, et l'on ne m'appelait guère autrement dans ce qu'Alfred Musset appelait : la grande boutique... romantique. Chez Victor Hugo, je fis la connaissance d'Eugène Renduel, le libraire à la mode, l'éditeur
au cabriolet d'ébène et d'acier. Il me demanda de lui faire
quelque chose, parce que, disait-il, il me trouvait « drôle. »
Je lui fis les *Jeunes-France*, espèce de précieuses ridicules
du romantisme, puis *Mademoiselle de Maupin*, dont la
préface souleva les journalistes, que j'y traitais fort mal.
Nous regardions, en ce temps-là, les critiques comme des
cuistres, des monstres, des eunuques et des champignons.
Ayant vécu depuis avec eux, j'ai reconnu qu'ils n'étaient
pas si noirs qu'ils en avaient l'air, étaient assez bons diables et même ne manquaient pas de talent.

J'avais, vers cette époque, quitté le nid paternel, et
demeurais impasse du Doyenné, où logeaient aussi Camille Rogier, Gérard de Nerval et Arsène Houssaye, qui
habitaient ensemble un vieil appartement dont les fenêtres donnaient sur des terrains pleins de pierres taillées,
d'orties et de vieux arbres. C'était la Thébaïde au milieu de Paris. C'est rue du Doyenné, dans ce salon où les
rafraîchissements étaient remplacés par des fresques,
que fut donné ce bal costumé qui resta célèbre, et où je
vis pour la première fois ce pauvre Roger de Beauvoir,

qui vient de mourir après de si longues souffrances,
dans tout l'éclat de son succès, de sa jeunesse et de sa
beauté. Il portait un magnifique costume vénitien, à la
Paul Véronèse : grande robe de damas vert-pomme, ra-
magé d'argent, toquet de velours nacarat et maillot
rouge en soie, chaîne d'or au col; il était superbe,
éblouissant de verve et d'entrain, et ce n'était pas le vin
de Champagne qu'il avait bu chez nous qui lui donnait
ce pétillement de bons mots. Dans cette. soirée Édouard
Ourliac, qui plus tard est mort dans des sentiments de
profonde dévotion, improvisait, avec une âpreté terrible
et un comique sinistre, ces charges amères où perçait
déjà le dégoût du monde et des ridicules humains.

Dans ce petit logement de la rue du Doyenné, qui
n'est plus aujourd'hui qu'un souvenir, J. Sandeau vint
nous chercher de la part de Balzac, pour coopérer à la
*Chronique de Paris*, où nous écrivîmes *la Morte amoureuse* et *la Chaîne d'or ou l'Amant partagé*, sans compter
un grand nombre d'articles de critique. Nous faisions
aussi à *la France littéraire*, dirigée par Charles Malo,
des esquisses biographiques de la plupart des poëtes
maltraités dans Boileau, et qui furent réunis sous le titre
de *Grotesques*. A peu près vers ce temps (1836), nous
entrâmes à *la Presse*, qui venait de se fonder, comme
critique d'art. Un de nos premiers articles fut une appréciation des peintures d'Eugène Delacroix à la Chambre
des députés. Tout en vaquant à ces travaux, nous com-
posions un nouveau volume de vers : *la Comédie de la
Mort*, qui parut et 1838. *Fortunio*, qui date à peu près
de cette époque, fut inséré d'abord au *Figaro* sous
forme de feuilletons, qui se détachaient du journal et
se pliaient en livre.

Là finit ma vie heureuse, indépendante et primesau-
tière. On me chargea du feuilleton dramatique de *la*

*Presse*, que je fis d'abord avec Gérard et ensuite tout seul pendant plus de vingt ans. Le journalisme, pour se venger de la préface de *Mademoiselle de Maupin*, m'avait accaparé et attelé à ses besognes. Que de meules j'ai tournées, que de seaux j'ai puisés à ces norias hebdomadaires ou quotidiennes, pour verser de l'eau dans le tonneau sans fond de la publicité! J'ai travaillé à *la Presse*, au *Figaro*, à *la Caricature*, au *Musée des Familles*, à la *Revue de Paris*, à la *Revue des Deux Mondes*, partout où l'on écrivait alors. Mon physique s'était beaucoup modifié, à la suite d'exercices gymnastiques. De délicat j'étais devenu très-vigoureux. J'admirais les athlètes et les boxeurs par-dessus tous les mortels. J'avais pour maître de boxe française et de canne Charles Lecour, je montais à cheval avec Clopet et Victor Franconi, je canotais sous le capitaine Lefèvre, je suivais, à la salle Montesquieu, les défits et les luttes de Marseille, d'Arpin, de Locéan, de Blas, le féroce Espagnol, du grand Mulâtre et de Tom Cribbs, l'élégant boxeur anglais. Je donnai même à l'ouverture du Château-Rouge, sur une tête de Turc toute neuve, le coup de poing de cinq cent trente-deux livres devenu historique ; c'est l'acte de ma vie dont je suis le plus fier. En mai 1840, je partis pour l'Espagne. Je n'étais encore sorti de France que pour une courte excursion en Belgique. Je ne puis décrire l'enchantement où me jeta cette poétique et sauvage contrée, rêvée à travers les *Contes d'Espagne et d'Italie* d'Alfred de Musset et les *Orientales* d'Hugo. Je me sentis là sur mon vrai sol et comme dans une patrie retrouvée. Depuis, je n'eus d'autre idée que de ramasser quelque somme et de partir : la passion ou la maladie du voyage s'était développée en moi. En 1845, aux mois les plus torrides de l'année, je visitai toute l'Afrique française et fis, à la suite du maréchal Bugeaud, la première campagne de

Kabylie contre Bel-Kasem-ou-Kasi, et j'eus le plaisir de dater du camp d'Aïn-el-Arba la dernière lettre d'Edgar de Meilhan, dont je remplissais le personnage dans le roman épistolaire de *la Croix de Berny*, fait en collaboration avec madame de Girardin, Méry et Sandeau. Je ne parlerai pas d'excursions rapides en Angleterre, en Hollande, en Allemagne, en Suisse. Je parcourus l'Italie en 1850, et j'allai à Constantinople en 1852. Ces voyages se sont résumés en volumes. Plus récemment, une publication d'art, dont je devais écrire le texte, m'envoya en Russie en plein hiver, et je pus savourer les délices de la neige. L'été suivant, je poussai jusqu'à Nijni-Novgorod, à l'époque de la foire, ce qui est le point le plus éloigné de Paris que j'aie atteint. Si j'avais eu de la fortune, j'aurais vécu toujours errant. J'ai une facilité admirable à me plier sans effort à la vie des différents peuples. Je suis Russe en Russie, Turc en Turquie, Espagnol en Espagne, où je suis retourné plusieurs fois par passion pour les courses de taureaux, ce qui m'a fait appeler, par la *Revue des Deux Mondes*, « un être gras, jovial et sanguinaire. » — J'aimais beaucoup les cathédrales, sur la foi de Notre-Dame de Paris, mais la vue du Parthénon m'a guéri de la maladie gothique, qui n'a jamais été bien forte chez moi. J'ai écrit un *Salon* d'une vingtaine d'articles, toutes les années d'exposition à peu près, depuis 1835, et je continue au *Moniteur* la besogne de critique d'art et de théâtre que je faisais à *la Presse*. J'ai eu plusieurs ballets représentés à l'Opéra, entre autres *Giselle* et *la Péri*, où Carlotta Grisi conquit ses ailes de danseuse ; à d'autres théâtres, un vaudeville, deux pièces en vers : *le Tricorne enchanté* et *Pierrot posthume ;* à l'Odéon, des prologues et des discours d'ouverture. Un troisième volume de vers : *Émaux et camées*, a paru en 1852, pendant que j'étais à Constantinople.

Sans être romancier de profession, je n'en ai pas moins
bâclé, en mettant à part les nouvelles, une douzaine de
romans : *les Jeunes-France, Mademoiselle de Maupin,
Fortunio, les Roués innocents, Militona, la Belle Jenny,
Jean et Jeannette, Avatar, Jettatura, le Roman de la mo-
mie, Spirite, le Capitaine Fracasse*, qui fut longtemps
ma « Quinquengrogne, » lettre de change de ma jeunesse payée par mon âge mûr. Je ne compte pas une
quantité innombrable d'articles sur toutes sortes de sujets. En tout quelque chose comme trois cents volumes,
ce qui fait que tout le monde m'appelle paresseux et me
demande à quoi je m'occupe. Voilà, en vérité, tout ce que
je sais sur moi.

(L'Illustration, 9 mars 1867.)

# ALPHONSE KARR

M. Alphonse Karr s'est révélé au monde littéraire
par un livre où le caprice de Sterne se mêlait à la
passion de Jean-Jacques Rousseau ; nous voulons parler de *Sous les Tilleuls*, que tout le monde a lu et que
personne n'a oublié ; — aux pages les plus chaleu-
reuses succédaient des plaisanteries fines, aiguës et,
sous une apparence paradoxale, d'une justesse et d'une
vigueur extrêmes ; la vie de jeune homme y était peinte
avec un abandon familier et charmant dans ses joyeuses
misères et son poétique désordre ; l'ardeur d'un premier
amour échauffait les lettres si vraies et si sincères de
Stephen à Magdeleine. — Sous le héros de roman on sentait vivre et palpiter l'homme, c'étaient de tièdes larmes
montées du cœur aux yeux qui tombaient des paupières
de ses personnages, et non de froides gouttes d'eau pui-
sées dans la carafe. Au milieu de la fausse sensibilité et
de la passion bâtarde des romans ordinaires, un tel accent de nature devait produire un grand effet, et *Sous
les Tilleuls* obtint un des plus beaux succès que puisse
désirer un amour-propre, si difficile qu'il soit.

Un sentiment très-fin et très-naïf de la nature respire dans les descriptions champêtres, qui sont d'une grande fraîcheur et d'une grande fidélité, quoique sans tomber dans la minutie : il n'y a pas la moindre erreur de botanique ; M. Karr ne fait pas pousser au milieu d'une page sur le printemps une fleur d'automne ou d'hiver ; il n'emploie pas de *tulipes bleues* et de *liserons en grappes ;* il ne colorie pas en rouge une fleur jaune, comme cela arrive aux meilleurs poëtes ; il aime réellement la campagne et la connaît, chose rare parmi les littérateurs, gens sédentaires s'il en fut, qui passent leur vie à s'écrier : *O fortunatos nimium, sua si bona norint, agricolas,* et ne distingueraient pas l'avoine de l'orge. Les figures de ses romans se détachent ordinairement sur des paysages d'un effet tranquille et doux qui rappellent la manière et le goût du peintre Flers. Ce sont des bras de rivières bordés de saules, des îles où tremblent de longues files de peupliers, des ciels d'un bleu léger où courent quelques flocons de nuages, des eaux transparentes qu'égratignent les libellules et qui bercent dans leurs plis nonchalants les larges feuilles et les fleurs jaunes des nymphæas, quelque petite maison blanche et discrète comme une colombe dans son nid de verdure, ou bien encore le jardin d'un horticulteur où croissent toutes les variétés de roses ou de dahlias, — de vagues souvenirs de Saint-Ouen, des îles Saint-Denis ou des rives de la Marne. — Tout cela est peint en courant, vivement esquissé et d'une vérité facilement obtenue, où n'arriverait peut-être pas une description plus serrée et plus travaillée ; — les figures vont bien au paysage ; ce sont le plus souvent des jeunes étudiants, des artistes, moitié railleurs, moitié romanesques, qui pleurent comme Werther et rient comme Figaro ; de douces figures de femmes dans toute leur blonde simplicité allemande, qui savent se taire et mourir, et que Mar-

guerite et Charlotte ne désavoueraient pas pour sœurs ;
dans plus d'une se retrouvent des traits bien connus, car
malgré lui la vie de M. Karr se mêle à sa création, et
parfois un feuillet de son portefeuille se glisse dans les
pages de la copie. — Ce beau chien noir et blanc que le
héros tient en laisse est *Freyschütz* lui-même, l'ex-chien
de M. Karr. Le bateau dans lequel Stephen passe les pratiques de son ami le pêcheur, appartient à l'auteur de
*Geneviève*, et si vous aviez vécu avec lui, vous reconnaî-
triez bien vite les portraits cachés sous le masque du
roman.

M. Karr tire tout de son cœur ; il sent plus qu'il n'i-
magine ; si le chapitre est triste, c'est que l'écrivain lui-
même était triste en le composant ; sa gaieté se commu-
nique à ses héros et la même plaisanterie les fait rire
tous deux ; s'il est amoureux, Léon le sera aussi, quelquefois même il prendra la parole en son nom. — L'on a
blâmé ce mélange perpétuel de la pensée de l'auteur avec
l'action du roman, l'on voudrait que le poëte fût absent
de son œuvre. — Nous ne voyons pas pourquoi la personnalité du poëte serait la seule rejetée, et pourquoi il ne
pourrait pas mettre, comme les anciens peintres, son portrait dans un coin de la toile. — L'on ne connaît guère
qu'un seul être, et c'est soi-même ; qui peut se vanter
d'avoir sondé le puits sans fond de l'âme d'un autre ? Il
nous semble peu raisonnable de proscrire la seule méthode d'analyse véridique et bien informée, et l'écrivain
peut répondre au feuilletoniste avec le vers de Namouna :

Quand le diable y serait, j'ai mon cœur humain, moi.

Les critiques demandent toujours au poëte autre
chose que ce qu'il a fait ou voulu faire ; rien n'est plus
aisé que de dire à quelqu'un : Votre tragédie ne m'a pas

assez fait rire, ou votre comédie ne m'a pas assez fait
pleurer. Reprocher les digressions à un livre dont le
sujet n'est que l'accessoire ; c'est ne pas l'avoir compris, c'est gourmander Lawrence de ne pas dessiner
comme Holbein ; en un mot, ne trouver de défaut à un
homme que de n'en pas être un autre. Si vous excellez
dans les peintures riantes, dans les descriptions vives et
chaudes, l'on vous dira de cultiver les fleurs étiolées du
jardin ascétique, et à vous, tout nourri du miel et du
lait de l'églogue grecque, l'on recommandera la lecture
des écrivains jansénistes. Il faut donc accepter le temps
comme il vient, les hommes comme ils sont, les livres
comme on les fait.

Les romans de M. Karr contiennent d'ordinaire une
fable touchante et naturelle qui, réduite à sa plus simple
expression, ne suffirait pas pour remplir les deux volumes. C'est le treillage où viennent s'accrocher et se
dérouler avec leurs vrilles et leurs clochettes de mille
nuances les fantaisies toujours en fleur du poëte. Un mot
fait éclore un chapitre, et malgré toutes leurs folles
brindilles. éparpillées à droite et à gauche, ces digressions n'en tiennent pas moins à la tige commune par des
filaments et des nervures invisibles. Relevez le feuillage
de la main, et vous verrez la branche qui s'attache solidement au tronc ; toute action, si elle a réellement une
portée philosophique, fait lever une moisson de pensées
sous lesquelles il lui arrive quelquefois de disparaître
comme la terre aride du sillon sous le manteau d'or des
épis. — Lequel vaut mieux de l'épi ou du sillon, de la
feuille ou de la branche ?

Un étrange mérite du talent de M. Karr, c'est d'être
double et de réunir deux qualités bien opposées : il est à
la fois romanesque et positif. — Personne n'est moins
dupe que lui des mensonges humains; il trouve le côté

ridicule, emphatique ou déraisonnable des choses de la vie, avec une sûreté de tact, une précision de coup d'œil que les satiristes les plus amers n'ont pas possédées à un plus haut degré. — Sa raillerie est impitoyable de raison, et il pousse le bon sens jusqu'à la cruauté ; il n'a accepté aucune *bêtise* reçue ; aucun charlatanisme, soit politique, soit littéraire, soit industriel, ne l'a ébloui ; il a poursuivi jusque dans les détours les plus insaisissables la *réclame*, ce Protée moderne, et l'*avocasserie* n'a pas eu d'ennemi plus acharné.

Pour tout ce qui regarde les usages, les préjugés, les convenances et les relations sociales, il est aussi *positif* que le mathématicien le plus exact. Larochefoucault n'a pas une intuition plus nette des petits motifs honteux et des lâches égoïsmes ; mais, dans la passion, M. Karr retrouve tout l'élan, toute la ferveur, toute la poésie des premières illusions ; — il ne croit pas à la femme, mais il croit à l'amour ; il n'est peut-être pas bien sûr d'être aimé, mais il est sûr qu'il aime ; il a l'ivresse, qu'importe le flacon : cette disposition d'âme lui permet de passer du sarcasme à la rêverie avec une facilité extraordinaire et sans qu'il y ait dissonance. La nature toujours vraie, toujours sincère et bonne, la nature qui n'a aucune prétention, qui n'est jamais ridicule, et dont la sérénité est si douce pour ceux qui ont connu les agitations humaines, lui inspire un enthousiasme reconnaissant. — On voit que les arbres l'ont consolé des maisons, les rivières, des rues, et l'aspect du ciel bleu, de l'homme et de la femme. — C'est le romancier favori des jeunes gens, il les séduit par la poésie champêtre et la passion romanesque, en même temps qu'il les étonne par une haute science de la vie et une plaisanterie de vaste portée.

(LA PRESSE, 17 mars 1839.)

# SOPHIE GAY

NÉE EN 1776 — MORTE EN 1852

Les femmes d'esprit s'en vont, comme si elles comprenaient que l'époque ne leur est pas favorable. Les
événements font tant de bruit qu'on ne s'entend pas parler, et d'ailleurs peut-on parler? Elles se retirent une à
une dans l'éternel silence, sentant que c'en est fait de
l'ancienne causerie française ; un jour, madame Récamier, la muse discrète, l'Égérie voilée de l'abbaye aux
Bois ; l'autre, madame la duchesse de Maillé, cet esprit
si vif, si courageux, si noblement aisé, d'une repartie si
prompte, d'un tour si familièrement aristocratique, et
qui savait, dans ces brillantes représentations du château de Lormois, dont on a gardé le souvenir, être tour
à tour Célimène et Dorine avec une égale supériorité.
Puis, c'est madame la vicomtesse de Noailles qui disparaît à son tour, la vraie grande dame française, raison
élevée, grâce exquise, aménité parfaite, conversation pénétrante et douce, une âme charmante ; et tout récemment, pour clore cette liste funèbre, madame Sophie
Gay, la plus vivace, la plus alerte, la plus éveillée à toutes

les curiosités de l'esprit, de cette spirituelle phalange. Le salon était fermé, elle est partie.

Madame Sophie Gay, fille de M. Nichault de Lavalette, est née à Paris, et, en effet, c'était là qu'elle devait naître, car personne ne fut plus parisienne : esprit parisien, grâce parisienne, élégance parisienne, tout en elle portait le cachet de Paris. Être de Paris, en France, c'est être d'Athènes dans l'Attique. Son père, homme de goût et de fine culture intellectuelle, comme pour lui donner le baptême de l'esprit, la fit embrasser à l'âge de deux ans par le vieux Voltaire, momifié dans sa gloire. Il semble que le vieillard de Ferney, approchant ses rides sarcastiques des joues roses de la petite fille, lui ait inoculé, par ce baiser, la lucide raillerie, le tour enjoué et libre, la raison petillante, qui firent distinguer la femme jusqu'au bout de sa longue carrière. Pour tempérer à propos ce scintillement trop français de bons mots et de fines reparties, elle avait puisé dans le sang italien de sa mère, Francesca Peretti, une Florentine d'une rare beauté, un vif sentiment de la musique, un sincère amour et une intelligence passionnée des arts.

Le nom de cette belle Francesca Peretti, qui rappelait une illustration de l'Église, fit même dire à madame Émile de Girardin, qui n'attachait pas plus d'importance qu'il n'en fallait à cette légende de famille, devant des gens infatués de noblesse, et qui vantaient sans cesse leurs aïeux : — Moi aussi, qui ne déploie pas ma généalogie, j'ai un ancêtre. — Et quel est cet ancêtre? — Un gardeur de cochons, Félix Peretti. — Sixte-Quint? —Précisément. — Et l'on ne parla plus d'aïeux ce soir-là. La jeune Sophie de Lavalette fut élevée chez madame Leprince de Beaumont, le poëte de *la Belle et la Bête*, du *Prince charmant*, du *Magasin des Enfants ;* madame Gay s'est sans doute souvenue de son institutrice en écrivant

plus tard, pour le *Musée des Familles*, de délicieux contes
enfantins ; elle puisait à bonne source, elle était là avec
madame la duchesse de Duras, l'auteur d'*Ourika*, et
d'autres petites filles qui sont devenues de très-grandes
dames. L'une de ces amies de pension, madame de L***,
raconte de ce temps une petite anecdote oubliée de madame Sophie Gay elle-même, et qui montre comme dès
lors elle avait l'esprit vif.

Un jour de première communion, une pensionnaire
reprocha à Sophie de Lavalette, qui marchait devant elle
penchant la tête et trainant la queue de sa robe, de ne
savoir porter ni sa tête ni sa queue. — « On n'en dira pas
autant de toi, répondit mademoiselle de Lavalette avec
sa précoce prestesse de riposte, car tu n'as ni queue ni
tête. » Réponse mordante, partie avant la réflexion, et qui
n'empêchait pas la jeune communiante d'avoir les sentiments de piété les plus exaltés. Dès sa jeunesse, mademoiselle de Lavalette connut toutes les illustrations d'é-
légance et d'esprit du dernier siècle : M. le vicomte de
Ségur, M. de Vergennes, M. Alexandre de Lameth. Avec
les dispositions qu'elle avait, elle ne pouvait que profi-
ter à pareille école. Aussi personne n'eut la repartie plus
heureuse et plus prompte, le bon mot plus spontané. La
grande habitude du meilleur monde prise dès l'enfance,
et respirée pour ainsi dire comme une atmosphère naturelle, lui laissait sa liberté d'esprit, même devant celui
qui faisait baisser la paupière aux lions, et balbutier des
rois comme des jeunes filles timides.

Ainsi, nous la trouvons à Aix-la-Chapelle, femme de
M. Gay, receveur général du département de la Roer, qui
menait la grande existence que l'empereur exigeait des
fonctionnaires de ce temps-là. Elle conservait son franc
parler même vis-à-vis de César, qui aimait assez à décon-
certer ceux et surtout celles à qui il adressait ces brèves

questions, ces interpellations saccadées, d'une réponse
si difficile, petit plaisir de grand homme, sur lequel il
ne se blasait pas. C'est à cette époque que se rapporte
l'anecdote suivante, qui, pour être connue, ne mérite pas
moins d'être rapportée. C'était chez la princesse Bor-
ghèse ; l'empereur traversait les salons, cherchant, suivant sa coutume, à intimider les femmes. Arrivé près de
madame Gay, et dardant sur elle un regard d'aigle, il lui
dit brusquement : — Ma sœur vous a-t-elle dit que je
n'aimais pas les femmes d'esprit ? — Oui, sire, répondit-
elle, mais je ne l'ai pas cru.

Contrarié de cet aplomb, et voulant à toute force la
troubler, l'empereur, changeant de batteries, lui poussa
d'un ton marqué d'insolence cette question soudaine : —
Vous écrivez, vous ? qu'est-ce que vous avez fait depuis
que vous êtes dans ce pays-ci ? — Trois enfants, sire. Le,
César, qui s'attendait à des titres de romans, sourit et
passa. L'un de ces trois enfants fut madame Émile de
Girardin ; c'était encore bien littéraire.

Du reste, madame Sophie Gay n'avait aucune vanité
d'écrivain. Elle cultivait les lettres discrètement, comme
une délicatesse et un luxe de plus. Personne ne vit de
tache d'encre à ses doigts. Loin de chercher la célébrité,
elle la fuyait, et les jolis romans qu'elle a faits sous l'empire : *Laure d'Estell*, *Léonie de Mombreuse*, *Anatole*, parurent d'abord sans nom d'auteur.

Les femmes d'esprit, quoique l'empereur les détestât,
aversion qui se traduisit en exil pour madame de Staël,
brillèrent d'un éclat particulier à cette époque. Tout ce
qu'il y avait en hommes de hardi, d'aventureux, de
poétique, était aux armées, faisant des Iliades en action
et n'écrivant pas. Il ne restait pour le monde et la vie ci-
vile, que ce que la conscription avait dédaigné, et certes,
alors elle n'était pas difficile. Il fallait être bien disgra-

cié de la nature pour n'être pas jugé propre à faire de la chair à canon. C'étaient donc les écloppés, les myopes, les bossus, les nains, les phthisiques et autres infirmes qui faisaient le fond de la société, sur lequel, au retour de quelque bataille, se détachait une étincelante apparition de héros chamarré d'or et de cicatrices, qui n'avait pas même le temps d'ôter ses éperons entre deux combats.

L'empereur, quelque ennemi qu'il fût des *idéologues*, ne pouvait s'empêcher de reconnaître en lui-même que, sans la poésie et l'art, un règne n'est pas complet, et il entretenait, à raison de six mille livres de rente, quelques auteurs tragiques pour que l'espèce ne s'en perdît pas. Mais c'est la liberté et non l'argent qui fait le poëte, et l'art de l'Empire est un des plus inférieurs qui se soient produits dans les évolutions du génie humain. Les femmes, qui naturellement ne payaient pas au grand dévorateur d'hommes la terrible dîme du champ de bataille, avaient la santé, l'énergie, l'éclat, le mouvement, l'entrain, elles étaient belles et spirituelles. Moins astreintes aux ambitions, jouissant, à cause de leur sexe, d'une certaine impunité, et du privilége de tout dire sous une forme légère, elles représentaient la liberté de penser. Lorsque les hommes se taisaient et qu'un grand silence régnait sur cet immense empire, les femmes parlaient et souriaient derrière leur éventail, et ce chuchotement inquiétait Napoléon, et il l'écoutait à travers les rugissements de son artillerie et les tonnerres de ses combats de géants, et il avait raison, car ce petit bruit, c'était la voix de l'humanité qui se révoltait contre les excès de la force et de la puissance.

Madame Gay, comme on a pu le voir, n'était pas trop éblouie des rayons de la gloire impériale. Tout en payant au plus grand homme des temps modernes un tribut d'admiration intelligente, elle se souvenait de l'avoir vu chez madame de Beauharnais, avec qui elle était liée, jeune officier inconnu, au maigre profil, aux cheveux plats, blêmi par la pensée, dévoré par le génie, et non encore passé à l'état de dieu comme un César romain, ou un Alexandre après la conquête de Babylone. A cause de ses rapports antérieurs, l'empereur lui masquait moins l'homme que pour tout autre, et c'était dans ce sentiment qu'elle puisait la hardiesse de ses réponses. Son salon était, d'ailleurs, le refuge de l'aristocratie non ralliée ; tous les illustres mécontents, tous les glorieux boudeurs, y étaient courageusement reçus, quoiqu'il y eût alors quelque péril à cela. Entre les noms que nous pourrions rappeler, citons celui de M. de Laval, qui s'en est si bien souvenu plus tard, sous la Restauration, lorsque ambassadeur à Rome, il reçut madame Gay et sa fille Delphine, avec l'accueil le plus hospitalier, et leur fit cordialement les honneurs de la ville éternelle.

La société, pour être nombreuse, n'en était pas moins choisie. Dépassant le vœu de Socrate, madame Sophie Gay avait su remplir d'amis une grande maison. Parmi les habitués on remarquait : Benjamin Constant, l'auteur d'*Adolphe*, le duc de Broglie, le spirituel et toujours spirituel M. de Pontécoulant, M. de Chateaubriand, le duc de Choiseul, M. de Lamoignon, le duc de Léri, le profond Regnauld de Saint-Jean d'Angely, Népomucène Lemercier, le poëte d'*Agamemnon* et de *la Panhypocrisiade*, le plus charmant conteur qui fut jamais ; le comte de Forbin, l'élégance même ; le comte de Perrégaux, le comte Germain, M. Jouy, M. Dupaty, Alexandre Duval, tous les beaux de la littérature et du monde. A la fête d'Alexandre Duval, madame Sophie Gay joua une comédie impromptue, dont les acteurs étaient Boïeldieu, le prince de Chimay, la Grassini, d'Alvimare et Talma

qui, pour la première fois de sa vie fît un rôle bouffe,
lui, le roi des noires terreurs et des épouvantements tragiques. Madame Gay se faisait remarquer par une finesse,
un esprit et un accent comique admirable. Elle réussissait à la scène comme partout : aussi une de ses amies
disait-elle, avec une légère nuance de jalousie admirative : « Est-elle heureuse, cette madame Gay, elle fait
tout bien, les enfants, les livres et les confitures ! »

C'était une charmante vie. Madame Sophie Gay avait
sa loge à l'Opéra et au Théâtre-Français, qu'elle suivait
avec une attention et un intérêt extrêmes, et dont elle
connaissait et recevait toutes les célébrités, mademoiselle Contat, mademoiselle Mars, mademoiselle Duches-
nois, Talma, dont nous avons parlé tout à l'heure ; plus
tard, elle eut aussi un commerce d'admiration et d'a-
mitié avec mademoiselle Rachel, dont le talent et la personne lui étaient juvénilement sympathiques, car elle
ne faisait pas, comme le vieillard d'Horace, l'éloge perpétuel du temps passé. En rentrant chez elle, elle trouvait des attentifs autour de la cheminée ; on causait, on
riait, on faisait de la musique, car madame Gay jouait à
livre ouvert. toutes les partitions, composait agréablement, et plusieurs de ses romances sont devenues populaires, *Mieris lui seul a quitté le village* se chante encore. Elle avait, en outre, un tel talent d'accompagna-
trice, que. lorsque Garat, le célèbre chanteur, si connu
par ses cravates à la mode du Directoire, ses gilets prodigieux et son zézaiement d'incroyable, l'apercevait dans
un concert, même public, il s'arrêtait soudain au milieu
du morceau, et déclarait qu'il ne chanterait point « si la
petite ne l'accompagnait. » Il fallait que madame Sophie
Gay, pour satisfaire au caprice du fantasque virtuose, ga-
gnât le piano à travers la foule des spectateurs, s'il n'y
avait pas quelque dégagement plus facile. Jamais les vo-

calises de Garat ne s'épanouissaient plus brillamment
que lorsqu'elles étaient soutenues par les accords de madame Gay. Elle jouait aussi de la harpe en virtuose con-
sommée, comme si elle n'eût pas eu le plus joli bras du
monde. Ce don musical, si rare parmi les natures littéraires, ordinairement rebelles à l'harmonie, avait attiré
et groupé autour d'elle une pléiade de compositeurs,
sûrs d'être appréciés, compris, exécutés avec un sentiment profond, un art exquis. Plusieurs partitions célèbres furent essayées et cherchées sur son piano: La
*Vestale* et le *Fernand Cortes* de Spontini, le *Joseph* de
Méhul, et le *Maître de chapelle* de Paër, dont elle a fait
les paroles, et que nous avons entendu en Algérie, dans
une cour moresque, arrangée en théâtre, dans une représentation honorée de la présence et des applaudissements du maréchal Bugeaud, qui se rajeunissait à cette
vieille musique toujours fraîche ; elle a fait aussi la *Sé-
rénade* avec madame Sophie Gail, une femme de génie,
sa presque homonyme. Chacun à sa . date, parurent et
brillèrent chez elle, Elleviou, Martin, Ponchard, Malibran, Levasseur, qui débuta dans ce salon, Duprez et
tout ce qui avait de la gloire ou de l'avenir, car personne
ne devinait le mérite comme madame Gay.

Elle n'acceptait pas banalement les vogues toutes faites, elle les faisait elle-même : elle avait une chaleur
d'admiration communicative, et voulait faire partager
à tout le monde ses enthousiasmes toujours bien placés,
et recrutait à ses protégés des prosélytes avec une activité de propagande merveilleuse. Della Maria, Dalayrac,
d'Alvimare trouvèrent dans ce salon quelques-unes de
leurs plus jolies ariettes et de leurs plus sympathiques
romances. Crescentini, le Farinelli de l'Empire, la belle
madame Grassini, y faisaient entendre leurs voix excep-
tionnelles et déployaient leur merveilleuse méthode.

Contrairement à l'usage des femmes qui se choisissent, comme repoussoir, des amies d'une laideur rassurante, madame Sophie Gay s'entourait bravement de jolies femmes sans craindre d'éteindre sa beauté par la comparaison. Madame Tallien, madame Récamier, madame Pellaprat, la belle et spirituelle marquise de Custines, madame Regnauld de Saint-Jean d'Angely, madame de Barral et madame de Grécourt, cousine de madame Gay, brillaient dans cette enceinte charmante et comme on n'en verra plus.

Une délicieuse miniature d'Isabey, qui était aussi son ami, et que nous avons sous les yeux, doit représenter madame Sophie Gay à peu près vers cette époque, si l'on s'en rapporte à la mode du costume, et montre qu'elle n'avait à redouter aucun voisinage. Malgré l'arrangement de la coiffure dont les boucles frisées descendent sur le front, qu'elles couvrent de leur ombre, selon le disgracieux usage du temps, et la petite robe de mousseline à taille placée sous la gorge, comme on les portait alors, on admirera toujours ces yeux bruns illuminés d'intelligence, cette bouche qui semble se reposer d'un trait d'esprit dans un sourire, ce visage éclairé d'une sympathique franchise, ce cou, cette poitrine et ces bras de statue qui ont été célèbres, et qui avaient même gardé jusqu'à nos jours des restes reconnaissables de leur primitive perfection. Quand on avait bien ri, bien chanté, bien causé, — l'on soupait et c'était alors comme un feu d'artifice de folles plaisanteries et d'aimables extravagances. D'après le tableau de cette vie élégante, un peu mondaine, des conversations à coups de raquette où personne ne laissait tomber le volant, on croirait peut-être que les romans de madame Gay offraient les mêmes caractères d'agréable frivolité? Nullement; c'étaient des amours chastes et voilées, des dénoûments romanesques, des passions conte-

nues, des langueurs et des mélancolies exprimées dans
un style pur et timide, évitant l'effet et presque en sous-
entendu. Cette contradiction qu'on retrouve chez beaucoup d'auteurs entre leur caractère et leurs œuvres, n'est
qu'apparente. — L'homme est double — *Homo duplex.*
— La femme peut être triple. Une femme du monde très-
répandue écrira souvent des romans de pensionnaire, et
l'on ne doit pas oublier que l'auteur d'*Estelle et Némorin*
était un capitaine de dragons. Une réalité brillante, un
idéal naïf ne sont pas incompatibles. L'un de ces romans,
*Anatole*, fut, rencontre bizarre! le dernier livre que
l'empereur lut en France. Il abrégea la nuit d'insomnie qui
précéda les adieux de Fontainebleau avec l'œuvre de madame Sophie Gay, et le matin il dit au baron Fain :
« Voilà un livre qui m'a distrait cette nuit. » L'esprit est
donc parfois bon à quelque chose, ne fût-ce qu'à donner
des ailes aux heures mauvaises? Ce fait curieux est attesté
par les mémoires de l'époque, et, le volume depuis magnifiquement relié, est resté aux mains du baron Fain,
qui le conserve précieusement dans sa bibliothèque
comme une relique.

Sous la Restauration, madame Sophie Gay continua
d'écrire, mêlant la vie d'études et de plaisirs, et quittant
parfois le salon pour le cabinet de travail. Toutes ses
nuits ne se passaient pas au bal, comme l'attestent
*Théobald*, le *Moqueur amoureux*, la *Physiologie du ridicule* et les *Malheurs d'un amant heureux*, qui parurent
d'abord sans nom, et qui furent successivement attribués
à toutes les célébrités du temps. Après le roman, elle
aborde la scène et donne au Théâtre-Français le *Marquis
de Pomenars*, qui eut beaucoup de succès, et une comédie
en cinq actes et en vers, intitulé *Faste et misère*, qui n'a
pas été jouée, et dont la scène capitale est un père qui
vient chez la maîtresse de son fils l'engager à renoncer

d elle-même à son amour, qui ne peut manquer d'être malheureux. Situation qui, ébruitée par des lectures, a fait depuis le succès de dix drames, sans parler de la *Dame aux Camelias.*

Son salon était toujours aussi brillant : de nouvelles figures s'y étaient glissées parmi les anciennes : Victor Hugo, sacré enfant sublime par Chateaubriand, et alors âgé de dix-neuf ans, y installait l'école nouvelle. Alexandre Soumet y lisait *Saül*, Lamartine, le *Lac*, Alfred de Vigny, *Dolorida*, Frédéric Soulié, qui cultivait encore la muse, les *Amours des Gaules*, Sue, *Kernock le pirate*, Balzac, la *Peau de chagrin;* plus tard, Jules Janin y lut *Barnave;* Alexandre Dumas y vint aussi à son tour. Balzac, qui n'avait fait que de mauvais romans sous les pseudonymes de lord Rhoone, de Villergié, Horace de Saint-Aubin, dut à madame Gay un grand nombre des anecdotes et des fines observations qui contribuèrent puissamment au succès de ses ouvrages.

Des peintres se mêlaient aux poëtes : Gérard, Girodet, Isabey, Horace Vernet, dont madame Sophie Gay avait connu le père ; Hersent, qui fit de mademoiselle Delphine Gay un beau portrait qui fut remarqué à l'exposition de l'association des artistes. — Tête blonde, œil inspiré, écharpe de gaze bleue, et que, par une touchante anticipation d'orgueil maternel, madame Gay a légué au Musée de Versailles, où sa place sera marquée un jour ; Auber s'asseyait au piano sur le tabouret laissé vide par Della Maria et Paër ; d'autres fois, c'était Meyerbeer faisant gronder les touches sous quelques-unes de ses puissantes harmonies ; Thiers, encore inconnu, se faisait présenter par Buchon, le savant auteur des Recherches sur la principauté française en Morée ; madame Gay était aussi très-liée avec Delatouche, le gracieux et caustique railleur, l'ermite de la vallée aux Loups, qu'elle

appelait son ennemi intime, mot que M. Scribe ne laissa
pas tomber. M. Guirard, M. de Rességuier, M. de Custines, Jules Lefebvre, Méry, M. Émile Deschamps, la
vestale de l'esprit français, qu'il ne laissa jamais éteindre, comptaient au nombre de ses plus assidus visiteurs.

Dans la période qui suivit la révolution de Juillet, madame Gay fit paraître une suite de romans historiques qui
eurent beaucoup de succès : la *Duchesse de Château-
roux*, *Hortense Mancini*, le *Comte de Guiche*, *Marie
d'Orléans*, puis *Ellénore*.

Elle écrivit aussi le *Courrier de Versailles*, revue
piquante, sorte de continuation du *Courrier de Paris*
du vicomte Ch. de Launay. Mais depuis longtemps,
malgré son talent et son activité, madame Gay avait trans-
porté tout son amour-propre littéraire sur sa fille, dont
les succès l'intéressaient beaucoup plus que les siens.
Elle mettait une abnégation toute maternelle à s'éclipser
dans les rayons de cette chère gloire.

Personne d'ailleurs ne fut moins entiché de cette vanité dont les meilleurs esprits ont peine à se défendre.
Elle oubliait très-facilement ses ouvrages, dont elle eût
pu être fière à plus d'un titre. Elle eut ce don heureux
de l'admiration qui est le partage des belles natures, et
sa vie fut charmée au plus haut degré et consolée par
tous les dilettantismes intelligents. Même dans les dernières années, lorsque sa santé était déjà altérée gravement, elle ne manquait à aucun des appels de l'art ou
de la science. Nous la trouvâmes un jour toute seule,
mêlée à l'auditoire de Pétin, qui exposait alors, au Palais-
Royal, les principes de la navigation aérienne ; elle se
faisait expliquer tous les détails, et suivait les théories
de l'inventeur avec une attention juvénile. Elle suivait
les premières représentations avec plus d'exactitude

qu'un feuilletoniste, et, la dernière fois que nous la vîmes, c'était à la Porte-Saint-Martin, à la première représentation de la *Poissarde*. Pièces, livres, tableaux, musique, expériences, il fallait qu'elle vît, entendît et con-
nût tout, ce qui ne l'empêchait pas encore d'aller dans
le monde, toûjours élégante, toujours mise avec le goût
le plus soigneux, et d'y tenir le dé de la conversation. Et
pourtant elle ne vivait déjà plus que par la volonté, et
de moins malades se seraient crus morts ; mais tant
qu'elle pouvait voir, comprendre, échanger des idées,
et se mouvoir dans ce charmant milieu intellectuel
qu'elle aimait, elle traitait la douleur à la manière stoïque, et n'admettait pas qu'elle existât. Il est vrai qu'elle
vivait de ce qui tue les autres.

Cet amour du monde, des arts et de la spirituelle causerie, n'empêchait pas madame Sophie Gay d'avoir le
goût de la nature. Elle aimait les grands bois, les champs,
les eaux, les jardins, les exercices champêtres, la culture des fleurs, la pêche à la ligne ; si les soirées se passaient dans l'atmosphère étincelante des salons, les ma-
tinées se rafraîchissaient à l'ombre et à la solitude des
bois. Elle vivait le matin à Versailles, cette oasis de tranquillité, et le soir à Paris, ce volcan d'agitation. Le travail intellectuel, qui rend ordinairement inhabile aux
adresses du corps, n'avait pas eu de prise sur la grâce
assouplie de ses mouvements ; dans sa jeunesse elle
montait admirablement à cheval, jouait très-bien au billard, et dansait avec une telle perfection, que l'on se
hissait sur les banquettes pour la regarder. L'aisance de
sa démarche, son beau port de taille, même à la fin de
sa vie, faisaient aisément comprendre ce qu'elle avait
pu être. Elle eut cet art si rare de vieillir, non-seulement
sans chagrin, mais avec gaieté. Elle prétendait par un
spirituel paradoxe, qui pourrait bien être vrai comme la

plupart des paradoxes, que le plus bel âge de la femme
était soixante ans.

A cet âge, disait-elle, plus de vanités, plus de soucis,
plus de jalousies féminines, plus de tourments, plus de
regrets. On jouit de tout avec une sérénité charmante,
des arts, de la nature, des amitiés ; une coiffure , une
robe, ne vous font pas manquer l'ouverture du *Prophète*,
et l'on peut se promener dans les bois sans songer aux
rendez-vous, ni aux dieux sylvains.

Jusqu'au moment suprême son intelligence resta claire
et calme ; ce fut le corps qui fit défaut et non l'âme,
qui resta jeune toujours, et comme la science du bien
vivre donne la science de bien mourir, sans emphase et
sans terreur, elle voyait, plus souvent que d'ordinaire,
depuis quelque temps, un digne prêtre de ses amis. La
présence de cette robe noire eût pu alarmer des tendres-
ses inquiètes qui s'acharnaient à l'espérance. Pour les
rassurer, elle parlait de ces visites avec un enjouement
chrétien, comme une précaution à tout hasard, et cela
d'un ton si confiant, si détaché, que toute idée funèbre
disparaissait.

La musique qu'elle avait tant aimée, s'assit à son chevet de mort comme un ange consolateur. Un jeune compositeur, à qui madame Sophie Gay s'intéressait, M. Re-
naud de Wilbach, lui jouait avec une complaisance filiale
des mélodies d'un sentiment large et religieux, qui ras-
sérénaient son âme, et endormaient ses souffrances. A
son convoi la petite église de la Trinité était pleine du
plus beau et du plus illustre monde. Quelques amis manquaient cependant : les uns étaient morts, les autres en
exil !

# HENRY MONNIER

Henry Monnier est une des originalités les plus tran-
chées de ce temps-ci. — Bien avant le daguerréotype et
l'école réaliste, il a poursuivi et atteint dans l'art la vérité absolue.

Rien n'est beau que le vrai, le vrai seul est aimable,

est une devise qu'il pourrait faire graver sur son cachet
comme la sienne, car il s'y est toujours conformé. Il
faut avoir une rare puissance pour suivre avec rigueur
un tel parti pris d'un bout à l'autre d'une carrière qui
commence à être longue et qui s'est développée sur
une triple voie : celle de l'artiste, celle de l'écrivain et
celle de l'acteur.

Henry Monnier a commencé par faire le croquis des
types qui le frappaient et dont il saisissait, en quelques
coups de crayon, les gestes, les habitudes, les angles
sortants et rentrants, les tics, les cassures, tous ces signes que le vulgaire n'aperçoit pas, et qui, pour l'œil
observateur, sont des révélations de caractère ; ensuite,

non content de cette reproduction muette, il a parlé ses dessins dans des *charges* devenues célèbres ; —nous disons charges pour nous servir du mot consacré, car rien n'y ressemble moins que ces moulages sur nature exécutés par un procédé dont Monnier a seul le secret.

C'était d'abord comme une sorte de légende de la caricature, — puis l'artiste réunissant plusieurs types en a formé des scènes d'un comique irrésistible où il imitait la voix des différents acteurs. Ensuite il les a écrites en les amplifiant et en les perfectionnant, car la parole est ailée et l'impression reste. Non content de cela, il les a jouées sur le théâtre avec une perfection incisive et froide qui rappelle Perlet, le plus physiologiste des acteurs ; — peut-on mettre cependant Monnier à côté de Potier, de Vernet, de Bouffé et autres illustrations du genre? Non, car il ne représente pas une action dramatique, mais des idiosyncrasies particulières, des types observés, des natures spéciales, des originaux existant par eux-mêmes et qui demandent un cadre à part ; aussi réussit-il plus que personne dans les pièces à tiroirs comme la *Famille improvisée;* là, il est à son aise, il se carre, il se développe, il se transforme quittant les bottes et le brûle-gueule du marchand de bœufs pour le soulier à boucles de marcassite et la tabatière d'or du vieil épicurien, qui a beaucoup connu la Duthé.

Henry Monnier est pour lui la toile blanche sur laquelle il peint son personnage. Son individualité propre disparaît alors tout à fait sous les couleurs dont il la recouvre. Il se métamorphose des pieds à la tête; il a la chaussure et la coiffure, le linge et l'habit, la figure et les yeux, la voix et l'accent du type qu'il veut rendre ; la ressemblance est extérieure et intérieure, c'est l'homme même. Labruyère et Larochefoucauld, ces impitoyables anatomistes, ne plongent pas le scalpel

plus avant dans une nature. Telle douillette d'Henry
Monnier vaut une page des *Caractères;* telle façon de
serrer le tabac entre le pouce et l'index, un alinéa des
*Maximes.*

Si cela est ainsi, comment se fait-il que Monnier ne
soit pas le plus grand peintre, le plus grand écrivain et
le plus grand acteur de l'époque ? — La nature n'est pas
le but de l'art, elle en est tout au plus le moyen : le daguerréotype reproduit les objets sans leurs couleurs, et
le miroir les renverse, ce qui est déjà une inexactitude,
une fantaisie, comme diraient les réalistes ; il faut, à
toute chose exprimée, une incidence de lumière, un
sentiment, une touche, qui trahissent l'âme de l'artiste.
Henry Monnier ne choisit pas, n'atténue pas, n'exagère
pas et ne fait aucun sacrifice ; il se gardera d'augmen-
ter l'intensité des ombres pour faire valoir les jours. Ses
portiers sont des portiers, rien de plus ; il ne leur donne
pas ces fantastiques laideurs, ces haillons richement
sordides, ces teintes de vernis jaune que les Flamands
prêtent à leurs magots ; il ne fait pas cuire dans leur
loge ce hareng saur de Rembrandt, dont la fumée colore
de chaudes teintes blondes les vitres sales, les linges
rances et les murailles bitumineuses. Derrière le poêle
où se cuisine le miroton, aux poutres d'où pend la cage
de l'oiseau, il n'accroche pas ces ombres douteuses et
rousses qui ont l'air de chauves-souris ou de gnomes
assis sur leurs articulations ployées ; ses portières sont
purement ignobles. Il ne les hausse pas jusqu'à la tru-
culence en appuyant un croc de sanglier sur une lèvre
calleuse comme en ont les vieilles des *Tentations de saint
Antoine* de Téniers ; ses bourgeois, — et nul ne les a
peints plus juste, pas même Balzac, — vous ennuient
comme des bourgeois véritables par d'intarissables flots
de lieux communs et d'âneries solennelles. Ce n'est plus

de la comédie, c'est de la sténographie. Cependant, de toutes ces silhouettes découpées sur le vif, se détache majestueusement la figure monumentale de Joseph Prud'homme, élève de Brard et Saint-Omer, expert assermenté près les tribunaux, si connu par sa calligraphie et son euphémisme; Joseph Prudhomme est la synthèse de la bêtise bourgeoise; il semble qu'on l'ait connu et qu'il vient de vous quitter en vous secouant la main et riant de son gros rire satisfait. Quel magnifique imbécile! Jamais la fleur de la bêtise humaine ne s'est plus candidement épanouie! Est-il heureux, est-il rayonnant! comme il laisse tomber de sa lèvre épaisse ses aphorismes de plomb qui feraient prendre le sens commun en horreur! Joseph Prudhomme, c'est la vengeance d'Henry Monnier; il s'est dédommagé sur lui des ennuis, des contrariétés, des humiliations et de toutes ces petites souffrances que les bourgeois causent aux artistes, souvent sans le vouloir. — Cette fois, seulement, il est sorti de son impartialité glaciale, il s'est échauffé, il s'est animé, il a chargé le trait, il a outré l'effet, il a composé enfin. — Prudhomme, malgré son extrême vérité, n'est plus un calque, c'est une création. Balzac, qui faisait le plus grand cas de Monnier, a essayé d'introduire Prudhomme dans sa *Comédie humaine* sous le nom de Phellion (voir les *Employés*). Phellion sans doute est beau avec sa tête de bélier marquée de petite vérole, sa cravate blanche empesée, son vaste habit noir et ses souliers à nœuds barbotants; mais sa phrase : « Il se rendra sur les lieux avec les papiers nécessaires, » ne vaut pas : « Ce sabre est le plus beau jour de ma vie ! »

Toutes les fois que Monnier joue, il attire au théâtre un public spécial d'artistes et de connaisseurs, mais son jeu est trop fin, trop vrai, trop naturel pour amuser beaucoup la foule. Les Prudhommes de la salle sont étonnés de voir rire de celui de la scène : ils ont des idées pareilles, ils s'expriment ainsi et s'étonnent qu'on trouve ces façons ridicules. Monnier, lui-même, à force de vivre avec sa création, en a pris les allures, les poses, les tons de voix et la phraséologie, et souvent à la conversation la plus spirituelle il mêle sérieusement une période à la Joseph Prudhomme ; de même qu'en écrivant un billet, il ajoute à son nom le triomphant paraphe du maître d'écriture qu'il a illustré.

Qui n'a lu, dans les *Scènes populaires*, les *Plaisirs de la campagne* et le *Roman chez la portière ?* madame Desjardins est immortelle comme madame Gibou et madame Pochet. Ce bonnet, dont les barbes flasques s'agitent comme des oreilles d'éléphant, flotte dans toutes les mémoires, et personne n'a oublié la Lyonnaise si préoccupée du sort des petits oiseaux pendant l'hiver. Les *Plaisirs de la campagne* sont une antiphrase, comme vous vous en doutez bien ; les paysans d'Henry Monnier ne sont pas des paysans d'églogue ; ils sont voleurs comme des pies, avares comme des griffons, malins comme des renards, diplomates à rouer Talleyrand ; et quelle campagne ! une campagne de banlieue, une campagne pavée, poussiéreuse, sans ombre, sans mystère et sans loisir, qui vous donne l'envie d'habiter un entresol rue de la Chaussée-d'Antin ou une mansarde sur le boulevard Montmartre !

(La Presse, 20 février 1855).

# BÉRANGER

NÉ EN 1780 — MORT EN 1857

On le rencontrait dans ses promenades et on le saluait d'un coup d'œil respectueux ; mais ce n'était plus un contemporain, bien qu'il vécût encore parmi nous. Il ne faut pas, en cette époque rapide, vivre des années bien nombreuses, quand on se retire de la mêlée, pour assister à sa gloire comme si l'on était son propre descendant. Béranger a eu cette satisfaction de savoir, bien longtemps avant de descendre dans la tombe, ce que les neveux penseraient de lui, et il a pu s'endormir tranquille sur son immortalité, si jamais pareille ambition a chatouillé son cœur. Les hommes nés avec ce siècle ou un peu avant ont été le public immédiat de Béranger. La jeune génération le connaît plus pour l'avoir entendu chanter à ses pères que pour l'avoir chanté elle-même. Elle l'admire un peu sur parole et d'après de vagues souvenirs d'enfance; c'est pour la gloire du poëte une condition favorable : ses titres sont admis, on ne les discute plus, et la signification générale de son œuvre se dégage plus nettement.

Béranger a consolé la France humiliée, il a conservé

et ravivé de nobles souvenirs, et en ce sens il mérite vraiment le titre de poëte national. Ses refrains ont voltigé ailés et sonores sur la bouche des hommes, et beaucoup les savent qui ne les ont jamais lus. — Personne ne fut plus populaire, et en cela il obtint ce qui fut refusé à de plus hauts et de plus grands que lui.

Son talent fut de renfermer dans un cadre étroit une idée claire, bien définie, aisément compréhensible, et de l'exprimer par des formes simples. Il pensa aux illettrés, qu'oublient trop en France les poëtes, punis de ce dédain par une réputation circonscrite. Les ignorants, les femmes, le peuple ouvrent rarement un volume de vers. A ces digressions lyriques, à ces rhythmes compliqués, à ces mots pleins de recherches, ils ne comprennent rien. Il leur faut avant tout une légende, un petit drame, une action, un sentiment, quelque chose d'humain qui soit à leur portée. Béranger possède le sens de la composition. Ses chansons même les moins réussies ont un plan, une suite, un but; elles commencent, se développent et finissent logiquement. Bref, elles contiennent une carcasse comme un vaudeville, un roman ou un drame. Ce ne sont pas des effusions pures, des caprices poétiques, des harmonies inconscientes.

Son dessin arrêté et repassé à la plume, comme font certains peintres pour ne pas perdre leurs contours, Béranger le remplissait et le colorait, laborieusement quelquefois, avec une touche ferme, nette, exacte, sans grande ardeur de ton, mais de ce gris nuancé qui est comme la palette du génie français, ennemi, en tous les arts, des emportements, des violences et des audaces.— Quoiqu'il se fût volontairement restreint (et souvent la contrainte lui coûta) à un genre qu'il a fait élevé mais que jusqu'à lui on regardait comme inférieur, il eut toujours souci, en vrai artiste, du rhythme et de la rime

sans pourtant les faire prédominer comme quelques-uns
l'ont fait. La consonnance chez lui vient pleine et ronde,
presque toujours avec sa lettre d'appui. Il a même souvent des raretés et des bonheurs, en ce sens, qui sur-
prennent l'oreille en la contentant. Son vers, parfois un
peu pénible de structure et comme gêné par le manque
d'espace — la chanson n'admettant guère plus de six ou
huit couplets, et ne dépassant pas le vers de dix pieds,
déjà long et mal césuré pour le chant, — est en général
plein, bien construit et bien coupé, infiniment supérieur
à tous les vers contemporains jusqu'à l'avénement de la
jeune école romantique qui travailla si merveilleusement
le rhythme. Mais l'exécution, bien qu'il la soignât avec
une amoureuse patience, prenant et reprenant la lime
pour effacer toute couture, ne fut pourtant jamais que
secondaire à ses yeux ; il subordonnait tout à l'intention
première, au but voulu, à l'effet désiré. Comme un auteur dramatique, qui se préoccupe moins du style qu'un
écrivain proprement dit, il dut, on le devine, retrancher
beaucoup de choses charmantes mais qui eussent distrait
ou fait longueur. Peu de poëtes ont ce courage ou ce
bon sens.

Né du peuple, malgré la particule nobiliaire qui précédait son nom, Béranger en eut tous les instincts. Il
comprenait et ressentait naturellement ses joies, ses
douleurs, ses regrets, ses espérances, — aussi fut-il tout
à fait moderne. Il n'allait pas chercher ses sujets dans
l'antiquité, qu'il ignorait d'abord et qu'il feignit ensuite
d'ignorer. N'ayant pas appris le latin, il se servit ingé-
nieusement de ce prétexte pour ne pas faire de centons
d'Horace ou de Virgile. Dans un temps d'imitation, il fut
original plutôt encore par la pensée que par la forme, et
comme la critique n'attachait pas alors grande importance à des chansons, il n'eut pas à subir ces violentes

attaques qui accueillirent d'autres génies à leurs débuts.

La France, la révolution de 1830 le prouva bien, garda toujours rancune de 1815 à la Restauration. Aussi le succès des chansons politiques de Béranger fut-il immense ; il exprimait avec un rare bonheur un sentiment général, et chantait tout haut ce que chacun murmurait tout bas. Il parlait de l'homme du destin, des trois couleurs, du vieux sergent, et il donnait en outre aux Français les moyens de se moquer de leurs vainqueurs, service que n'oublie jamais ce peuple brave, fier et spirituel, content de tout s'il peut rendre son ennemi ridicule.

Par un certain côté, Béranger ressemble à Charlet, qui, dans son art, a fait aussi l'épopée familière de la grande armée, et représenté Napoléon tel que le peuple l'avait vu, avec son petit chapeau et sa redingote grise ; chose difficile en pleine civilisation, le poëte et le peintre surent trouver la légende dans l'histoire et dessiner en quelques traits ineffaçables une silhouette à l'instant reconnue.

Là sans doute sont les principales raisons de la grande popularité qui s'attacha au nom de Béranger pour ne plus le quitter, mais ce ne sont pas les seules : son esprit est réellement français, — gaulois même, — sans mélange d'élément étranger, c'est-à-dire un esprit tempéré, enjoué, malin, d'une sagesse facile, d'une bonhomie socratique, entre Montaigne et Rabelais, qui rit plus volontiers qu'il ne pleure, et cependant sait à propos mouiller le sourire d'une larme ; ce n'est pas précisément l'esprit poétique tel que Gœthe, Schiller, Byron, Lamartine, Victor Hugo, Alfred de Musset l'ont révélé ; mais le lyrisme n'est pas dans le génie de la nation. Béranger plaît au grand nombre, en dehors de sa portée politique, par cette clarté ingénieuse, cette sobriété un peu nue, ce bon sens proverbial qui, pour nous, se rapprochent trop de la prose. Nous consentons à ce que la muse se serve de ses pieds, surtout lorsqu'ils sont chaussés de mignons cothurnes; mais nous aimons mieux qu'elle s'enlève à grands coups d'aile, dût-on la perdre dans les nues!

Il y a dans son œuvre une foule de types qu'il a croqués en quelques couplets, et qui vivent à jamais de cette forte vie de l'art bien plus durable que la vie réelle : le roi d'Yvetot, Roger Bontemps, le marquis de Carabas, la marquise de Pretintaille, madame Grégoire, Frétillon, Lisette, petillantes eaux-fortes, croquis légers, pastels faits du bout du doigt, et qui valent les tableaux les plus achevés. Il semble qu'on les ait rencontrés dans l'existence comme des personnages réels, que vous leur avez parlé et qu'ils vous ont répondu.

(LE MONITEUR, 19 octobre 1857.)

# BRIZEUX

NÉ EN 1806 — MORT EN 1858

L'auteur de *Marie*, comme on l'appelait au temps où l'on s'occupait encore des poëtes, était un de ces hommes communs jadis, rares maintenant, qui vivent uniquement pour l'art. Les abeilles de l'Hymette avaient voltigé au-dessus de son berceau et s'étaient posées sur ses lèvres. Tout jeune la Muse le toucha de l'aile, et il respecta ce contact sacré. Jamais il ne voulut descendre à des labeurs vulgaires, à des besognes qui rapportent le pain de tous les jours, et préféra la médiocrité la plus étroite, et pourquoi ne pas le dire ? la misère à ce qu'il regardait *comme une dérogation* à la poésie. Tout ce qu'il put prendre sur lui, ce fut de demander l'aumône à Dante : il le traduisit avec religion, et son auteur lui donna l'obole nécessaire, un jour de besoin suprême. Brizeux était Breton, et il aimait d'un amour jaloux

> La terre de granit recouverte de chênes.

Il personnifia la Bretagne dans la figure de *Marie*, doux symbole de la patrie absente et regrettée. Dans ce

suave poëme, on respire l'odeur des genêts et des ajoncs,
la fraîcheur âcre et salubre de l'Océan voisin, et l'on
entend à travers les sons du biniou comme une modu-
lation de flûte antique. *Les Bretons, Primel et Nola* sont
des tableaux d'une couleur locale très-juste et très-fine,
peints amoureusement par une main dès longtemps familière avec les sites et les hommes qu'elle représente ;
*les Ternaires* ont une tendance plus mystique et semblent
inspirés par le commerce de Dante. L'auteur, pénétré de
l'importance du nombre trois, le retrouve dans tout et
formule sous un rhythme ternaire des sentences dorées
que n'eût pas désavouées Pythagore. Tous ces poëmes
sont faits avec un soin, une clarté et une délicatesse extrêmes ; on voit que l'auteur, dans ses longs loisirs laborieux, pesait chaque vers, chaque mot, chaque syllabe
dans des balances d'or, s'inquiétant d'une assonance,
d'une allitération, d'une nuance ténue de la pensée, —
toutes choses dont se soucie peu le vulgaire, épris d'af-
fabulations compliquées et d'aventures romanesques.
Comme si de beaux vers français ne suffisaient pas pour
être inconnu, Brizeux écrivait en breton, et plusieurs de
ses ballades gaéliques sont populaires là-bas sur la lande ;
ainsi, il vécut tantôt en Bretagne, tantôt à Florence, triste,
sauvage et fier, assez ignoré, mais n'ayant pas menti à
son rêve de poëte et laissant un chef-d'œuvre, *Marie.* Son
ambition, il n'en eut qu'une, c'était d'être de l'Académie.
— L'Académie aura ce chagrin, qu'il soit mort trop tôt
pour qu'elle ait pu accomplir ce souhait tout littéraire.

(Le Moniteur, 10 mai 1858.)

# HONORÉ DE BALZAC

NÉ EN 1799 — MORT EN 1850

## I

Vers 1835, nous habitions deux petites chambres dans l'impasse du Doyenné, à la place à peu près qu'occupe aujourd'hui le pavillon Mollien. Quoique situé au centre de Paris, en face des Tuileries, à deux pas du Louvre, l'endroit était désert et sauvage, et il fallait certes de la persistance pour nous y découvrir. Cependant un matin nous vîmes un jeune homme aux façons distinguées, à l'air cordial et spirituel, franchir notre seuil en s'excusant de s'introduire lui-même; c'était Jules Sandeau : il venait nous recruter de la part de Balzac pour la *Chronique de Paris*, un journal hebdomadaire dont on a sans doute gardé le souvenir, mais qui ne réussit pas pécuniairement comme il le méritait. Balzac, nous dit Sandeau, avait lu *Mademoiselle de Maupin*, tout récemment parue alors, et il en avait fort admiré le style; aussi désirait-il assurer notre collaboration à la feuille qu'il patronnait et dirigeait. Un rendez-vous fut pris pour nous mettre en rapport, et de ce jour date entre nous une amitié que la mort seule rompit.

Si nous avons raconté cette anecdote, ce n'est pas parce qu'elle est flatteuse pour nous, mais parce qu'elle honore Balzac, qui, déjà illustre, faisait chercher un jeune écrivain obscur, débutant d'hier, et l'associait à ses travaux sur un pied de camaraderie et d'égalité parfaites. En ce temps, il est vrai, Balzac n'était pas encore l'auteur de la *Comédie humaine*, mais il avait fait, outre plusieurs nouvelles, la *Physiologie du Mariage*, la *Peau de chagrin*, *Louis Lambert*, *Seraphita*, *Eugénie Grandet*, l'*Histoire des Treize*, le *Médecin de Campagne*, le *Père Goriot*, c'est-à-dire, en. temps ordinaire, de quoi fonder cinq ou six réputations. Sa gloire naissante, renforcée chaque mois de nouveaux rayons, brillait de toutes les splendeurs de l'aurore ; et certes il fallait un vif éclat pour luire sur ce ciel où éclataient à la fois Lamartine, Victor Hugo, de Vigny, de Musset, Sainte-Beuve, Alexandre Dumas, Mérimée, George Sand, et tant d'autres encore ; mais à aucune époque de sa vie Balzac ne se posa en grand Lama littéraire, et il fut toujours bon compagnon ; il avait de l'orgueil, mais était entièrement dénué de vanité.

Il demeurait en ce temps-là au bout du Luxembourg, près de l'Observatoire, dans une petite rue peu fréquentée baptisée du nom de Cassini, sans doute à cause du voisinage astronomique. Sur le mur du jardin qui en occupait presque tout un côté, et au bout duquel se trouvait le pavillon habité par Balzac, on lisait : l'*Absolu, marchand de briques*. Cette enseigne bizarre, qui subsiste encore, si nous ne nous trompons, nous frappa beaucoup ; *la Recherche de l'absolu* n'eut peut-être pas d'autre point de départ. Ce nom fatidique a probablement suggéré à l'auteur l'idée de Balthasar Claës au pourchas de son rêve impossible.

Quand nous le vîmes pour la première fois, Balzac,

plus âgé d'un an que le siècle, avait environ trente-six ans et sa physionomie était de celles qu'on n'oublie plus. En sa présence la phrase de Shakespeare sur César vous revenait à la mémoire : Devant lui la nature pouvait se lever hardiment et dire à l'univers : « C'est là un homme! »

Le cœur nous battait fort, car jamais nous n'avons abordé sans tremblement un maître de la pensée, et tous les discours que nous avions préparés en chemin nous restèrent à là gorge pour ne laisser passer qu'une phrase stupide équivalant à celle-ci : « Il fait aujourd'hui une belle température. » Balzac, qui vit notre embarras, nous eut bientôt mis à l'aise, et pendant le déjeuner le sang-froid nous revint assez pour l'examiner en détail.

Il portait dès lors en guise de robe de chambre ce froc de cachemire ou de flanelle blanche retenu à la ceinture par une cordelière, dans lequel quelque temps plus tard il se fit peindre par Louis Boulanger. Quelle fantaisie l'avait poussé à choisir, de préférence à un autre, ce costume qu'il ne quitta jamais, nous l'ignorons; peut-être symbolisait-il à ses yeux la vie claustrale à laquelle le condamnaient ses labeurs, et, bénédictin du roman, en avait-il pris la robe? toujours est-il que ce froc blanc lui seyait à merveille. Il se vantait en nous montrant ses manches intactes de n'en avoir jamais altéré la pureté par la moindre tache d'encre, « car, disait-il, le vrai littérateur doit être propre dans son travail. »

Son froc rejeté en arrière laissait à découvert son col d'athlète ou de taureau, rond comme un tronçon de colonne, sans muscles apparents et d'une blancheur satinée qui contrastait avec le ton plus coloré de la face. A cette époque, Balzac, dans toute la force de l'âge, présentait les signes d'une santé violente peu en harmonie

avec les pâleurs et les verdeurs romantiques à la mode.
Son pur sang tourangeau fouettait ses joues pleines d'une
pourpre vivace et colorait chaudement ses bonnes lèvres
épaisses et sinueuses, faciles au rire ; de légères mous-
taches et une mouche en accentuaient les contours sans
les cacher ; le nez carré du bout, partagé en deux lobes,
coupé de narines bien ouvertes, avait un caractère tout
à fait original et particulier ; aussi Balzac, en posant pour
son buste, le recommandait-il à David d'Angers : « Prenez
garde à mon nez ; —mon nez c'est un monde! » Le front
était beau, vaste, noble, sensiblement plus blanc que le
masque, sans autre pli qu'un sillon perpendiculaire à la
racine du nez ; les protubérances de la mémoire des lieux
formaient une saillie très-prononcée au-dessus des arcades sourcilières ; les cheveux abondants, longs, durs
et noirs, se rebroussaient en arrière comme une crinière
léonine. Quant aux yeux, il n'en exista jamais de pareils.
Ils avaient une vie, une lumière, un magnétisme incon-
cevables. Malgré les veilles de chaque nuit, la sclérotique
en était pure, limpide, bleuâtre, comme celle d'un enfant ou d'une vierge, et enchâssait deux diamants noirs
qu'éclairaient par instants de riches reflets d'or : c'étaient
des yeux à faire baisser la prunelle aux aigles, à lire à
travers les murs et les poitrines, à foudroyer une bête
fauve furieuse, des yeux de souverain, de voyant, de
dompteur.

Madame Émile de Girardin, dans son roman intitulé :
*La canne de M. de Balzac*, parle de ces yeux écla-
tants :

« Tancrède aperçut alors, au front de cette sorte de
massue, des turquoises, de l'or, des ciselures merveilleuses ; et derrière tout cela deux grands yeux noirs plus
brillants que les pierreries. »

Ces yeux extraordinaires, dès qu'on avait rencontré

leur regard, empêchaient de remarquer ce que les autres
traits pouvaient présenter de trivial ou d'irrégulier.

L'expression habituelle de la figure était une sorte
d'hilarité puissante, de joie rabelaisienne et monacale
— le froc contribuait sans doute à faire naître cette
idée — qui vous faisaient penser à frère Jean des Entom-
meures, mais agrandi et relevé par un esprit de premier
ordre.

Selon son habitude, Balzac s'était levé à minuit et avait
travaillé jusqu'à notre arrivée. Ses traits n'accusaient cependant aucune fatigue, à part une légère couche de
bistre sous les paupières, et il fut pendant tout le déjeuner d'une gaieté folle. Peu à peu la conversation dé-
riva vers la littérature, et il se plaignit de l'énorme difficulté de la langue française. Le style le préoccupait
beaucoup, et il croyait sincèrement n'en pas avoir. Il est
vrai qu'alors on lui refusait généralement cette qualité.
L'école de Hugo, amoureuse du seizième siècle et du
moyen âge, savante en coupes, en rhythmes, en struc-
tures, en périodes, riche de mots, brisée à la prose par
la gymnastique du vers, opérant d'ailleurs d'après un
maître aux procédés certains, ne faisait cas que de ce
qui était bien *écrit*, c'est-à-dire travaillé et monté de ton
outre mesure, et trouvait de plus la représentation des
mœurs modernes inutile, bourgeoise et manquant de
lyrisme. Balzac, malgré la vogue dont il commençait à
jouir dans le public, n'était donc pas admis parmi les
dieux du romantisme, et il le savait. Tout en dévorant
ses livres, on ne s'arrêtait pas à leur côté sérieux, et,
même pour ses admirateurs, il resta longtemps — le plus
fécond de nos romanciers, — et pas autre chose; — cela
surprend aujourd'hui, mais nous pouvons répondre de la
vérité de notre assertion. Aussi se donnait-il un mal horrible afin d'arriver au style, et, dans son souci de cor-

rection, consultait-il des gens qui lui étaient cent fois inférieurs. Il avait, disait-il, avant de rien signer, écrit,
sous différents pseudonymes (Horace de Saint-Aubin,
L. de Villerglé, etc.), une centaine de volumes « pour se
délier la main. » Cependant il possédait déjà sa forme
sans en avoir la conscience.

Mais revenons à notre déjeuner. Tout en causant, Balzac
jouait avec son couteau ou sa fourchette, et nous remar-
quâmes ses mains qui étaient d'une beauté rare, de
vraies mains de prélat, blanches, aux doigts menus et
potelés, aux ongles roses et brillants; il en avait la coquetterie et souriait de plaisir quand on les regardait. Il
y attachait un sens de race et d'aristocratie. Lord Byron
dit, dans une note, avec une visible satisfaction, qu'Ali-
Pacha lui fit compliment de la petitesse de son oreille,
et en inféra qu'il était bon gentilhomme. Une semblable
remarque sur ses mains eût également flatté Balzac et
plus que l'éloge d'un de ses livres. Il avait même une
sorte de prévention contre ceux dont les extrémités manquaient de finesse. Le repas était assez délicat; un pâté
de foie gras y figurait, mais c'était une dérogation à la
frugalité habituelle, comme il le fit remarquer en riant,
et pour « cette solennité », il avait emprunté des couverts
d'argent à son libraire!

Nous nous retirâmes après avoir promis des articles
pour la *Chronique de Paris*, où parurent *le Tour en Belgique*, *la Morte amoureuse*, *la Chaîne d'or*, et autres travaux littéraires. Charles de Bernard, appelé aussi par
Balzac, y fit *la Femme de Quarante ans*, *la Rose jaune*,
et quelques nouvelles recueillies depuis en volumes.
Balzac, comme on sait, avait inventé la femme de trente
ans; son imitateur ajouta deux lustres à cet âge déjà
vénérable, et son héroïne n'en obtint pas moins de
succès.

Avant d'aller plus loin, arrêtons-nous un peu et don-
nons quelques détails sur la vie de Balzac antérieurement
à notre connaissance avec lui. Nos autorités seront madame de Surville sa sœur, et lui-même.

Balzac naquit à Tours le 16 mai 1799, le jour de la fête
de saint Honoré, dont on lui donna le nom, qui parut bien
sonnant et de bon augure. Le petit Honoré ne fut pas un
enfant prodige; il n'annonça pas prématurément qu'il
ferait la *Comédie humaine*. C'était un garçon frais, vermeil, bien portant, joueur, aux yeux brillants et doux,
mais que rien ne distinguait des autres, du moins à des
regards peu attentifs. A sept ans, au sortir d'un exter-
nat de Tours, on le mit au collége de Vendôme, tenu
par des oratoriens; où il passa pour un élève très-mé-
diocre.

La première partie de *Louis Lambert* contient sur ce
temps de la vie de Balzac, de curieux renseignements.
Dédoublant sa personnalité, il s'y peint comme ancien
condisciple de Louis Lambert, tantôt parlant en son
nom, et tantôt prêtant ses propres sentiments à ce
personnage imaginaire, mais pourtant très-réel, puisqu'il est une sorte d'objectif de l'âme même de l'écrivain.

« Situé au milieu de la ville, sur la petite rivière du
Loir qui en baigne les bâtiments, le collége forme une
vaste enceinte où sont enfermés les établissements nécessaires à une institution de ce genre : une chapelle,
un théâtre, une infirmerie, une boulangerie, des cours
d'eau. Ce collége, le plus célèbre foyer d'instruction que
possèdent les provinces du centre, est alimenté par elles
et par nos colonies. L'éloignement ne permet donc pas
aux parents d'y venir souvent voir leurs enfants ; la règle interdisait d'ailleurs les vacances externes. Une fois
entrés, les élèves ne sortaient du collége qu'à la fin de

leurs études. A l'exception des promenades faites extérieurement sous la conduite des Pères, tout avait été calculé pour donner à cette maison les avantages de la discipline conventuelle. De mon temps, le correcteur était encore un vivant souvenir, et la férule de cuir y jouait avec honneur son terrible rôle. »

C'est ainsi que Balzac peint ce formidable collége, qui laissa dans son imagination de si persistants souvenirs.

Il serait curieux de comparer la nouvelle intitulée *William Wilson*, où Edgar Poe décrit, avec les mystérieux grossissements de l'enfance, le vieux bâtiment du temps de la reine Élisabeth où son héros est élevé avec un compagnon non moins étrange que Louis Lambert; mais ce n'est pas ici le lieu de faire ce rapprochement, que nous nous contentons d'indiquer.

Balzac souffrit prodigieusement dans ce collége, où sa nature rêveuse était meurtrie à chaque instant par une règle inflexible. Il négligeait de faire ses devoirs ; mais, favorisé par la complicité tacite d'un répétiteur de mathématiques, en même temps bibliothécaire, et occupé de quelque ouvrage transcendantal, il ne prenait pas sa leçon et emportait les livres qu'il voulait. Tout son temps se passait à lire en cachette. Aussi fut-il bientôt l'élève le plus puni de sa classe. Les pensums, les retenues absorbèrent bientôt le temps des récréations ; à certaines natures d'écoliers, les châtiments inspirent une sorte de rébellion stoïque, et ils opposent aux professeurs exaspérés la même impassibilité dédaigneuse que les guerriers sauvages captifs aux ennemis qui les torturent. Ni le cachot, ni la privation d'aliments, ni la férule ne parviennent à leur arracher la moindre plainte; ce sont alors entre le maître et l'élève des luttes horribles, inconnues des parents, où la constance des martyrs et l'habileté des bourreaux se trouvent égalées. Quelques

professeurs nerveux ne peuvent supporter le regard plein
de haine, de mépris et de menace par lequel un bambin
de huit ou dix ans les brave.

Rassemblons ici quelques détails caractéristiques qui,
sous le nom de Louis Lambert, reviennent à Balzac.
« Accoutumé au grand air, à l'indépendance d'une éducation laissée au hasard, caressé par les tendres soins
d'un vieillard qui le chérissait, habitué à penser sous le
soleil, il lui fut bien difficile de se plier à la règle du collége, de marcher dans le rang, de vivre entre les quatre
murs d'une salle où quatre-vingts jeunes gens étaient silencieux, assis sur un banc de bois, chacun devant son
pupitre. Ses sens possédaient une perfection qui leur
donnait une exquise délicatesse, et tout souffrit chez lui
de cette vie en commun ; les exhalaisons par lesquelles
l'air était corrompu, mêlées à la senteur d'une classe
toujours sale et encombrée des débris de nos déjeuners
et de nos goûters, affectèrent son odorat, ce sens qui,
plus directement en rapport que les autres avec le système cérébral, doit causer par ses altérations d'invisibles ébranlements aux organes de la pensée ; outre ces
causes de corruption atmosphérique, il se trouvait dans
nos salles d'étude des baraques où chacun mettait son
butin, des pigeons tués pour les jours de fête ou les mets
dérobés au réfectoire. Enfin nos salles contenaient encore une pierre immense où restaient en tout temps deux
seaux pleins d'eau où nous allions chaque matin nous
débarbouiller le visage et nous laver les mains à tour de
rôle, en présence du maître. Nettoyé une seule fois par
jour, avant notre réveil, notre local demeurait toujours
malpropre. Puis, malgré le nombre des fenêtres et la
hauteur de la porte, l'air y était incessamment vicié par
les émanations du lavoir, de la baraque, par les mille
industries de chaque écolier, sans compter nos quatre-

vingts corps réunis. — Cette espèce d'humus collégial, mêlé sans cesse à la boue que nous rapportions des cours, formait un fumier d'une insupportable puanteur. La privation de l'air pur et parfumé des campagnes dans lequel il avait jusqu'alors vécu, le changement de ses habitudes, la discipline, tout contrista Lambert. La tête toujours appuyée sur sa main gauche et le bras accoudé à son pupitre, il passait les heures d'étude à regarder dans la cour le feuillage des arbres ou les nuages du ciel. Il semblait étudier ses leçons ; mais, voyant sa plume immobile ou sa page restée blanche, le régent lui criait : « Vous ne faites rien, Lambert! »

A cette peinture si vive et si vraie des souffrances de la vie de collège, ajoutons encore ce morceau où Balzac, se désignant dans sa dualité sous le double sobriquet de Pythagore et du Poëte, l'un porté par la moitié de lui-même personnifiée en Louis Lambert, l'autre par la moitié de son identité avouée, explique admirablement pourquoi il passa aux yeux des professeurs pour un enfant incapable.

« Notre indépendance, nos occupations illicites, notre fainéantise apparente, l'engourdissement dans lequel nous restions, nos punitions constantes, notre répugnance pour nos devoirs et nos pensums, nous valurent la réputation d'être des enfants lâches et incorrigibles ; nos maîtres nous méprisèrent, et nous tombâmes également dans le plus affreux discrédit auprès de nos camarades, à qui nous cachions nos études de contrebande par crainte de leurs moqueries. Cette double mésestime, injuste chez les Pères, était un sentiment naturel chez nos condisciples ; nous ne savions ni jouer à la balle, ni courir, ni monter sur les échasses aux jours d'amnistie, quand par hasard nous obtenions un instant de liberté ; nous ne partagions aucun des plaisirs à la mode dans le collége ; étrangers aux jouissances de nos camarades, nous restions seuls, mélancoliquement assis sous quelque arbre de la cour. Le Poëte et Pythagore furent donc une exception, une vie en dehors de la vie commune. L'instinct si pénétrant, l'amour-propre si délicat des écoliers, leur firent pressentir des esprits situés plus haut ou plus bas que ne l'étaient les leurs ; de là, chez les uns, haine de notre muette aristocratie, chez les autres, mépris de notre inutilité ; ces sentiments étaient entre nous à notre insu, peut-être ne les ai-je devinés qu'aujourd'hui. Nous vivions donc exactement comme deux rats tapis dans le coin de la salle où étaient nos pupitres, également retenus là durant les heures d'étude et pendant celles des récréations. »

Le résultat de ces travaux cachés, de ces méditations qui prenaient le temps des études, fut ce fameux *Traité de la volonté* dont il est parlé plusieurs fois dans la *Comédie humaine*. Balzac regretta toujours la perte de cette première œuvre qu'il esquisse sommairement dans *Louis Lambert*, et il raconte avec une émotion que le temps n'a pas diminuée la confiscation de la boîte où était serré le précieux manuscrit : des condisciples jaloux essayent d'arracher le coffret aux deux amis qui le défendent avec acharnement ; « soudain attiré par le bruit de la bataille, le Père Haugoult intervint brusquement et s'enquit de la dispute. Ce terrible Haugoult nous ordonna de lui remettre la cassette ; Lambert lui livra la clef, le régent prit les papiers, les feuilleta ; puis il dit en les confisquant : — Voilà donc les bêtises pour lesquelles vous négligez vos devoirs ! De grosses larmes tombèrent des yeux de Lambert, arrachées autant par la conscience de sa supériorité morale offensée que par l'insulte gratuite et la trahison qui nous accablaient. — Le Père Haugoult vendit probablement à un épicier de

Vendôme le *Traité de la volonté*, sans connaître l'importance des trésors scientifiques dont les germes avortés se
dissipèrent en d'ignorantes mains. »

Après ce récit il ajoute : « Ce fut en mémoire de la catastrophe arrivée au livre de Louis que dans l'ouvrage
par lequel commencent ces études je me suis servi pour
une œuvre fictive du titre réellement inventé par Lambert, et que j'ai donné le nom (Pauline) d'une femme
qui lui fut chère à une jeune fille pleine de dévouement. »

En effet, si nous ouvrons la *Peau de chagrin*, nous y
trouvons dans la confession de Raphaël les phrases sui-
vantes : « Toi seul admiras ma *Théorie de la volonté*, ce
long ouvrage pour lequel j'avais appris les langues orientales, l'anatomie, la physiologie, auquel j'avais consacré
la plus grande partie de mon temps, œuvre qui, si je ne
me trompe, complétera les travaux de Mesmer, de La-
vater, de Gall, de Bichat, en ouvrant une nouvelle route
à la science humaine ; là s'arrête ma belle vie, ce sacrifice de tous les jours, ce travail de ver à soie, inconnu
au monde, et dont la seule récompense est peut-être
dans le travail même ; depuis l'âge de raison jusqu'au
jour où j'eus terminé ma *Théorie*, j'ai observé, appris,
écrit, lu sans relâche, et ma vie fut comme un long pen-
sum ; amant efféminé de la paresse orientale, amoureux de mes rêves, sensuel, j'ai toujours travaillé, me
refusant à goûter les jouissances de la vie parisienne ;
gourmand, j'ai été sobre ; aimant la marche et les voyages
maritimes, désirant visiter des pays, trouvant encore du
plaisir à faire comme un enfant des ricochets sur l'eau,
je suis resté constamment assis une plume à la main ;
bavard, j'allais écouter en silence les professeurs aux
cours publics de la Bibliothèque et du Muséum ; j'ai
dormi sur mon grabat solitaire comme un religieux de

l'ordre de Saint-Benoît, et la femme était cependant ma seule chimère, une chimère que je caressais et qui me fuyait toujours ! »

Si Balzac regretta le *Traité de la volonté*, il dut être moins sensible à la perte de son poëme épique sur les Incas, qui commençait ainsi :

O Inca, ô roi infortuné et malheureux,

inspiration malencontreuse qui lui valut, tout le temps qu'il resta au collége, le sobriquet dérisoire de Poëte. Balzac, il faut l'avouer, n'eut jamais le don de poésie, de versification, du moins ; sa pensée si complexe resta toujours rebelle au rhythme.

De ces méditations si intenses, de ces efforts intellectuels vraiment prodigieux chez un enfant de douze ou quatorze ans, il résulta une maladie bizarre, une fièvre nerveuse, une sorte de *coma* tout à fait inexplicable pour les professeurs qui n'étaient pas dans le secret des lectures et des travaux du jeune Honoré, en apparence oisif et stupide ; nul ne soupçonnait, au collége, ces précoces excès d'intelligence, et ne savait qu'au cachot, où il se faisait mettre journellement afin d'être libre, l'écolier cru paresseux avait absorbé toute une bibliothèque de livres sérieux et au-dessus de la portée de son âge.

Cousons ici quelques lignes curieuses sur la faculté de lecture attribuée à Louis Lambert, c'est-à-dire à Balzac.

« En trois ans, Louis Lambert s'était assimilé la substance des livres qui, dans la bibliothèque de son oncle, méritaient d'être lus. L'absorption des idées par la lecture était devenu chez lui un phénomène curieux : son œil embrassait sept ou huit lignes d'un coup, et son esprit en appréciait le sens avec une vélocité pareille à celle de son regard. Souvent même un mot dans la phrase suffisait pour lui en faire saisir le suc. Sa mémoire était prodigieuse. Il se souvenait avec une même fidélité des pensées acquises par la lecture et de celles que la réflexion ou la conversation lui avaient suggérées. Enfin il possédait toutes les mémoires : celles des lieux, des noms, des mots, des choses, des figures ; non-seulement il se rappelait les objets à volonté, mais encore il les revoyait en lui-même éclairés et colorés comme ils l'étaient au moment où il les avait aperçus. Cette puissance s'appliquait également aux actes les plus insaisissables de l'entendement. Il se souvenait, suivant son expression, non-seulement du gisement des pensées dans le livre où il les avait prises, mais encore des dispositions de son âme à des époques éloignées. »

Ce merveilleux don de sa jeunesse, Balzac le conserva toute sa vie, accru encore, et c'est par lui que peuvent s'expliquer ses immenses travaux, — véritables travaux d'Hercule.

Les professeurs effrayés écrivirent aux parents de Balzac de le venir chercher en toute hâte. Sa mère accourut et l'enleva pour le ramener à Tours. L'étonnement de la famille fut grand lorsqu'elle vit l'enfant maigre et chétif que le collége lui renvoyait à la place du chérubin qu'il avait reçu, et la grand'mère d'Honoré en fit la douloureuse remarque. Non-seulement il avait perdu ses belles couleurs, son frais embonpoint, mais encore, sous le coup d'une congestion d'idées, il paraissait imbécile. Son attitude était celle d'un extatique, d'un somnambule qui dort les yeux ouverts ; perdu dans une rêverie profonde, il n'entendait pas ce qu'on lui disait, ou son esprit, revenu de loin, arrivait trop tard à la réponse. Mais le grand air, le repos, le milieu caressant de la famille, les distractions qu'on le forçait de prendre et l'énergique

séve de l'adolescence eurent bientôt triomphé de cet
état maladif. Le tumulte causé dans cette jeune cervelle
par le bourdonnement des idées s'apaisa. Les lectures
confuses se classèrent peu à peu ; aux abstractions vinrent se mêler des images réelles, des observations faites
silencieusement sur le vif ; tout en se promenant et en
jouant, il étudiait les jolis paysages de la Loire, les types
de province, la cathédrale de Saint-Gatien et les physionomies caractéristiques des prêtres et des chanoines ;
plusieurs cartons qui servirent plus tard à la grande fresque de la *Comédie* furent certainement esquissés pendant
cette inaction féconde. Pourtant, pas plus dans la famille
qu'au collége, l'intelligence de Balzac ne fut devinée ou
comprise. Même, s'il lui échappait quelque chose d'ingénieux, sa mère, femme supérieure cependant, lui disait : « Sans doute, Honoré, tu ne comprends pas ce que
tu dis là ? » Et Balzac de rire, sans s'expliquer davantage, de ce bon rire qu'il avait. M. de Balzac père, qui
tenait à la fois de Montaigne, de Rabelais et de l'oncle
Toby, par sa philosophie, son originalité et sa bonté
(c'est madame de Surville qui parle), avait un peu meilleure opinion de son fils, d'après certains systèmes gé-
nésiaques qu'il s'était faits et d'où il résultait qu'un enfant procréé par lui ne pouvait être un sot ; toutefois il
ne soupçonnait nullement le futur grand homme.

La famille de Balzac étant revenue à Paris, il fut mis
en pension chez M. Lepitre, rue Saint-Louis, et chez
MM. Scanzer et Beuzelin, rue Thorigny au Marais. Là,
comme au collége de Vendôme, son génie ne se décela
point, et il resta confondu parmi le troupeau des écoliers
ordinaires. Aucun pion enthousiasmé ne lui dit : — *Tu,
Marcellus eris !* — ou : *Sic itur ad astra !*

Ses classes finies, Balzac se donna cette seconde éducation qui est la vraie ; il étudia, se perfectionna, suivit

les cours de la Sorbonne et fit son droit, tout en travaillant chez l'avoué et le notaire. Ce temps, perdu en apparence, puisque Balzac ne fut ni avoué, ni notaire, ni avocat, ni juge, lui fit connaître le personnel de la Basoche et le mit à même d'écrire plus tard, de façon à émerveiller les hommes du métier, ce que nous pourrions appeler le contentieux de la *Comédie humaine*.

Les examens passés, la grande question de la carrière à prendre se présenta. On voulait faire de Balzac un notaire ; mais le futur grand écrivain, qui, bien que personne ne crût à son génie, en avait la conscience, refusa le plus respectueusement du monde, quoiqu'on lui eût ménagé une charge à des conditions très-favorables. Son père lui accorda deux ans pour faire ses preuves, et comme la famille retournait en province, madame Balzac installa Honoré dans une mansarde, en lui allouant une pension suffisante à peine aux plus stricts besoins, espérant qu'un peu de vache enragée le rendrait plus sage.

Cette mansarde était perchée rue de Lesdiguières, n° 9, près de l'Arsenal, dont la bibliothèque offrait ses ressources au jeune travailleur. Sans doute, passer d'une maison abondante et luxueuse à un misérable réduit serait une chose dure à un tout autre âge qu'à vingt et un ans, âge qui était celui de Balzac ; mais si le rêve de tout enfant est d'avoir des bottes, celui de tout jeune homme est d'avoir une chambre, une chambre bien à lui, dont il ait la clef dans sa poche, ne pût-il se tenir debout qu'au milieu : une chambre, c'est la robe virile, c'est l'indépendance, la personnalité, l'amour !

Voilà donc maître Honoré juché près du ciel, assis devant sa table, et s'essayant au chef-d'œuvre qui devait donner raison à l'indulgence de son père et démentir les horoscopes défavorables des amis. — Chose singulière,

Balzac débuta par une tragédie, par un *Cromwell!* Vers ce temps-là, à peu près, Victor Hugo mettait la dernière main à son *Cromwell*, dont la préface fut le manifeste de la jeune école dramatique.

## II

En relisant avec attention la *Comédie humaine* lorsqu'on a connu familièrement Balzac, on y retrouve épars une foule de détails curieux sur son caractère et sur sa vie, surtout dans ses premiers ouvrages, où il n'est pas encore tout à fait dégagé de sa personnalité, et à défaut de *sujets* s'observe et se dissèque lui-même. Nous avons dit qu'il commença le rude noviciat de la vie littéraire dans une mansarde de la rue Lesdiguières, près de l'Arsenal. — La nouvelle de *Facino Cane*, datée de Paris, mars 1836, et dédiée à Louise, contient quelques indications précieuses sur l'existence que menait dans ce nid aérien le jeune aspirant à la gloire.

« Je demeurais alors dans une rue que vous ne connaissez sans doute pas, la rue de Lesdiguières : elle commence rue Saint-Antoine, en face d'une fontaine, près de la place de la Bastille, et débouche dans la rue de la Cerisaie. L'amour de la science m'avait jeté dans une mansarde où je travaillais pendant la nuit et je passais le jour dans une bibliothèque voisine, celle de Monsieur ; je vivais frugalement, j'avais accepté toutes les conditions de la vie monastique, si nécessaires aux travailleurs. Quand il faisait beau, à peine me promenais-je sur le boulevard Bourdon. — Une seule passion m'entraînait en dehors de mes habitudes studieuses ; mais n'était-ce pas encore de l'étude? J'allais observer les mœurs du faubourg, ses habitants et leurs caractères. Aussi mal vêtu que les ouvriers, indifférent au décorum, je ne les mettais point en garde contre moi : je pouvais me mêler à leurs groupes, les voir concluant leurs marchés, et se disputant à l'heure où ils quittent le travail. Chez moi l'observation était déjà devenue intuitive, elle pénétrait l'âme sans négliger le corps ; ou plutôt elle saisissait si bien les détails extérieurs qu'elle allait sur-le-champ au delà ; elle me donnait la faculté de vivre de la vie de l'individu sur laquelle elle s'exerçait en me permettant de me substituer à lui, comme le derviche des *Mille et une Nuits* prenait le corps et l'âme des personnes sur lesquelles il prononçait certaines paroles.

« Lorsque, entre onze heures et minuit, je rencontrais un ouvrier et sa femme revenant ensemble de l'Ambigu-Comique, je m'amusais à les suivre depuis le boulevard du Pont-aux-Choux jusqu'au boulevard Beaumarchais. Ces braves gens parlaient d'abord de la pièce qu'ils avaient vue : de fil en aiguille ils arrivaient à leurs affaires ; la mère tirait son enfant par la main sans écouter ni ses plaintes ni ses demandes. Les deux époux comptaient l'argent qui leur serait payé le lendemain. Ils le dépensaient de vingt manières différentes. C'étaient alors des détails de ménage, des doléances sur le prix excessif des pommes de terre ou sur la longueur de l'hiver et le renchérissement des mottes, des représentations énergiques sur ce qui était dû au boulanger, enfin des discussions qui s'envenimaient et où chacun déployait son caractère en mots pittoresques. En entendant ces gens je pouvais épouser leur vie, je me sentais leurs guenilles sur le dos, je marchais les pieds dans leurs souliers percés ; leurs désirs, leurs besoins, tout passait dans mon âme et mon âme passait dans la leur ; c'était le rêve d'un homme éveillé. Je m'échauffais avec eux contre les chefs d'atelier qui les tyrannisaient ou contre les mauvaises pratiques qui les faisaient revenir plusieurs fois sans les payer. Quitter ses habitudes, devenir un autre que soi par l'ivresse des facultés morales et jouer ce jeu à volonté, telle était ma distraction. A quoi dois-je ce don? une seconde vue? Est-ce une de ces qualités dont l'abus mènerait à la folie? Je n'ai jamais recherché les causes de cette puissance; je la possède et je m'en sers, voilà tout. »

Nous avons transcrit ces lignes, doublement intéressantes, parce qu'elles éclairent un côté peu connu de la vie de Balzac, et qu'elles montrent chez lui la conscience de cette puissante faculté d'intuition qu'il possédait déjà à un si haut degré et sans laquelle la réalisation de son œuvre eût été impossible. Balzac, comme Vichnou, le dieu indien, possédait le don d'*avatar* c'est-à-dire celui de s'incarner dans des corps différents et d'y vivre le temps qu'il voulait ; seulement, le nombre des *avatars* de Vichnou est fixé à dix, ceux de Balzac ne se comptent pas, et de plus il pouvait les provoquer à volonté. — Quoique cela semble singulier à dire en plein dix-neuvième siècle, Balzac fut un *voyant*. Son mérite d'observateur, sa perspicacité de physiologiste, son génie d'écrivain ne suffisent pas pour expliquer l'infinie variété des deux ou trois mille types qui jouent un rôle plus ou moins important dans *la Comédie humaine*. Il ne les copiait pas, il les vivait idéalement, revêtait leurs habits, contractait leurs habitudes, s'entourait de leur milieu, était eux-mêmes tout le temps nécessaire. De là viennent ces personnages soutenus, logiques, ne se démentant et ne s'oubliant jamais, doués d'une existence intime et profonde, qui, pour nous servir d'une de ses expressions, font concurrence à l'état civil. Un véritable sang rouge circule

dans leurs veines au lieu de l'encre qu'infusent à leurs
créations les auteurs ordinaires.

Cette faculté, Balzac ne la possédait d'ailleurs que pour
le présent. Il pouvait transporter sa pensée dans un marquis, dans un financier, dans un bourgeois, dans un
homme du peuple, dans une femme du monde, dans une
courtisane, mais les ombres du passé n'obéissaient pas
à son appel : il ne sut jamais, comme Gœthe, évoquer
du fond de l'antiquité la belle Hélène et lui faire habiter
le manoir gothique de Faust. Sauf deux ou trois excep-
tions, toute son œuvre est moderne ; il s'était assimilé
les vivants, il ne ressuscitait pas les morts. — L'histoire
même le séduisait peu, comme on peut le voir par ce
passage de l'avant-propos qui précède la *Comédie humaine* : « En lisant les sèches et rebutantes nomencla-
tures de faits appelées *histoires*, qui ne s'est aperçu que
les écrivains ont oublié dans tous les temps, en Égypte,
en Perse, en Grèce, à Rome, de nous donner l'histoire
des mœurs ? Le morceau de Pétrone sur la vie privée
des Romains irrite plutôt qu'il ne satisfait notre curiosité. »

Cette lacune laissée par les historiens des sociétés disparues, Balzac se proposa de la combler pour la nôtre,
et Dieu sait s'il remplit fidèlement le programme qu'il
s'était tracé.

« La société allait être l'historien, je ne devais être
que le secrétaire ; en dressant l'inventaire des vices et
des vertus, en rassemblant les principaux faits des passions, en peignant les caractères, en choisissant les événements principaux de la société, en composant des
types par la réunion des traits de plusieurs caractères
homogènes, peut-être pouvais-je arriver à écrire l'histoire, oubliée par tant d'historiens, celle des mœurs.
Avec beaucoup de patience et de courage, je réaliserais,

sur la France au dix-neuvième siècle, ce livre que nous regrettons tous, que Rome, Athènes, Tyr, Memphis, la Perse, l'Inde, ne nous ont malheureusement pas laissé sur leur civilisation, et qu'à l'instar de l'abbé Barthélemy, le courageux et patient Monteil avait essayé sur le moyen âge, mais sous une forme peu attrayante. »

Mais retournons à la mansarde de la rue Lesdiguières. Balzac n'avait pas conçu le plan de l'œuvre qui devait l'immortaliser ; il se cherchait encore avec inquiétude, anhélation et labeur, essayant tout et ne réussissant à rien, pourtant il possédait déjà cette opiniâtreté de travail à laquelle Minerve, quelque revêche qu'elle soit, doit un jour ou l'autre céder ; il ébauchait des opéras-comiques, faisait des plans de comédies, de drames et de romans dont madame de Surville nous a conservé les titres : *Stella, Coqsigrue, les Deux Philosophes*, sans compter le terrible *Cromwell*, dont les vers, qui lui coûtaient tant de peine, ne valaient pas beaucoup mieux que celui par lequel commençait son poème épique des *Incas*.

Figurez-vous le jeune Honoré les jambes entortillées d'un carrick rapiécé, le haut du corps protégé par un vieux châle maternel, coiffé d'une sorte de calotte dantesque dont madame de Balzac connaissait seule la coupe, sa cafetière à gauche, son encrier à droite, labourant à plein poitrail et le front penché, comme un bœuf à la charrue, le champ pierreux et non défriché pour lui de la pensée où il traça plus tard des sillons si fertiles. La lampe brille comme une étoile au fond de la maison noire, la neige descend en silence sur les tuiles disjointes ; le vent souffle à travers la porte et la fenêtre « comme Tulou dans sa flûte, mais moins agréablement. »

Si quelque passant attardé eût levé les yeux vers cett.

6.

petite lueur obstinément tremblotante, il ne se serait certes pas douté que c'était l'aurore d'une des plus grandes gloires de notre siècle.

Veut-on voir un croquis de l'endroit, transposé, il est vrai, mais très-exact, dessiné par l'auteur dans la *Peau de chagrin*, cette œuvre qui contient tant de lui-même?

« ... Une chambre qui avait vue sur les cours des maisons voisines, par les fenêtres desquelles passaient de longues perches chargées de linge; rien n'était plus horrible que cette mansarde aux murs jaunes et sales, qui sentait la misère et appelait son savant. La toiture s'y abaissait régulièrement, et les tuiles disjointes laissaient voir le ciel; il y avait place pour un lit, une table, quelques chaises, et sous l'angle aigu du toit je pouvais loger mon piano...... Je vécus dans ce sépulcre aérien pendant près de trois ans, travaillant nuit et jour, sans relâche, avec tant de plaisir que l'étude me semblait être le plus beau thème, la plus heureuse solution de la vie humaine. Le calme et le silence nécessaires au savant ont je ne sais quoi de doux et d'enivrant comme l'amour... L'étude prête une sorte de magie à tout ce qui nous environne. Le bureau chétif sur lequel j'écrivais et la basane brune qui le couvrait, mon piano, mon lit, mon fauteuil, les bizarreries du papier de tenture, mes meubles, toutes ces choses s'animèrent et devinrent pour moi d'humbles amis, les silencieux complices de mon avenir. Combien de fois ne leur ai-je pas communiqué mon âme en les regardant? Souvent, en faisant voyager mes yeux sur une moulure déjetée, je rencontrais des développements nouveaux, une preuve frappante de mon système ou des mots que je croyais heureux pour rendre des pensées presque intraduisibles. »

Dans ce même passage, il fait allusion à ses travaux : « J'avais entrepris deux grandes œuvres ; une comédie devait, en peu de jours, me donner une renommée, une fortune et l'entrée de ce monde où je voulais reparaître en exerçant les droits régaliens de l'homme de génie. Vous avez tous vu dans ce chef-d'œuvre la première erreur d'un jeune homme qui sort du collége, une niaiserie d'enfant! Vos plaisanteries ont détruit de fécondes illusions qui depuis ne se sont pas réveillées... »

On reconnait là le malencontreux *Cromwell*, qui, lu devant la famille et les amis assemblés, fit un fiasco complet.

Honoré appela de la sentence devant un arbitre qu'il accepta comme compétent, un bon vieillard, ancien professeur à l'École polytechnique. Le jugement fut que l'auteur devait faire « quoi que ce soit, excepté de la littérature. »

Quelle perte pour les lettres, quelle lacune dans l'esprit humain, si le jeune homme se fût incliné devant l'expérience du vieillard et eût écouté son conseil, qui, certes, était des plus sages, car il n'y avait pas la moindre étincelle de génie ni même de talent dans cette tragédie de rhétorique! Heureusement Balzac, sous le pseudonyme de Louis Lambert, n'avait pas fait pour rien au collége de Vendôme la *Théorie de la volonté.*

Il se soumit à la sentence, mais seulement pour la tragédie ; il comprit qu'il devait renoncer à marcher sur les traces de Corneille et de Racine, qu'il admirait alors sous bénéfice d'inventaire, car jamais génies ne furent plus contraires au sien. Le roman lui offrait un moule plus commode, et il écrivit vers cette époque un grand nombre de volumes qu'il ne signa pas et désavoua toujours. Le Balzac que nous connaissons et que nous admirons était encore dans les limbes et luttait vainement pour s'en dégager. Ceux qui ne le jugeaient capable que d'être expéditionnaire avaient en apparence raison; peut-être même cette ressource lui aurait-elle manqué, car sa *belle écriture* devait déjà s'être altérée dans les brouillons chiffonnés, raturés, surchargés, presque hiéroglyphiques de l'écrivain luttant avec l'idée et ne se souciant plus de la beauté du caractère.

Ainsi, rien n'était résulté de cette claustration rigoureuse, de cette vie d'ermite dans la Thébaïde dont Raphaël trace le budget : « Trois sous de pain, deux sous de lait, trois sous de charcuterie m'empêchaient de mourir de faim et tenaient mon esprit dans un état de lucidité singulière. Mon logement me coûtait trois sous par jour ; je brûlais pour trois sous d'huile par nuit, je faisais moi-même ma chambre, je portais des chemises de flanelle pour ne dépenser que deux sous de blanchissage par jour. Je me chauffais avec du charbon de terre, dont le prix divisé par les jours de l'année n'a jamais donné plus de deux sous pour chacun. J'avais des habits, du linge, des chaussures pour trois années : je ne voulais m'habiller que pour aller à certains cours publics et aux bibliothèques ; ces dépenses réunies ne faisaient que dix-huit sous : il restait deux sous pour les choses imprévues. Je ne me souviens pas d'avoir, pendant cette longue période de travail, passé le pont des Arts, ni jamais acheté d'eau. »

Sans doute Raphaël exagère un peu l'économie, mais la correspondance de Balzac avec sa sœur montre que le roman ne diffère pas beaucoup de la réalité. La vieille femme désignée dans ses lettres sous le titre d'Iris la Messagère, et qui avait soixante-dix ans, ne pouvait être une ménagère bien active ; aussi Balzac écrit-il : « Les nouvelles de mon ménage sont désastreuses, les travaux nuisent à la propreté. Ce coquin de *Moi-même* se néglige de plus en plus, il ne descend que tous les trois ou quatre jours pour les achats, va chez les marchands les plus voisins et les plus mal approvisionnés du quartier : les autres sont trop loin, et le garçon économise au moins ses pas ; de sorte que ton frère (destiné à tant de célébrité) est déjà nourri absolument comme un grand homme, c'est-à-dire qu'il meurt de faim.

« Autre sinistre : le café fait d'affreux gribouillis par terre. Il faut beaucoup d'eau pour réparer le dégât; or, l'eau ne montant pas à ma *céleste* mansarde (elle y descend seulement les jours d'orage), il faudra aviser, après l'achat du piano, à l'établissement d'une machine hydraulique si le café continue à s'enfuir pendant que le maître et le serviteur bayent aux corneilles. »

Ailleurs, continuant la plaisanterie, il gourmande le paresseux *Moi-même* qui laisse pendre au plafond les toiles d'araignée, les *moutons* se promener sous le lit et la poussière aveuglante se tamiser sur les vitres.

Dans une autre lettre il écrit : « J'ai mangé deux melons... il faudra les payer à force de noix et de pain sec ! »

Une des rares récréations qu'il se permettait, c'était d'aller au Jardin ou au Père-Lachaise. Du haut de la colline funèbre il dominait Paris comme Rastignac à l'enterrement du père Goriot. Son regard planait sur cet océan d'ardoises et de tuiles qui recouvrent tant de luxe, de misère, d'intrigues et de passions. Comme un jeune aigle, il couvait sa proie du regard, mais il n'avait encore ni les ailes, ni le bec, ni les serres, quoique son œil déjà pût se fixer sur le soleil. — Il disait, en contemplant les tombes : « Il n'y a de belles épitaphes que celles-ci : La Fontaine, Masséna, Molière : un seul nom qui dit tout et qui fait rêver ! »

Cette phrase contient comme une vague aperception prophétique que l'avenir réalisa, hélas ! trop tôt. Au penchant de la colline, sur une pierre sépulcrale, au-

dessous d'un buste en bronze coulé d'après le marbre
de David, ce mot : BALZAC dit tout et fait rêver le pro-
meneur solitaire.

Le régime diététique préconisé par Raphaël pouvait
être favorable à la lucidité du cerveau ; mais, certes, il
ne valait rien pour un jeune homme habitué au confort
de la vie de famille. Quinze mois passés sous ces plombs
intellectuels, plus tristes, à coup sûr, que ceux de Venise, avaient fait du frais Tourangeau aux joues satinées
et brillantes un squelette parisien, hâve et jaune, presque
méconnaissable. Balzac rentra dans la maison paternelle,
où le veau gras fut tué pour le retour de cet enfant peu
prodigue.

Nous glisserons légèrement sur le temps de sa vie où
il essaya de s'assurer l'indépendance par des spéculations
de librairie, auxquelles ne manquèrent que des capitaux
pour être heureuses. Ces tentatives l'endettèrent, enga-
gèrent son avenir, et malgré les secours dévoués, mais
trop tardifs peut-être, de sa famille, lui imposèrent ce
rocher de Sisyphe qu'il remonta tant de fois jusqu'au
bord du plateau, et qui retombait toujours plus écrasant
sur ses épaules d'Atlas chargées en outre de tout un
monde.

Cette dette qu'il se faisait un devoir sacré d'acquitter,
car elle représentait la fortune d'êtres chers, fut la Nécessité au fouet armé de pointes, à la main pleine de
clous de bronze qui le harcela nuit et jour, sans trêve ni
pitié, lui faisant regarder comme un vol une heure de
repos ou de distraction. Elle domina douloureusement
toute sa vie et la rendit souvent inexplicable pour qui n'en
possédait pas le secret.

Ces indispensables détails biographiques indiqués,
arrivons à nos impressions directes et personnelles sur
Balzac.

Balzac, cet immense cerveau, ce physiologiste si pénétrant, cet observateur si profond, cet esprit si intuitif, ne possédait pas le don littéraire : chez lui s'ouvrait un abîme entre la pensée et la forme. Cet abîme, surtout dans les premiers temps, il désespéra de le franchir. Il y jetait sans le combler volume sur volume, veille sur veille, essai sur essai ; toute une bibliothèque de livres inavoués y passa. Une volonté moins robuste se fût découragée mille fois, mais par bonheur Balzac avait une confiance inébranlable dans son génie méconnu de tout le monde. Il voulait être un grand homme et il le fut par d'incessantes projections de ce fluide plus puissant que l'électricité, et dont il fait de si subtiles analyses dans *Louis Lambert.*

Contrairement aux écrivains de l'école romantique, qui tous se distinguèrent par une hardiesse et une facilité d'exécution étonnantes, et produisirent leurs fruits presque en même temps que leurs fleurs, dans une éclosion pour ainsi dire involontaire, Balzac, l'égal de tous comme génie, ne trouvait pas son moyen d'expression, ou ne le trouvait qu'après des peines infinies. Hugo disait dans une de ses préfaces, avec sa fierté castillane : « Je ne sais pas l'art de souder une beauté à la place d'un défaut, et je me corrige dans un autre ouvrage. » Mais Balzac zébrait de ratures une dixième épreuve, et lorsqu'il nous voyait renvoyer à la *Chronique de Paris* l'épreuve d'un article fait d'un jet sur le coin d'une table avec les seules corrections typographiques, il ne pouvait croire, quelque content qu'il en fût d'ailleurs, que nous y eussions mis tout notre talent. « En le remaniant encore deux ou trois fois il eût été mieux, » nous disait-il.

Se donnant pour exemple, il nous prêchait une étrange hygiène littéraire. Il fallait nous cloîtrer deux ou trois ans, boire de l'eau, manger des lupins détrempés comme

Protogène, nous coucher à six heures du soir, nous lever à minuit, et travailler jusqu'au matin, employer la journée à revoir, étendre, émonder, perfectionner, polir le travail nocturne, corriger les épreuves, prendre les notes, faire les études nécessaires, et vivre surtout dans la chasteté la plus absolue. Il insistait beaucoup sur cette dernière recommandation, bien rigoureuse pour un jeune homme de vingt-quatre ou vingt-cinq ans. Selon lui, la chasteté réelle développait au plus haut degré les puissances de l'esprit, et donnait à ceux qui la pratiquaient des facultés inconnues. Nous objections timidement que les plus grands génies ne s'étaient interdit ni l'amour, ni la passion, ni même le plaisir, et nous citions des noms illustres. Balzac hochait la tête, et répondait : « Ils auraient fait bien autre chose sans les femmes. »

Toute la concession qu'il pût nous accorder, et encore la regrettait-il, fut de voir la personne aimée une demi-heure chaque année. Il permettait les lettres; « cela formait le style. »

Moyennant ce régime, il promettait de faire de nous, avec les dispositions naturelles qu'il se plaisait à nous reconnaître, un écrivain de premier ordre. On voit bien à nos œuvres que nous n'avons pas suivi ce plan d'études si sage.

Il ne faut pas croire que Balzac plaisantât en nous traçant cette règle que des trappistes ou des chartreux eussent trouvée dure. Il était parfaitement convaincu et parlait avec une éloquence telle, qu'à plusieurs reprises nous essayâmes consciencieusement de cette méthode d'avoir du génie; nous nous levâmes plusieurs fois à minuit, et après avoir pris le café inspirateur, fait selon la formule, nous nous assîmes devant notre table sur laquelle le sommeil ne tardait pas à pencher notre tête.

Là *Morte amoureuse*, insérée dans la *Chronique de Paris*, fut notre seule œuvre nocturne.

Vers cette époque, Balzac avait fait pour une revue *Facino Cane*, l'histoire d'un noble vénitien qui, prisonnier dans les Puits du palais ducal, était tombé en faisant un souterrain pour s'évader, dans le trésor secret de la République, dont il avait emporté une bonne part avec l'aide d'un geôlier gagné. Facino Cane, devenu aveugle et joueur de clarinette sous le nom vulgaire du père Canet, avait conservé malgré sa cécité la double vue de l'or; il le devinait à travers les murs et les voûtes, et il offrait à l'auteur, dans une noce du faubourg Saint-Antoine, de le guider, s'il voulait lui payer les frais du voyage, vers cet immense amas de richesses dont la chute de la république vénitienne avait fait perdre le gisement. Balzac, comme nous l'avons dit, vivait ses personnages, et en ce moment il était Facino Cane lui-même, moins la cécité toutefois, car jamais yeux plus étincelants ne scintillèrent dans une face humaine. Il ne rêvait donc que tonnes d'or, monceaux de diamants et d'escarboucles, et au moyen du magnétisme, avec les pratiques duquel il était depuis longtemps familiarisé, il faisait rechercher à des somnambules la place des trésors enfouis et perdus. Il prétendait avoir appris ainsi de la manière la plus précise l'endroit où, près du morne de la Pointe-à-Pitre, Toussaint-Louverture avait fait enterrer son butin par des nègres aussitôt fusillés. — *Le Scarabée d'or*, d'Edgard Poe, n'égale pas en finesse d'induction, en netteté de plan, en divination de détails, le récit enfiévrant qu'il nous fit de l'expédition à tenter pour se rendre maître de ce trésor, bien autrement riche que celui enfoui par Tom Kidd au pied du Talipot à la tête de mort.

Nous prions le lecteur de ne pas trop se moquer de

nous, si nous lui avouons en toute humilité que nous partageâmes bientôt la conviction de Balzac. — Quelle cervelle eût pu résister à sa vertigineuse parole? Jules Sandeau fut aussi bientôt séduit, et comme il fallait deux amis sûrs, deux compagnons dévoués et robustes pour faire les fouilles nocturnes sur l'indication du voyant, Balzac voulut bien nous admettre pour un quart chacun à cette prodigieuse fortune. Une moitié lui revenait de droit, comme ayant découvert la chose et dirigé l'entreprise.

Nous devions acheter des pics, des pioches et des pelles, les embarquer secrètement à bord du vaisseau, nous rendre au point marqué par des chemins différents pour ne pas exciter de soupçons, et, le coup fait, transborder nos richesses sur un brick frété d'avance ; — bref, c'était tout un roman, qui eût été admirable si Balzac l'eût écrit au lieu de le parler.

Il n'est pas besoin de dire que nous ne déterrâmes pas le trésor de Toussaint-Louverture. L'argent nous manquait pour payer notre passage; à peine avions-nous à nous trois de quoi acheter les pioches.

Ce rêve d'une fortune subite due à quelque moyen étrange et merveilleux hantait souvent le cerveau de Balzac; quelques années auparavant (en 1833), il avait fait un voyage en Sardaigne pour examiner les scories des mines d'argent abandonnées par les Romains, et qui, traitées par des procédés imparfaits, devaient selon lui contenir encore beaucoup de métal. L'idée était juste, et, imprudemment confiée, fit la fortune d'un autre.

## III

Nous avons raconté l'anecdote du trésor enfoui par Toussaint-Louverture, non pour le plaisir de narrer une historiette bizarre, mais parce qu'elle se rattache à une idée dominante de Balzac, — l'argent. — Certes, personne ne fut moins avare que l'auteur de *la Comédie humaine*, mais son génie lui faisait pressentir le rôle immense que devait jouer dans l'art ce héros métallique, plus intéressant pour la société moderne que les Grandisson, les Desgrieux, les Oswald, les Werther, les Malek-Adhel, les René, les Lara, les Waverley, les Quentin-Durward, etc.

Jusqu'alors le roman s'était borné à la peinture d'une passion unique, l'amour, mais l'amour dans une sphère idéale en dehors des nécessités et des misères de la vie. Les personnages de ces récits tout psychologiques ne mangeaient, ni ne buvaient, ni ne logeaient, ni n'avaient de compte chez leur tailleur. Ils se mouvaient dans un milieu abstrait comme celui de la tragédie. Voulaient-ils voyager, ils mettaient, sans prendre de passe-port, quelques poignées de diamants au fond de leur poche, et payaient de cette monnaie les postillons, qui ne manquaient pas à chaque relai de crever leurs chevaux ; des châteaux d'architecture vague les recevaient au bout de leurs courses, et avec leur sang ils écrivaient à leurs belles d'interminables épîtres datées de la tour du Nord. Les héroïnes, non moins immatérielles, ressemblaient à des *aqua-tinta* d'Angelica Kauffmann : grand chapeau de paille, cheveux demi-défrisés à l'anglaise, longue robe de mousseline blanche, serrée à la taille par une écharpe d'azur.

Avec son profond instinct de la réalité, Balzac comprit que la vie moderne qu'il voulait peindre était dominée par un grand fait, — l'argent, — et dans *la Peau de chagrin*, il eut le courage de représenter un amant inquiet non-seulement de savoir s'il a touché le cœur de celle qu'il aime, mais encore s'il aura assez de monnaie pour payer le fiacre dans lequel il la reconduit. —Cette audace est peut-être une des plus grandes qu'on se soit permises en littérature, et seule elle suffirait pour immortaliser Balzac. La stupéfaction fut profonde, et les purs s'indignèrent de cette infraction aux lois du genre, mais tous les jeunes gens qui, allant en soirée chez quelque dame avec des gants blancs repassés à la gomme élastique, avaient traversé Paris en danseurs, sur la pointe de leurs escarpins, et redoutant une mouche de boue plus qu'un coup de pistolet, compatirent, pour les avoir éprouvées, aux angoisses de Valentin, et s'intéressèrent vivement à ce chapeau qu'il ne peut renouveler et conserve avec des soins si minutieux. Aux moments de misère suprême, la trouvaille d'une des pièces de cent sous glissées entre les papiers du tiroir, par la pudique commisération de Pauline, produisait l'effet des coups de théâtre les plus romanesques ou de l'intervention d'une Péri dans les contes arabes. Qui n'a pas découvert aux jours de détresse, oublié dans un pantalon ou dans un gilet, quelque glorieux écu apparaissant à propos et vous sauvant du malheur que la jeunesse redoute le plus : rester en affront devant une femme aimée pour une voiture, un bouquet, un petit banc, un programme de spectacle, une gratification à l'ouvreuse ou quelque vétille de ce genre?

Balzac excelle d'ailleurs dans la peinture de la jeunesse pauvre comme elle l'est presque toujours, s'essayant aux premières luttes de la vie, en proie aux tentations des plaisirs et du luxe, et supportant de profondes misères à l'aide de hautes espérances. Valentin, Rastignac, Bianchon, d'Arthez, Lucien de Rubempré, Lousteau, ont tous tiré à belles dents les durs beefsteaks de la vache enragée, nourriture fortifiante pour les estomacs robustes, indigeste pour les estomacs débiles; il ne les loge pas, tous ces beaux jeunes gens sans le sou, dans des mansardes de convention tendues de perse, à fenêtre festonnée de pois de senteur et donnant sur des jardins; il ne leur fait pas manger « des mets simples, apprêtés par les mains de la nature, » et ne les habille pas de vêtements sans luxe, mais propres et commodes; il les met en pension bourgeoise chez la maman Vauquer, ou les accroupit sous l'angle aigu d'un toit, les accoude aux tables grasses des gargotes infimes, les affuble d'habits noirs aux coutures grises, et ne craint pas de les envoyer au Mont-de-Piété, s'ils ont encore, chose rare, la montre de leur père.

O Corinne, toi qui laisses, au cap Misène, pendre ton bras de neige sur ta lyre d'ivoire, tandis que le fils d'Albion, drapé d'un superbe manteau neuf et chaussé de bottes à cœur parfaitement cirées, te contemple et t'écoute dans une pose élégante; Corinne, qu'aurais-tu dit de semblables héros? Ils ont pourtant une petite qualité qui manquait à Oswald, — ils vivent, et d'une vie si forte qu'il semble qu'on les ait rencontrés mille fois; — aussi Pauline, Delphine de Nucingen, la princesse de Cadignan, madame de Bargeton, Coralie, Esther, en sont-elles follement éprises.

A l'époque où parurent les premiers romans signés de Balzac, on n'avait pas, au même degré qu'aujourd'hui, la préoccupation, ou pour mieux dire la fièvre de l'or;

La Californie n'était pas découverte ; il existait à peine
quelques lieues de voies ferrées dont on ne soupçonnait
guère l'avenir, et qu'on regardait comme des espèces de
glissoires devant succéder aux montagnes russes, tombées en désuétude ; le public ignorait, pour ainsi dire,
ce qu'on nomme aujourd'hui « les affaires, » et les banquiers seuls jouaient à la Bourse. Ce remuement de capitaux, ce ruissellement d'or, ces calculs, ces chiffres, cette
importance donnée à l'argent dans des œuvres qu'on
prenait encore pour de simples fictions romanesques et
non pour de sérieuses peintures de la vie, étonnaient
singulièrement les abonnés des cabinets de lecture, et
la critique faisait le total des sommes dépensées ou mises
en jeu par l'auteur. Les millions du père Grandet donnaient lieu à des discussions arithmétiques, et les gens
graves, émus de l'énormité des totaux, mettaient en
doute la capacité financière de Balzac, capacité très-
grande cependant, et reconnue plus tard. — Stendhal
disait avec une sorte de fatuité dédaigneuse du style :
« Avant d'écrire, je lis toujours trois ou quatre pages du
Code civil pour me donner le ton. » Balzac, qui avait si
bien compris l'argent, découvrit aussi des poëmes et des
drames dans le Code : le *Contrat de mariage*, où il met
aux prises, sous les figures de Matthias et de Solonnet,
l'ancien et le nouveau notariat, a tout l'intérêt de la comédie de cape et d'épée la plus incidentée. La banque-
route, dans *Grandeur et Décadence de César Birotteau*,
vous fait palpiter comme l'histoire d'une chute d'empire;
la lutte du château et de la chaumière des *Paysans* offre
autant de péripéties que le siége de Troie. Balzac sait
donner la vie à une terre, à une maison, à un héritage,
à un capital, et en fait des héros et des héroïnes dont
les aventures se dévorent avec une anxieuse avidité.

Ces éléments nouveaux introduits dans le roman ne

plurent pas tout d'abord, — les analyses philosophiques, les peintures détaillées de caractères, les descriptions d'une minutie qui semble avoir en vue l'avenir, étaient regardées comme des longueurs fâcheuses, et le plus souvent on les passait pour courir à la fable. Plus tard, on reconnut que le but de l'auteur n'était pas de tisser des intrigues plus ou moins bien ourdies, mais de peindre la société dans son ensemble du sommet à la base, avec son personnel et son mobilier, et l'on admira l'immense variété de ses types. N'est-ce pas Alexandre Dumas qui disait de Shakspeare : « Shakspeare, l'homme qui a le plus créé après Dieu ; » le mot serait encore plus juste appliqué à Balzac ; jamais, en effet, tant de créatures vivantes ne sortirent d'un cerveau humain.

Dès cette époque (1836), Balzac avait conçu le plan de sa *Comédie humaine* et possédait la pleine conscience de son génie. Il rattacha adroitement les œuvres déjà parues à son idée générale et leur trouva place dans des catégories philosophiquement tracées. Quelques nouvelles de pure fantaisie ne s'y raccrochent pas trop bien, malgré les agrafes ajoutées après coup ; mais ce sont là des détails qui se perdent dans l'immensité de l'ensemble, comme des ornements d'un autre style dans un édifice grandiose.

Nous avons dit que Balzac travaillait péniblement, et, fondeur obstiné, rejetait dix ou douze fois au creuset le métal qui n'avait pas rempli exactement le moule; comme Bernard Palissy, il eût brûlé les meubles, le plancher et jusqu'aux poutres de sa maison pour entretenir le feu de son fourneau et ne pas manquer l'expérience ; les nécessités les plus dures ne lui firent jamais livrer une œuvre sur laquelle il n'eût pas mis le dernier effort, et il donna d'admirables exemples de conscience littéraire. Ses corrections, si nombreuses qu'elles

équivalaient presque à des éditions différentes de la
même idée, furent portées à son compte par les éditeurs
dont elles absorbaient les bénéfices, et son salaire, souvent modique pour la valeur de l'œuvre et la peine
qu'elle avait coûtée, en était diminué d'autant. Les sommes promises n'arrivaient pas toujours aux échéances,
et pour soutenir ce qu'il appelait en riant sa dette flottante, Balzac déploya des ressources d'esprit prodigieuses et une activité qui eût absorbé complètement la vie
d'un homme ordinaire. Mais, lorsque assis devant sa table, dans son froc de moine, au milieu du silence nocturne, il se trouvait en face de feuilles blanches sur
lesquelles se projetait la lueur de son flambeau à sept bougies, concentrée par un abat-jour vert, en prenant la
plume il oubliait tout, et alors commençait une lutte
plus terrible que la lutte de Jacob avec l'ange, celle de
la forme et de l'idée. Dans ces batailles de chaque nuit,
dont au matin il sortait brisé mais vainqueur, lorsque le
foyer éteint refroidissait l'atmosphère de la chambre, sa
tête fumait et de son corps s'exhalait un brouillard visible comme du corps des chevaux en temps d'hiver.
Quelquefois une phrase seule occupait toute une veille ;
elle était prise, reprise, tordue, pétrie, martelée, allongée, raccourcie, écrite de cent façons différentes, et,
chose bizarre! la forme nécessaire, absolue, ne se présentait qu'après l'épuisement des formes approximatives;
sans doute le métal coulait souvent d'un jet plus plein
et plus dru, mais il est bien peu de pages dans Balzac
qui soient restées identiques au premier brouillon. Sa
manière de procéder était celle-ci : quand il avait longtemps porté et vécu un sujet, d'une écriture rapide,
heurtée, pochée, presque hiéroglyphique, il traçait une
espèce de scenario en quelques pages, qu'il envoyait à
l'imprimerie d'où elles revenaient en placards, c'est-à-

dire en colonnes isolées au milieu de larges feuilles. Il
lisait attentivement ces placards, qui donnaient déjà à
son embryon d'œuvre ce caractère impersonnel que n'a
pas le manuscrit, et il appliquait à cette ébauche la haute
faculté critique qu'il possédait, comme s'il se fût agi
d'un autre. Il opérait sur quelque chose; s'approuvant
ou se désapprouvant, il maintenait ou corrigeait, mais
surtout ajoutait. Des lignes partant du commencement,
du milieu ou de la fin des phrases, se dirigeaient vers les
marges, à droite, à gauche, en haut, en bas, conduisant
à des développements, à des intercalations, à des incises,
à des épithètes, à des adverbes. Au bout de quelques
heures de travail, on eût dit le bouquet d'un feu d'artifice dessiné par un enfant. Du texte primitif partaient
des fusées de style qui éclataient de toutes parts. Puis c'é-
taient des croix simples, des croix recroisetées comme
celles du blason, des étoiles, des soleils, des chiffres
arabes ou romains, des lettres grecques ou françaises,
tous les signes imaginables de renvoi qui venaient se mêler aux rayures. Des bandes de papier, collées avec des
pains à cacheter, piquées avec des épingles, s'ajoutaient
aux marges insuffisantes, zébrées de lignes en fins caractères pour ménager la place, et pleines elles-mêmes
de ratures, car la correction à peine faite était déjà cor-
rigée. Le placard imprimé disparaissait presque au milieu de ce grimoire d'apparence cabalistique, que les ty-
pographes se passaient de main en main, ne voulant pas
faire chacun plus d'une heure de Balzac.

Le jour suivant, on rapportait les placards avec les
corrections faites, et déjà augmentés de moitié.

Balzac se remettait à l'œuvre, ampliant toujours, ajoutant un trait, un détail, une peinture, une observation
de mœurs, un mot caractéristique, une phrase à effet,
faisant serrer l'idée de plus près par la forme, se rappro-

chant toujours davantage de son tracé intérieur, choisissant comme un peintre parmi trois ou quatre contours la ligne définitive. Souvent ce terrible travail terminé avec cette intensité d'attention dont lui seul était capable, il s'apercevait que la pensée avait gauchi à l'exécution, qu'un épisode prédominait, qu'une figure qu'il voulait secondaire pour l'effet général saillait hors de son plan, et d'un trait de plume il abattait courageusement le résultat de quatre ou cinq nuits de labeur. Il était héroïque dans ces circonstances.

Six, sept, et parfois dix épreuves revenaient raturées, remaniées, sans satisfaire le désir de perfection de l'auteur. Nous avons vu aux Jardies, sur les rayons d'une bibliothèque composée de ses œuvres seules, chaque épreuve différente du même ouvrage reliée en un volume séparé depuis le premier jet jusqu'au livre définitif ; la comparaison de la pensée de Balzac à ses divers états offrirait une étude bien curieuse et contiendrait de profitables leçons littéraires. Près de ces volumes un bouquin à physionomie sinistre, relié en maroquin noir, sans fers ni dorure, attira nos regards : « Prenez-le, nous dit Balzac, c'est une œuvre inédite et qui a bien son prix. » Le titre portait : *Comptes mélancoliques*, il contenait la liste des dettes, les échéances des billets à payer, les mémoires des fournisseurs et toute la paperasserie menaçante que légalise le Timbre. Ce volume, par une espèce de contraste railleur, était placé à côté des *Contes drôlatiques*, » auxquels il ne faisait pas suite, » ajoutait en riant l'auteur de *la Comédie humaine*.

Malgré cette façon laborieuse d'exécuter, Balzac produisait beaucoup, grâce à sa volonté surhumaine servie par un tempérament d'athlète et une reclusion de moine. Pendant deux ou trois mois de suite, lorsqu'il avait quelque œuvre importante en train, il travaillait seize ou

dix-huit heures sur vingt-quatre ; il n'accordait à l'ani-
malité que six heures d'un sommeil lourd, fiévreux, con-
vulsif, amené par la torpeur de la digestion après un repas pris à la hâte. Il disparaissait alors complétement,
ses meilleurs amis perdaient sa trace ; mais il sortait
bientôt de dessous terre, agitant un chef-d'œuvre au-dessus de sa tête, riant de son large rire, s'applaudissant
avec une naïveté parfaite et s'accordant des éloges que,
du reste, il ne demandait à personne. Nul auteur ne fut
plus insoucieux que lui des articles et des réclames à
l'endroit de ses livres ; il laissait sa réputation se faire
toute seule, sans y mettre la main, et jamais il ne cour-
tisa les journalistes. — Cela d'ailleurs lui eût pris du
temps : il livrait sa copie, touchait l'argent et s'enfuyait
pour le distribuer à des créanciers qui souvent l'attendaient dans la cour du journal, comme, par exemple,
les maçons des Jardies.

Quelquefois, le matin, il nous arrivait haletant, épuisé,
étourdi par l'air frais, comme Vulcain s'échappant de sa
forge, et il tombait sur un divan ; sa longue veille l'avait
affamé et il pilait des sardines avec du beurre en faisant
une sorte de pommade qui lui rappelait les rillettes de
Tours, et qu'il étendait sur du pain. C'était son mets favori ; il n'avait pas plutôt mangé qu'il s'endormait, en
nous priant de le réveiller au bout d'une heure. Sans tenir compte de la consigne, nous respections ce sommeil
si bien gagné, et nous faisions taire tous les rumeurs du
logis. Quand Balzac s'éveillait de lui-même, et qu'il
voyait le crépuscule du soir répandre ses teintes grises dans le ciel, il bondissait et nous accablait d'injures,
nous appelant traître, voleur, assassin : nous lui faisions
perdre dix mille francs, car étant éveillé il aurait pu
avoir l'idée d'un roman qui lui aurait rapporté cette
somme (sans les réimpressions). Nous étions cause des

catastrophes les plus graves et de désordres inimaginables. Nous lui avions fait manquer des rendez-vous avec des banquiers, des éditeurs, des duchesses ; il ne serait pas en mesure pour ses échéances ; ce fatal sommeil coûterait des millions. Mais nous étions habitué déjà à ces prodigieuses martingales que Balzac, partant du chiffre le plus chétif, poussait à toute outrance jusqu'aux sommes les plus monstrueuses, et nous nous consolions aisément en voyant ses belles couleurs tourangelles reparues sur ses joues reposées.

Balzac habitait alors à Chaillot, rue des Batailles, une maison d'où l'on découvrait une vue admirable, le cours de la Seine, le Champ de Mars, l'École militaire, le dôme des Invalides, une grande portion de Paris et plus loin les coteaux de Meudon. Il s'était arrangé là un intérieur assez luxueux, car il savait qu'à Paris on ne croit guère au talent pauvre, et que le *paraître* y amène souvent l'*être*. C'est à cette période que se rapportent ses velléités d'élégance et de dandysme, le fameux habit bleu à boutons d'or massif, la massue à pommeau de turquoises, les apparitions aux Bouffes et à l'Opéra, et les visites plus fréquentes dans le monde, où sa verve étincelante le faisait rechercher, visites utiles d'ailleurs, car il y rencontra plus d'un modèle. Il n'était pas facile de pénétrer dans cette maison, mieux gardée que le jardin des Hespérides. Deux ou trois mots de passe étaient exigés. Balzac, de peur qu'ils ne s'ébruitassent, les changeait souvent. Nous nous souvenons de ceux-ci : Au portier l'on disait : « La saison des prunes est arrivée, » et il vous laissait franchir le seuil ; au domestique accouru sur l'escalier au son de la cloche, il fallait murmurer : « J'apporte des dentelles de Belgique, » et si vous assuriez au valet de chambre que « madame Bertrand était en bonne santé, » on vous introduisait enfin.

Ces enfantillages amusaient beaucoup Balzac ; ils étaient peut-être nécessaires pour écarter les fâcheux et d'autres visiteurs plus désagréables encore.

Dans *la Fille aux yeux d'or* se trouve une description du salon de la rue des Batailles. Elle est de la plus scrupuleuse fidélité, et l'on ne sera pas fâché peut-être de voir l'antre du lion peint par lui-même ; il n'y a pas un détail d'ajouté ou de retranché.

« La moitié du boudoir décrivait une ligne circulaire mollement gracieuse, qui s'opposait à l'autre partie parfaitement carrée, au milieu de laquelle brillait une cheminée en marbre blanc et or. On entrait par une porte latérale que cachait une riche portière en tapisserie et qui faisait face à une fenêtre. Le fer-à-cheval était orné d'un véritable divan turc, c'est-à-dire un matelas posé par terre, mais un matelas large comme un lit, un divan de cinquante pieds de tour en cachemire blanc, relevé par des bouffettes en soie noire et ponceau, disposées en losanges ; le dossier de cet immense lit s'élevait de plusieurs pouces au-dessus des nombreux coussins qui l'enrichissaient encore par le goût de leurs agréments. Ce boudoir était tendu d'une étoffe rouge sur laquelle était posée une mousseline des Indes cannelée comme l'est une colonne corinthienne, par des tuyaux alternativement creux et ronds, arrêtés en haut et en bas dans une bande d'étoffe couleur ponceau, sur laquelle étaient dessinées des arabesques noires. Sous la mousseline, le ponceau devenait rose, couleur amoureuse que répétaient les rideaux de la fenêtre, qui étaient en mousseline des Indes doublée de taffetas rose et ornés de franges ponceau mélangé de noir. Six bras en vermeil supportant chacun deux bougies étaient attachés sur la tenture à d'égales distances, pour éclairer le divan. Le plafond, au milieu duquel pendait un lustre en vermeil

mat, étincelait de blancheur, et la corniche était dorée.
Le tapis ressemblait à un châle d'Orient, il en offrait les
dessins et rappelait les poésies de la Perse, où des mains
d'esclaves l'avaient travaillé. Les meubles étaient couverts en cachemire blanc, rehaussé par des agréments
noir et ponceau. La pendule, les candélabres, tout était
en marbre blanc et or. La seule table qu'il y eût avait un
cachemire pour tapis; d'élégantes jardinières contenant
des roses de toutes les espèces, des fleurs ou blanches
ou rouges. »

Nous pouvons ajouter que sur la table était posée une
magnifique écritoire en or et en malachite, don, sans
doute, de quelque admirateur étranger.

Ce fut avec une satisfaction enfantine que Balzac nous
montra ce boudoir pris dans un salon carré, et laissant
nécessairement des vides aux encoignures de la moitié
arrondie. Quand nous eûmes assez admiré les splendeurs
coquettes de cette pièce, dont le luxe paraîtrait moindre
aujourd'hui, Balzac ouvrit une porte secrète et nous fit
pénétrer dans un couloir obscur qui circulait autour de
l'hémicycle : à l'une des encoignures était placé une
étroite couchette de fer, espèce de lit de camp du travail;
dans l'autre, il y avait une table « avec tout ce qu'il faut
pour écrire, » comme dit M. Scribe dans ses indications
de mise en scène : c'était là que Balzac se réfugiait pour
piocher à l'abri de toute surprise et de toute investigation.

Plusieurs épaisseurs de toile et de papier matelassaient
la cloison de manière à intercepter tout bruit d'un côté
comme de l'autre; pour être sûr qu'aucune rumeur ne
pouvait transpirer du salon au dehors, Balzac nous pria
de rentrer dans la pièce et de crier de toutes les forces
de nos poumons : on entendait encore un peu; il fallait
coller quelque feuille de papier gris pour éteindre tout

à fait le son. Tout ce mystère nous intriguait fort et nous en demandâmes le motif. Balzac nous en donna un qu'eût approuvé Stendhal, mais que la pruderie moderne empêche de rapporter. Le fait est qu'il arrangeait déjà dans sa tête la scène de Henry de Marsay et de Paquita, et il s'inquiétait de savoir si d'un salon ainsi disposé les cris de la victime parviendraient aux oreilles des autres habitants de la maison.

Il nous donna dans ce même boudoir un dîner splendide, pour lequel il alluma de sa main toutes les bougies des bras en vermeil, et du lustre et des candélabres. Les convives étaient le marquis de B***, le peintre L. B. : quoique très-sobre et abstème d'habitude, Balzac ne craignait pas de temps à autre « un tronçon de chière lie » ; il mangeait avec une joviale gourmandise qui inspirait l'appétit, et il buvait d'une façon pantagruélique. Quatre bouteilles de vin blanc de Vouvray, un des plus capiteux qu'on connaisse, n'altéraient en rien sa forte cervelle et ne faisaient que donner un petillement plus vif à sa gaieté. Que de bons contes il nous fit au dessert ! Rabelais, Beroalde de Verville, Eutrapel, le Pogge, Straparole, la reine de Navarre et tous les docteurs de la gaie science eussent reconnu en lui un disciple et un maître !

## IV

Un des rêves de Balzac était l'amitié héroïque et dévouée, deux âmes, deux courages, deux intelligences fondues dans la même volonté. Pierre et Jaffier de la *Venise sauvée*, d'Otway, l'avaient beaucoup frappé et il en parle à plusieurs reprises. L'*Histoire des Treize* n'est que cette idée agrandie et compliquée : une unité puissante composée d'êtres multiples agissant tous aveuglément pour un but accepté et convenu. On sait quels effets saisissants, mystérieux et terribles il a tirés de ce point de départ dans *Ferragus, la Duchesse de Langeais, la Fille aux yeux d'or ;* mais la vie réelle et la vie intellectuelle ne se séparaient pas nettement chez Balzac comme chez certains auteurs, et ses créations le suivaient hors de son cabinet d'étude. Il voulut former une association dans le goût de celle qui réunissait Ferragus, Montriveau, Ronquerolles et leurs compagnons. Seulement il ne s'agissait pas de coups si hardis ; un certain nombre d'amis devaient se prêter aide et secours en *toute occasion*, et travailler selon leurs forces au succès ou à la fortune de celui qui serait désigné,—à charge de revanche, bien entendu. Fort infatué de son projet, Balzac recruta quelques affiliés qu'il ne mit en rapport les uns avec les autres *qu'en prenant des précautions comme s'il se fût agi d'une société politique*, ou d'une *vente* de carbonari. Ce mystère, très-inutile du reste, l'amusait considérablement, et il apportait à ses démarches le plus grand sérieux. Lorsque le nombre fut complet, il assembla les adeptes et déclara le but de la Société. Il n'est pas besoin de dire que chacun opina du bonnet, et que les statuts furent votés d'enthousiasme. Personne plus que Balzac ne possédait le don de troubler, de surexciter et d'enivrer les cervelles les plus froides, les raisons les plus rassises. Il avait une éloquence débordée, tumultueuse, entraînante, qui vous emportait quoi qu'on en eût :. pas d'objection possible avec lui ; il vous noyait aussitôt dans un tel déluge de paroles qu'il fallait bien se taire. D'ailleurs il avait réponse à tout ; puis il vous lançait des regards si fulgurants, si illuminés, si chargés de fluide, qu'il vous infusait son désir.

L'association, qui comptait parmi ses membres G. de C., L. G., L. D., J. S., Merle, qu'on appelait le beau Merle, nous et quelques autres qu'il est inutile de désigner, s'appelait *le Cheval rouge*. Pourquoi le Cheval rouge, allez-vous dire, plutôt que le Lion d'or ou la Croix de Malte? La première réunion des affiliés eut lieu chez un restaurateur, sur le quai de l'Entrepôt, au bout du pont de la Tournelle, dont l'enseigne était un quadrupède *rubricâ pictus*, ce qui avait donné à Balzac l'idée de cette désignation suffisamment bizarre, inintelligible et cabalistique.

Lorsqu'il fallait concerter quelque projet, convenir de certaines démarches, Balzac élu par acclamation grand maître de l'Ordre, envoyait par un affidé à chaque *cheval* (c'était le nom argotique que prenaient les membres entre eux) une lettre dans laquelle était dessiné un petit cheval rouge avec ces mots : « Écurie, tel jour, tel endroit ; » le lieu changeait chaque fois, de peur d'éveiller la curiosité ou le soupçon. Dans le monde, quoique nous nous connussions tous et de longue main pour la plupart, nous devions éviter de nous parler ou ne nous aborder que froidement pour écarter toute idée de connivence. Souvent, au milieu d'un salon, Balzac feignait de me rencontrer pour la première fois, et par des clins d'yeux et des grimaces comme en font les acteurs dans leurs apartés, m'avertissait de sa finesse et semblait me dire : Regardez comme je joue bien mon jeu !

Quel était le but du *Cheval rouge?* Voulait-il changer le gouvernement, poser une religion nouvelle, fonder une école philosophique, dominer les hommes, séduire les femmes? Beaucoup moins que cela. On devait s'emparer des journaux, envahir les théâtres, s'asseoir dans les fauteuils de l'Académie, se former des brochettes de décorations, et finir modestement pair de France, ministre et millionnaire. — Tout cela était facile, selon

Balzac ; il ne s'agissait que de s'entendre, et par des ambitions si médiocres nous prouvions bien la modération
de nos caractères. Ce diable d'homme avait une telle
puissance de vision qu'il nous décrivait à chacun, dans
les plus menus détails, la vie splendide et glorieuse que
l'association nous procurerait. En l'entendant, nous nous
croyions déjà appuyé, au fond d'un bel hôtel, contre le
marbre blanc de la cheminée, un cordon rouge au col,
une plaque en brillants sur le cœur, recevant d'un air af-
fable les sommités politiques, les artistes et les littérateurs, étonnés de notre fortune mystérieuse et rapide.
Pour Balzac, le futur n'existait pas, tout était au présent ;
l'avenir évoqué se dégageait de ses brumes, et prenait
la netteté des choses palpables ; l'idée était si vive qu'elle
devenait réelle en quelque sorte : parlait-il d'un dîner,
il le mangeait en le racontant ; d'une voiture, il en sentait sous lui les moelleux coussins et la traction sans se-
cousse ; un parfait bien-être, une jubilation profonde se
peignaient alors sur sa figure, quoique souvent il fût à
jeun, et qu'il trottât sur le pavé pointu avec des souliers
éculés.

Toute la bande devait pousser, vanter, prôner, par des
articles, des réclames et des conversations, celui des
membres qui venait de faire paraître un livre ou jouer
un drame. Quiconque s'était montré hostile à l'un des
*chevaux* s'attirait les ruades de toute l'écurie ; *le Cheval
rouge* ne pardonnait pas : le coupable devenait passible
d'éreintements, de scies, de coups d'épingle, de rengaines
et autres moyens de désespérer un homme, bien connus
des petits journaux.

Nous sourions en trahissant après tant d'années l'innocent secret de cette franc-maçonnerie littéraire, qui
n'eut d'autre résultat que quelques réclames pour un
livre dont le succès n'en avait pas besoin. Mais, dans le

moment, nous prenions la chose au sérieux, nous nous imaginions être *lès Treize* eux-mêmes, en personne, et nous étions surpris de ne point passer à travers les murs ; mais le monde, est si mal machiné ! Quel air important et mystérieux nous avions, en coudoyant les autres hommes, pauvres bourgeois qui ne se doutaient nullement de notre puissance !

Après quatre ou cinq réunions, *le Cheval rouge* cessa d'exister, la plupart des chevaux n'avaient pas de quoi payer leur avoine à la mangeoire symbolique ; et l'association qui devait s'emparer de tout fut dissoute, parce que ses membres manquaient souvent des quinze francs, prix de l'écot. Chacun se replongea donc seul dans la mêlée de la vie, combattant avec ses propres armes, et c'est ce qui explique pourquoi Balzac ne fut pas de l'Académie et mourut simple chevalier de la Légion d'honneur.

L'idée cependant était bonne, car Balzac, comme il le dit de Nucingen, ne pouvait avoir une mauvaise idée. D'autres, qui sont parvenus, l'ont mise en œuvre sans l'entourer de la même fantasmagorie romanesque.

Désarçonné d'une chimère, Balzac en remontait bien vite une nouvelle, et il repartait pour un autre voyage dans le bleu avec cette naïveté d'enfant qui chez lui s'alliait à la sagacité la plus profonde et à l'esprit le plus retors.

Que de projets bizarres il nous a déroulés, que de paradoxes étranges il nous a soutenus, toujours avec la même bonne foi ! — Tantôt il posait qu'on devait vivre en dépensant neuf sous par jour, tantôt il exigeait cent mille francs pour le plus étroit confortable. Une fois, sommé par nous d'établir le compte en chiffres, il répondit à l'objection qu'il restait encore trente mille francs à employer : « Eh bien ! c'est pour le beurre et les radis.

Quelle est la maison un peu propre où l'on ne mange pas
trente mille francs de radis et de beurre? » Nous voudrions pouvoir peindre le regard de souverain mépris qu'il
laissa tomber sur nous, en donnant cette raison triomphale; ce regard disait : « Décidément le Théo n'est qu'un
pleutre, un rat pelé, un esprit mesquin; il n'entend rien
à la grande existence et n'a mangé toute sa vie que du
beurre de Bretagne salé. »

Les *Jardies* préoccupèrent beaucoup l'attention publique, lorsque Balzac les acheta dans l'intention honorable de constituer un gage à sa mère. En passant en
waggon sur le chemin de fer qui longe Ville-d'Avray,
chacun regardait avec curiosité cette petite maison, moitié
cottage, moitié chalet, qui se dressait au milieu d'un terrain en pente et d'apparence glaiseuse.

Ce terrain, selon Balzac, était le meilleur du monde;
autrefois, prétendait-il, un certain cru célèbre y poussait,
et les raisins, grâce à une exposition sans pareille, s'y
cuisaient comme les grappes de Tokay sur les coteaux
de Bohême. Le soleil, il est vrai, avait toute liberté de
mûrir la vendange en ce lieu, où il n'existait qu'un seul
arbre. Balzac essaya d'enclore cette propriété de murs,
qui devinrent fameux par leur obstination à s'écrouler
ou à glisser tout d'une pièce sur l'escarpement trop
abrupt, et il rêvait pour cet endroit privilégié du ciel les
cultures les plus fabuleuses et les plus exotiques. Ici se
place naturellement l'anecdote des ananas, qu'on a si
souvent répétée que nous ne la redirions pas si nous ne
pouvions y ajouter un trait vraiment caractéristique. —
Voici le projet : cent mille pieds d'ananas étaient plantés
dans le clos des Jardies, métamorphosé en serres qui
n'exigeraient qu'un médiocre chauffage, vu la torridité
du site. Les ananas devaient être vendus cinq francs au
lieu d'un louis qu'ils coûtent ordinairement, soit cinq

cent mille francs ; il fallait déduire de ce prix cent mille
francs pour les frais de culture, de châssis, de charbon ;
restaient donc quatre cent mille francs nets qui consti-
tuaient à l'heureux propriétaire une rente splendide, —
« sans la moindre copie, » ajoutait-il. — Ceci n'est rien,
Balzac eut mille projets de ce genre ; mais. le beau est
que nous cherchâmes ensemble, sur le boulevard Montmartre, une boutique pour la vente des ananas encore en
germe. La boutique devait être peinte en noir et recham-
pie de filets d'or, et porter sur son enseigne en lettres
énormes : « ANANAS DES JARDIES. »

Pour Balzac, les cent mille ananas hérissaient déjà leur
aigrette de feuilles dentelées au-dessus de leurs gros
cônes d'or quadrillés sous d'immenses voûtes de cristal :
il les voyait ; il se dilatait à la haute température de la
serre, il en aspirait le parfum tropical de ses narines
passionnément ouvertes ; et quand, rentré chez lui, il
regardait, accoudé à la fenêtre, la neige descendre silencieusement sur les pentes décharnées, à peine se dé-
trompait-il de son illusion.

Il se rendit pourtant à notre conseil de ne louer la
boutique que l'année suivante, pour éviter des frais
inutiles.

Nous écrivons nos souvenirs à mesure qu'ils nous reviennent, sans essayer de mettre de la suite à ce qui n'en
peut avoir. — D'ailleurs, comme le disait Boileau, les
transitions sont la grande difficulté de la poésie, — et
des articles, ajouterons-nous, mais les journalistes modernes n'ont pas autant de conscience ni surtout autant
de loisir que le législateur du Parnasse.

Madame de Girardin professait pour Balzac une vive
admiration à laquelle il était sensible et dont il se montrait reconnaissant par de fréquentes visites, lui si avare
à bon droit de son temps et de ses heures de travail.

Jamais femme ne posséda à un si haut degré que Delphine, comme nous nous permettions de l'appeler familièrement entre nous, le don d'exciter l'esprit de ses
hôtes. Avec elle, on se trouvait toujours en verve et chacun sortait du salon émerveillé de lui-même. Il n'était
caillou si brut dont elle ne fît jaillir une étincelle, et sur
Balzac, comme vous le pensez, il ne fallait pas battre le
briquet longtemps; il petillait tout de suite et s'allumait :
Balzac n'était pas précisément ce qu'on appelle un causeur, alerte à la réplique, jetant un mot fin et décisif
dans une discussion; changeant de sujet au fil de l'entretien, effleurant toute chose avec légèreté, et ne dépassant
pas le demi-sourire : il avait une verve, une éloquence,
et un brio irrésistibles ; et, comme chacun se taisait pour
l'écouter, avec lui, à la satisfaction générale, la conversation dégénérait vite en soliloque. Le point de départ
était bientôt oublié et il passait d'une anecdote à une réflexion philosophique, d'une observation de mœurs à une
description locale; à mesure qu'il parlait son teint se
colorait, ses yeux devenaient d'un lumineux particulier,
sa voix prenait des inflexions différentes, et parfois il se
mettait à rire aux éclats, égayé par les apparitions bouf-
fonnes qu'il *voyait* avant de les peindre. Il annonçait
ainsi, par une sorte de fanfare, l'entrée de ses caricatures et de ses plaisanteries, et son hilarité était bientôt
partagée par les assistants. — Quoique ce fût l'époque
des rêveurs échevelés comme des saules, des pleurards
à nacelle et des désillusionnés byroniens, Balzac avait
cette joie robuste et puissante qu'on suppose à Rabelais,
et que Molière ne montra que dans ses pièces. Son large
rire épanoui sur ses lèvres sensuelles était celui d'un
Dieu bon-enfant qu'amuse le spectacle des marionnettes
humaines, et qui ne s'afflige de rien parce qu'il comprend tout et saisit à la fois les deux côtés des choses.

Ni les soucis d'une situation souvent précaire, ni les
ennuis d'argent, ni la fatigue de travaux excessifs, ni les
claustrations de l'étude, ni le renoncement à tous les
plaisirs de la vie, ni la maladie même ne purent abattre
celte jovialité herculéenne, selon nous, un des caractères les plus frappants de Balzac. Il assommait les
hydres en riant, déchirait allégrement les lions en
deux, et portait comme un lièvre le sanglier d'Ery-
manthe sur son épaule montueuse de muscles. A la
moindre provocation cette gaieté éclatait et soulevait sa
forte poitrine, — elle surprenait même quelque délicat, mais il fallait bien la partager quelque effort qu'on
fît pour tenir son sérieux. Ne croyez pas cependant
que Balzac cherchât à divertir sa galerie! il obéissait à
une sorte d'ivresse intérieure et peignait en traits rapides, avec une intensité comique et un talent bouffe
incomparables, les fantasmagories bizarres qui dansaient
dans la chambre noire de son cerveau. Nous ne saurions
mieux comparer l'impression produite par certaines de
ses conversations qu'à celle qu'on éprouve en feuilletant
les étranges dessins des *Songes drôlatiques*, de maître
Alcofribas Nasier. Ce sont des personnages monstrueux,
composés des éléments les plus hybrides. Les uns ont
pour tête un soufflet dont le trou représente l'œil, les
autres pour nez une flûte d'alambic ; ceux-ci marchent
avec des roulettes qui leur tiennent lieu de pieds ; ceux-
là s'arrondissent en panse de marmite et sont coiffés
d'un couvercle en guise de toque, mais une vie intense
anime ces êtres chimériques, et l'on reconnaît dans leurs
masques grimaçants les vices, les folies et les passions
de l'homme. Quelques-uns, quoique absurdement en
dehors du possible, vous arrêtent comme des portraits.
On leur donnerait un nom.

Quand on écoutait Balzac, tout un carnaval de fan-

toches extravagants et réels vous cabriolait devant les
yeux, se jetant sur l'épaule une phrase bariolée, agitant
de longues manches d'épithètes, se mouchant avec bruit
dans un adverbe, se frappant d'une batte d'antithèses,
vous tirant par le pan de votre habit, et vous disant vos
secrets à l'oreille d'une voix déguisée et nasillarde,
pirouettant, tourbillonnant au milieu d'une scintillation
de lumières et de paillettes. Rien n'était plus vertigineux, et au bout d'une demi-heure, on sentait, comme
l'étudiant après le discours de Méphistophélès, une meule
de moulin vous tourner dans la cervelle.

Il n'était pas toujours si lancé, et alors une de ses
plaisanteries favorites était de contrefaire le jargon allemand de Nucingen ou de Schmuke, ou bien encore de
parler en *rama*, comme les habitués de la pension bourgeoise de madame Vauquer (née de Conflans). — A
l'époque où il composa *Un Début dans la vie* sur un ca-
nevas de madame de Surville, il cherchait des proverbes
par à peu près pour le rapin Mistigris, à qui plus tard,
l'ayant trouvé spirituel, il donna une belle position dans
*la Comédie humaine*, sous le nom du grand paysagiste
Léon de Lora. Voici quelques-uns de ces proverbes : « Il
est comme un âne en plaine. » « Je suis comme le lièvre :
je meurs ou je m'arrache. » « Les bons comptes font les
bons tamis. » « Les extrêmes se bouchent. » « La claque
sent toujours le hareng; » et ainsi de suite. Une trouvaille
de ce genre le mettait en belle humeur, et il faisait des
gentillesses et des gambades d'éléphant, à travers les meubles, autour du salon. De son côté, madame de Girardin
était en quête de mots pour la fameuse dame aux *sept
petites chaises* du *Courrier de Paris*. L'on requérait
quelquefois notre concours, et si un étranger fût entré,
à voir cette belle Delphine peignant de ses doigts blancs
les spirales de sa chevelure d'or, d'un air profondément

rêveur ; Balzac, assis sur les épaules dans le grand fauteuil capitonné où dormait d'habitude M. de Girardin,
les mains crispées au fond de ses goussets, son gilet
rebroussé au-dessus de son ventre, dandinant une jambe
avec un rhythme monotone, exprimant, par les muscles
contractés de son masque, une contention d'esprit extraordinaire ; nous accroupi entre deux coussins du divan, comme un thiériaki halluciné ; — cet étranger,
certes, n'aurait pu soupçonner ce que nous faisions là,
dans un si grand recueillement ; il eût supposé que
Balzac pensait à une nouvelle madame Firmiani, madame de Girardin à un rôle pour mademoiselle Rachel,
et nous à quelque sonnet. Mais il n'en était rien. Quant
au calembour, Balzac, bien que son ambition secrète
fût d'y atteindre, dut, après des efforts consciencieux,
reconnaître son incapacité notoire à cet endroit, et s'en
tenir aux proverbes par à peu près, qui précédèrent
les calembours approximatifs mis en vogue par l'é-
cole du bon sens. Quelles bonnes soirées qui ne re-
viendront plus ! Nous étions loin alors de prévoir que
cette grande et superbe femme, taillée en plein marbre antique, que cet homme trapu, robuste, vivace,
qui résumait en lui les vigueurs du sanglier et du taureau, moitié hercule, moitié satyre, fait pour dépasser
cent ans, s'en iraient sitôt dormir, l'une à Montmartre,
l'autre au Père-Lachaise, et que, des trois, nous reste-
rions seul pour fixer ces souvenirs déjà lointains et près
de se perdre.

Comme son père, qui mourut accidentellement plus
qu'octogénaire, et se flattait de faire sauter la tontine
Lafarge, Balzac croyait à sa longévité. Souvent il faisait
avec nous des projets d'avenir. Il devait terminer la *Comédie humaine*, écrire la *Théorie de la Démarche*, faire
la *Monographie de la Vertu*, une cinquantaine de drames,

arriver à une grande fortune, se marier et avoir deux
enfants, « mais pas davantage : deux enfants font bien,
disait-il, sur le devant d'une calèche. » Tout cela ne
laissait pas que d'être long, et nous lui faisions observer
que, ces besognes accomplies, il aurait environ quatre-
vingts ans. « Quatre-vingts ans ! s'écriait-il, bah ! c'est la
fleur de l'âge. » M. Flourens, avec ses consolantes doctrines, n'eût pas mieux dit.

Un jour que nous dînions ensemble chez M. Ém. de
Girardin, il nous raconta une anecdote sur son père,
pour montrer à quelle forte race il appartenait. M. de
Balzac père, placé chez un procureur, mangeait, suivant
l'usage du temps, à la table du patron avec les autres
clercs. On servit des perdrix. La procureuse, qui guignait
de l'œil le nouveau venu, lui dit : « M. Balzac, savez-
vous découper ? — Oui, madame, » répondit le jeune
homme, rouge jusqu'aux oreilles ; et il empoigna bravement le couteau et la fourchette. Ignorant tout à fait
l'anatomie culinaire, il divisa la perdrix en quatre, mais
avec tant de vigueur qu'il fendit l'assiette, trancha la
nappe et entama le bois de la table. Ce n'était pas adroit,
mais c'était fort : la procureuse sourit, et à dater de ce
jour, ajoutait Balzac, le jeune clerc fut traité fort doucement dans la maison.

Cette historiette racontée semble froide, mais il fallait voir la mimique de Balzac imitant sur son assiette
l'exploit paternel, l'air effaré et résolu à la fois qu'il prenait, la façon dont il saisissait son couteau après avoir
retroussé sa manche et dont il enfonçait sa fourchette
dans une perdrix imaginaire ; Neptune chassant des
monstres marins ne manie pas son trident d'un poing
plus vigoureux, et quelle pesée immense il faisait ! Ses
joues s'en empourpraient, les yeux lui en sortaient de la
tête, mais l'opération terminée, comme il promenait sur

l'assemblée un regard de satisfaction naïve, cherchant à se voiler sous la modestie !

Au reste, Balzac, avait en lui l'étoffe d'un grand acteur : il possédait une voix pleine, sonore, cuivrée, d'un timbre riche et puissant, qu'il savait modérer et rendre très-douce au besoin, et il lisait d'une manière admirable, talent qui manque à la plupart des acteurs. Ce qu'il racontait, il le jouait avec des intonations, des grimaces et des gestes qu'aucun comédien n'a dépassés, à notre avis.

Nous trouvons dans *Marguerite*, de madame de Girardin, ce souvenir de Balzac. C'est un personnage du livre qui parle.

« Il raconta que Balzac avait dîné chez lui la veille, et qu'il avait été plus brillant, plus étincelant que jamais. Il nous a bien amusés avec le récit de son voyage en Autriche. Quel feu ! Quelle verve ! Quelle puissance d'imitation ! C'était merveilleux. Sa manière de payer les postillons est une invention qu'un romancier de génie pouvait seul trouver. « J'étais très-embarrassé à chaque relais, disait-il, comment faire pour payer ? Je ne savais pas un mot d'allemand, je ne connaissais pas la monnaie du pays. C'était très-difficile. Voilà ce que j'avais imaginé. J'avais un sac rempli de petites pièces d'argent, de kreutzers... Arrivé au relais, je prenais mon sac ; le postillon venait à la portière de la voiture ; je le regardais attentivement entre les deux yeux, et je lui mettais dans la main un kreutzer,... deux kreutzers,... puis trois, puis quatre, etc., jusqu'à ce que je le visse sourire... Dès qu'il souriait, je comprenais que je lui donnais un kreutzer de trop... Vite je reprenais ma pièce et mon homme était payé. »

Aux Jardies, il nous lut — *Mercadet*, — le *Mercadet* primitif, bien autrement ample, compliqué et touffu que

la pièce arrangée pour le Gymnase par d'Ennery, avec
tant de tact et d'habileté. Balzac, qui lisait comme Tieck,
sans indiquer ni les actes, ni les scènes, ni les noms,
affectait une voix particulière et parfaitement reconnaissable à chaque personnage ; les organes dont il dotait
les différentes espèces de créanciers étaient d'un comique
désopilant ; il y en avait de rauques, de mielleux, de
précipités, de traînards, de menaçants, de plaintifs.
Cela glapissait, cela miaulait, cela grondait, cela grommelait, cela hurlait sur tous les tons possibles et impossibles. La Dette chantait d'abord un solo que soutenait
bientôt un chœur immense. Il sortait des créanciers de
partout, de derrière le poêle, de dessous le lit, des tiroirs
de commode ; le tuyau de la cheminée en vomissait ; il
en filtrait par le trou de la serrure ; d'autres escaladaient
la fenêtre comme des amants ; ceux-ci jaillissaient du
fond d'une malle pareils aux diables des joujoux à surprises, ceux-là passaient à travers les murs comme à
travers une trappe anglaise, et c'était une cohue, un tapage, une invasion, une vraie marée montante. Mercadet
avait beau les secouer, il en revenait toujours d'autres à
l'assaut, et jusqu'à l'horizon on devinait un sombre fourmillement de créanciers en marche, arrivant comme des
légions de termites pour dévorer leur proie. Nous ne savons si la pièce était meilleure ainsi, mais jamais représentation ne nous produisit un tel effet.

Balzac, pendant cette lecture de *Mercadet*, occupait à
demi couché un long divan dans le salon des Jardies,
car il s'était foulé le pied, en glissant comme ses murs
sur la glaise de sa propriété. Quelque brindille, passant
à travers l'étoffe, piquait la peau de sa jambe et l'incom-
modait. « La perse est trop mince, *le foin* la traverse ; il
faudrait mettre une toile épaisse dessous, dit-il, en arra-
chant la pointe qui le gênait. »

François, le Caleb de ce Ravenswood, n'entendait pas raillerie sur les splendeurs du manoir. — Il reprit son maître et dit : *le crin*. « Le tapissier m'a donc trompé ? répondit Balzac. Ils sont tous les mêmes. J'avais recommandé de mettre du foin ! Sacré voleur ! »

Les magnificences des Jardies n'existaient guère qu'à l'état de rêve. Tous les amis de Balzac se souviennent d'avoir vu écrit au charbon sur les murs nus ou plaqués de papiers gris ; « boiserie de palissandre, — tapisserie des Gobelins, — glace de Venise, — tableaux de Raphaël. » Gérard de Nerval avait déjà décoré un appartement de cette manière, et cela ne nous étonnait pas. Quant à Balzac, il se croyait littéralement dans l'or, le marbre et la soie; mais, s'il n'acheva pas les Jardies et s'il prêta à rire par ses chimères, il sut du moins se bâtir une demeure éternelle, un monument « plus durable que l'airain, » une cité immense, peuplée de ses créations et dorée par les rayons de sa gloire.

## V

Par une bizarrerie de nature qui lui est commune avec plusieurs des écrivains les plus poétiques de ce siècle, tels que Chateaubriand, madame de Staël, George Sand, Mérimée, Janin, Balzac ne possédait ni le don ni l'amour du vers, quelque effort qu'il fît d'ailleurs pour y arriver. Sur ce point, son jugement si fin, si profond, si sagace faisait défaut; il admirait un peu au hasard et en quelque sorte d'après la notoriété publique. Nous ne croyons pas, bien qu'il professât un grand respect pour Victor Hugo, qu'il ait jamais été fort sensible aux qualités lyri-

ques du poëte, dont la prose sculptée et colorée à la fois
l'émerveillait. Lui, si laborieux pourtant et qui retournait une phrase autant de fois qu'un versificateur peut
remettre un alexandrin sur l'enclume, il trouvait le
travail métrique puéril, fastidieux et sans utilité. Il eût
volontiers récompensé d'un boisseau de pois ceux qui
parvenaient à faire passer l'idée par l'anneau étroit du
rhythme, comme fit Alexandre pour le Grec habile à
lancer de loin des boulettes dans une bague; le vers,
avec sa forme arrêtée et pure, sa langue elliptique et peu
propre à la multiplicité du détail, lui semblait un obstacle
inventé à plaisir, une difficulté superflue ou un moyen
de mnémonique à l'usage des temps primitifs. Sa doc-
trine était là-dessus à peu de chose près celle de Stendhal :
« L'idée qu'un ouvrage a été fait à cloche-pied peut-elle
ajouter au plaisir qu'il produit? » — L'école romantique
contenait dans son sein quelques adeptes, partisans de
la vérité absolue, qui rejetaient le vers comme peu ou
point naturel. Si Talma disait : « Pas de beaux vers! »
Beyle disait : « Pas de vers du tout. » C'était au fond le
sentiment de Balzac, quoique pour paraître large, compréhensif, universel, il fît quelquefois dans le monde
semblant d'admirer la poésie, de même que les bourgeois
simulent un grand enthousiasme pour la musique qui
les ennuie profondément. Il s'étonnait toujours de nous
voir faire des vers et du plaisir que nous y prenions. —
« Ce n'était pas de la copie, » disait-il, et s'il nous estimait, nous le devions à notre prose. Tous les écrivains,
jeunes alors, qui se rattachaient au mouvement littéraire
représenté par Hugo, se servaient, comme le maître, de
la lyre ou de la plume : Alfred de Vigny, Sainte-Beuve,
Alfred de Musset, parlaient indifféremment la langue des
dieux et la langue des hommes. Nous-même, s'il nous
est permis de nous citer après des noms si glorieux,

nous avons eu dès le début cette double faculté. Il est toujours facile aux poëtes de descendre à la prose. L'oiseau peut marcher au besoin, mais le lion ne vole pas. Les prosateurs-nés ne s'élèvent jamais à la poésie, quelque poétiques qu'ils soient d'ailleurs. C'est un don particulier que celui de la parole rhythmée, et tel le possède sans pour cela être un grand génie, tandis qu'il est refusé souvent à des esprits supérieurs. Parmi les plus fiers qui le dédaignent en apparence, plus d'un garde même à son insu comme une secrète rancune de ne pas l'avoir.

Dans les deux mille personnages de *la Comédie humaine*, il se trouve deux poëtes : le Canalis, de *Modeste Mignon*, et le Lucien de Rubempré, de *Splendeurs et Misères des courtisanes*. Balzac les a représentés l'un et l'autre sous des traits peu favorables. Canalis est un esprit sec, froid, stérile, plein de petitesses, un adroit arrangeur de mots, un joaillier en faux, qui sertit du strass dans de l'argent doré, et compose des colliers en perles de verre. Ses volumes à blancs multipliés, à grandes marges, à larges intervalles, ne contiennent qu'un néant mélodieux, qu'une musique monotone, propre à endormir ou faire rêver les jeunes pensionnaires. Balzac, qui épouse ordinairement avec chaleur les intérêts de ses personnages, semble prendre un secret plaisir à ridiculiser celui-ci et à le mettre dans des positions embarrassantes : il crible sa vanité de mille ironies et de mille sarcasmes, et finit par lui ôter Modeste Mignon avec sa grande fortune, pour la donner à Ernest de la Brière. Ce dénoûment, contraire au commencement de l'histoire, pétille de malice voilée et de fine moquerie. On dirait que Balzac est personnellement heureux du bon tour qu'il joue à Canalis. Il se venge, à sa façon, des anges, des sylphes, des lacs, des cygnes, des saules, des nacelles, des étoiles et des lyres prodigués par le poëte.

Si dans Canalis nous avons le faux poëte, économisant sa maigre veine et lui mettant des barrages pour qu'elle puisse couler, écumer et bruire pendant quelques minutes, de manière à simuler la cascade, l'homme habile se servant de ses succès littéraires laborieusement préparés pour ses ambitions politiques, l'être positif, aimant l'argent, les croix, les pensions et les honneurs, malgré ses attitudes élégiaques et ses poses d'ange regrettant le ciel, Lucien de Rubempré nous montre le poëte paresseux, frivole, insouciant, fantasque et nerveux comme une femme, incapable d'effort suivi, sans force morale, vivant aux crocs des comédiennes et des courtisanes, marionnette dont le terrible Vautrin, sous le pseudonyme de Carlos Herrera, tire les ficelles à son gré. Malgré tous ses vices, il est vrai, Lucien est séduisant ; Balzac l'a doté d'esprit, de beauté, de jeunesse, d'élégance ; les femmes l'adorent ; mais il finit par se pendre à la Conciergerie. Balzac a fait tout ce qu'il a pu pour mener à bien le mariage de Clotilde de Grandlieu avec l'auteur des *Marguerites ;* par malheur les exigences de la morale étaient là, et qu'eût dit le faubourg Saint-Germain de *la Comédie humaine,* si l'élève du forçat Jacques Collin avait épousé la fille d'un duc ?

A propos de l'auteur des *Marguerites,* consignons ici un petit renseignement qui pourra amuser les curieux littéraires. Les quelques sonnets que Lucien de Rubempré fait voir comme échantillon de son volume de vers au libraire Dauriat ne sont pas de Balzac, qui ne faisait pas de vers, et demandait à ses amis ceux dont il avait besoin. Le sonnet sur la *Marguerite* est de madame de Girardin, le sonnet sur le *Camellia* de Lassailly, celui sur la *Tulipe* [1] de votre serviteur.

---

[1] Ce sonnet, qui n'a jamais été publié que dans *Un grand homme de province à Paris,* prendra place dans une prochaine

*Modeste Mignon* renferme aussi une pièce de vers, mais nous en ignorons l'auteur.

Comme nous l'avons dit à propos de *Mercadet*, Balzac était un admirable lecteur, et il voulut bien, un jour, nous lire quelques-uns de nos propres vers. — Il nous récita, entre autres, *la Fontaine du Cimetière*. Comme tous les prosateurs, il lisait pour le sens, et tâchait de dissimuler le rhythme que les poëtes, lorsqu'ils débitent leurs vers tout haut, accentuent au contraire d'une façon insupportable à tout le monde, mais qui les ravit tout seuls, et nous eûmes ensemble, à ce propos, une longue discussion, qui ne servit, comme toujours, qu'à nous entêter chacun dans notre opinion particulière.

Le grand homme littéraire de *la Comédie humaine* est Daniel d'Arthez, un écrivain sérieux, piocheur, et longtemps enfoui, avant d'arriver à la gloire, dans d'immenses études de philosophie, d'histoire et de linguistique. Balzac avait peur de la facilité, et il ne croyait pas qu'une œuvre rapide pût être bonne. Sous ce rapport, le journa-

édition des Poésies complètes de Théophile Gautier ; nous avons pensé qu'il serait intéressant de le trouver ici (mars 1874) :

### LA TULIPE.

Moi, je suis la tulipe, une fleur de Hollande ;
Et telle est ma beauté que l'avare flamand
Paye un de mes oignons plus cher qu'un diamant
Si mes fonds sont bien purs, si je suis droite et grande.

Mon air est féodal et comme une Yolande
Dans sa jupe à longs plis étoffée amplement,
Je porte des blasons peints sur mon vêtement ;
Gueules fascé d'argent, or avec pourpre en bande.

Le jardinier divin a filé de ses doigts
Les rayons du soleil et la pourpre des rois
Pour me faire une robe à trame douce et fine.

Nulle fleur du jardin n'égale ma splendeur,
Mais la nature, hélas ! n'a pas versé d'odeur
Dans mon calice fait comme un vase de Chine.

lisme lui répugnait singulièrement, et il regardait le
temps et le talent qu'on y consacrait comme perdus; il
n'aimait guère non plus les journalistes, et lui, si grand
critique pourtant, méprisait la critique. Les portraits
peu flattés qu'il a tracés d'Étienne Lousteau, de Nathan,
de Vernisset, d'Andoche Finot, représentent assez bien
son opinion réelle à l'endroit de la presse. Émile Blondet,
mis dans cette mauvaise compagnie pour représenter le
*bon écrivain*, est récompensé de ses articles aux « *Débats* »
imaginaires de *la Comédie humaine* par un riche mariage avec la veuve d'un général, qui lui permet de quitter le journalisme.

Du reste, Balzac ne travailla jamais au point de vue
du journal. Il portait ses romans aux revues et aux
feuilles quotidiennes tels qu'ils étaient venus, sans pré-
parer de suspensions et de traquenards d'intérêt à la fin
de chaque feuilleton, pour faire désirer la suite. La chose
était coupée en tartines à peu près d'égale longueur, et
quelquefois la description d'un fauteuil commencée la
veille finissait le lendemain. Avec raison, il ne voulait
pas diviser son œuvre en petits tableaux de drame ou de
vaudeville; il ne pensait qu'au livre. Cette façon de procéder nuisit souvent au succès immédiat que le journalisme exige des auteurs qu'il emploie. Eugène Sue,
Alexandre Dumas l'emportèrent fréquemment sur Balzac
dans ces batailles de chaque matin qui passionnaient
alors le public. Il n'obtint pas de ces vogues immenses,
comme celles des *Mystères de Paris* et du *Juif-Errant*,
des *Mousquetaires* et de *Monte-Christo*. — *Les Paysans*,
ce chef-d'œuvre, provoquèrent même un grand nombre
de désabonnements à la *Presse*, où en parut la première
partie. On dut interrompre la publication. Tous les jours
arrivaient des lettres qui demandaient qu'on en finît. —
On trouvait Balzac ennuyeux!

On n'avait pas encore bien compris la grande idée de l'auteur de *la Comédie humaine* — prendre la société moderne — et faire sur Paris et notre époque ce livre qu'aucune civilisation antique ne nous a malheureusement laissé. L'édition compacte de *la Comédie humaine*, en rassemblant toutes ses œuvres éparses, mit en relief l'intention philosophique de l'écrivain. A dater de là, Balzac grandit considérablement dans l'opinion, et l'on cessa enfin de le considérer « comme le plus fécond de nos romanciers, » phrase stéréotypée qui l'irritait autant que celle-ci « l'auteur d'*Eugénie Grandet*. »

On a fait nombre de critiques sur Balzac et parlé de lui de bien des façons, mais on n'a pas insisté sur un point très-caractéristique à notre avis ; — ce point est la modernité absolue de son génie. Balzac ne doit rien à l'antiquité ; — pour lui il n'y a ni Grecs ni Romains, et il n'a pas besoin de crier qu'on l'en délivre. On ne retrouve dans la composition de son talent aucune trace d'Homère, de Virgile, d'Horace, pas même du *de Viris illustribus;* personne n'a jamais été moins classique.

Balzac, comme Gavarni, a vu ses contemporains ; et, dans l'art, la difficulté suprême c'est de peindre ce qu'on a devant les yeux; on peut traverser son époque sans l'apercevoir, et c'est ce qu'ont fait beaucoup d'esprits éminents.

Être de son temps, — rien ne paraît plus simple et rien n'est plus malaisé! Ne porter aucunes lunettes ni bleues ni vertes, penser avec son propre cerveau, se servir de la langue actuelle, ne pas recoudre en centons les phrases de ses prédécesseurs! Balzac posséda ce rare mérite. Les siècles ont leur perspective et leur recul ; à cette distance les grandes masses se dégagent, les lignes s'arrêtent, les détails papillotants disparaissent ; à l'aide des souvenirs classiques, des noms harmonieux

de l'antiquité, le dernier rhétoricien venu fera une tragédie, un poëme, une étude historique. Mais, se trouver
dans la foule, coudoyé par elle et en saisir l'aspect, en
comprendre les courants, y démêler les individualités,
dessiner les physionomies de tant d'êtres divers, montrer les motifs de leurs actions, voilà qui exige un génie
tout spécial, et ce génie, l'auteur de *la Comédie humaine*
l'eut à un degré que personne n'égala et n'égalera probablement.

Cette profonde compréhension des choses modernes
rendait, il faut le dire, Balzac peu sensible à la beauté
plastique. Il lisait d'un œil négligent les blanches strophes de marbre où l'art grec chanta la perfection de la
forme humaine. Dans le Musée des antiques, il regardait
la Vénus de Milo sans grande extase, mais la Parisienne
arrêtée devant l'immortelle statue, drapée de son long
cachemire filant sans un pli de la nuque au talon, coiffée
de son chapeau à voilette de Chantilly, gantée de son
étroit gant Jouvin, avançant sous l'ourlet de sa robe à
volants le bout verni de sa bottine claquée, faisait pé-
tiller son œil de plaisir. Il en analysait les coquettes
allures, il en dégustait longuement les grâces savantes,
tout en trouvant comme elle que la déesse avait la taille
bien lourde et ne ferait pas bonne figure chez mesdames
de Beauséant, de Listomère ou d'Espard. La beauté
idéale, avec ses lignes sereines et pures, était trop simple, trop froide, trop unie, pour ce génie compliqué,
touffu et divers. — Aussi dit-il quelque part : « Il faut
être Raphaël pour faire beaucoup de Vierges. » — Le
*caractère* lui plaisait plus que le *style*, et il préférait la
physionomie à la beauté. Dans ses portraits de femme,
il ne manque jamais de mettre un signe, un pli, une
ride, une plaque rose, un coin attendri et fatigué, une
veine trop apparente, quelque détail indiquant les meur-

trissures de la vie, qu'un poëte, traçant la même image, eût à coup sûr supprimé, à tort sans doute.

Nous n'avons nullement l'intention de critiquer Balzac en cela. Ce *défaut* est sa principale *qualité*. Il n'accepta rien des mythologies et des traditions du passé, et il ne connut pas, heureusement pour nous, cet idéal fait avec les vers des poëtes, les marbres de la Grèce et de Rome, les tableaux de la Renaissance, qui s'interpose entre les yeux des artistes et la réalité. Il aima la femme de nos jours telle qu'elle est, et non pas une pâle statue; il l'aima dans ses vertus, dans ses vices, dans ses fantaisies, dans ses châles, dans ses robes, dans ses chapeaux, et la suivit à travers la vie, bien au delà du point de la route où l'amour la quitte. Il en prolongea la jeunesse de plusieurs saisons, lui fit des printemps avec les étés de la Saint-Martin, et en dora le couchant des plus splendides rayons. On est si classique, en France, qu'on ne s'est pas aperçu, après deux mille ans, que les roses, sous notre climat, ne fleurissent pas en avril comme dans les descriptions des poëtes antiques, mais en juin, et que nos femmes commencent à être belles à l'âge où celles de la Grèce, plus précoces, cessaient de l'être. Que de types charmants il a imaginés ou reproduits : madame Firmiani, la duchesse de Maufrigneuse, la princesse de Cadignan, madame de Mortsauf, lady Dudley, la duchesse de Langeais, madame Jules, Modeste Mignon, Diane de Chaulieu, sans compter les bourgeoises, les grisettes et les dames aux camélias de son demi-monde.

Et comme il aimait et connaissait ce Paris moderne, dont en ce temps-là les amateurs de couleur locale et de pittoresque appréciaient si peu la beauté! Il le parcourait en tous sens de nuit et de jour; il n'est pas de ruelle perdue, de passage infect, de rue étroite, boueuse et noire, qui ne devînt sous sa plume une eau-forte digne de

Rembrandt, pleine de ténèbres fourmillantes et mystérieuses où scintille une tremblotante étoile de lumière.
Richesses et misères, plaisirs et souffrances, hontes et
gloires, grâces et laideurs, il savait tout de sa ville chérie ; c'était pour lui un monstre énorme, hybride, formidable, un polype aux cent mille bras qu'il écoutait et
regardait vivre, et qui formait à ses yeux comme une
immense individualité. — Voyez à ce propos les merveilleuses pages placées au commencement de *la Fille
aux yeux d'or*, dans lesquelles Balzac, empiétant sur
l'art du musicien, a voulu, comme dans une symphonie
à grand orchestre, faire chanter ensemble toutes les voix,
tous les sanglots, tous les cris, toutes les rumeurs, tous
les grincements de Paris en travail !

De cette *modernité* sur laquelle nous appuyons à dessein provenait, sans qu'il s'en doutât, la difficulté de travail qu'éprouvait Balzac dans l'accomplissement de son
œuvre : la langue française, épurée par les classiques du
dix-septième siècle, n'est propre lorsqu'on veut s'y conformer qu'à rendre des idées générales, et qu'à peindre
des figures conventionnelles dans un milieu vague. Pour
exprimer cette multiplicité de détails, de caractères, de
types, d'architectures, d'ameublements, Balzac fut obligé
de se forger une langue spéciale, composée de toutes
les technologies, de tous les argots de la science, de
l'atelier, des coulisses, de l'amphithéâtre même. Chaque
mot qui disait quelque chose était le bienvenu et la
phrase, pour le recevoir, ouvrait une incise, une parenthèse, et s'allongeait complaisamment. — C'est ce qui a
fait dire aux critiques superficiels que Balzac ne savait
pas écrire. — Il avait, bien qu'il ne le crût pas, un style
et un très-beau style, — le style nécessaire, fatal et mathématique de son idée !

# VI

Personne ne peut avoir la prétention de faire une biographie complète de Balzac ; toute liaison avec lui était
nécessairement coupée de lacunes, d'absences, de dis-
paritions. Le travail commandait absolument la vie de
Balzac, et si, comme il le dit lui-même avec un accent
de touchante sensibilité dans une lettre à sa sœur, il a
sacrifié sans peine à ce dieu jaloux les joies et les distractions de l'existence, il lui en a coûté de renoncer à
tout commerce un peu suivi d'amitié. Répondre quelques mots à une longue missive devenait pour lui dans
ses accablements de besogne une prodigalité qu'il pouvait rarement se permettre ; il était l'esclave de son œuvre et l'esclave volontaire. Il avait, avec un cœur très-
bon et très-tendre, l'égoïsme du grand travailleur. Et qui
eût songé à lui en vouloir de négligences forcées et
d'oublis apparents, lorsqu'on voyait les résultats de ses
fuites ou de ses reclusions? Quand, l'œuvre parachevée,
il reparaissait, on eût dit qu'il vous eût quitté la veille,
et il reprenait la conversation interrompue, comme si
quelquefois six mois et plus ne se fussent pas écoulés. Il
faisait des voyages en France pour étudier les localités
où il plaçait ses *Scènes de province*, et se retirait chez
des amis, en Touraine, ou dans la Charente, trouvant là
un calme que ses créanciers ne lui laissaient pas toujours à Paris. Après quelque grand ouvrage, il se permettait parfois une excursion plus longue en Allemagne,
dans la haute Italie, ou en Suisse ; mais ces courses
faites rapidement, avec des préoccupations d'échéances

à payer, de traités à remplir, et un viatique assez borné,
le fatiguaient peut-être plus qu'elles ne le reposaient. —
Son grand œil buvait les cieux, les horizons, les montagnes, les paysages, les monuments, les maisons, les
intérieurs pour les confier à cette mémoire universel'e
et minutieuse qui ne lui fit jamais défaut. Supérieur en
cela aux poëtes descriptifs, Balzac voyait l'homme en
même temps que la nature; il étudiait les physionomies,
les mœurs, les passions, les caractères du même regard
que les sites, les costumes et le mobilier. Un détail lui
suffisait, comme à Cuvier le moindre fragment d'os, pour
supposer et reconstituer juste une personnalité entrevue
en passant. L'on a souvent loué chez Balzac, et avec raison, son talent d'observateur; mais, quelque grand qu'il
fût, il ne faut pas s'imaginer que l'auteur de *la Comédie
humaine* copiât toujours d'après nature ses portraits
d'une vérité si frappante d'ailleurs. Son procédé ne ressemble nullement à celui de Henri Monnier, qui suit dans
la vie réelle un individu pour en faire le croquis au
crayon et à la plume, dessinant ses moindres gestes,
écrivant ses phrases les plus insignifiantes de façon à
obtenir à la fois une plaque de daguerréotype et une page
de sténographie. Enseveli la plupart du temps dans les
fouilles de ses travaux, Balzac n'a pu matériellement observer les deux mille personnages qui jouent leur rôle
dans sa comédie aux cent actes; mais tout homme, quand
il a l'œil intérieur, contient l'humanité : c'est un microcosme où rien ne manque.

Il a, non pas toujours, mais souvent observé en lui-
même les types nombreux qui vivent dans son œuvre.
C'est pour cela qu'ils sont si complets. — Nul ne saurait
suivre absolument la vie d'un autre; en pareil cas, il y
a des motifs qui restent obscurs, des détails inconnus,
des actions dont on perd la trace. Dans le portrait même

le plus fidèle, il faut une part de création. Balzac a donc créé beaucoup plus qu'il n'a vu. Ses rares facultés d'analyste, de physiologiste, d'anatomiste, ont servi seulement chez lui le poëte, de même qu'un préparateur sert le professeur en chaire lorsqu'il lui passe les substances dont il a besoin pour ses démonstrations.

Ce serait peut-être ici le lieu de définir la *vérité* telle que l'a comprise Balzac; en ce temps de *réalisme*, il est bon de s'entendre sur ce point. La vérité de l'art n'est point celle de la nature; tout objet rendu par le moyen de l'art contient forcément une part de convention: faites-la aussi petite que possible, elle existe toujours, ne fût-ce en peinture que la perspective, en littérature que la langue. Balzac accentue, grandit, grossit, élague, ajoute, ombre, éclaire, éloigne ou rapproche les hommes ou les choses, selon l'effet qu'il veut produire. Il est *vrai*, sans doute, mais avec les augmentations et les sacrifices de l'*art*. Il prépare des fonds sombres et frottés de bitume à ses figures lumineuses, il met des fonds blancs derrière ses figures brunes. Comme Rembrandt, il pique à propos la paillette de jour sur le front ou le nez du personnage; — quelquefois, dans la description, il obtient des résultats fantastiques et bizarres, en plaçant, sans en rien dire, un microscope sous l'œil du lecteur; les détails apparaissent alors avec une netteté surnaturelle, une minutie exagérée, des grossissements incompréhensibles et formidables; les tissus, les squames, les pores, les villosités, les grains, les fibres, les filets capillaires prennent une importance énorme, et font d'un visage insignifiant à l'œil nu une sorte de mascaron chimérique aussi amusant que les masques sculptés sous la corniche du pont Neuf et vermiculés par le temps. Les caractères sont aussi poussés à outrance, comme il convient à des types: si le baron Hulot est un libertin, il personnifie en outre la luxure : c'est un homme et un vice, une individualité et une abstraction ; il réunit en lui tous les traits épars du caractère. Où un écrivain de moindre génie eût fait un portrait, Balzac a fait une figure. Les hommes n'ont pas tant de muscles que Michel-Ange leur en met pour donner l'idée de la force. Balzac est plein de ces exagérations utiles, de ces traits noirs qui nourrissent et soutiennent le contour ; il imagine en copiant, à la façon des maîtres, et imprime sa touche à chaque chose. Comme ce n'est pas une critique littéraire, mais une étude biographique que nous faisons, nous ne pousserons pas plus loin ces remarques, qu'il suffit d'indiquer. Balzac, que l'école réaliste semble vouloir revendiquer pour maître, n'a aucun rapport de tendance avec elle.

Contrairement à certaines illustrations littéraires qui ne se nourrissent que de leur propre génie, Balzac lisait beaucoup et avec une rapidité prodigieuse. Il aimait les livres, et il s'était formé une belle bibliothèque qu'il avait l'intention de laisser à sa ville natale, idée dont l'indifférence de ses compatriotes à son endroit le fit plus tard revenir. Il absorba en quelques jours les œuvres volumineuses de Swedenborg, que possédait madame Balzac mère, assez préoccupée de mysticisme à cette époque, et cette lecture nous valut *Séraphita-Séraphitus*, une des plus étonnantes productions de la littérature moderne. Jamais Balzac n'approcha, ne serra de plus près la beauté idéale que dans ce livre : l'ascension sur la montagne a quelque chose d'éthéré, de surnaturel, de lumineux qui vous enlève à la terre. Les deux seules couleurs employées sont le bleu céleste, le blanc de neige avec quelques tons nacrés pour ombre. Nous ne connaissons rien de plus enivrant que ce début. Le panorama de la Norwége, découpée par ses

bords et vue de cette hauteur, éblouit et donne le vertige.

*Louis Lambert* se ressent aussi de la lecture de Swedenborg ; mais bientôt Balzac, qui avait emprunté les
ailes d'aigle des mystiques pour planer dans l'infini, re-
descendit sur la terre où nous sommes, bien que ses robustes poumons pussent respirer indéfiniment l'air subtil, mortel pour les faibles : il abandonna l'extra-monde
après cet essor, et rentra dans la vie réelle. Peut-être son
beau génie eût-il été trop vite hors de vue s'il avait con-
tinué à s'élever vers les insondables immensités de la
métaphysique, et devons-nous considérer comme une
chose heureuse qu'il se soit borné à *Louis Lambert* et à
*Séraphita-Séraphitus,* qui représentent suffisamment,
dans *la Comédie humaine,* le côté supernaturel, et ouvrent une porte assez large sur le monde invisible.

Passons maintenant à quelques détails plus intimes.
Le grand Gœthe avait trois choses en horreur : une de
ces choses était la fumée de tabac, on nous dispensera de
dire les deux autres. Balzac, comme le Jupiter de l'O-
lympe poétique allemand, ne pouvait souffrir le tabac,
sous quelque forme que ce fût ; il anathématisait la pipe,
et proscrivait le cigare. Il n'admettait même pas le léger
papelito espagnol ; le narguilhé asiatique trouvait seul
grâce devant lui, et encore ne le souffrait-il que comme
*bibelot* curieux et à cause de sa couleur locale. Dans ses
philippiques contre l'herbe de Nicot, il n'imitait pas ce
docteur qui, pendant une dissertation sur les inconvé-
nients du tabac, ne cessait de puiser d'amples prises à une
large tabatière placée près de lui. Il ne fuma jamais. Sa
*Théorie des excitants* contient un réquisitoire en forme à
l'endroit du tabac, et nul doute que s'il eût été sultan,
comme Amurath, il n'eût fait couper la tête aux fumeurs
relaps et obstinés. Il réservait toutes ses prédilections

pour le café, qui lui fit tant de mal et le tua peut-être, quoiqu'il fût organisé pour devenir centenaire.

Balzac avait-il tort ou raison? Le tabac, comme il le prétendait, est-il un poison mortel et intoxique-t-il ceux qu'il n'abrutit pas? Est-ce l'opium de l'Occident, l'endormeur de la volonté et de l'intelligence? C'est une question que nous ne saurions résoudre; mais nous allons rassembler ici les noms de quelques personnages célèbres de ce siècle, dont les uns fumaient et les autres ne fumaient pas : Gœthe, Henri Heine, abstention singulière pour des Allemands, ne fumaient pas; Byron fumait; Victor Hugo ne fume pas, non plus qu'Alexandre Dumas père; en revanche, Alfred de Musset, Eugène Sue, George Sand, Mérimée, Paul de Saint-Victor, Émile Augier, Ponsard, ont fumé et fument; ils ne sont cependant pas précisément des imbéciles.

Cette aversion, du reste, est commune à presque tous les hommes nés avec le siècle ou un peu avant. Les marins et les soldats seuls fumaient alors; à l'odeur de la pipe ou du cigare, les femmes s'évanouissaient : elles se sont bien aguerries depuis, et plus d'une lèvre rose presse avec amour le bout doré d'un *puro*, dans le boudoir changé en tabagie. Les douairières et les mères à turban ont seules conservé leur vieille antipathie, et voient stoïquement leurs salons réfractaires désertés par la jeunesse.

Toutes les fois que Balzac est obligé, pour la vraisemblance du récit, de laisser un de ses personnages s'adonner à cet habitude horrible, sa phrase brève et dédaigneuse trahit un secret blâme : « Quant à de Marsay, dit-il, il était occupé à fumer ses cigares. » Et il faut qu'il aime bien ce condottiere du dandysme, pour lui permettre de fumer dans son œuvre.

Une femme délicate et petite-maîtresse avait sans doute

imposé cette aversion à Balzac. C'est un point que nous ne saurions résoudre. Toujours est-il qu'il ne fit pas gagner un sou à la régie. A propos de femmes, Balzac, qui les a si bien peintes, devait les connaître, et l'on sait le sens que la Bible attache à ce mot. Dans une des lettres qu'il écrit à madame de Surville, sa sœur, Balzac, tout jeune et complétement ignoré, pose l'idéal de sa vie en deux mots : « être célèbre et être aimé. » La première partie de ce programme, que se tracent du reste tous les artistes, a été réalisée de point en point. La seconde a-t-elle reçu son accomplissement ? L'opinion des plus intimes amis de Balzac est qu'il pratiqua la chasteté qu'il recommandait aux autres, et n'eut tout au plus que des amours platoniques ; mais madame de Surville sourit à cette idée, avec un sourire d'une finesse féminine et tout plein de pudiques réticences. Elle prétend que son frère était d'une discrétion à toute épreuve, et que s'il eût voulu parler, il eût eu beaucoup de choses à dire. Cela doit être, et sans doute la cassette de Balzac contenait plus de petites lettres à l'écriture fine et penchée que la boite en laque de Canalis. Il y a, dans son œuvre, comme une odeur de femme : *odor di femina ;* quand on y entre, on entend derrière les portes qui se referment sur les marches de l'escalier dérobé des frou-frou de soie et des craquements de bottines. Le salon semi-circulaire et matelassé de la rue des Batailles, dont nous avons cité la description placée par l'auteur dans *la Fille aux yeux d'or*, ne resta donc pas complétement virginal, comme plusieurs de nous le supposèrent. Dans le cours de notre intimité, qui dura de 1836 jusqu'à sa mort, une seule fois Balzac fit allusion, avec les termes les plus respectueux et les plus attendris, à un attachement de sa première jeunesse, et encore ne nous livra-t-il que le prénom de la personne dont, après tant d'années, le sou-

venir lui faisait les yeux humides. Nous en eût-il dit
davantage, nous n'abuserions certes pas de ses confidences; le génie d'un grand écrivain appartient à tout le
monde, mais son cœur est à lui. Nous effleurons en passant ce côté tendre et délicat de la vie de Balzac, parce
que nous n'avons rien à dire qui ne lui fasse honneur.
Cette réserve et ce mystère sont d'un galant homme. S'il
fut aimé comme il le souhaitait dans ses rêves de jeunesse, le monde n'en sut rien.

N'allez pas vous imaginer d'après cela que Balzac fût
austère et pudibond en paroles : l'auteur des *Contes drôlatiques* était trop nourri de Rabelais et trop pantagrué-
liste pour ne pas avoir le mot pour rire; il savait de bonnes histoires et en inventait : ses grasses gaillardises
*entrelardées de crudités gauloises* eussent fait crier *shock-
ing* au *cant* épouvanté ; mais ses lèvres rieuses et bavar-
des étaient scellées comme le tombeau lorsqu'il s'agissait d'un sentiment sérieux. A peine laissa-t-il deviner à
ses plus chers son amour pour une étrangère de distinction, amour dont on peut parler, puisqu'il fut couronné
par le mariage. C'est à cette passion conçue depuis longtemps qu'il faut rapporter ses excursions lointaines, dont
le but resta jusqu'au dernier jour un mystère pour ses
amis.

Absorbé par son œuvre, Balzac ne pensa qu'assez tard
au théâtre, pour lequel l'opinion générale jugea, à tort
selon nous, d'après quelques essais plus ou moins chan-
ceux, qu'il n'était guère propre. Celui qui créa tant de
types, analysa tant de caractères, fit mouvoir tant de
personnages, devait réussir à la scène; mais, comme
nous l'avons dit, Balzac n'était pas prime-sautier et l'on
ne peut pas corriger les épreuves d'un drame. S'il eût
vécu, au bout d'une douzaine de pièces, il eût assurément
trouvé sa forme et atteint le succès; il s'en est fallu de

bien peu que *la Marâtre*, jouée au Théâtre-Historique, ne fût un chef-d'œuvre. *Mercadet*, légèrement ébarbé par un arrangeur intelligent, obtint une longue vogue posthume au Gymnase.

Cependant, ce qui détermina ses tentatives fut plutôt, nous devons le dire, l'idée d'un gros gain qui le libérerait d'un seul coup de ses embarras financiers, qu'une vocation bien réelle. Le théâtre, on le sait, rapporte beaucoup plus que le livre ; la continuité des représentations, sur lesquelles un droit assez fort est prélevé, produit vite par l'accumulation des sommes considérables. Si le travail de combinaison est plus grand, la besogne matérielle est moindre. Il faut plusieurs drames pour remplir un volume, et pendant que vous vous promenez ou que vous restez nonchalamment, les pieds dans vos pantoufles, les rampes s'allument, les décors descendent des frises, les acteurs déclament et gesticulent, et vous vous trouvez avoir gagné plus d'argent qu'en griffonnant toute une semaine courbé péniblement sur votre pupitre. Tel mélodrame a valu à son auteur plus que *Notre-Dame de Paris* à Victor Hugo et les *Parents pauvres* à Balzac.

Chose singulière, Balzac qui méditait, élaborait et corrigeait ses romans avec une méticulosité si opiniâtre, semblait, lorsqu'il s'agissait de théâtre, pris du vertige de la rapidité. Non-seulement il ne refaisait pas huit ou dix fois ses pièces comme ses volumes, il ne les faisait même pas du tout. L'idée première à peine fixée, il prenait jour pour la lecture et appelait ses amis à la confection de la chose ; Ourliac, Lassailly, Laurent-Jan, nous et d'autres, avons été souvent convoqués au milieu de la nuit ou à des heures fabuleusement matinales. Il fallait tout quitter ; chaque minute de retard faisait perdre des millions.

Un mot pressant de Balzac nous somma un jour de

nous rendre à l'instant même rue de Richelieu, 104, où
il avait un pied-à-terre dans la maison de Buisson, le
tailleur. Nous trouvâmes Balzac enveloppé de son froc
monacal, et trépignant d'impatience sur le tapis bleu
et blanc d'une coquette mansarde aux murs tapissés de
percale carmélite agrémentée de bleu, car malgré sa
négligence apparente, il avait l'instinct de l'arrangement
intérieur, et préparait toujours un nid confortable à ses
veilles laborieuses ; dans aucun de ses logis ne régna
ce désordre pittoresque cher aux artistes.

— Enfin, voilà le Théo ! s'écria-t-il en nous voyant.
Paresseux, tardigrade, unau, aï, dépêchez-vous donc ;
vous devriez être ici depuis une heure. — Je lis demain
à Harel un grand drame en cinq actes.

— Et vous désirez avoir notre avis, répondîmes-nous
en nous établissant dans un fauteuil comme un homme
qui se prépare à subir une longue lecture.

A notre attitude Balzac devina notre pensée, et il
nous dit de l'air le plus simple : « Le drame n'est
pas fait. »

— Diable ! fis-je. Eh bien, il faut faire remettre la lecture à six semaines.

— Non, nous allons bâcler le *dramorama* pour toucher la monnaie. A telle époque j'ai une échéance bien
chargée.

— D'ici à demain c'est impossible ; on n'aurait pas le
temps de le recopier.

— Voici comment j'ai arrangé la chose. Vous ferez
un acte, Ourliac un autre, Laurent-Jan le troisième,
de Belloy le quatrième, moi le cinquième, et je lirai
à midi, comme il est convenu. Un acte de drame n'a
pas plus de quatre ou cinq cents lignes ; on peut faire
cinq cents lignes de dialogue dans sa journée et dans
sa nuit.

— Contez-moi le sujet, indiquez-moi le plan, dessinez-moi en quelques mots les personnages, et je vais me mettre à l'œuvre, lui répondis-je passablement effaré.

— Ah! s'écria-t-il avec un air d'accablement superbe et de dédain magnifique, s'il faut vous conter le sujet, nous n'aurons jamais fini!

Nous ne pensions pas être indiscret en faisant cette question, qui semblait tout à fait oiseuse à Balzac.

D'après une indication brève arrachée à grand'peine, nous nous mîmes à brocher une scène dont quelques mots seulement sont restés dans l'œuvre définitive, qui ne fut pas lue le lendemain, comme on peut bien le penser. Nous ignorons ce que firent les autres collaborateurs; mais le seul qui mit sérieusement la main à la pâte, ce fut Laurent-Jan, auquel la pièce est dédiée.

Cette pièce, c'était *Vautrin*. On sait que le toupet dynastique et pyramidal dont Frédérick Lemaître avait eu la fantaisie de se coiffer dans son déguisement de général mexicain attira sur l'ouvrage les rigueurs du pouvoir ; *Vautrin*, interdit, n'eut qu'une seule représentation, et le pauvre Balzac resta comme Perrette devant son pot au lait renversé. Les prodigieuses martingales qu'il avait chiffrées sur le produit probable de son drame se fondirent en zéros, ce qui ne l'empêcha pas de refuser très-noblement l'indemnité offerte par le ministère.

Au commencement de cette étude, nous avons raconté les velléités de dandysme manifestées par Balzac ; nous avons dit son habit bleu à boutons d'or massif, sa canne monstrueuse surmontée d'un pavé de turquoises, ses apparitions dans le monde et dans la loge infernale; ces magnificences n'eurent qu'un temps, et Balzac reconnut

qu'il n'était pas propre à jouer ce rôle d'Alcibiade ou de
Brummel. Chacun a pu le rencontrer, surtout le matin,
lorsqu'il courait aux imprimeries porter la copie et chercher les épreuves, dans un costume infiniment moins
splendide. L'on se rappelle la veste de chasse verte, à
boutons de cuivre représentant des têtes de renard, le
pantalon à pied quadrillé noir et gris, enfoncé dans de
gros souliers à oreilles, le foulard rouge tortillé en
corde autour du col, et le chapeau à la fois hérissé et
glabre, à coiffe bleue déteinte par la sueur, qui cou-
vraient plutôt qu'ils n'habillaient « le plus fécond de
nos romanciers. » Mais malgré le désordre et la pauvreté
de cet accoutrement, personne n'eût été tenté de prendre pour un inconnu vulgaire ce gros homme aux yeux
de flamme, aux narines mobiles, aux joues martelées de
tons violents, tout illuminé de génie, qui passait emporté
par son rêve comme par un tourbillon! A son aspect, la
raillerie s'arrêtait sur les lèvres du gamin, et l'homme
sérieux n'achevait pas le sourire ébauché. — L'on devinait un des rois de la pensée.

Quelquefois, au contraire, on le voyait marcher à pas
lents, le nez en l'air, les yeux en quête, suivant un côté
de la rue puis examinant l'autre, bayant non pas aux
corneilles, mais aux enseignes. Il cherchait des noms
pour baptiser ses personnages. Il prétendait avec raison
qu'un nom ne s'invente pas plus qu'un mot. Selon lui,
les noms se faisaient tout seuls comme les langues; les
noms réels possédaient en outre une vie, une signification, une fatalité, une portée cabalistique et l'on ne pouvait attacher trop d'importance à leur choix. Léon Gozlan a conté d'une façon charmante, dans son *Balzac en
pantoufles*, comme fut trouvé le fameux Z. Marcas de la
*Revue parisienne*. Une enseigne de fumiste fournit le
nom longtemps cherché de Gubetta à Victor Hugo, non

moins soigneux que Balzac dans l'appellation de ses personnages.

Cette rude vie de travail nocturne avait, malgré sa forte constitution, imprimé des traces sur la physionomie de Balzac, et nous trouvons dans *Albert Savarus* un portrait de lui, tracé par lui-même, et qui le représente tel qu'il était à cette époque (1842) avec un léger arrangement.

« .... Une tête superbe : cheveux noirs mélangés déjà de quelques cheveux blancs, des cheveux comme en ont les saint Pierre et les saint Paul de nos tableaux, à boucles touffues et luisantes, des cheveux durs comme des crins, un col blanc et rond comme celui d'une femme, un front magnifique, séparé par ce sillon puissant que les grands projets, les grandes pensées, les fortes méditations inscrivent au front des grands hommes ; un teint olivâtre marbré de taches rouges, un nez carré, des yeux de feu, puis les joues creusées, marquées de deux longues rides pleines de souffrances, une bouche à sourire sarde et un petit menton mince et trop court, la patte d'oie aux tempes, les yeux caves, roulant sous des arcades sourcilières comme deux globes ardents ; mais malgré tous ces indices de passions violentes, un air calme, profondément résigné, la voix d'une douceur pénétrante et qui m'a surpris par sa facilité, la vraie voix de l'orateur, tantôt pure et rusée, tantôt insinuante, et tonnant quand il le faut, puis se pliant au sarcasme, et devenant alors incisive. M. Albert Savarus est de moyenne taille, ni gras ni maigre ; enfin, il a des mains de prélat. »

Dans ce portrait, d'ailleurs très-fidèle, Balzac s'idéalise un peu pour les besoins du roman, et se retire quelques kilogrammes d'embonpoint, licence bien permise à un héros aimé de la duchesse d'Argaiolo et de mademoiselle Philomène de Watteville. — Ce roman d'*Albert Savarus*, un des moins connus et des moins cités de Balzac, contient beaucoup de détails transposés sur ses habitudes de vie et de travail; on pourrait même y voir, s'il était permis de soulever ces voiles, des confidences d'un autre genre.

Balzac avait quitté la rue des Batailles pour les Jardies; il alla ensuite demeurer à Passy. La maison qu'il habitait, située sur une pente abrupte, offrait une disposition architecturale assez singulière. — On y entrait

Un peu comme le vin entre dans les bouteilles.

Il fallait *descendre* trois étages pour arriver au premier. La porte d'entrée, du côté de la rue, s'ouvrait presque dans le toit, comme une mansarde. Nous y dînâmes une fois avec L. G.—Ce fut un dîner étrange, composé d'après des recettes économiques inventées par Balzac. Sur notre prière expresse, la fameuse purée d'oignons, douée de tant de vertus hygiéniques et symboliques et dont Lassailly faillit crever, n'y figura point —Mais les vins étaient merveilleux! Chaque bouteille avait son histoire, et Balzac la contait avec une éloquence, une verve, une conviction sans égales. Ce vin de Bordeaux avait fait trois fois le tour du monde ; ce château-neuf du pape remontait à des époques fabuleuses ; ce rhum venait d'un tonneau roulé plus d'un siècle par la mer, et qu'il avait fallu entamer à coups de hache, tant la croûte formée à l'entour par les coquillages, les madrépores et les varechs était épaisse. Nos palais, surpris, agacés de saveurs acides, protestaient en vain contre ces illustres origines. Balzac gardait un sérieux d'augure, et malgré le proverbe, nous avions beau lever les yeux sur lui, nous ne le faisions pas rire!

Au dessert figuraient des poires d'une maturité, d'une grosseur, d'un fondant et d'un choix à honorer une table

royale.—Balzac en dévora cinq ou six dont l'eau ruisse-
lait sur son menton ; il croyait que ces fruits lui étaient
salutaires, et il les mangeait en telle quantité autant par
hygiène que par friandise. Déjà il ressentait les premières
atteintes de la maladie qui devait l'emporter. La Mort, de
ses maigres doigts, tâtait ce corps robuste pour savoir
par où l'attaquer, et n'y trouvant aucune faiblesse, elle le
tua par la pléthore et l'hypertrophie. Les joues de Balzac
étaient toujours vergetées et martelées de ces plaques
rouges qui simulent la santé aux yeux inattentifs ; mais
pour l'observateur les tons jaunes de l'hépatite entou-
raient de leur auréole d'or les paupières fatiguées ; le
regard, avivé par cette chaude teinte de bistre, ne paraissait que plus vivace et plus étincelant et trompait les
inquiétudes.

En ce moment, Balzac était très-préoccupé de sciences
occultes, de chiromancie, de cartomancie ; on lui avait
parlé d'une sibylle plus étonnante encore que mademoiselle Lenormand, et il nous détermina, ainsi que madame E. de Girardin et Méry, à l'aller consulter avec lui.
La pythonisse demeurait à Auteuil, nous ne savons plus
dans quelle rue ; cela importe peu à notre histoire, car
l'adresse donnée était fausse. Nous tombâmes au milieu
d'une famille d'honnêtes bourgeois en villégiature : le
mari, la femme et une vieille mère à qui Balzac, sûr de
son fait, s'obstinait à trouver un air cabalistique. La bonne
dame, peu flattée qu'on la prît pour une sorcière, commençait à se fâcher ; le mari nous prenait pour des mys-
tificateurs ou des filous ; la jeune femme riait aux éclats,
et la servante s'empressait de serrer l'argenterie par
prudence. Il fallut nous retirer avec notre courte honte ;
mais Balzac soutenait que c'était bien là, et remonté dans
la voiture, grommelait des injures à l'endroit de la vieille ;
« Stryge, harpie, magicienne, empouse, larve, lamie, lé-

mure, goule, psylle, aspiole, » et tout ce que l'habitude
des litanies de Rabelais pouvait lui suggérer de termes
bizarres. Nous dîmes : — Si c'est une sorcière, elle cache
bien son jeu—de cartes, ajouta madame de Girardin avec
cette prestesse d'esprit qui ne lui fit jamais défaut. Nous
essayâmes encore quelques recherches, toujours infruc-
tueuses, et Delphine prétendit que Balzac avait imaginé
cette *ressource de Quinola* pour se faire conduire en voiture à Auteuil, où il avait affaire, et se procurer d'agréables compagnons de route. — Il faut croire, cependant,
que Balzac trouva seul cette madame Fontaine que nous
cherchions de concert, car dans *les Comédiens sans le savoir*, il l'a représentée entre sa poule Bibouche et son
crapaud Astaroth avec une effrayante vérité fantastique,
si ces deux mots peuvent s'allier ensemble. La consulta-
t-il sérieusement? l'alla-t-il voir en simple observateur?
Plusieurs passages de *la Comédie humaine* semblent im-
pliquer chez Balzac une sorte de foi aux sciences occultes, sur lesquelles les sciences officielles n'ont pas dit encore leur dernier mot.

Vers cette époque, Balzac commença à manifester du
goût pour les vieux meubles, les bahuts, les potiches;
le moindre morceau de bois vermoulu qu'il achetait rue
de Lappe avait toujours une provenance illustre, et il
faisait des généalogies circonstanciées à ses moindres bi-
belots. —Il les cachait çà et là, toujours à cause de ces
créanciers fantastiques dont nous commencions à douter.
Nous nous amusâmes même à répandre le bruit que Balzac
était millionnaire, qu'il achetait de vieux bas aux négo-
ciants en hannetons pour y serrer des onces, des quadru-
ples, des génovines, des cruzades, des colonnates, des
doubles louis, à la façon du père Grandet; nous disions
partout qu'il avait trois citernes, comme Aboulcasem,
remplies jusqu'au bord d'escarboucles, de dinars et de

'omans. « Théo me fera couper le cou avec ses blagues! » disait Balzac, contrarié et charmé.

Ce qui donnait quelque vraisemblance à nos plaisante-ries, c'était la nouvelle demeure qu'habitait Balzac, rue Fortunée, dans le quartier Beaujon, moins peuplé alors qu'il ne l'est aujourd'hui. Il y occupait une petite maison mystérieuse qui avait abrité les fantaisies du fastueux financier. Du dehors, on apercevait au-dessus du mur une sorte de coupole, repoussée par le plafond cintré d'un boudoir et la peinture fraîche des volets fermés.

Quand on pénétrait dans ce réduit, ce qui n'était pas facile, car le maître du logis se celait avec un soin ex-trême, on y découvrait mille détails de luxe et de con-fort en contradiction avec la pauvreté qu'il affectait. — Il nous reçut pourtant un jour, et nous pûmes voir une salle à manger revêtue de vieux chêne, avec une table, une cheminée, des buffets, des crédences et des chaises en bois sculpté, à faire envie à Berruguete, à Cornejo Duque et à Verbruggen ; un salon de damas bouton d'or, à portes, à corniches, à plinthes et embrasures d'ébène ; une bibliothèque rangée dans des armoires incrustées d'écaille et de cuivre en style de Boulle ; une salle de bain en brèche jaune, avec bas-reliefs de stuc ; un bou-doir en dôme, dont les peintures anciennes avaient été restaurées par Edmond Hédouin ; une galerie éclairée de haut, que nous reconnûmes plus tard dans la col-lection du *Cousin Pons*. Il y avait sur les étagères toutes sortes de curiosités, des porcelaines de Saxe et de Sè-vres, des cornets de céladon craquelé, et dans l'esca-lier, recouvert d'un tapis, de grands vases de Chine et une magnifique lanterne suspendue par un câble de soie rouge.

— Vous avez donc vidé un des silos d'Aboulcasem? dîmes-nous en riant à Balzac, en face de ces splendeurs;

vous voyez bien que nous avions raison en vous préten-
dant millionnaire.

— Je suis plus pauvre que jamais, répondait-il en prenant un air humble et papelard ; rien de tout cela n'est à
moi. J'ai meublé la maison pour un ami qu'on attend. —
Je ne suis que le gardien et le portier de l'hôtel.

Nous citons là ses paroles textuelles. Cette réponse, il
la fit d'ailleurs à plusieurs personnes étonnées comme
nous. Le mystère s'expliqua bientôt par le mariage de
Balzac avec la femme qu'il aimait depuis longtemps.

Il y a un proverbe turc qui dit : « Quand la maison est
finie, la mort entre. » C'est pour cela que les sultans ont
toujours un palais en construction qu'ils se gardent bien
d'achever. La vie semble ne vouloir rien de complet—
que le malheur. Rien n'est redoutable comme un souhait
réalisé.

Les fameuses dettes étaient enfin payées, l'union rêvée
accomplie, le nid pour le bonheur ouaté et garni de
duvet; comme s'ils eussent pressenti sa fin prochaine,
les envieux de Balzac commençaient à le louer : *les Parents pauvres*, *le Cousin Pons*, où le génie de l'auteur
brille de tout son éclat, ralliaient tous les suffrages. —
C'était trop beau ; il ne lui restait plus qu'à mourir.

Sa maladie fit de rapides progrès, mais personne ne
croyait à un dénoûment fatal, tant on avait confiance dans
l'athlétique organisation de Balzac. Nous pensions fermement qu'il nous enterrerait tous.

Nous allions faire un voyage en Italie, et avant de partir
nous voulûmes dire adieu à notre illustre ami. Il était
sorti en calèche, pour retirer à la douane quelque curiosité exotique. Nous nous éloignâmes rassuré, et au moment où nous montions en voiture, on nous remit un
billet de madame de Balzac, qui nous expliquait obli-
geamment et avec des regrets polis pourquoi nous n'a-

vions pas trouvé son mari à la maison. Au bas de la lettre,
Balzac avait tracé ces mots :

« Je ne puis plus ni lire, ni écrire.

« DE BALZAC. »

Nous avons gardé comme une relique cette ligne sinistre, la dernière probablement qu'écrivit l'auteur de *la Comédie humaine;* c'était, et nous ne le comprîmes pas d'a-
bord, le cri suprême, *Eli lamma Sabacthanni !* du pen-
seur et du travailleur.—L'idée que Balzac pût mourir ne
nous vint seulement pas.

A quelques jours de là, nous prenions une glace au
café Florian, sur la place Saint-Marc; le *Journal des Débats,* une des rares feuilles françaises qui pénètrent à
Venise, se trouva sous notre main, et nous y vîmes an-
noncée la mort de Balzac.—Nous faillîmes tomber de
notre chaise sur les dalles de la place à cette foudroyante
nouvelle, et à notre douleur se mêla bien vite un mouvement d'indignation et de révolte peu chrétien, car toutes
les âmes ont devant Dieu une égale valeur. Nous venions
de visiter justement l'hôpital des fous dans l'île de San-
Servolo, et nous avions vu là des idiots décrépits, des gâ-
teux octogénaires, des larves humaines que ne dirigeait
même plus l'instinct animal, et nous nous demandâmes
pourquoi ce cerveau lumineux s'était éteint comme un
flambeau qu'on souffle, lorsque la vie tenace persistait
dans ces têtes obscures vaguement traversées de lueurs
trompeuses.

Huit ans déjà se sont écoulés depuis cette date fatale.
La postérité a commencé pour Balzac; chaque jour il semble plus grand. Lorsqu'il était mêlé à ses contemporains,
on l'appréciait mal, on ne le voyait que par fragments
sous des aspects parfois défavorables : maintenant l'é-

difice qu'il a bâti s'élève à mesure qu'on s'en éloigne,
comme la cathédrale d'une ville que masquaient les
maisons voisines, et qui à l'horizon se dessine immense
au-dessus des toits aplatis. Le monument n'est pas achevé,
mais tel qu'il est, il effraye par son énormité, et les générations surprises se demanderont quel est le géant qui
a soulevé seul ces blocs formidables et monté si haut
cette Babel où bourdonne toute une société.

Quoique mort, Balzac a pourtant encore des détracteurs; on jette à sa mémoire ce reproche banal d'immoralité, dernière injure de la médiocrité impuissante et
jalouse, ou même de la pure bêtise. L'auteur de *la Comédie humaine*, non-seulement n'est pas immoral, mais
c'est même un moraliste austère. Monarchique et catho-
lique, il défend l'autorité, exalte la religion, prêche le
devoir, morigène la passion, et n'admet le bonheur que
dans le mariage et la famille.

« L'homme, dit-il, n'est ni bon ni méchant; il naît
avec des instincts et des aptitudes; la société, loin de le
dépraver, comme l'a prétendu Rousseau, le perfectionne,
le rend meilleur; mais l'intérêt développe aussi ses pen-
chants mauvais. Le christianisme, et surtout le catholicisme, étant, comme je l'ai dit dans *le Médecin de campagne*, un système complet de répression des tendances
dépravées de l'homme, est le plus grand élément de
l'ordre social. »

Et avec une ingénuité qui sied à un grand homme,
prévoyant le reproche d'immoralité que lui adresseront
des esprits mal faits, il dénombre les figures irréprochables comme vertu qui se trouvent dans *la Comédie humaine* : Pierrette Lorrain, Ursule Mirouët, Constance Birotteau, la Fosseuse, Eugénie Grandet, Marguerite Claës,
Pauline de Villenoix, madame Jules, madame de la Chan-
terie, Ève Chardon, mademoiselle d'Esgrignon, madame

Firmiani, Agathe Rouget, Renée de Maucombe, sans compter parmi les hommes, Joseph Le Bas, Genestas, Benassis, le curé Bonnet, le médecin Minoret, Pillerault, David Séchard, les deux Birotteau, le curé Chaperon, le juge Popinot, Bourgeat, les Sauviat, les Tascherons, etc.

Les figures de coquins ne manquent pas, il est vrai, dans *la Comédie humaine*. Mais Paris est-il peuplé exclusivement par des anges?

(L'Artiste, 1858.)

# HENRY MURGER

NÉ EN 1822 — MORT EN 1861

La jeunesse a été l'une des préoccupations de Henry
Murger, et l'on peut dire son unique préoccupation. Pour
lui, la vie semblait devoir s'arrêter à la vingtième année.
Il ne regardait pas en avant, mais en arrière ; et, à chaque
pas qu'il faisait, il retournait la tête. Le présent n'existait guère à ses yeux, et il ne vivait que dans le passé.
Il s'affligeait de ne plus sentir ce frais étonnement des
émotions et des choses qu'on n'éprouve qu'une fois, et sa
pensée y revenait sans cesse. Tout chez lui était rétrospectif, et sa poésie, pour se colorer, avait besoin de traverser
le prisme du souvenir. — Quoiqu'il soit mort à trente-huit
ans, son talent n'en a jamais eu que vingt-cinq. Comme
certains acteurs qui continuent, malgré leur âge, les rôles d'amoureux, il ne pouvait jouer que les jeunes premiers. Sur son arbre la fleur ne devait pas se nouer en
fruit ; il fallait qu'elle restât fleur éternellement, et si
elle se détachait de la branche, c'était pour aller parfumer de son empreinte flétrie les pages de quelque reli-
quaire. Un bouquet de violettes fané, un bout de ruban
défraichi, une boucle de cheveux sous verre, un gant

perdu, formaient la bibliothèque du poëte. Il ne lisait que
dans son cœur et ne traduisait que l'impression ressentie, mais longtemps après, idéalisée par le regret ou la
mélancolie. Le perles de son écrin sont d'anciennes larmes gardées. — Aussi, comme il est soigneux de ce cher
trésor, comme il en essuie d'une main tremblante la poussière sacrée, malgré son air railleur, et comme il tourne
à la dérobée son œil attendri vers cette muraille où figure
près d'un Clodion le profil de Mimi ou de Musette !

Nous ne parlons ici que du poëte ; le journaliste, l'écrivain, l'homme d'esprit qu'il contenait avait d'autres allures. Henry Murger était fils de la bohème ; il en avait habité
tour à tour les sept châteaux, tant cherchés par Charles
Nodier ; et ce n'est pas dans cet étrange pays, où le paradoxe est le lieu commun, qu'on peut conserver beaucoup d'illusions. Les jugements à la Prudhomme y sont
cassés sur-le-champ, et la sagesse picaresque s'y condense en maximes qui feraient paraître enfantines celles
de la Rochefoucauld. Nul n'y est dupe de rien ni de personne. Pour parler le style du lieu, l'on n'y coupe guère
*dans les ponts*, et l'on y tombe peu *dans les godans ;* et
le bohème, au milieu des civilisés, arrive à la sagacité
défiante du Mohican : pour se défendre, il a les flèches
de l'esprit, et quelques-uns ne se font pas scrupule de les
empoisonner. — Murger, nous l'avons dit, ne fut jamais
de ceux-là ; mais il avait la main sûre, l'œil juste, et ses
traits étincelants trouvaient toujours le but. Tendre de
cœur, il était sceptique d'esprit. En revenant d'une promenade sentimentale au bois, il faisait un tour dans les
coulisses, et le journaliste se moquait si bien de l'amoureux, que personne n'eût été tenté d'en rire, pas même
sa maîtresse.

Depuis longtemps Murger avait quitté cette contrée
qu'ont traversée les poëtes et les artistes au moins au dé-

but de la vie, quand la bourse paternelle refuse le viatique et que le talent encore en herbe ne fait que promettre la moisson. Mais il semblait y être toujours, tant
sa pensée se reportait avec complaisance vers cette époque de liberté fantasque et de joyeuse misère où les belles dents de l'Espérance mordent si gaiement les durs
biftecks de la vache enragée. En effet, c'est le bon temps,
et nous concevons qu'on le regrette ; mais il n'a que
quelques années, et rien n'est triste comme un bohême
ou comme un étudiant en cheveux gris. Les philistins,
tant mystifiés jadis, le raillent à bon droit.

Murger habitait Marlotte, près Fontainebleau, et sa rêverie l'égarait souvent dans la forêt, malgré les raies indica-
trices et les petits chemins tracés par celui qu'on a sur-
nommé le Sylvain ; mais c'est lorsque le poëte se perd
qu'il trouve l'inspiration. Là, au sein de la saine et robuste
nature, loin de l'agitation fébrile de la cité, travaillait
lentement et à son loisir ce charmant écrivain chez qui,
parfois, l'amour de la perfection prit l'apparence de la
paresse. Il revivait intérieurement sa jeunesse, et la traduisait en récits d'une tristesse souriante et d'une gaieté
attendrie. On ne le voyait pas de tout l'été ; mais l'hiver,
il allait parfois dans le monde heureux de l'accueillir ; on
le rencontrait sur le boulevard, aux bureaux des Revues,
et sa conversation prodigue gaspillait en un quart d'heure
plus de mots qu'il n'en faudrait pour toute une pièce.

Son volume[1] s'ouvre par un sonnet en manière de
préface, où l'auteur souhaite d'un air goguenard toutes
sortes de prospérités à l'être assez bénévole, assez naïf,
assez patriarcal, pour payer d'un écu, en ce temps
de prose, trois cents pages de vers. — Ici, pour nous
servir d'une expression de Murger, c'est le fifre au rire

_____
[1] Les Nuits d'hiver.

aigu qui raille le violoncelle, car rien n'est plus tendre, plus amoureux, plus suave que les pièces précédées de cet avis bouffon.

L'amour comme Murger le comprend est d'une espèce particulière. Vous ne trouvez pas chez lui les supplications ardentes, les galanteries hyperboliques, les lamentations exagérées de la poursuite, pas plus que les dithyrambes à plein vol, et les odes enivrées du triomphe ; n'y cherchez pas non plus les grands désespoirs, les éternels sanglots et les cris à fendre les cieux. — Cet amour ne se présente guère qu'à l'état de souvenir ; heureux, il se tait ; pour le faire parler, il faut l'abandon, l'infidélité, la mort ! Où le plaisir fut silencieux, la douleur pousse un soupir. A vrai dire, ce qui plaît à Murger dans l'amour, c'est la souffrance. Ses blessures aiment leur épine et ne voudraient pas guérir. Accoudé mélancoliquement, il regarde les gouttes rouges perler et tomber une à une, et il ne les arrête pas, dût sa vie s'en aller avec elles. — Sa maîtresse, il ne l'a pas choisie ; le hasard a formé le lien éphémère ; le caprice le dénouera ; l'hirondelle est entrée par la fenêtre ouverte ; un beau jour elle s'envolera, obéissant à son instinct voyageur ; le poëte le sait, et il n'est pas nécessaire de lui répéter avec Shakspeare : « Fragilité, c'est le nom de la femme. » La trahison, il l'a prévue ; mais il en souffre et il s'en plaint avec une amertume si douce, une ironie si mouillée de larmes, une tristesse si résignée que son émotion vous gagne. — Peut-être, cette femme regrettée, ne l'aimait-il pas fidèle ; mais maintenant, transfigurée par l'absence, il l'adore. Un fantôme charmant a remplacé l'idole vulgaire, et Musette vaut les Béatrix et les Laure.

Deux pièces, dans cette portion du volume intitulée *les Amoureux*, donnent la note dominante de Murger, *le Requiem d'amour* et *la Chanson de Musette*. Dans la première, le poëte, s'adressant à la maîtresse qui a déchiqueté son cœur avec une volupté nerveuse et cruelle, comme cette princesse de Chine qui se pâmait en déchirant de ses longs ongles transparents les étoffes de soie les plus précieuses, cherche un air pour chanter le *requiem* de cet amour défunt. Il en essaye plusieurs, mais chaque mélodie éveille un souvenir. Le poëte s'écrie : « Oh ! non, pas ce motif-là ! Mon cœur que je croyais mort tressaille dans ma poitrine ; il l'a si souvent entendu jaser sur tes lèvres ! Cette valse non plus, cette valse à deux temps qui me fit tant de mal ! Encore moins ce *lied* que des Allemands chantaient dans le bois de Meudon et que nous avons répété ensemble ! Pas de musique, mais causons sans haine ni colère de nos anciennes amours. » Et Murger évoque les soirées d'hiver passées dans la petite chambre près du foyer où la bouilloire fredonnait son refrain régulier ; les longues promenades, au printemps, à travers les prés et les bois, et les innocents plaisirs goûtés au sein de la nature complice. Il refait cet éternel poëme de la jeunesse que six mille ans n'ont pas vieilli. Puis vient la déception. Un jour le poëte se trouve seul. La belle amoureuse est partie. Adieu la bottine grise, la robe de toile et le chapeau de paille parfumé d'une fleur naturelle. La moire antique ballonne autour de cette taille souple, le cachemire fait son pli sur cette nuque aux blonds cheveux follets; un bracelet de prix scintille à ce bras potelé, des bagues chargent ces mains jadis plus brunes, et blanchies maintenant par l'oisiveté.— Il fallait bien s'y attendre; l'histoire est fade et commune. Le poëte lui-même en rit comme un fou.

> Mais cette gaieté-là n'est qu'une raillerie.
> Ma plume en écrivant a tremblé dans ma main ;
> Et quand je souriais, comme une chaude pluie
> Mes larmes effaçaient les mots sur le vélin.

La seconde, qui est *la Chanson de Musette*, nous semble un pur chef-d'œuvre de grâce, de tendresse et d'originalité. Nous ne saurions mieux faire ici que de transcrire. C'est le meilleur éloge qu'on puisse faire d'un tel morceau.

Hier, en voyant une hirondelle
Qui nous ramenait le printemps,
Je me suis rappelé la belle
Qui m'aima quand elle eut le temps;
Et pendant toute la journée
Pensif, je suis resté devant
Le vieil almanach de l'année
Où nous nous sommes aimés tant.

Non, ma jeunesse n'est pas morte,
Il n'est pas mort ton souvenir;
Et si tu frappais à ma porte,
Mon cœur, Musette, irait t'ouvrir.
Puisqu'à ton nom toujours il tremble,
Muse de l'infidélité,
Reviens encor manger ensemble
Le pain bénit de la gaieté.

Les meubles de notre chambrette,
Ces vieux amis de notre amour,
Déjà prennent un air de fête
Au seul espoir de ton retour.
Viens, tu reconnaîtras, ma chère,
Tous ceux qu'en deuil mit ton départ :
Le petit lit — et le grand verre
Où tu buvais souvent ma part.

Tu remettras la robe blanche
Dont tu te parais autrefois,
Et comme autrefois, le dimanche,
Nous irons courir dans les bois.
Assis, le soir, sous la tonnelle
Nous boirons encor ce vin clair
Où ta chanson mouillait son aile
Avant de s'envoler dans l'air.

Dieu, qui ne garde pas rancune
Aux méchants tours que tu m'as faits,

Ne refusera pas la lune
A nos baisers sous les bosquets.,
Tu retrouveras la nature
Toujours aussi belle, et toujours,
O ma charmante créature,
Prête à sourire à nos amours.

Musette qui s'est souvenue,
Le carnaval étant fini,
Un beau matin est revenue,
Oiseau volage, à l'ancien nid.
Mais en embrassant l'infidèle
Mon cœur n'a pas plus senti d'émoi,
Et Musette, qui n'est plus elle,
Disait que je n'étais plus moi.

Adieu, va-t'en, chère adorée ;.
Bien morte avec l'amour dernier,
Notre jeunesse est enterrée
Au fond du vieux calendrier.
Ce n'est plus qu'en fouillant la cendre
Des beaux jours qu'il a contenus
Qu'un souvenir pourra nous rendre
La clef des paradis perdus.

Deux pièces d'un pressentiment funèbre, trop justifié, hélas ! terminent le recueil. L'une est un appel presque caressant à la mort, l'autre une espèce de testament, moitié sérieux, moitié ironique, où l'auteur, doutant qu'il puisse s'asseoir « parmi le groupe élu des gens qui verront l'*Africaine*, » fait ses dispositions dernières, règle son convoi et dresse le plan de son tombeau. — Thomas Hook, le spirituel rédacteur du *Punch* et l'auteur de cette *Chanson de la Chemise* (*Song of the Shirt*) qui fut presque un événement en Angleterre, eut aussi cette fantaisie lugubre de dessiner son monument, et pour épitaphe il y mit : « Il fit *la Chanson de la Chemise.* » Sur le tombeau de Murger ne pourrait-on pas écrire : « Il fit *la Chanson de Musette ?* »

(LE MONITEUR, 1er février 1861.)

# MÉRY

NÉ EN 1794 — MORT EN 1866

I

Nous connaissions Méry depuis trente ans, et nous avions été plus d'une fois son hôte lorsque quelque fantaisie voyageuse nous poussait vers Marseille, en partance pour l'Afrique, l'Italie ou la Grèce. Que de journées bienheureuses passées aux Aygalades, sous le maigre ombrage des tamarins, à écouter cette conversation étincelante à laquelle le chant obstiné des cigales servait de basse, entre l'azur du ciel et l'azur de la Méditerranée! Comme, à l'entendre, on oubliait Alger, Athènes, Naples, Constantinople, et comme on remettait le départ de paquebot en paquebot! D'ailleurs, Méry vous racontait tous les pays; il savait l'Inde, et la Chine, et l'Afrique, et l'Asie, et l'Australie, mieux que s'il les eût visitées dans leurs mystérieuses profondeurs. Ce n'était guère la peine de partir. Comme ce temps est loin déjà! — Ces éblouissants feux d'artifice que Méry tirait en plein jour, à tout moment, sont éteints à jamais; car personne n'eut plus d'esprit que ce Marseillais si Parisien, et n'en fut plus prodigue. Il marchait dans la vie avec des perles mal attachées à ses bottes, comme

les magnats hongrois dans les bals, et quand elles roulaient sur le plancher, il les laissait ramasser à qui
voulait.

Méry n'est pas tout entier dans son œuvre, quelque
remarquable qu'elle soit, et il a emporté avec lui la meilleure part de lui-même, peut-être. Les fées semblaient
avoir entouré son berceau, et il avait tous les dons. Sa
faculté d'improvisation étonnait même les Italiens. C'é-
tait de l'instantanéité. La pensée, la parole et la rime jaillissaient en même temps, et quelle rime ! En ce siècle de
rimes riches, Méry a été millionnaire. Quand il paraissait
dans un salon, les plus brillants causeurs se taisaient.
Qui eût voulu parler quand Méry était là ! Quels récits,
quelles inventions, quels paradoxes, quelle verve, quel
feu ! Que de génie jeté au vent et à jamais perdu ! Il aurait fallu le faire suivre par des sténographes quand il
arpentait le portique du temple grec qu'habitait madame Émile de Girardin au temps où nous faisions à
quatre le roman par lettres de la *Croix de Berny*. Mais
il rentrait au moindre souffle de brise, car il tremblait à
notre pâle soleil, ce chaleureux poëte, et il prétendait
« que le fond de l'air était toujours froid. » Qui ne l'a
vu, aux jours caniculaires, se promener en évitant l'ombre et couvert d'un épais manteau? Le Méridional ne
s'acclimata jamais chez lui aux brumes parisiennes. Du
Méridional, par exemple, il avait gardé l'oreille musicale
qui manque à plus d'un de nos poëtes ; il était dilettante
passionné, adorait Rossini et savait par cœur tous les
opéras du maëstro depuis *Demetrio e Polibio* jusqu'à
*Guillaume Tell*, et il les chantonnait d'une voix merveilleusement juste sans se tromper d'une note. Cette mémoire prodigieuse s'étendait à tout. Méry eût pu citer
les vers de tous les poëtes latins. A la faculté littéraire
se joignait chez lui la faculté mathématique; il compre-

naît à première vue tous les jeux et il était de première
force aux échecs.

La vie de Méry se scinde en deux époques bien dis-
tinctes, et l'on peut dire de lui qu'il a eu deux gloires et
deux renommées. La première n'est pas très-connue de
la génération actuelle, et pourtant elle fit grand bruit
sous la Restauration. Dès ses débuts, Méry se jeta dans
le parti bonapartiste et libéral, et il fit avec Barthélemy *les Sidiennes* et *la Villéliade*. *La Villéliade*, payée
25,000 fr., se vendit à un nombre prodigieux d'exemplaires, et, l'intérêt politique évanoui, on peut y admirer
encore beaucoup de traits piquants, une force de style
et une perfection métrique qui ne furent dépassées que
par la nouvelle école. *Napoléon en Égypte* marque un
moment de répit sous le ministère pacificateur de Mar-
tignac; mais bientôt les satires reprennent de plus belle,
et cela dure jusqu'à la révolution de Juillet, à laquelle
Méry prit une part active. Il collabora avec Barthélemy
à la *Némésis*, un satire en vers qui paraissait chaque
semaine, étonnant tour de force poétique qu'on n'a
pas oublié et qui ne put se continuer, non pas faute
de verve ou de rimes, mais faute de cautionnement.
La *Némésis* muselée, Méry s'en alla rejoindre en Italie
les exilés de la famille impériale, à qui il fut toujours
dévoué.

La seconde réputation de Méry date de cette trilogie
de romans : *Heva, la Guerre du Nizam, la Floride*, où
les caractères les plus étranges et les plus originaux se
meuvent à travers de fantastiques complications d'événements, dans des paysages grandioses, sauvages ou
édéniques. Jamais l'Inde ne fut mieux peinte avec ses
forêts impénétrables, ses jungles, ses pagodes, ses lacs
pleins de crocodiles sacrés, ses brahmes, ses thugs, ses
éléphants, ses tigres, ses maharadjahs et ses résidents

anglais. Méry avait une force d'intuition qui lui permettait de supposer avec une merveilleuse exactitude la flore et la faune d'un pays qu'il n'avait jamais vu. Des capitaines au long cours qui avaient fait dix fois le voyage de Marseille à Calcutta ont soutenu que l'auteur d'*Heva* avait secrètement visité l'Inde.

Méry avait aussi abordé le théâtre. Nous nommerons parmi ses pièces les plus remarquables : *l'Univers et la Maison*, *la Bataille de Toulouse*, *Guzman le Brave*; mais nous ne voulons pas faire dans ces lignes écrites à la hâte le catalogue de son œuvre considérable, éparpillée d'ailleurs à tous les vents de la publicité.

(Le Moniteur, 19 juin 1866.)

# LÉON GOZLAN

NÉ EN 1806 — MORT EN 1866

De Suisse, le 15 septembre.

Rien de plus sinistre que l'arrivée d'un télégramme à la campagne, le soir. La sonnette de la grille tinte comme un glas dans le silence ; aussitôt s'éveillent les aboiements furieux des chiens de garde, qui arrivent au pas de course, du fond du parc, sentant un étranger. Les chiens de l'intérieur répondent au vacarme, de leur voix plus grêle, avec une persistance rageuse, et bientôt le battant entr'ouvert de la porte laisse apercevoir le facteur du télégraphe, encadré par la nuit. Un domestique l'accompagne, pour empêcher que les molosses qui lui flairent les talons ne le dévorent.

Autour d'une table brillamment éclairée, la châtelaine, les amis et les hôtes de la maison sont en train de souper ; les conversations joyeuses, les propos aimables, tout le pétillement d'esprit s'arrête brusquement. Les poitrines sont oppressées, l'inquiétude se lit dans tous les yeux. On ne sait pas encore à qui le télégramme est adressé. Chacun tremble pour l'être cher qui n'est pas

là, et l'imagination parcourt, en une seconde, avec une
effroyable vitesse dépassant celle de la lumière, toutes
les séries de catastrophes possibles et impossibles. Qui
va être frappé parmi cette troupe naguère si gaie, car
on n'envoie un télégramme nocturne que pour une raison
grave? Ce moment d'anxiété est terrible. Enfin le facteur
s'approche, jette le pli sur la table, et prie la personne
à laquelle il s'adresse de vouloir bien signer l'heure et
la minute d'arrivée, et alors les domestiques s'agitent
pour chercher une plume qui ne se trouve pas, un encrier qu'on a changé de place; on se fouille, et l'on
amène du fond de sa poche un crayon émoussé. La ré-
ception du télégramme est accusée.

C'était à nous que la missive était destinée. Nous l'ouvrons d'une main fiévreuse, et nous y lisons cette phrase
écrite avec l'effrayant laconisme du style électrique :

« Léon Gozlan est mort cette nuit. »

Rien de plus. Cette nuit, c'était la nuit de jeudi à ven-
dredi. Une telle nouvelle si inattendue, si peu préparée par
ces rumeurs de maladie qui accoutument à l'idée de la
mort, nous jeta dans une stupeur morne. Ce fait brutal,
sans détail, sans explication, nous écrasait. De tous les
convives présents, nous seul nous connaissions personnellement Léon Gozlan. Mais son charmant esprit n'était
ignoré de personne, et sur la table du salon l'*Histoire
d'un diamant* était ouverte à cette poignante scène de la
fascination du Naja sur le col de Nanny par Hadir-Zeb.

Sans attendre l'arrivée des journaux de Paris, qui
sans doute apporteront ce matin leurs renseignements
nécrologiques, rendons à cette mémoire les honneurs
qui lui sont dus ; tressons-lui avec quelques lignes de
feuilleton une couronne de jaunes immortelles. Ils commencent à être rares les survivants de cette phalange
autrefois si serrée qui s'était formée vers 1830, et que

reliaient autour du drapeau romantique les mêmes sympathies, les mêmes admirations, les mêmes rêves de rénovation littéraire. A des instants de plus en plus rapprochés, une balle invisible siffle, et un vide se fait dans les rangs, vide qui ne sera pas rempli, car qui se soucie aujourd'hui des idées dont nous étions enflammés jusqu'à la folie? La génération nouvelle a ses amours, ses haines, ses préoccupations, ses affaires, comme c'est son droit, et ne regarde pas souvent en arrière : elle marche confusément vers l'avenir, vers l'inconnu, et nous autres, nous restons là, avec nos dieux oubliés, sur le champ de bataille à compter nos morts gisant parmi quelques momies classiques pourfendues jadis à grands coups d'estoc. L'heure est triste, le jour descend et la nuit va venir. Du soleil on n'aperçoit plus qu'un mince fragment de disque échancré par la silhouette noire des affûts brisés. Notre armée est, non pas vaincue, mais décimée, et les soldats qui sont encore debout se regardent avec inquiétude, voyant leur petit nombre. Le poids du harnois de guerre leur pèse, quoiqu'ils n'en disent rien et qu'ils se redressent avec la fierté de ceux qui jadis ont pris part aux batailles des géants. Chacun a l'air de dire à l'autre : « Si c'est toi qui es destiné à faire l'oraison funèbre de la troupe, ne m'oublie pas. »

Quelle étrange chose que la mort, et comme l'esprit a de la peine à s'y ployer ! Quand on se quitte, ne fût-ce que pour une heure, qui sait si l'on se reverra jamais ! C'est une banalité qu'une réflexion pareille, et cependant qu'elle est navrante ! La dernière fois que nous rencontrâmes Léon Gozlan, c'était sur le pont des Saints-Pères, il n'y a guère plus de huit jours; il allait d'un côté, nous de l'autre. Nous échangeâmes une rapide poignée de main, deux paroles amicales, et ce regard profond et compréhensif de gens qui ont vu ensemble les choses

d'autrefois. Il nous parut un peu pâle, — c'est la couleur
des lettres, car le reflet du papier s'attache à nos figures,
— mais jamais nous n'aurions imaginé que c'était notre
rencontre suprême avec lui sur cette terre et que nous
ne le reverrions plus : — *Never, oh ! never more,* —
comme dit Edgar Poë dans le sinistre refrain de sa ballade du *Corbeau.* Quelques pas de plus, et la trappe
cachée s'ouvrait sous ses pieds, dans ce plancher perfide
qui couvre l'ombre éternelle et le mystère insondable,
et il allait rejoindre Martin, Méry, son compatriote, et
Roger de Beauvoir, sans compter les morts plus anciens,
s'il y a un âge dans le tombeau.

Nous ignorons tout du fatal événement; nous ne savons
que la nouvelle dans toute sa sécheresse télégraphique;
mais nous dirons ce que notre mémoire nous rappellera,
à travers notre trouble, du Léon Gozlan que nous connaissions depuis une trentaine d'années. Dans sa jeunesse, il possédait au plus haut degré la beauté du juif
d'Orient : — nous ignorons s'il était israélite de fait ou
de descendance. — Il avait la tête un peu grande peut-
être pour sa taille, mais d'une correction parfaite; un
nez légèrement aquilin, des yeux noirs à paupière souple
et large, d'où s'échappaient des flamboiements de lumière; des cheveux fins, lustrés, brillants, d'un noir de
jais et qui, comme ceux des Maltais, se tordaient naturellement en petites spirales, un teint olivâtre, uni,
coloré d'un chaud hâle méridional; il était Phocéen
comme Méry, comme Guinot, comme Amédée Achard,
comme tant d'autres, qui ont su faire honneur aux lettres
et à leur ville natale. Il était très-élégant, très-soigné et
recherché dans son costume. Les poëtes et les écrivains
d'alors avaient tous une veine de dandysme : Alfred de
Musset imitait Byron et surtout Brummel; Roger de
Beauvoir, Balzac même par boutades, se piquaient d'être

aussi bien mis que le comte d'Orsay ; et, si l'on n'écrivait pas avec des manchettes de dentelles comme Buffon, au moins on mettait des gants paille ou gris-perle après avoir fait de la copie.

Léon Gozlan, à ce qu'il paraît, avant de venir à Paris, avait été marin : il avait fait vers des contrées lointaines des voyages restés mystérieux, et les petits journaux du temps l'accusaient même d'avoir tué son capitaine et de s'être livré à la piraterie. En cette époque d'enthousiasme pour les corsaires, les Uscoques, les Lara, les Giaours et autres héros byroniens, l'accusation était flatteuse, et Léon Gozlan laissait dire. Mais avec son fin sourire et son intraduisible accent de Marseillais il répondait : « Je l'ai tué, mais je l'ai mangé, ce qui a fait disparaître toute trace du crime. »

La qualité dominante du talent de Léon Gozlan était l'esprit, non pas un esprit d'improvisateur comme celui de Méry, mais un esprit taillé à facettes, coupant sur toutes ses carres comme un diamant, et ce diamant lui a suffi pour écrire son nom sur cette glace banale où tant de visages viennent se regarder sans laisser trace. Personne n'a fait mieux que lui la nouvelle à la main, l'article de petit journal. Ses critiques étaient comme ces stylets vénitiens à lame de cristal qui se brisaient dans la plaie, mais dont les manches n'en étaient pas moins des chefs-d'œuvre de ciselure et d'orfévrerie.

Ce n'était là sans doute qu'un des côtés de cette nature si bien douée ; mais, avant toute chose, Gozlan éblouissait par un petillement d'étincelles de toutes les nuances. Car son esprit n'était pas incolore comme celui des gens purement spirituels à la façon de Voltaire, de Chamfort et de Stendhal ; il s'y mêlait beaucoup d'imagination, de poésie et de pittoresque. Ce n'était pas à développer quelque lieu commun de bon sens que Léon Gozlan employait cet esprit, mais bien à soutenir quelque incroyable paradoxe, auquel il finissait par donner toutes les apparences du vrai par la subtilité des déductions et l'appropriation de détails confirmatifs de la donnée primitivement fausse. Il n'eut dans ce genre, qui rappelle les exercices des sophistes grecs, d'autre rival que Méry. Ces jeux de la pensée demandent toute la souplesse d'organisation des méridionaux.

Si notre mémoire ne nous trompe, le début de Gozlan dans le livre fut un roman intitulé *les Intimes,* d'un style chaud et passionné, qui fut lu avidement. *Le Médecin du Pecq, les Nuits du Père-Lachaise, Aristide Froissard,* et d'autres romans, prouvèrent que Gozlan n'avait pas seulement de l'esprit, mais qu'il savait écrire un ouvrage de longue haleine, intéressant, rempli de piquantes observations et de peintures curieuses. Nous avouons pourtant que ce que nous préférons de lui, ce sont trois petites nouvelles, des chefs-d'œuvre, des diamants de la plus belle eau, sertis dans la plus fine monture : *la Frédérique,* histoire d'une tasse en porcelaine de Saxe ; *Rog,* où l'on raconte les malheurs d'un chien ; *le Croup,* où l'on voit la mort d'un enfant, et que nous n'avons jamais pu lire que la poitrine oppressée, la gorge étranglée de sanglots, et les yeux pleins de larmes. Gozlan excelle aussi dans les contes orientaux. Son style alors ressemble à ces vitrines de la Compagnie des Indes aux expositions universelles : l'or, l'argent, les perles, les diamants, les saphirs, les paillons, les ailes de scarabée y luisent sur le fond disparu du brocart et du cachemire. Il fait aussi très-bien la marine, témoin l'*Histoire de cent trente femmes.* Mais ce n'est là que la moitié de cette vie littéraire. Gozlan eut toujours des aspirations vers le théâtre, contrairement à la plupart des romantiques, qui préféraient donner leur spectacle dans un fauteuil à le produire sur la scène après les mutilations demandées par les directeurs et les concessions nécessaires faites aux philistins du parterre et des loges. Il s'obstina et fit bien. *La Main droite et la Main gauche* fut un des grands succès de l'Odéon et prouva, malgré l'opinion des charpentiers dramatiques, qu'un romancier pouvait faire une pièce. Son répertoire est assez nombreux, et une petite pièce, *Une tempête dans un verre d'eau*, paraît souvent sur l'affiche du Théâtre-Français.

*Le Lion empaillé* fut joyeusement accueilli aux Variétés. Mais, quoiqu'il ait obtenu de véritables et fructueux succès sur diverses scènes, nous aimons mieux le Gozlan du livre et du journal que celui du théâtre. Il était de sa nature ce qu'on appelle, dans le jargon moderne, un paroxyste, c'est-à-dire un tempérament poussant tout au paroxysme et à l'outrance, le paradoxe, la fantaisie, le style, la couleur, l'esprit. Il trouvait tout froid, tout plat, tout insipide et sans relief, et, avec une énergie incroyable, il haussait le diapason naturel des choses et écrivait sur des portées impossibles pour tout autre. Dût-on nous taxer de marinisme et de « gongorisme, » nous avouons que cette recherche extrême et pleine de trouvailles nous va mieux que les idées communes coulées comme une pâte baveuse dans le gaufrier du lieu commun.

Mais c'est assez de littérature comme cela, toute analyse critique est superflue, sinon déplacée. Ce qu'il y a de sûr, c'est que nous ne reverrons plus l'homme que nous avons coudoyé pendant trente ans, avec qui nous étions en sympathie d'idées, que nous rencontrions au foyer des théâtres, aux réunions et aux dîners intimes, et qui faisait partie de l'ordre du *Cheval rouge*, institué par Balzac pour réaliser dans la vie les merveilles de l'association

13.

des Treize. Depuis la fondation de l'ordre, sans compter Balzac, le grand maître, ce qu'il est mort de simples Chevaux rouges, nous n'osons le dire. Le banquet réunirait à peine trois ou quatre personnes. On peut affirmer aussi que le ciel parisien a perdu une de ses vives étoiles qui scintillaient sur son azur noir d'un éclat infatigable, et que ce petit point brillant comme un diamant en combustion sera plus difficile à remplacer qu'on ne pense.

(LE MONITEUR, 17 septembre 1866.)

# PHILOXÈNE BOYER

NÉ EN 1827 — MORT EN 1867

Philoxène Boyer, que nous aurions pris pour un vieillard, nous son aîné de beaucoup, si nous ne l'avions
connu tout jeune, il n'y a pas longtemps de cela, a
épuisé, chose rare à cette époque de personnalité extrême, un beau talent et une très-grande science dans
l'admiration des autres, avec un si parfait oubli de soi
qu'il n'a songé ni à sa fortune ni à sa gloire. Il a brûlé
comme un trépied plein d'encens et de charbons devant
les statues du génie, devant les dieux de l'intelligence,
jetant dans la flamme son temps, son travail, sa pensée,
sa vie, son âme, tout ce que peut sacrifier un homme à
ce qu'il adore. Semblable à ces amantes de la mythologie
qui voulaient voir le dieu à qui elles s'étaient abandonnées dans tout l'éclat de ses rayons, de ses éclairs et de
ses foudres, dussent-elles tomber réduites en cendres
sous un embrasement suprème, Philoxène Boyer a sou-
haité contempler l'Esprit sans voile ; il l'a vu et s'est
affaissé sur les marches du sanctuaire.

Il admira : c'est là son titre, son caractère, son honneur, ce qui le détache de la foule et en fait un être

tout à fait à part. Il consacra à des cultes exaltés, sans en rien réserver pour lui-même, des facultés de premier ordre. La passion de l'art le perdit. Il mourut victime de l'idéal, et cette noble fin on pouvait la prédire. A le voir si pâle, si frêle, si courbé déjà sous ses longs cheveux blancs précoces, les vers mélancoliques du comte de Platen vous revenaient involontairement en mémoire :

Il noue avec la Mort une trame secrète
Le mortel dont les yeux ont contemplé le beau !

Contrairement à l'habitude des poëtes, dont les débuts sont si pénibles et qui dépensent les plus belles années de leur jeunesse en luttes sourdes, en misères inavouées, Philoxène Boyer entra dans la littérature par la porte d'or, une porte qui ne tourne pas souvent sur ses gonds, il faut le dire. Fils d'un inspecteur d'académie à qui l'on doit d'excellentes traductions du grec, Philoxène vint à Paris de Grenoble, si nous ne nous trompons, ayant en portefeuille, mêlée à des vers et à des plans de drame, une petite fortune dont la rente l'eût fait vivre plus tard, si au lieu d'être un poëte plein de rêves il eût été un philistin rangé, bercé dans le giron et sur les genoux de la science. Il était à vingt ans latiniste comme M. Patin, helléniste comme M. Hase ; Bélise l'eût embrassé pour l'amour du grec. Ce romantique, chose plus commune qu'on ne pense, avait fait les plus fortes études classiques ; s'il adorait Shakspeare, ce n'était pas faute de connaître Eschyle, qu'il expliquait à livre ouvert, et il savait par cœur les odes de Pindare comme celles de Victor Hugo.

C'était alors un jeune homme délicat, mince, nerveux, aux mains et aux pieds d'une finesse toute féminine ; il avait de longs cheveux d'un blond de lin qui, rejetés en

arrière et retombant par mèches le long des oreilles,
découvraient un front haut, large, protubérant, dont la
blancheur appelait la lumière. Les yeux, d'un bleu singulier, semblaient parfois atones, car ils regardaient plus
les pensées que les objets ; mais à la moindre discussion
ils s'illuminaient de vives étincelles. Un habit noir bou-
tonné sur la poitrine, un pantalon de même couleur,
une cravate blanche, composaient dès lors le costume
de Philoxène ; l'habit était neuf et du plus beau drap,
mais ce luxe et cette recherche n'empêchaient pas un
certain air étriqué et pauvre, correspondant à l'idée un
peu ironique que la foule se fait d'un poëte, comme le
remarque spirituellement Charles Monselet dans un vif
croquis à la plume d'après Philoxène, tracé à peu près
vers ce temps-là.

Comptant sur l'avenir, et il en avait bien le droit,
Philoxène Boyer, en sa candeur enfantine, voulut éblouir
ses contemporains et entrer de plain-pied dans la célébrité. Il donna des fêtes, des soupers auxquels étaient
conviées les illustrations de l'époque et qu'il payait d'a-
vance, car les cabarets élégants où se passaient ces
agapes se défiaient d'un amphitryon de lettres qui commandait des menus de quinze cents francs. Il ne faudrait
pas voir dans ces innocentes orgies la plus légère sen-
sualité ou la moindre gourmandise. C'étaient comme des
sacrifices qu'il offrait à ses dieux, et comme ce n'est plus
l'habitude de faire brûler sur l'autel les cuisses grasses
des victimes, il leur présentait des chaud-froids de per-
dreaux, des buissons d'écrevisses, des dindes truffées,
des côtelettes de chevreuil à la purée d'ananas, le tout
accompagné de vin de Champagne veuve Clicquot, de
grand Laffitte retour des Indes et de Sternberg-cabinet,
en manière de libations antiques. Quant à lui personnellement, il était incapable de distinguer le brouet noir

de Sparte du potage à la bisque. Il écoutait en extase
ces grands poëtes dont il s'était fait le lévite; il regardait ces belles femmes, reines de tragédie ou d'opéra,
princesses de comédie et de vaudeville, auxquelles il
donnait des bijoux et des bouquets et dont il ne baisait
pas même le gant; il admirait la pensée et la forme et
poursuivait l'idéal sans essayer même d'atteindre la
réalité.

Un poëte riche, ne fût-ce que pour six mois, cela ne
s'était pas vu depuis longtemps, et comme Timon d'A-
thènes au moment de sa splendeur libérale et prodigue,
Philoxène Boyer avait beaucoup d'amis. Théodore de
Banville, resté parmi les rares fidèles des mauvais jours,
pouvait s'écrier en faisant d'une orientale célèbre une de
ces aimables parodies où il excelle :

> Dans les salons de Philoxène
> Nous étions quatre-vingts rimeurs.

Nous avons insisté sur cette époque de la vie de Boyer
pour lui rendre son vrai caractère qui pourrait être si
facilement méconnu. Il se ruina par admiration, et cela
peut se dire non-seulement de sa bourse, mais encore
de son génie. Ce pauvre enfant, d'une bonté si parfaite,
et qui n'avait pas plus de fiel qu'une colombe, eut au
moins quelques jours d'illusion, de joie et de bonheur.
Cela console un peu de sa fin lamentable.

La première chose que nous lûmes de lui, c'était une
forte brochure, presque un volume, ayant pour titre :
*le Rhin.* Dithyrambe passionné, commentaire plein
d'exultations sur le livre de Victor Hugo, intitulé aussi
*le Rhin.* Il y avait là du style, de l'éloquence, de la
poésie, de l'originalité, de la profondeur, des images
neuves, des pensées hardies, mais un peu gâtées, il faut
en convenir, par un enthousiasme haletant qui ne posait

jamais le pied sur terre, une ardeur fébrile, désordonnée, débordant par-dessus la forme et impossible à
maitriser. Le feu sous le trépied était si vif que presque
toute la liqueur jaillissait hors du vase en bouillons, en
fumées et en folles écumes. Comme souvent tout l'homme
futur est dans son premier livre, Philoxène, dans sa brochure du *Rhin*, s'était révélé d'une façon inconsciente
et avait donné sa note. Du premier coup il avait trouvé
une critique qui n'est ni la critique d'Aristarque ni celle
de Zoïle : la critique extasiée !

Il fit seul ou avec Banville quelques pièces de théâtre :
*Sapho, le Feuilleton d'Aristophane, On demande un Jar-
dinier, le Cousin du Roi*, toutes jouées à l'Odéon, à l'exception de l'avant-dernière, qui fut représentée à la
Gaîté. Nous n'insistons pas sur cette partie de l'œuvre de
Philoxène Boyer, malgré les mérites de détail qu'elle
renferme. Là n'est pas son originalité, et il eût pu dire
avec beaucoup plus de justesse qu'Alfred de Musset, qui
se donna un démenti par tant de jolies pièces jouées depuis avec un succès qui ne se lasse pas :

> Le théâtre, à coup sûr, n'était pas mon affaire.

Nous passerons également sous silence un ou deux
volumes de vers égaux, sinon supérieurs à ces recueils
par lesquels débutent aujourd'hui tant de jeunes talents,
qui ensuite prennent une autre direction. Lui-même
semble ne pas y avoir attaché une grande importance,
et dès lors il s'était jeté à corps perdu dans la lecture, la
science, l'érudition ; il avait appris l'allemand pour lire
*Faust*, et l'anglais pour lire *Hamlet*. Il voulait traduire
Gœthe et traduire Shakspeare, et nous le trouvâmes à
Londres vivant de la vie anglaise pour bien s'imprégner
du sentiment shakspearien et en mieux comprendre le

sens intime. Il suivait les représentations du vieux Will, dont Hay-Market reprenait quelques drames à propos de l'Exposition universelle. *Macbeth*, qu'on jouait alors, lui inspirait une véritable frénésie d'admiration, et il dut plus d'une fois en nous accompagnant inquiéter les policemen, protecteurs de la tranquillité nocturne, par la fougue de ses tirades soutenues de gestes convulsifs. Quels merveilleux feuilletons il semait insouciamment sur les trottoirs, dont il eût pu tirer gloire et profit ! Quand il nous avait mis à notre porte, il repartait haletant, en sueur, et nous ne sommes pas bien sûr qu'il ne continuât tout seul ses fulgurantes improvisations. Jamais Hazlitt ni Wilhelm Meister, par la bouche de Gœthe, n'ont parlé plus brillamment et plus profondément de Shakspeare.

Écrire, on le sentait déjà, lui paraissait froid, long, ennuyeux. La parole lui donnait une forme immédiate, et réalisait à volonté ses conceptions. C'est là une pente dont tout écrivain doit se garder. Il ne faut pas *parler* ses livres, il faut les faire.

Quand un sujet se présentait à l'imagination de Philoxène Boyer, sa vaste érudition dans toutes les langues mettait à son service une immense quantité de matériaux. On le voyait alors charrier des livres et des bouquins de toute part : c'était comme un chantier de blocs de pierre qui n'attendaient plus que d'être taillés et mis en place, et Philoxène se réjouissait de voir tout cet amoncellement. Le plan était fait dans sa tête superbe et magnifique, il n'y avait plus qu'à exécuter. Malheureusement la patience, comme l'a dit Buffon, est la moitié du génie, et notre pauvre ami Boyer n'avait que le génie; le livre projeté aboutissait à quelque splendide improvisation sur le quai Malaquais devant un auditoire, hélas ! trop rare, car en France le goût de ces conférences publiques, de ces critiques parlées, n'est pas sérieusement venu encore. Où Thackeray et Ch. Dickens, avec beaucoup moins de talent dépensé, par de simples lectures, auraient gagné des sommes énormes, Philoxène Boyer trouvait à peine de quoi payer la location et l'éclairage de la salle. Il a fait sur lord Byron, Henri Heine, Chateaubriand, Mickiewicz, Balzac, Béranger, Schiller, Shakspeare, des discours pleins d'éloquence, d'observation, d'aperçus ingénieux et fins, de rapprochements inattendus qui dénotaient une érudition profonde, une intime et parfaite connaissance du sujet ; et quel feu, quel enthousiasme, quel lyrisme effréné il y mettait ! quels traits sublimes il rencontrait parfois dans l'enivrement de l'improvisation ! comme il hasardait sa vie à ce jeu périlleux de pythonisse sur le trépied ! comme il tendait à les briser pour qu'elles résonnassent plus fortement toutes les cordes de son âme et de son esprit ! Il nous souvient surtout d'une de ces conférences qui eut lieu au cercle de la rue de Choiseul. Le sujet était Nathaniel Hawthorne, le conteur américain, d'une intensité si étrange dans le bizarre et le fantastique. A la parole de Philoxène, les images les plus singulières défilaient devant les yeux et faisaient vivre avec sa pensée, sa forme et sa couleur, l'auteur qu'il interprétait. C'était comme une magie. Quel dommage que tant d'éloquence soit à jamais perdue et qu'il ne se soit pas rencontré là quelque sténographe pour fixer ces phrases ailées, enflammées, qui se suivaient par essaims, emportées dans un souffle impétueux ! Là est la véritable œuvre de Philoxène Boyer ; là il fut original et puissant, et l'on peut dire sans rival. Le moule oratoire était celui où se coulait naturellement sa pensée. Quel admirable professeur de littérature il eût fait si peut-être l'étrangeté de sa personne et de son geste n'eût été un obstacle ! Si

son esprit était excentrique, sa vie était régulière, sou-
mise au devoir, religieuse même. Il avait épousé depuis
quelques années déjà une femme bonne, dévouée, ai-
mante, sœur de charité du génie malade, qui le soutenait, le consolait, le soignait et l'aidait à supporter sa
misère en la partageant avec un invincible courage. Des
enfants étaient venus égayer ce pauvre ménage, dont ils
doublaient les charges. Philoxène les adorait. Ils restent
tout petits, sans ressources comme leur mère. Ne pourrait-on pas faire quelque chose pour eux? Ceux qui se
sacrifient à l'idéal sont assez rares pour que leurs or-
phelins soient sacrés. Avec Philoxène Boyer, le dernier
admirateur est mort.

(Le Moniteur, 19 novembre 1867.)

# CHARLES BAUDELAIRE

NÉ EN 1821 — MORT EN 1867

Quoique son existence ait été courte, il avait qua-
rante-six ans à peine, Charles Baudelaire a eu le temps
de s'affirmer et d'écrire son nom sur cette muraille du
dix-neuvième siècle chargée déjà de tant de signatures
dont beaucoup ne sont plus lisibles. La sienne y restera,
nous n'en doutons pas, car elle désigne un talent original et fort, dédaigneux jusqu'à l'excès des banalités qui
facilitent la vogue, n'aimant que le rare, le difficile et
l'étrange, d'une haute conscience littéraire, n'abandon-
nant à travers les nécessités de la vie une œuvre que
lorsqu'il la croyait parfaite, pesant chaque mot comme
les avares de Quintin Matsys pèsent un ducat suspect,
revoyant dix fois une épreuve, soumettant le poëte au
subtil critique qui était en lui, et cherchant avec un effort infatigable l'idéal particulier qu'il s'était fait.

Né dans l'Inde et possédant à fond la langue anglaise,
il débuta par des traductions d'Egar Poë, traductions
tellement excellentes qu'elles semblent des œuvres originales et que la pensée de l'auteur gagne à passer d'un
idiome dans l'autre. Baudelaire a naturalisé en France

cet esprit d'une imagination si savamment bizarre près
de qui Hoffmann n'est plus que le Paul de Kock du fantastique. Grâce à Baudelaire, nous avons eu la surprise
si rare d'une saveur littéraire totalement inconnue. Notre
palais intellectuel a été étonné comme lorsqu'on boit à
l'Exposition universelle quelques-unes de ces boissons
américaines, mélange pétillant de glace, de soda water,
de gingembre et autres ingrédients exotiques. Dans
quelle ivresse vertigineuse nous a jeté la lecture du *Scarabée d'or*, de *la Maison Usher*, du *Cas de monsieur Wal-
demar*, du *Roi Peste*, de *Monosuna*, des *Dents de Bérénice*
et de toutes ces histoires si bien qualifiées d'extraordinaires ! Ce fantastique fait par des procédés d'algèbre
et entremêlé de science, ces contes, comme *l'Assassinat
de la rue Morgue*, poursuivis avec la rigueur d'une en-
quête judiciaire, et surtout *la Lettre volée*, qui pour la
sagacité des inductions en remontrerait aux plus fins
limiers de police, surexcitaient au plus haut point la curiosité, et le nom de Baudelaire devenait en quelque
sorte inséparable du nom de l'auteur américain.

Ces traductions étaient précédées d'un travail des plus
intéressants sur Edgar Poë au point de vue biographique
et métaphysique. On ne pouvait analyser plus finement
ce génie d'une excentricité qui semble parfois toucher à
la folie, et dont le fond est une logique impitoyable
poussant à bout les conséquences d'une idée. Ce mélange
d'emportement et de froideur, d'ivresse et de procédés
mathématiques, cette raillerie stridente traversée d'effusions lyriques de la plus haute poésie, furent admirablement compris par Baudelaire. Il s'était épris de la
plus vive sympathie pour ce caractère altier et bizarre
qui choqua si fort le *cant* américain, une variété désagréable du *cant* anglais, et la fréquentation assidue de
cet esprit vertigineux exerça une grande influence sur

lui. Edgar Poë n'était pas seulement un conteur d'histoires extraordinaires, un journaliste que nul n'a dépassé dans l'art de lancer un canard scientifique, le
mystificateur par excellence de la crédulité béante,
c'était aussi un esthéticien de première force, un très-
grand poëte, d'un art très-raffiné et très-compliqué.
Son poëme du *Corbeau* arrive par la gradation des strophes et la persistance inquiétante du refrain à un effet
intense de mélancolie, de terreur et de pressentiment fatal
dont il est difficile de se défendre. Ce n'est pas faire tort
à l'originalité de Baudelaire de dire qu'on retrouve dans
*les Fleurs du mal* comme un reflet de la manière mystérieuse d'Edgar Poë sur un fond de couleur romantique.

Il y a quelques années, comme il n'est pas dans nos
habitudes d'attendre que nos amis soient morts pour
faire leur éloge, nous avions fait une notice sur Baudelaire, imprimée en tête d'un extrait de ses poésies, inséré au recueil des poëtes français, où se trouve ce passage sur *les Fleurs du mal*, l'œuvre la plus importante
et la plus originale de l'auteur. Cette page ne saurait être
suspecte de complaisance posthume, et ce que nous avons
dit du poëte vivant, nous pouvons le répéter à propos
du poëte mort si prématurément et si malheureusement.

« On lit dans les Contes de Nathaniel Hawthorne la
description d'un jardin singulier, où un botaniste toxi-
cologue a réuni la flore des plantes vénéneuses. Ces
plantes, aux feuillages bizarrement découpés, d'un vert
noir ou minéralement glauque, comme si le sulfate de
cuivre les teignait, ont une beauté sinistre et formidable.
On les sent dangereuses malgré leur charme ; elles ont
dans leur attitude hautaine, provoquante ou perfide, la
conscience d'un pouvoir immense ou d'une séduction
irrésistible. De leurs fleurs férocement bariolées et ti-
grées, d'un pourpre semblable à du sang figé ou d'un

blanc chlorotique, s'exhalent des parfums âcres, péné-
trants, vertigineux. Dans leurs calices empoisonnés, la
rosée se change en *acqua-toffana*, et il ne voltige autour
d'elles que des cantharides cuirassées d'or vert, ou des
mouches d'un bleu d'acier dont la piqûre donne le charbon. L'euphorbe, l'aconit, la jusquiame, la ciguë, la
belladone y mêlent leurs froids virus aux ardents poi-
sons des tropiques et de l'Inde. Le mancenillier y montre
ses petites pommes mortelles comme celles qui pen-
daient à l'arbre de science; l'upa y distille son suc lai-
teux plus corrosif que l'eau-forte. Au-dessus du jardin
flotte une vapeur malsaine qui étourdit les oiseaux lorsqu'ils la traversent. Cependant la fille du docteur vit im-
punément dans ces miasmes méphitiques. Ses poumons
aspirent sans danger cet air où tout autre qu'elle et son
père boirait une mort certaine. Elle se fait des bouquets
de ces fleurs, elle en pare ses cheveux, elle en parfume
son sein, elle en mordille les pétales comme les jeunes
filles font des roses. Saturée lentement de sucs vénéneux,
elle est devenue elle-même un poison vivant qui neutra-
lise tous les toxiques. Sa beauté, comme celle des plantes de son jardin, a quelque chose d'inquiétant, de fatal
et de morbide. Ses cheveux, d'un noir bleu, tranchent
sinistrement sur sa peau, d'une pâleur mate et verdâtre,
où éclate sa bouche qu'on dirait empourprée à quelque
baie sanglante. Un sourire fou découvre des dents enchâs-
sées dans des gencives d'un rouge sombre, et ses yeux
fixes fascinent comme ceux des serpents. On dirait une
de ces Javanaises, vampires d'amour, succubes diurnes,
dont la passion tarit en quinze jours le sang, les moelles
et l'âme d'un Européen. Elle est vierge pourtant la fille
du docteur, et languit dans la solitude. L'amour essaye
en vain de s'acclimater à cette atmosphère, hors de laquelle elle ne saurait vivre.

« Nous n'avons jamais lu *les Fleurs du mal* de Ch. Baudelaire sans penser involontairement à ce conte de Hawthorne ; elles ont ces couleurs sombres et métalliques, ces frondaisons vert-de-grisées et ces odeurs qui portent à la tête. Sa muse ressemble à la fille du docteur, qu'aucun poison ne saurait atteindre, mais dont le teint, par sa matité exsangue, trahit le milieu qu'elle habite. »

Cette comparaison plaisait à Baudelaire, et il aimait à y reconnaître la personnification de son talent. Il se glorifiait aussi de cette phrase d'un grand poëte : « Vous dotez le ciel de l'art d'on ne sait quel rayon macabre ; vous créez un frisson nouveau. »

Cependant ce serait commettre une grave erreur de croire que parmi ces mandragores, ces pavots et ces colchiques il ne se rencontre pas çà et là une fraîche rose au parfum innocent, une large fleur de l'Inde ouvrant sa coupe blanche à la pure rosée du ciel. Lorsque Baudelaire peint les laideurs de l'humanité et de la civilisation, ce n'est qu'avec une secrète horreur. Il n'a pour elles aucune complaisance et les regarde comme des infractions au rhythme universel. Quand on l'a traité d'*immoral*, grand mot dont on sait user en France comme en Amérique, il a été aussi étonné que s'il eût entendu vanter l'honnêteté du jasmin et stigmatiser la scélératesse de la renoncule âcre.

Outre les *Histoires extraordinaires* d'Edgar Poë, Baudelaire a traduit du même auteur *les Aventures d'Allan Gordon Pym*, qui se terminent par cet épouvantable engloutissement dans le tourbillon du pôle austral. Il a aussi fait passer en français ce rêve cosmogonique intitulé *Eurêka*, où l'auteur américain, s'étayant de la *Mécanique céleste* de La Place, cherche à deviner le secret de l'univers et croit l'avoir trouvé ; ce que présentait de difficultés la traduction d'une pareille œuvre, on l'imagine sans peine. Sous ce titre des *Paradis artificiels*, Baudelaire a résumé, en y mêlant ses réflexions propres, l'ouvrage de Quincy, le mangeur d'opium anglais, et en a fait une sorte de traité qui, en plusieurs endroits nécessairement, doit se rencontrer avec la fameuse théorie des excitants de Balzac, restée inédite ; c'est une lecture des plus curieuses, illuminée par la fantasmagorie de l'opium et la peinture des hallucinations les plus brillantes, les plus bizarres ou les plus terribles produites par ce séduisant poison qui hébète la Chine et l'Orient de ses bonheurs factices. L'auteur blâme l'homme qui veut se soustraire à la fatalité de la douleur et ne s'élève vers un paradis artificiel que pour retomber bientôt dans un plus noir enfer.

Baudelaire était un critique d'art d'une sagacité parfaite, et il apportait dans l'appréciation {de la peinture une subtilité métaphysique et une originalité de point de vue qui font regretter qu'il n'ait pas consacré plus de temps à ce genre de travail. Les pages qu'il a écrites sur Delacroix sont des plus remarquables.

Vers la fin de sa vie, il a fait quelques courts poëmes en prose, mais en prose rhythmée, travaillée et polie comme la poésie la plus condensée ; ce sont des fantaisies étranges, des paysages de l'autre monde, des figures inconnues qu'il vous semble avoir vues ailleurs, des réalités spectrales et des fantômes ayant une réalité terrible. Ces pièces ont paru un peu au hasard, çà et là, dans diverses revues, et il serait à désirer qu'on les réunît en volume en y ajoutant celles que l'auteur pouvait avoir gardées en portefeuille.

(Le Moniteur, 9 septembre 1867.)

# LOUIS DE CORMENIN

NÉ EN 1826 — MORT EN 1866

Il nous défendit toujours de parler de lui, car il avait
une singulière pudeur littéraire. Il aimait à écrire dans
les journaux peu répandus, là où il savait qu'on ne dé-
couvrirait pas son nom ; s'il n'est pas compté parmi les
grands écrivains de ce temps-ci, c'est qu'il ne l'a pas
voulu, car personne assurément ne fut mieux doué, même
parmi les improvisateurs du journalisme ; sa facilité prodigieuse étonnait. Il écrivait une page du meilleur style
et du plus vif esprit, comme on griffonne un billet, en
fumant son cigare, en causant ; d'une écriture fine, déliée, élégante, sans rature, et cela pris à l'improviste et
sur le premier sujet venu. Aucun travail ne semblait lui
coûter. Il avait une aptitude merveilleuse à pasticher
Hugo, Balzac, de Musset, et parfois même il continuait
un article commencé par nous de façon à nous tromper
nous-même. Mais ce n'étaient là que des jeux, et il avait
un style à lui, rapide, élégant, plein de traits, résumant
les questions par une raillerie ou une image dont il eût
pu se servir pour de nombreux volumes, mais qu'il préférait éparpiller en quelques courts articles, en quelques

pages exquises que trop souvent il égarait ou brûlait.
Que de vers n'a-t-il pas ainsi jetés au feu! Car c'était un
poëte charmant que Louis de Cormenin. Nous en avons
sauvé le plus que nous avons pu, mais il en a péri des
tiroirs entiers. Il n'y avait là aucune affectation, aucun
dandysme. Une fantaisie lui passait par la tête, une émotion par le cœur : il l'exprimait et n'y pensait plus. Son
admiration et sa connaissance des grands poëtes, son profond sentiment du beau, le rendaient sévère pour lui-
même. Rien de ce qu'il faisait si aisément ne lui paraissait valoir la peine d'être conservé. D'ailleurs il eût
craint d'y mettre l'effort soutenu, la contention préoccupée et laborieuse de l'homme de lettres de profession.
Il préférait rester un homme du monde très-lettré, très-
artiste, prosateur et poëte à ses heures, connaissant tout
le fin du métier, sans le pratiquer assidûment.. Ce n'était
pas paresse, comme on eût pu le croire, mais au contraire activité d'esprit. Une besogne l'eût retenu trop
longtemps ; il avait toutes les curiosités : la curiosité du
livre, du tableau, du bric-à-brac, du voyage et même de
la politique. En parlant, il procédait toujours par points
d'interrogation, et quelque prompte que fût la réponse,
une autre question la coupait. Au premier mot il avait
tout compris, tant son esprit était alerte. D'un coup d'œil
il retenait tout un musée ; le volume entr'ouvert distrai-
tement, il le savait et il gardait dans sa mémoire une
photographie ineffaçable d'une ville ou d'un site traver-
sés au galop.

Dans *Reliquiæ*[1] il y a de tout : de l'économie politique,
des silhouettes parlementaires, des critiques de livres et
de pièces, des voyages, des boutades, des variétés, des

---

[1] *Reliquiæ*, par Louis de Cormenin, Paris, 1868, — imp. Pillet, —
2 vol. in-8° tirés à petit nombre et non mis dans le commerce.

fantaisies, tout cela touché d'une main légère, mais qui
marque toujours le point important, le côté caractéristique. Souvent un auteur, une œuvre, sont appréciés d'un
mot, mais ce mot est décisif et porte coup. Un des
morceaux les plus étendus, qui a paru dans la *Revue
de Paris*, qu'avaient essayé de relever Maxime Du
Camp, Arsène Houssaye, Louis de Cormenin et nous,
a pour titre : *les Jeunes morts*. L'auteur, avec une
piété touchante, y parle longuement et en détail de
ces talents venus jusqu'au seuil de la gloire et touchés
un moment par le rayon, sur lesquels la mort jalouse a
jeté son crêpe, et qu'elle a fait disparaître brusquement.
Avant que l'ombre se soit épaissie autour d'eux, il marque et creuse d'un trait plus profond ces profils à peine
entrevus et qui vont bientôt s'effacer. Il suspend leurs
médaillons à un cippe funéraire, et il pose sur leur
marbre des couronnes d'immortelles avec une sollicitude où il est difficile de ne pas voir comme un pressentiment de sa propre destinée. Lui aussi est « un jeune
mort, » et il n'a pas fallu beaucoup d'années pour qu'il
allât rejoindre dans la tombe, de Villarceaux, Destroyes
et les autres.

Louis de Cormenin était grand, mince, et sa tête avait
une physionomie arabe qu'il se plaisait à faire remarquer et ressortir parfois, en l'encapuchonnant d'un burnous en temps de bal masqué. Il avait le nez légèrement
aquilin, les lèvres fortes et des yeux vert de mer d'une
couleur étrange et charmante; une barbe brune assez
fournie encadrait son visage, dont la bonté était ré-
veillée par une ironie spirituelle. Il avait l'air souvent
distrait, mais il ne fallait pas trop s'y fier, car un mot
fin ou moqueur montrait qu'il n'avait rien perdu de
la conversation; mais le fond de son caractère était la
bienveillance. Jamais il n'y eut humeur plus douce et

plus égale, et l'on peut dire cela d'un ami, quand on a
passé avec lui des mois entiers en voyage sans le quitter
d'une heure. Quel charmant compagnon c'était, et
comme nous eussions volontiers fait le tour du monde
de conserve !

Nous étions à Oran lorsque nous le rencontrâmes arrivant d'Espagne sur une felouque à demi pontée, qui
avait mis quatre ou cinq jours, à cause du mauvais
temps, à venir de Carthagène à Mers-el-Kebir. Il était fort
affamé, car les vivres, consistant en merluche et en gar-
banzas, n'étaient pas en quantité suffisante pour une si
longue traversée. Nous le décidâmes facilement à faire
le voyage d'Algérie avec nous, et nous visitâmes ensemble toutes les villes de la côte : Mostaganem, Alger, Bougie, Cherchell, et cette étonnante Constantine, où les ci-
gognes laissent tomber des serpents sur les toits, et qui
fait une si pittoresque figure sur son plateau de rocher
au bord du gouffre que creuse le Rummel. Il regardait
tout cela de ses deux yeux avides, rendus plus chercheurs
encore par un peu de myopie, et nous communiquait ses
remarques toujours prises par un côté inattendu. Notre
retour fut des plus bizarres ; on nous avait donné une petite lionne à conduire en France, et elle arriva cour des
Messageries sur l'impériale de la diligence, où elle avait
paisiblement dormi à l'abri de notre burnous.

Cinq ans plus tard, nous fîmes ensemble le voyage
d'Italie. Venise nous plut tant que nous y restâmes bien
au delà du temps que nous devions y consacrer. Nous
avions loué une maison au coin du campo San Mosé, et
nous y menions la plus charmante vie du monde ; une
gondole, louée au mois, nous attendait nuit et jour à la
porte d'eau de notre logis, qui, par une de ses façades,
donnait sur un canal. Le matin, nous courions les églis-
ses pleines de tableaux, de statues et de tombeaux, puis

nous allions déjeuner à l'île Saint-Georges ou à la pointe
de Quintavalle avec des rougets de l'Adriatique, des
fruits de mer, du raisin et un pot de vin de Chypre, et
nous faisions de l'esthétique en fumant dans nos lulés de
terre rouge du latakyé ou de l'orta de Macédoine. Quel
heureux temps et comme il est loin de nous! Cormenin
voulait acheter le petit palais d'Ario, à l'entrée du
Grand Canal, et cette idée nous semblait parfaitement
raisonnable. Il pouvait d'ailleurs se passer cette fantaisie, car les palais alors n'étaient pas chers à Venise. Le
soir, en revenant du palais Florian, nous causions encore sur notre balcon jusqu'à ce que le fallot de la dernière gondole eût disparu à l'angle du canal. Nous sommes retourné depuis voir la maison du campo San Mosé,
où nous avions passé tant de joyeuses heures. Mais nous
étions seul ; le balcon n'avait plus de fleurs épanouies ;
les fenêtres étaient fermées, le crépi rose des murs,
tombé par places, laissait voir les pierres effritées. Aucune gondole ne se balançait à l'amarre des poteaux, et
les crabes, sortant de la lagune, montaient paisiblement
les marches de l'escalier. Le charme s'était envolé.

(LE MONITEUR, 22 juin 1868.)

# ALPHONSE DE LAMARTINE

NÉ EN 1790 — MORT EN 1833

Ce n'est pas une biographie de Lamartine, encore
moins une appréciation détaillée de son œuvre, que nous
voudrions faire ici; mais notre désir serait de dégager
cette grande figure de la pénombre dont elle se voilait
depuis quelques années dans la retraite et le silence des
derniers jours, et de la replacer sous le rayon qui désormais ne la quittera plus. Humble poëte contraint à la
prose par les nécessités du journalisme, nous allons
essayer de juger un grand poëte. C'est une témérité de
notre part. Notre front n'atteint pas à ses pieds; mais
c'est d'en bas qu'on apprécie les statues : la sienne mérite d'être taillée dans le plus beau marbre de Paros ou
de Carrare, pure de toute tache.

Lui-même a raconté, avec un style qu'il n'est donné à
personne d'imiter, ses premiers souvenirs d'enfance et de
famille; sa jeune âme s'ouvrant à la vie, au rêve, à la
pensée, immortelles confidences du génie que la foule
recueille et où elle se complaît, car chacun peut se faire
l'illusion que cette voix, tant elle est intime et pénétrante, parle à lui seul comme à un ami inconnu.

Nous laisserons donc Lamartine chercher à travers ses études, ses rêveries, ses passions et ses voyages, dans une vie en apparence inoccupée, cette voie qu'on doit suivre et qu'on ne distingue pas toujours aisément aux inextricables carrefours des vocations humaines. Sans doute, tous les généreux sentiments qu'il devait si bien exprimer, l'amour, la foi, la religieuse adoration de la nature, la nostalgie du ciel, bouillonnaient déjà en lui ; mais ce n'était encore pour le monde qu'un beau jeune homme de la plus aristocratique élégance, de manières parfaites, et destiné aux succès de salon. Il avait fait deux voyages en Italie ; l'impression que durent produire sur lui ce ciel pur, ces mers plus azurées encore que le ciel, ces grands horizons, ces arbres au feuillage luisant et robuste, ces ruines si magnifiques dans leur écroulement, toute cette nature énergique, colorée et chaude, où erraient, comme des ombres muettes, des peuples pliant sous le faix de la servitude et sous la grandeur de leur passé, il n'en dit rien alors, mais la poésie s'amassait silencieusement dans son cœur. Le trésor secret grossissait chaque jour ; une perle s'ajoutait à l'écrin mystérieux qui ne devrait s'ouvrir que plus tard. S'il était le rival de Byron, auquel il adressa une épître égale aux plus beaux morceaux de *Child-Harold*, ce n'était que comme dandy. Revenu en France, il laissa passer quelques années dans ce désœuvrement tourmenté et fécond d'où jaillissent les grandes œuvres, et en 1820 parut un modeste volume in-16, qui n'avait pas sans peine trouvé un éditeur : c'étaient les *Méditations*.

Ce volume fut un événement rare dans les siècles. Il contenait tout un monde nouveau, monde de poésie plus difficile à trouver peut-être qu'une Amérique ou une Atlantide. Tandis qu'il semblait aller et venir indifférent parmi les autres hommes, Lamartine voyageait sur des

mers inconnues, les yeux sur son étoile, tendant vers
un rivage où nul n'avait abordé, et il en revenait vainqueur comme Colomb. Il avait découvert l'âme !

On ne saurait s'imaginer aujourd'hui, après tant de
révolutions, d'écroulements et de vicissitudes dans les
choses humaines, après tant de systèmes littéraires
essayés et tombés en oubli, tant d'excès de pensée et de
langage, l'enivrement universel produit par les *Méditations*. Ce fut comme un souffle de fraîcheurs et de rajeu-
nissement, comme une palpitation d'ailes qui passait
sur les âmes. Les jeunes gens, les jeunes filles, les femmes s'enthousiasmèrent jusqu'à l'adoration. Le nom de
Lamartine était sur toutes les bouches, et les Parisiens,
qui pourtant ne sont pas gens poétiques, frappés de folie comme les Abdéritains, qui répétaient sans cessé le
chœur d'Euripide : « O amour ! puissant amour, » s'a-
bordaient en récitant quelques stances du *Lac*. Jamais
succès n'eut de proportions pareilles.

Lamartine, en effet, n'était pas seulement un poëte,
c'était la poésie même. Sa nature chaste, élégante et
noble semblait tout ignorer des laideurs et des trivia-
lités de la vie : tel était le livre, tel était l'auteur, et le
meilleur frontispice qu'on eût pu choisir pour ce volume
de vers, c'était le portrait du poëte. La lyre entre ses
mains et, sur ses épaules, le manteau fouetté par l'orage,
ne semblaient pas ridicules.

Quel accent profond et nouveau ! quelles aspirations
éthérées, quels élancements vers l'idéal, quelles pures
effusions d'amour, quelles notes tendres et mélancoliques, quels soupirs et quelles postulations de l'âme que
nul poëte n'avait encore fait vibrer !

Dans les tableaux de Lamartine, il y a toujours beaucoup de ciel ; il lui faut cet espace pour se mouvoir aisément et tracer de larges cercles autour de sa pensée. Il

nage, il vole, il plane ; comme un cygne se berçant sur ses grandes ailes blanches, tantôt dans la lumière tantôt, dans une légère brume, d'autres fois aussi dans des nuages orageux, il ne pose à terre que rarement et bientôt reprend son essor, à la première brise qui soulève ses plumes. Cet élément fluide, transparent, aérien, qui se déplace devant lui et se referme après son passage, est sa route naturelle ; il s'y soutient sans peine, durant de longues heures, et de cette hauteur il voit s'azurer les vagues paysages, miroiter les eaux et pointer les édifices dans un vaporeux effacement.

Lamartine n'est pas un de ces poëtes, merveilleux artistes, qui martèlent le vers comme une lame d'or sur une enclume d'acier, resserrant le grain du métal, lui imprimant des carres nettes et précises. Il ignore ou dédaigne toutes ces questions de forme, et avec une négligence de gentilhomme qui rime à ses heures, sans s'astreindre plus qu'il ne faut à ces choses de métier, il fait d'admirables poésies, à cheval en traversant les bois, en barque le long de quelque rivage ombreux ou le coude appuyé à la fenêtre d'un de ses châteaux. Ses vers se déroulent avec un harmonieux murmure, comme les lames d'une mer d'Italie ou de Grèce, roulant dans leurs volutes transparentes des branches de laurier, des fruits d'or tombés du rivage, des reflets de ciel, d'oiseaux ou de voiles, et se brisant sur la plage en étincelantes franges argentées. Ce sont des déroulements et des successions de formes ondoyantes, insaisissables comme l'eau, mais qui vont à leur but et sur leur fluidité peuvent porter l'idée comme la mer porte les navires, que ce soit un frêle esquif ou un navire de haut bord.

Il y a un charme magique dans cette respiration du vers qui s'enfle et s'abaisse comme la poitrine de l'Océan ;

on se laisse aller à cette mélodie que chante le chœur
des rimes comme à un chant lointain de matelots ou de
sirènes. Lamartine est peut-être le plus grand musicien
de la poésie.

Cette manière large et vague convient à la haute spi-
ritualité de sa nature; l'âme n'a pas besoin d'être sculptée comme un marbre grec. Des lueurs, des sonorités,
des souffles, des blancheurs d'opale, des nuances d'arc-
en-ciel, des bleus lunaires, des gazes diaphanes, des draperies aériennes soulevées et gonflées par les brises,
suffisent à la peindre et à l'envelopper. C'est pour Lamartine que semble avoir été fait ce mot des anciens,
*musa ales*.

Dans cette immortelle pièce du *Lac*, où la passion parle
une langue que jamais la plus belle musique n'a pu éga-
ler, la nature vaporeuse apparaît comme à travers une
gaze d'argent reculée, éloignée, peinte en quelques touches, pour faire un cadre et servir de fond à cet impé-
rissable souvenir, et cependant l'on voit tout : la lumière,
le ciel, l'eau, les rochers et les arbres de la rive, les
montagnes de l'horizon, et chaque vague qui jette son
écume sur les pieds adorés d'Elvire.

Il ne faut pas croire que Lamartine, parce qu'il y a toujours chez lui une vibration et une résonnance de harpe
éolienne, ne soit qu'un mélodieux *lakiste* et ne sache
que soupirer mollement la mélancolie et l'amour. S'il
a le soupir, il a la parole et le cri; il domine aussi facilement qu'il charme. Cette voix angélique, qui semble
venir des profondeurs du ciel, sait prendre, quand il le
faut, l'accent mâle de l'homme.

A Naples, un mariage déterminé par une de ces admirations qui attirent les femmes vers le poëte de leurs
rêves le fit heureux et riche. Une Anglaise semblable à
ces charmantes et romanesques héroïnes de Shakspeare,

que séduit un regard et qui restent fidèles jusqu'à la mort,
lui apporta son amour et une fortune presque princière.
La France vit le phénomène bien rare chez elle d'un poëte
qui n'était pas pauvre et dont la fantaisie pouvait se traduire splendidement au soleil. On feint de croire que la
misère, cette maigre et dure nourrice, élève mieux le génie que la richesse : c'est une erreur. La nature du poëte
est prodigue, insouciante, généreuse, amie du luxe
comme d'une expression matérielle de la beauté ; elle
aime à réaliser ses caprices dans ses vers et dans sa vie,
à se composer un milieu d'où soit bannie, comme une
dissonance, toute chose laide, mesquine ou prosaïque ;
les mathématiques lui répugnent (Lamartine les avait
en horreur et les regardait comme des obstacles à la
pensée), et d'une main qui ne compte jamais, elle
prend aux trois puits d'Aboulcassem les dinars qu'elle
répand autour d'elle en pluie d'or. N'étant gêné par aucun de ces tristes obstacles qui usent le meilleur des
forces chez les plus grands esprits, Lamartine put se déployer librement, son génie eut toute son expansion, et
le froid de la pauvreté n'en flétrit pas les fleurs magnifiques.

Aux *Méditations* succédèrent les *Harmonies*, où l'aile
du poëte atteint de plus sublimes hauteurs et semble mêler son vol au rayonnement des étoiles ; il y a dans ce
volume des pièces d'une ineffable beauté et d'une mélancolie grandiose. Jamais depuis Job l'âme humaine n'a
poussé, en face des redoutables mystères de la vie et de
la mort, une plainte plus éperdue, plus désespérée que
dans les *Novissima verba*. Le succès fut immense, mais
il ne put, quoique l'œuvre fût supérieure, dépasser celui
des *Méditations*. Du premier coup, l'admiration avait
donné à Lamartine tout ce qu'elle peut accorder à un
homme ; elle avait épuisé pour lui ses fleurs et ses en-

censoirs. Aucun nouveau rayon ne pouvait trouver place dans l'auréole du poëte ; les splendeurs de son midi n'ajoutaient rien aux feux de son aurore.

A travers ce bruit de triomphe, Lamartine était parti pour son voyage d'Orient, non pas en humble pèlerin, le bâton blanc à la main et les coquilles sur le dos, mais avec un luxe royal, sur un navire frété par lui, emportant pour les émirs des présents dignes de Haroun-al-Raschid, et une fois arrivé, cheminant avec des caravanes de chevaux arabes qui lui appartenaient, achetant les maisons où il couchait, déployant au désert des tentes aussi splendides que les pavillons d'or et de pourpre de Salomon. Lord Byron seul avait fait voyager aussi somptueusement la poésie. Les tribus émerveillées accouraient avec acclamations sur le bord de sa route, et rien n'eût été plus facile au poëte que de se faire proclamer calife. Lady Esther Stanhope, cette Anglaise illuminée qui habitait le Liban, lui offrait le cheval dont le dos, par ses plis, dessine une sorte de selle, et que doit monter Hakem, le dieu des Druses, à sa prochaine incarnation, et lui prédisait qu'un jour il tiendrait dans sa main de gentilhomme les destinées de son pays.

Parmi ces éblouissements, Lamartine marchait tranquille, indifférent presque, comme un grand seigneur que rien n'étonne et qui se sent au niveau de tous les hommages. D'un sourire bienveillant il accueillait ces adorations, sans être enivré. Il trouvait naturel d'être beau, élégant, riche, plein de génie, et de soulever autour de lui l'admiration et l'amour. Mais cette félicité presque surhumaine ne devait pas durer. Les anciens Grecs supposaient l'existence de divinités envieuses qu'ils appelaient les Moires, et dont les yeux jaloux étaient blessés par le spectacle du bonheur qu'elles se plaisaient à troubler. C'était pour apaiser les Moires que Polycrate

trop heureux jeta à la mer son anneau rapporté par un
pêcheur. Sans doute, une de ces méchantes déesses
rencontra le poëte dans sa marche triomphale et fut
offusquée de cette gloire heureuse, de ce concours
de dons merveilleux. Elle étendit sa main sèche, et
Julia, l'adorable enfant qui accompagnait son père en
ces pays lumineux où la vie semble prendre des éner-
gies nouvelles, pencha la tête comme une fleur tou-
chée au pied par le soc, et le vaisseau parti avec des
voiles blanches revint avec des voiles noires, ramenant
un cercueil.

Irréparable deuil, éternel désespoir, plaie que rien ne
peut fermer et qui saigne toujours! Cette douleur qui
ne veut pas être consolée, il était réservé sans doute,
pour expier leur gloire, aux deux plus grands poëtes de
notre temps de la sentir.

La muse seule, avec ses rhythmes, peut bercer et parfois endormir ce regret de l'être adoré et perdu sans
raison apparente. Lamartine fit paraître son *Jocelyn*,
tendre et pure épopée de l'âme, où ne sont pas racontées
les brillantes aventures d'un héros, mais les souffrances
obscures d'un humble cœur inconnu, délicat chef-d'œuvre plein d'émotion et de larmes, d'une blancheur al-
pestre, virginal comme la neige des hauts sommets, où
aucun souffle impur n'arrive, et où l'amour qui s'ignore
lui-même, tant il est chaste, pourrait être contemplé
par les anges. Nul succès ne fut plus sympathique, nul
livre plus avidement lu et plus baigné de pleurs.

*La Chute d'un ange* fut moins comprise. Des morceaux magnifiques, d'une splendide couleur orientale,
qui semblent des feuillets détachés de la Bible, n'obtinrent qu'à demi grâce pour l'étrangeté du sujet, la bizarrerie des tableaux tirés d'un monde antérieur au nôtre,
le grandiose outré de personnages hors de la nature hu-

maine, et aussi, il faut l'avouer, pour une négligence de
plus en plus grande de forme et de facture.

Après la publication des *Recueillements poétiques*, vi-
brations prolongées, derniers échos des *Méditations* et
des *Harmonies*, le poëte dit adieu à la muse et posa sa
lyre pour ne plus la reprendre. Un désir de vie pratique
et d'action s'empara de lui. Il avait été attaché d'ambassade et garde du corps, il voulut être député. Les gens
qui se croient sérieux parce qu'ils sont prosaïques, ignorant que la poésie seule agit sur l'âme et que l'imagination entraîne· la foule, ricanèrent en voyant le rêveur
qu'on appelait « le chantre d'Elvire » aborder la tribune;
mais on comprit bientôt que qui sait chanter sait parler,
et que le poëte est une bouche d'or. De ces lèvres har-
monieuses les discours s'envolèrent ailés, vibrants, ayant
comme l'abeille le miel et l'aiguillon. La poésie se transforme aisément en éloquence ; elle a la passion, la
chaleur, l'idée, le sentiment généreux, l'instinct prophétique, et, quoi qu'on en puisse dire, cette raison
haute et suprème qui plane sur les choses et ne laisse
pas troubler la vérité générale par l'accident.

*Les Girondins* firent une révolution ou du moins y
contribuèrent pour une large part. Lamartine se trouva
en face des flots qu'il avait déchaînés et qui arrivaient
jusqu'à ses pieds, pleins d'écume, de rumeurs roulant
dans leurs plis furieux les débris de la monarchie noyée.
Il accepta cette mission de haranguer la mer en tumulte,
de dialoguer avec la tempête, de retenir la foudre dans le
nuage. Mission dangereuse accomplie en gentilhomme
et en héros. On put voir alors que tous les poëtes n'é-
taient pas lâches comme Horace, qui s'enfuit du champ
de bataille non *bene relicta parmula.* Il avait charmé les
instincts farouches, et l'émeute séduite venait gronder
sous son balcon pour le faire sortir, le voir et l'entendre.

Dès qu'il paraissait, la foule faisait silence ; elle attendait quelque noble parole, quelque conseil austère, quelque pensée généreuse, et elle se retirait satisfaite, emportant un germe de dévouement, d'humanité et d'harmonie.

Le poëte s'exposait à la balle qui pouvait partir du
fusil d'un utopiste trop avancé ou d'un fanatique trop
arriéré avec cet élégant dédain du gentilhomme méprisant la mort comme vulgaire et commune, dandysme
supérieur difficilement imité des bourgeois. S'il s'était
lui-même volontairement jeté dans ce gouffre, c'est qu'il
n'y avait aucun intérêt et devait à coup sûr s'y perdre.
On vit, chose étrange dans une civilisation moderne, un
homme jouer en pleine lumière et de sa personne le rôle
d'un Tyrtée modérateur, d'un Orphée dompteur de bêtes
féroces, *doctus lenire tigres*, poussant au bien, éloignant
du mal, et faisant planer sur le désordre l'idée de l'harmonie et de la beauté. Sans police, sans armée, sans
aucun moyen répressif, il maintint par la poésie pure
tout un peuple en effervescence, il dit à la république
extrême ce mot sublime : « Le drapeau tricolore a fait
le tour du monde avec nos gloires ; le drapeau rouge n'a
fait que le tour du Champ de Mars, traîné dans le sang
du peuple. » Et les trois couleurs continuèrent à flotter
victorieusement dans l'air.

A ce jeu, il dissipa son génie, sa santé, sa fortune,
avec la plus généreuse insouciance. Il fit le plus grand
effort humain qui jamais ait été essayé : il tint seul contre une foule sans frein. Pendant quelques jours, il sauva
la France et lui donna le temps d'attendre des destins
meilleurs ; et comme rien n'est ingrat comme la peur
quand le péril est passé, il perdit sa popularité. Ceux
qui lui devaient leur tête, peut-être, leur richesse et leur
sécurité, à coup sûr, le trouvèrent ridicule lorsque, après

avoir jeté au vent, à leur profit, tous ses trésors, avec
la noble confiance du poëte qui croit pouvoir redeman-
der un drachme pour un talent à ceux qu'il a charmés
et préservés, il s'assit sur le seuil de sa fortune écroulée,
et, tendant son casque, dit : *Date obolum Belisari*. La
dette était derrière lui qui lui poussait le coude.

Certes il était assez grand seigneur pour jouer avec le
créancier la scène de Don Juan et de M. Dimanche, mais
il ne le voulut pas, et la France eut ce spectacle triste
du poëte vieillissant, courbé depuis l'aube jusqu'au soir
sous le joug de la copie productive. Ce demi-dieu qui se
souvenait du ciel fit des romans, des brochures et des
articles comme nous. Pégase traçait son sillon, traînant
une charrue que d'un coup d'aile il eût emportée dans
les étoiles.

(JOURNAL OFFICIEL, 8 mars 1869.)

# LOUIS BOUILHET

NÉ EN 1824 — MORT EN 1869

La muse n'eut pas de desservant plus fidèle que Louis
Bouilhet. Il ne prit qu'une fois la plume de la prose pour
écrire *Faustine*, et ce fut plutôt pour se conformer aux
exigences d'un théâtre où les vers n'ont guère de chance
d'être joués, que pour suivre son propre goût. Avant toute
chose Louis Bouilhet était un poëte dans le sens strict
du mot, et s'il aborda la scène ce ne fut pas d'un premier
mouvement, comme les dramaturges d'instinct. Il y vit
un moyen de s'y faire entendre de ce public qui ne prête
pas volontiers l'oreille à la poésie pure.

Par ses admirations et ses doctrines, Louis Bouilhet,
quoique venu beaucoup plus tard, se rattache au
groupe romantique. Il eût été, certes, un des plus fer-
vents adeptes du Cénacle, dispersé depuis bien longtemps déjà lorsqu'il descendit dans l'arène. Il avait pour
l'art cet amour sans réserve qui caractérisait la jeune
école à ses débuts, et malgré la Nécessité aux mains pleines de clous d'airain, il ne fit jamais aucune concession
au métier, il n'épargna ni temps, ni peine pour revêtir
ses conceptions de la seule forme qu'il jugeât souveraine

16

et définitive. Toute son œuvre est sculptée dans le pur marbre blanc du vers, à une exception près que nous avons signalée, et encore la prose de *Faustine*, avec ses tournures antiques et ses phrases cadencées, ressemble-t-elle à de la poésie.

Louis Bouilhet était né à Cany, le 27 mai 1824 ; il fit au collége de Rouen de brillantes études, et étudia quatre ans la médecine, sous la direction de M. Flaubert père ; c'est là qu'il contracta, avec le futur auteur de *Madame Bovary* et de *Salammbô*, une amitié qui ne connut aucun nuage et laissera d'éternels regrets dans l'âme du survivant. Il débuta, en 1854, par un poëme intitulé *Melœnis*, qui à nos yeux est un de ses titres de gloire les plus incontestables. Pour beaucoup de monde, Bouilhet est l'auteur de *Madame de Montarcy*, d'*Hélène Peyron* et de *la Conjuration d'Amboise*, et l'on ignore assez généralement qu'outre *Melœnis* il a fait les *Fossiles*, un grand poëme cosmogonique, et *Festons et Astragales*, un délicieux volume de vers du plus charmant caprice. En France, le théâtre accapare toute l'attention, et la poésie, pour être visible, a besoin que les feux de la rampe l'illuminent.

Bouilhet, dramaturge, a brillé dans la pleine lumière ; Bouilhet, poëte, est resté un peu dans l'ombre. A côté de son talent, moins éclairé que l'autre, nous avons essayé de le faire ressortir en quelques lignes, qu'on nous permettra de citer : « *Melœnis* est un poëme romain où se révèle, dès les premiers vers, une familiarité intime avec la vie latine. L'auteur se promène dans la Rome des empereurs, sans hésiter un instant, du quartier de Suburre au mont Capitolin. Il connaît les tavernes où, sous la lampe fumeuse, se battent et dorment les histrions, les gladiateurs, les muletiers, les prêtres saliens et les poëtes, pendant que danse quelque esclave sy-

rienne ou gaditane. Il a pénétré dans le laboratoire des
pâles Canidies, ténébreuse officine de philtres et de poi-
sons, et sait par cœur les incantations des sorcières thes-
saliennes. S'il vous fait asseoir sur le lit de pourpre d'un
banquet chez un riche patricien, croyez que Lucullus,
Apicius ou Trimalcion ne trouveraient rien à redire au
menu. Pétrone, l'arbitre des élégances et l'intendant des
plaisirs de Néron, n'ordonne pas une orgie avec une volupté plus savante, et quand Paulus, le héros du poëme,
oublieux déjà de Melænis, la belle courtisane, quitte le
triclinium pour errer dans le jardin mystérieux où l'attend Marcia, la jeune femme de l'édile, le vers qui tout à
l'heure s'amusait à rendre avec un sérieux comique ces
bizarres somptuosités de la cuisine romaine ou les grimaces grotesques du nain Stellio, devient tout à coup
tendre, passionné, baigné de parfums, azuré par des
reflets de clair de lune, opposant sa douce lueur bleuâtre au rouge éclat de la salle du festin. « Mais nous n'a-
vons pas à faire ici l'analyse de *Melænis*, l'espace nous
manque pour cela ; qu'il nous suffise de dire que Louis
Bouilhet, dans le cadre d'une histoire romanesque, a
fait entrer de nombreux tableaux de la vie antique, où la
science de l'archéologue ne nuit en rien à l'inspiration
du poëte. *Melænis* est écrite dans cette stance de six vers
à rime triplée qu'a employée souvent l'auteur de *Namouna*, et nous le regrettons, car cette ressemblance purement métrique a fait supposer chez Bouilhet l'imitation volontaire ou involontaire d'Alfred de Musset, et jamais poëtes ne se ressemblèrent moins. La manière de
Bouilhet est robuste et imagée, pittoresque, amoureuse
de couleur locale ; elle abonde en vers pleins, drus,
spacieux, soufflés d'un seul jet, pour nous servir de
l'expression de Sainte-Beuve dans ses remarques si fines
sur les différences de la poésie classique et de la poé-

sic romantique qui accompagnent l'œuvre de Joseph Delorme.

*Les Fossiles* — le titre l'indique assez — ont pour
sujet le monde antédiluvien, avec sa population de végé-
taux étranges et de bêtes monstrueuses, informes ébauches du chaos s'essayant à la création. Bouilhet a tracé
dans cette œuvre, la plus difficile peut-être qu'ait tentée
un poëte, des tableaux d'une bizarrerie grandiose, où
l'imagination s'étaye des données de la science en évitant la sécheresse didactique.

Comme si ce n'était pas assez des difficultés naturelles
du sujet, l'auteur s'est interdit tout terme technique,
tout mot qui rappellerait des idées postérieures. Les pté-
rodactyles, les plésiosaures, les mammouths, les masto-
dontes apparaissent, se dégageant du chaud limon de la
planète à peine refroidie, et dont les volcans crèvent la
croûte, rondelles fusibles du feu central, évoqués par
une description puissante mais innomés, car Adam le
nomenclateur n'est pas né encore. On les reconnaît seulement à leur forme et à leur allure. Rien de plus terrible que leurs amours et leurs combats à travers les vé-
gétaux gigantesques de la première période, au bord de
la mer bouillonnante, dans une atmosphère chargée d'a-
cide carbonique et sillonnée par les foudres de nombreux orages. Le colossal, l'énorme, le bizarre, tout ce
qui est empreint d'une couleur étrange et splendide, attire
Bouilhet, et c'est à la peinture de tels sujets qu'est surtout propre son hexamètre long, sonore et puissant,
d'une facture vraiment épique, qui rappelle parfois la
manière ample et forte de Lucrèce. L'apparition du premier couple humain clôt le poëme, et l'auteur, prévoyant
dans l'avenir de nouvelles révolutions cosmiques, salue
l'avénement d'un Adam nouveau, personnification d'une
humanité supérieure.

Dans son volume *Festons et Astragales*, titre choisi
sans doute pour faire pièce à Boileau, Bouilhet se
livre à tous les caprices d'une fantaisie vagabonde.
En de courtes pièces, il résume la couleur d'une civilisation ou d'une barbarie : l'Inde, l'Égypte, la Chine
y figurent dans tout l'éclat de leur bizarrerie. A ces peintures exotiques se mêlent des pièces modernes, d'un
sentiment plus personnel, d'une insouciante fierté, voi-
lant parfois une exquise délicatesse d'âme. Un tel recueil,
passé presque inaperçu, eût suffi jadis à fonder la réputation d'un poëte.

Nous avons insisté sur cette partie lyrique du talent
de M. Bouilhet, parce qu'elle est moins connue. Au théâtre, nul depuis Victor Hugo n'a manié l'alexandrin dramatique d'une façon plus magistrale. Bouilhet, en y ajoutant ses qualités propres, avait su s'assimiler cette allure
hautaine et familière des vers de *Ruy-Blas*, où la langue
de Molière prend, quand il le faut, les fiertés de Corneille,
et cela sans s'interdire, aux moments de passion, les métaphores et les élans lyriques. D'autres peut-être ont su
combiner d'une façon plus adroite les entrées et les sor-
ties, emmancher avec plus de précision les poutres de la
charpente dramatique, mais Bouilhet savait exprimer les
nobles sentiments dans une forme magnifique ; il visait
au beau et au grand, et ses vieillards souvent parlent
comme le père du *Menteur*. Sa vie littéraire est digne
de servir d'exemple aux vocations poétiques qui se laissent si aisément détourner par les succès faciles et les
occasions de gain rapide qu'offre aujourd'hui la multiplicité des journaux. L'école romantique, si décimée, hélas ! a perdu en lui un de ses derniers et plus courageux
champions. Il portait haut et en preux chevalier la vieille
bannière déchirée dans tant de combats. On peut s'y
rouler comme dans un linceul. La valeureuse bande

d'*Hernani* a vécu. Désormais le théâtre appartient aux habiletés secondaires, aux photographies du réalisme, aux sophismes des systèmes ; la poésie en est chassée, à moins que l'avenir ne tienne en réserve quelque Shakespeare inconnu, ce que nous souhaitons de tout notre cœur.

(Journal officiel, 26 juillet 1869.)

# PAUL DE KOCK

NÉ EN 1794 — MORT EN 1870

Il n'y a rien de neuf que ce qui est oublié, et parmi la
jeune génération, qui soupçonne la vogue dont a joui
Paul de Kock il y a trente ou quarante ans? Jamais auteur ne fut plus populaire dans le vrai sens du mot.
Tout le monde le lisait, depuis l'homme d'État jusqu'au
commis-voyageur et au collégien, depuis la grande
dame jusqu'à la grisette. Il n'était pas moins célèbre à
l'étranger qu'en France, et les Russes étudiaient dans
ses romans les mœurs parisiennes. L'avénement de l'é-
cole romantique avec ses grands sentiments chevaleres-
ques, ses élans lyriques, son amour du moyen âge et de
la couleur locale, ses passions forcenées, son luxe de
métaphores shakespeariennes, éclipsa cette gloire modeste, dont les rayons s'éteignirent devant ce flamboie-
ment inattendu.

Paul de Kock, il faut le dire à sa louange, était un vrai
bourgeois, un Philistin du Marais, sans l'ombre de poésie ni de style; il n'avait aucune lecture et ne se doutait
même pas de l'esthétique, qu'il eût volontiers prise,
comme Pradon, pour un terme de chimie; la fibre ar-

tiste était complétement absente chez lui. Ne voyez dans
ce que nous disons aucune intention ironique. Ce sont là
les *qualités* nécessaires pour être goûté par les masses.
Paul de Kock avait cet avantage d'être absolument pareil à ses lecteurs, d'en partager les idées, les opinions,
les préjugés, les sentiments : mais il possédait un don
particulier, celui de rire, non pas du rire attique, mais
du gros rire largement épanoui et bêtement irrésistible
qui fait se tenir les côtes et soulève les flancs par des
hoquets convulsifs. Ce rire, Paul de Kock le provoque
par des situations comiques d'un ton douteux, des chutes ridicules, des épatements grotesques, des bris de
vaisselle, des rejaillissements de sauce, des coups de
pied et des giffles qui se trompent d'adresse, et autres
cascades à la manière des funambules dont l'effet est
immanquable. Certes, cela est dessiné grossièrement,
sans esprit, et d'un crayon qui s'écrase en appuyant sur
le contour, mais il y a dans ces fantoches, qui se préci-
pitent les uns sur les autres comme des capucins de cartes, une force, une vérité et un naturel qu'il faut bien
reconnaître. On peut caractériser ce genre de mérite
par un mot d'atelier qui dit tout : « C'est bonhomme ! »

Maintenant Paul de Kock est devenu un auteur historique. Il contient la peinture de mœurs disparues en
une civilisation aussi différente de la nôtre que celle
dont on retrouve les vestiges dans les fouilles de Pom-
péi. Ses romans, qu'on feuilletait pour se distraire, seront désormais consultés par les érudits curieux de restituer la vie de ce vieux Paris que nous avons connu
dans notre jeunesse, et dont il ne restera bientôt plus
trace.

Ceux qui sont nés après la révolution du 24 février 1848
ou un peu avant ne sauraient se figurer ce qu'était le
Paris où se meuvent les héros et les héroïnes de Paul

de Kock ; il ressemblait si peu au Paris actuel, que parfois nous nous demandons, en regardant ces larges rues,
ces grands boulevards, ces vastes squares, ces interminables lignes de maisons monumentales, ces quartiers
splendides qui ont remplacé les cultures des maraichers,
si c'est bien là cette ville où nous avons passé notre
enfance.

Paris, qui est en train de devenir la métropole du
monde, n'était alors que la capitale de la France. On
rencontrait des Français, et même des Parisiens dans
ses rues. Sans doute, les étrangers y venaient comme
en tout temps chercher le plaisir ou l'instruction ; mais
les moyens de transport étaient difficiles, l'idéal de la
rapidité ne dépassait pas la classique malle-poste, et la
locomotive ne s'ébauchait pas encore, même à l'état de
chimère, dans les brumes de l'avenir. La physionomie
de la population n'en était donc pas sensiblement altérée.

La province restait chez elle beaucoup plus que maintenant, on ne venait à Paris que pour affaire urgente.
On pouvait entendre parler français sur ce boulevard
qu'on appelait alors le boulevard de Gand, et qu'on
nomme aujourd'hui boulevard des Italiens. L'on voyait
fréquemment un type qui devient rare et qui, pour
nous, est le pur type parisien : peau blanche, joues
colorées, cheveux châtains, yeux gris clair, taille médiocre mais bien prise, et chez les femmes un embom-
point délicat sur de petits os. Les visages olivâtres,
les cheveux noirs étaient rares ; le Midi n'avait pas
encore fait invasion avec ses teints passionnément pâles, ses yeux ardents et ses gesticulations furibondes.
L'ensemble des visages était donc vermeil et souriant,
avec un air de santé et de bonne humeur. Des teints
qu'on trouve *distingués* eussent en ce temps-là fait naître l'idée de maladie.

La ville était relativement très-petite, ou du moins l'activité se restreignait dans de certaines bornes qu'on dépassait rarement. L'éléphant de plâtre où Gavroche trouvait asile dressait sur la place de la Bastille sa silhouette énorme, et semblait interdire aux promeneurs d'aller plus loin. Les Champs-Élysées, dès que la nuit tombait, devenaient aussi dangereux que la plaine de Marathon; les plus aventureux s'arrêtaient à la place de la Concorde. Le quartier de Notre-Dame-de-Lorette ne renfermait que des terrains vagues ou. des clôtures de planches. L'église n'était pas bâtie, et l'on apercevait du boulevard la butte Montmartre, avec ses moulins à vent et son télégraphe faisant les grands bras au sommet de la vieille tour. Le faubourg Saint-Germain se couchait de bonne heure et à peine si quelque tumulte d'étudiants autour d'une pièce de l'Odéon en troublait la solitude. Les voyages d'un quartier à l'autre étaient moins fréquents; les omnibus n'existaient pas, et il y avait des différences sensibles de physionomie, de costume et d'accent entre un naturel de la rue du Temple, et un habitant de la rue Montmartre.

L'égout de la vieille rue du Temple n'était couvert qu'à moitié. Les murailles des boulevards subsistaient dans presque toute leur longueur, côtoyées par des rues en contre-bas occupant la place des anciens fossés; de grands chantiers de bois dont les piles formaient des dessins symétriques, s'élevaient au bout de la rue des Filles-du-Calvaire, et plus loin, dans l'azurement bleuâtre du lointain, on découvrait le coteau de Ménilmontant. Sur cette portion du boulevard s'élevait le restaurant de la Galiotte, théâtre de tant de joyeux repas et de parties fines. Plus loin, à l'angle de la rue Charlot et tout près du Jardin Turc, se trouvait le Cadran-Bleu, cher à Paul de Kock et célèbre par sa belle écaillère à la

robe de droguet rouge, de grosses coques de perle aux
oreilles et le col cerclé de cinquante tours de jaserons;
— c'était le temps des belles écaillères, des belles limo-
nadières, des belles charcutières ! — Le Jardin Turc,
avec ses arcs découpés en cœur, ses œufs d'autruche et
ses vitraux coloriés, semblait le comble de la magnificence orientale, et l'on n'y entrait qu'avec une sorte de
crainte respectueuse, comme si l'on eût dû y voir Sa
Hautesse face à face. De l'autre côté du boulevard se
groupaient les théâtres de drame et de pantomime, le
café de l'Épi-Scié, dont l'enseigne représentait un mois-
sonneur sciant un épi, et le spectacle mécanique de
M. Pierre, qui nous donna nos premières idées de marine.

Sur ce boulevard, Paul de Kock règne en maître. Il
connaît tous ces bourgeois qui passent, ainsi que leurs
*épouses* et leurs demoiselles. Il sait ce qu'ils pensent,
ce qu'ils disent et les plaisanteries traditionnelles qu'ils
commettront ce soir en jouant au loto, mais il ne s'en
indigne pas, il s'en amuse et il en rit de bon cœur, et
lui-même ne *craindrait* pas de dire, en posant le 22
ou le 77, les *deux cocottes* ou les *jambes à mon oncle*,
le tout pour être aimable en société. Cette bêtise pa-
triarcale lui plaît si ces braves gens organisent une
partie de campagne pour le dimanche suivant, il se fera
inviter et apportera sous son bras un pâté ou un melon.
Pendant le dîner sur l'herbe, c'est lui qui dira le plus de
folies, et qui au dessert chantera la chanson la plus
gaillarde. Grosse joie sans doute, inspirée par le vin
bleu et la charcuterie, mais honnête après tout, car la
famille est là, et ces fillettes qu'on embrasse et dont
on chiffonne un peu la robe de guingan faite par elles-
mêmes, savent bien que leurs amants seront leurs maris.

Il existait alors tout autour de Paris de petits en-

droits champêtres, ou paraissant tels à de pauvres diables qui avaient travaillé toute la semaine dans l'obscu-
rité d'une boutique; des bouquets de bois faits à
souhait pour ombrager une guinguette, des cabanes de
pêcheurs trempant le pied dans l'eau, où la friture d'a-
blettes passait pour friture de goujons; des tonnelles
de vigne vierge et de houblon, qui pouvaient rendre à
un couple amoureux le même service que la caverne à
Énée et à Didon; Romainville, le parc Saint-Fargeau,
les Prés-Saint-Gervais avec leurs bosquets de lilas et
leur fontaine dont l'eau s'amassait dans un étroit bassin
de pierre où l'on descendait par quelques marches; ce
paysage suffisait à Paul de Kock, qui, à vrai dire, n'est
ni un pittoresque, ni un descripteur à la mode du jour.
Il le trouvait charmant ainsi, et cette prairie pelée,
émaillée de plus de papiers gras que de marguerites,
était pour lui la *campagne;* il la peignait en passant,
pour servir de fond à ses figures, avec la touche sèche
et maigre d'un Demarne; mais au fond il n'entendait pas
grand'chose à ce qu'on appelle aujourd'hui la nature,
et en cela il était bien Français et bien Parisien !

Mais il ne se bornait pas toujours à la banlieue, il
poussait jusqu'à Montmorency, et alors quelles belles
parties d'ânes dans la forêt, quels cris, quels rires et
quelles heureuses chutes sur le gazon, et quels jolis
repas de pain bis et de cerises ! Ce n'étaient que des
commis et des grisettes, mais qui valaient bien les
petits-crevés et les biches modernes, — sans vouloir
louer le temps passé aux dépens du temps présent,
ce qui est le défaut de ceux qui ont été jeunes
sous l'autre règne. — Certes, les grisettes de Paul
de Kock n'ont pas l'élégance de la *Mimi-Pinson* d'Alfred de Musset, mais elles sont fraîches, gaies, amu-
santes, bonnes filles, et aussi jolies sous leur bonnet de

percale ou léger chapeau de paille, que les museaux ma-
quillés de bismuth et plaqués de fard Hortensia pour
lesquels se ruinent maintenant les fils de famille ; elles
vivaient de leur travail, pauvrement, avec l'insouciance
des oiseaux aux bords de leurs gouttières : mais leur
amour n'avait pas de tarif, et le cœur, chez elles, était
toujours de la partie. Cette gentille espèce a disparu avec
beaucoup d'autres bonnes choses du vieux Paris, qui ne
vivent plus que dans les romans, à tort méprisés, du
vieux Paul de Kock, dont le nom survivra à bien des célébrités du moment, car il représente avec fidélité, avec
verve et rondeur toute une époque évanouie. Avec quel
étonnement dédaigneux doit-on regarder maintenant ses
viveurs qui, riches de « dix bonnes mille livres de
rente, » ont cabriolet, — en ce temps-là il y avait des
cabriolets ! — sablent le « champagne » en folles orgies
et entretiennent une figurante de la danse à la Gaîté ou
à l'Ambigu-Comique ! Quels mépris doivent inspirer ces
déjeuners de garçon, composés de deux douzaines
d'huîtres, de radis et de côtelettes de porc frais con-
stellées de vertes rondelles de cornichons que les char-
cutiers livraient autrefois tout accommodées, le tout
arrosé d'une bouteille ou deux de chablis ! On s'y amusait fort, cependant, mais le siècle est devenu plus raffiné,
et de tels plaisirs ne lui suffiraient pas. Pour s'amuser,
il faut qu'il paye, et très-cher. Grand bien lui fasse !
Cette joie un peu grossière, mais franche et naturelle,
semble de mauvais ton. On lui préfère les plaisanteries
en *langue verte*, les phrases prises au dictionnaire du
*slang* et les épileptiques insanités du répertoire des
Bouffes.

Nous rendons d'autant plus volontiers cet hommage
tardif à Paul de Kock, qu'autrefois occupé à porter un
pennon dans la grande armée romantique, nous n'avons

peut-être pas lu ses romans avec l'attention qu'ils méritaient. Les choses qu'il peignait étaient d'ailleurs sous
nos yeux, et le sens ne s'en dégageait pas nettement
pour nous. Cependant nous sentions qu'il y avait en lui
une sorte de force comique qui manquait aux autres. A
présent, il nous apparaît sous un jour plus sérieux, et
nous dirions même mélancolique, si un tel mot pouvait
s'appliquer à Paul de Kock. Certains de ses romans nous
produisent l'effet du *Dernier des Mohicans*, de Fenimore
Cooper. Il nous semble y lire l'histoire des derniers Parisiens, envahis et submergés par la civilisation améri-
caine.

(JOURNAL OFFICIEL, 25 mai 1870.)

# JULES DE GONCOURT

NÉ EN 1830 — MORT EN 1870

La voilà donc défaite cette individualité double qu'on
appelait familièrement les Goncourt, sans jamais distinguer un frère de l'autre. Pour qui avait connu dans l'intimité ces deux âmes charmantes, réunies en une perle
unique comme deux gouttes d'eau fondues ensemble,
une inquiétude venait qu'on s'efforçait de chasser, mais
qui reparaissait toujours. On se disait avec effroi : De ces
deux frères, *il y en a un qui mourra le premier*, le cours
naturel des choses le veut, à moins qu'une catastrophe
heureuse et bénie ne les frappe tous deux en même
temps. Mais le ciel est avare de ces bienfaits. Cette idée
nous serrait le cœur et nous osions à peine songer à l'affreux désespoir qui suivrait une telle séparation. Avec la
pointe d'égoïsme qui se mêle à l'amitié humaine la plus
désintéressée, nous nous répétions : « Ce jour-là, nous
ne le verrons pas. Plus avancé dans la vie, nous serons
partis depuis bien des années ! » Eh bien, non. *Ce jour-
là*, comme dit le funèbre cantique, est arrivé ; nous y
étions, et jamais plus navrant spectacle n'a affligé nos
yeux. Edmond, dans sa stupeur tragique, avait l'air

d'un spectre pétrifié, et la mort, qui ordinairement met un masque de beauté sereine sur les visages qu'elle touche, n'avait pu effacer des traits de Jules, si fins et si réguliers pourtant, une expression d'amer chagrin et de regret inconsolable. Il semblait avoir senti, à la minute suprême, qu'il n'avait pas le droit de s'en aller comme un autre, et qu'en mourant il commettait presque un fratricide. Le mort dans son cercueil pleurait le vivant, le plus à plaindre des deux, à coup sûr.

Nous avons suivi à toutes les stations de la voie douloureuse ce pauvre Edmond qui, aveuglé de larmes et soutenu sous les bras par ses amis, buttait à chaque pas comme s'il eût eu les pieds embarrassés dans un pli traînant du linceul fraternel. Comme ces condamnés qui se décomposent dans le trajet de la prison à l'échafaud, d'Auteuil au cimetière Montmartre, il avait pris vingt années, ses cheveux avaient blanchi ! On les voyait — ce n'est pas une illusion de notre part, plusieurs des assistants l'ont remarqué, — se décolorer et pâlir sur sa tête à mesure qu'on approchait du terme fatal et de la petite porte basse où se dit l'éternel adieu. C'était lamentable et sinistre, et jamais convoi ne fut accompagné d'une désolation pareille. Tout le monde pleurait ou sanglotait convulsivement, et cependant ceux qui marchaient derrière ce corbillard étaient des philosophes, des artistes, des écrivains faits à la douleur, habitués à maîtriser leurs âmes, à dompter leurs nerfs et ayant la pudeur de l'émotion.

Le cercueil descendu dans l'étroit caveau de famille où il ne reste plus qu'une place, et les derniers saluts adressés à l'ami faisant sa première étape du voyage d'où l'on ne revient pas, un parent emmena Edmond, et l'on regagna la ville par petits groupes, en causant du défunt et du survivant. Puis l'on se quitta en se serrant la

main avec cette force qu'inspire l'idée qu'on se rencontre
pour la dernière fois peut-être.

Et maintenant il faut parler du littérateur, et nous
n'en avons guère la force. Toujours cette pâle figure du
frère, — qui semblait reflétée par une lueur de l'autre
monde et avait l'air, sous le soleil ardent, d'un clair de
lune en plein jour, — se dresse devant nous comme un
fantôme réel, et nous ne pouvons l'écarter. Depuis la mort
de leur mère, arrivée en 1848, ils ne s'étaient pas quit-
tés d'une heure, et ils avaient tellement pris l'habitude
de cette vie en commun, que c'était un événement de
voir un Goncourt seul. L'autre assurément n'était pas
loin. Ils n'étaient pourtant pas jumeaux, *bessons*, comme
dirait George Sand.

Un intervalle de dix ans séparait Edmond de Jules ;
l'aîné était brun, le cadet blond, le premier plus grand
que l'autre ; ils ne se ressemblaient pas même de figure ;
mais l'on sentait qu'une âme unique habitait ces deux
corps. C'était une seule personne en deux volumes. La
conformité morale était si forte, qu'elle faisait oublier
les dissemblances physiques. Que de fois il nous est arrivé de prendre Jules pour Edmond, et de continuer avec
l'un la conversation commencée avec l'autre ! Rien n'a-
vertissait qu'on eût changé d'interlocuteur ; celui des
deux frères qui se trouvait là reprenait l'idée où l'autre
l'avait laissée, sans la moindre hésitation. Ils s'étaient
fait le sacrifice de leur individualité réciproque et n'en
formaient plus qu'une qui s'appelait « les Goncourt »
pour les amis, et « les MM. de Goncourt » pour ceux qui
ne les connaissaient pas. Toutes leurs lettres étaient si-
gnées Edmond et Jules. Dans plus de dix ans d'intimité,
nous n'en avons reçu qu'une seule qui dérogeât à cette
douce raison sociale : c'était celle où le malheureux survivant criait du fond de son désespoir la mort de son

frère bien-aimé. Qu'elle a dû coûter à sa main tremblante
cette signature veuve, témoignage d'un deuil éternel !

Chose bien difficile à croire pour des littérateurs, et
qui cependant est vraie, ils n'avaient qu'un amour-propre : jamais ils ne trahirent le secret de leur collaboration. Aucun d'eux ne cherchait à tirer la gloire à soi,
et ce travail unique, fait par deux cerveaux, reste encore
un mystère que nul n'a pénétré. Nous-même, leur ami,
qui essayons ici, dans cette triste circonstance, de faire
la part du mort, nous n'y pouvons parvenir, et ce nous
semble, d'ailleurs, une sorte d'impiété de chercher à
séparer ce que ces deux âmes, dont l'une est envolée
maintenant, ont voulu unir d'une façon indissoluble.
Pourquoi défaire cette tresse si bien nattée, dont les
fils de mille couleurs s'enlacent et reparaissent par intervalles égaux sans qu'on sache d'où ils partent ?
Nous craindrions de blesser ces délicatesses fraternelles,
qui ne voulaient qu'une réputation pour l'œuvre faite à
deux.

Jules de Goncourt, nous l'avons déjà dit, était le plus
jeune des deux frères. Il entrait à peine dans sa trente-
neuvième année, et il paraissait moins que son âge,
grâce à son teint blanc, à sa blonde chevelure soyeuse,
et à la fine moustache d'or pâle qui estompait les coins
de sa bouche vivement colorée. Il était toujours rasé soigneusement et en correcte tenue de gentleman. Mais des
prunelles d'un noir énergique donnaient de l'accent à
cette physionomie fine et douce. Il avait généralement le
ton plus vif et plus gai que son frère : l'un était le sourire de l'autre. Mais il fallait les bien connaître tous les
deux pour saisir cette nuance. Ils ne se donnaient pas le
bras en marchant : le plus jeune précédait son frère de
quelques pas, avec une sorte de pétulance juvénile à
laquelle déférait complaisamment l'aîné.

Edmond avait été l'initiateur littéraire de Jules, mais toute différence entre le maître et l'élève avait disparu depuis longtemps. Sur un plan sans doute convenu d'avance, ils pensaient et travaillaient ensemble, se passant par-dessus la table ce qu'ils avaient écrit chacun de son côté, et le résumaient dans une version définitive. C'étaient des esprits curieux, raffinés, ayant l'horreur des banalités et des phrases toutes faites. Pour éviter le commun, ils seraient allés jusqu'à l'outrance, jusqu'au paroxysme, jusqu'à faire éclater l'expression comme une bulle trop soufflée. Mais quel soin de style, quelle recherche exquise, quel choix rare et nouveau, quelle amoureuse patience d'exécution ! Quand ils écrivent l'histoire, comme ils ne se contentent pas des documents qui s'offrent tout d'abord imprimés dans les livres, comme ils vont aux pièces originales, aux autographes, aux brochures inconnues, aux journaux oubliés, aux mémoires secrets, aux tableaux, aux estampes, aux gravures de modes, à tout ce qui peut révéler un détail caractéristique et donner la physionomie d'un temps ! Mais ne voyez pas en eux des romanciers qui veulent charger à la hâte leur palette de couleur locale. Ces deux bénédictins fashionables travaillaient dans leur coquet appartement de la rue Saint-Georges, encombré des jolis brimborions du dix-huitième siècle, aussi sérieusement que s'ils eussent été au fond d'un cloître. Ils sont d'une exactitude scrupuleuse. Chaque singularité qu'ils avancent a ses preuves authentiques. Les maîtres de l'histoire et de la critique, Michelet et Sainte-Beuve, les citent comme des autorités pour tout ce qui regarde le règne de Louis XVI, la Révolution et le Directoire, qu'ils connaissent à fond et dont ils savent tous les dessous. Dans le roman, ils ont essayé de rendre, avec une minutie et une clairvoyance implacables, la réalité étendue sur leur

table comme un sujet anatomique, avec une plume acé-
rée comme un scalpel ; il suffit de nommer *Sœur Philomène*, *Germinie Lacerteux*, *Manette Salomon*, *Renée*
*Mauperin*, où se trouve ce type, si neuf et si actuel, de
la jeune fille *tintamarresque*, et leur dernier ouvrage,
*Madame Gervaisais*, où l'étude d'une âme lentement ab-
sorbée par le catholicisme se mêle à de magnifiques
descriptions de Rome, mordues comme des eaux-fortes
de Piranèse. Ils ont aussi tenté le théâtre avec une audacieuse originalité. *Henriette Maréchal* n'eut pas le bonheur de plaire à maître Pipe-en-Bois, étudiant de vingtième année. C'est dommage, car cet échec immérité
détourna de la scène deux vocations qui s'annonçaient
bien. Outre ces travaux, les Goncourt ont fait de curieuses
études sur Watteau, Chardin, Fragonard, Saint-Aubin,
Gravelot, Eisen, et tous ces petits maîtres du dix-huitième
siècle qu'ils possèdent si bien, accompagnées de planches que Jules gravait *aqua forte*. Il est impossible de
mieux saisir le caractère et l'art d'une époque injus-
tement dédaignée. Ils ne comprenaient pas moins bien
cet art du Japon, si vrai et si chimérique à la fois, d'une
invention si féconde en monstruosités et d'un naturel si
étonnant, et ils ont écrit à ce propos des pages d'une
fantaisie exquise. N'oublions pas un livre intitulé : *Idées*
*et Sensations*, qui représente le côté lyrique et rêveur
de leur talent, et qui équivaut dans leur œuvre au volume de vers qu'ils n'ont pas écrit. Il y a là des choses
charmantes, de l'esprit à foison, de la profondeur parfois, et des morceaux de description de la plus rare
nouveauté. Si nous ne craignions que le sens de nos paroles fût mal interprété, nous dirions qu'il s'y trouve
d'exquises symphonies de mots; les mots! Joubert les
estime à leur vraie valeur, et les compare à des pierres
précieuses qui s'enchâssent dans la phrase comme le

diamant dans l'or. Ils ont leur beauté propre, connue des
seuls poëtes et des fins artistes.

Quand on parle d'un auteur, les noms de ses livres
arrivent en foule et prennent toute la place. Mais, de
quoi est mort Jules? nous demandera-t-on. Il est mort
de son métier, comme nous mourrons tous : de la perpétuelle tension de l'esprit, de l'effort sans repos, de la
lutte avec la difficulté créée à plaisir, de la fatigue de
rouler ce bloc de la phrase, plus pesant que celui de
Sisyphe. A l'anémie s'ajoute bientôt la névrose, cette
maladie toute moderne, qui naît des surexcitations de la
vie civilisée, et contre laquelle la médecine est impuissante, car elle ne peut atteindre l'âme. On devient irri-
table, le moindre bruit vous agace ; on recherche, mais
trop tard, le repos silencieux sous les ombrages. On
s'arrange une maison : « La maison finie, la mort entre, »
comme dit le proverbe turc. Est-ce là tout? Non, il y
avait peut-être là-dessous un chagrin secret. Il manquait
à Jules de Goncourt, apprécié, fêté, loué par les maîtres
de l'esprit... eh! quoi? Le suffrage des imbéciles. On
méprise et on éloigne le vulgaire ; mais s'il se le tient
pour dit et *ne* vient pas, les plus *fières* natures en con-
çoivent des tristesses mortelles.

(JOURNAL OFFICIEL, 25 juin 1870.)

# JULES JANIN

Académicien d'hier, — il devrait l'être, en bonne justice, depuis vingt ans.

Celui qui, à dater de 1830, marque chaque semaine de son chiffre J. J. le coin du *Journal des Débats*, doit au feuilleton la meilleure partie de sa gloire ; et, pour la première fois, le feuilleton s'asseoit avec lui au fauteuil académique. Qui est étonné et ravi d'un tel honneur ? C'est J. J., car il est modeste, et cette petite broderie verte sur son habit comble tous ses vœux : *hoc erat in votis*, dirons-nous, pour placer une de ces citations latines qu'il aime tant à faire ; ambition légitime et touchante d'un écrivain pour qui la littérature a toujours été un but et non un moyen d'arriver à autre chose ; cette palme à sa manche et à son collet, il l'a bien méritée ; on la lui a fait longtemps attendre, mais enfin il l'a, et nous lui en faisons notre sincère compliment. Quand on n'est ni prince, ni duc, ni évêque, ni moine, ni ministre, ni jurisconsulte, ni homme politique, ni même homme du monde, mais tout simplement un lettré, il est aussi difficile d'entrer à l'Académie qu'à un

chameau ou à un câble de passer par le trou d'une
aiguille.

Enfin voilà [le feuilleton installé sous la coupole du
palais Mazarin ! Nous en sommes très-heureux pour
notre part, car c'est une victoire et un triomphe dont
les frères du Lundi ont le droit de s'enorgueillir. « Du
Boucher, n'en fait pas qui veut, » disait David, le peintre sévère, en entendant dénigrer ce peintre facile par
de faux dédaigneux. Le feuilleton ! c'est bientôt dit, et
là-dessus on secoue la tête d'un air superbe ; mais nous
voudrions y voir condamnés, non pas à perpétuité, *di
talem avertite casum!* cinq ans suffiraient, les graves,
les sérieux, les difficiles, les sobres, les solennels, les
savantasses, tous les gâcheurs d'ennui compact, ornement des revues, qu'on aime mieux admirer que lire,
les inféconds qui se font une gloire de leur stérilité,
érigeant en mérite la rétention de style !

En effet, c'est une œuvre facile et commode que le
feuilleton de théâtre ! Improviser toutes les semaines
quatre ou cinq cents lignes sur les sujets les plus divers et les plus inattendus, et des lignes imagées, brillantes, « saupoudrées d'infiniment de traits d'esprit, »
comme un critique le conseillait à ce monsieur pour
son cinquième acte un peu faible, des lignes d'une
correction rapide et certaine dans leurs jets impétueux,
pleines de ces bonheurs qu'on ne retrouve pas en les
cherchant, tour à tour ironiques et enthousiastes, mêlant à la pensée des autres la fantaisie et la personnalité de l'écrivain, il faut pour y suffire avoir vraiment
le diable au corps ! Aussi, dans ce siècle où abondent les
poëtes, les historiens, les romanciers, les dramaturges,
les gloires de feuilletonistes sont-elles les plus rares :

Il en est jusqu'à trois que nous pourrions compter.

Ce feuilleton-là c'est bien Janin qui l'a inventé. Avant lui, Geoffroy, Hoffmann, Duviquet, Becquet, gens d'esprit et d'érudition sans doute, rédigeaient des comptes rendus de théâtre où les bons points et les mauvais points étaient exactement marqués, et qui ressemblaient à des corrigés de devoirs. Cela était écrit en style froid, incolore et clair, avec cette transparence d'eau filtrée dans une carafe de cristal que les Français préfèrent naturellement aux teintes riches, ardentes et variées des vitraux et des pierreries.

Un jeune homme aux cheveux noirs frisés, aux joues pleines et vermeilles, aux lèvres rouges, au sourire étincelant, arriva de province et changea tout cela avec sa verve enivrée, son audace joyeuse, sa bonne humeur qui montrait à tout propos de belles dents blanches et retentissait en éclats sonores, sa facilité toujours prête, sont intarissable abondance et une manière d'écrire vraiment nouvelle, où son nom se signait à chaque mot.

Tel il apparut gai, bien portant, heureux parmi le chœur verdâtre, élégiaque et byronien des romantiques; figure originale et réjouie, vraiment française. Romantique, sans doute il l'était comme tous les jeunes d'alors, mais à sa façon, sans faire partie d'aucun cénacle, avec une nuance d'ironie indisciplinée qui raille tout en admirant. Peut-être préférait-il Diderot à Shakespeare et lisait-il plus volontiers *le Neveu de Rameau* que *Comme il vous plaira* ou *la Tempête* ou *le Songe d'une nuit d'été*. Il s'en tenait au dix-huitième siècle, tandis que nous remontions au seizième pour nous agenouiller devant Ronsard et les poëtes de la pléiade. L'amour du latin, déjà très-vif chez lui, semble l'avoir préservé de l'engouement qu'excitaient les littératures exotiques. Il saluait en passant les dieux étrangers qu'il trouvait peut-être un peu barbares, comme faisaient les Athéniens de

tout ce qui n'était pas grec. Mais sa dévotion à ces autels
importés ne fut jamais bien fervente.

Comme la plupart des auteurs, à cette époque précoce
et de maturité prompte, il eut son talent tout de suite,
et ses premiers coups furent des coups de maître. On ne
peut s'imaginer, aujourd'hui qu'on est habitué à ce perpétuel miracle, quel effet produisit alors ce style si neuf,
si jeune, si pimpant, d'une harmonie charmante, d'une
fraîcheur de ton incomparable, ayant sur la joue un velouté de pastel avivé d'une petite mouche, avec son
essaim de phrases légères, ailées, voltigeant çà et là et
comme au hasard, sous leur draperie de gaze, mais se
retrouvant toujours, en rapportant des fleurs qui se ras-
semblaient d'elles-mêmes en un bouquet éblouissant,
diamanté de rosée, et répandant les parfums les plus
suaves.

Où va-t-il? se demandait-on avec cette inquiétude
bientôt rassurée qu'excitent les tours de force bien faits,
quand, au début d'un feuilleton, il partait d'un mélodrame ou d'un vaudeville à la poursuite d'un paradoxe,
d'une fantaisie ou d'un rêve, s'interrompant pour conter une anecdote, pour courir après un papillon, laissant
et reprenant son sujet, ouvrant, entre les crochets d'une
parenthèse, une perspective de riant paysage, une fuite
d'allée bleuâtre terminée par un jet d'eau ou une statue,
s'amusant comme un gamin à tirer des pétards aux
jambes du lecteur, et riant à pleine gorge du soubresaut
involontaire produit par la détonation; mais voici qu'en
vagabondant, au détour d'un petit chemin, il a rencontré l'idée qui se promenait. Il la regarde, il la trouve
belle, et noble, et chaste. En tomber amoureux est l'affaire d'un instant ; il se monte, il s'échauffe, il se passionne; le voilà devenu sérieux, éloquent, convaincu; il
défend avec une lyrique indignation d'honnêteté le beau,

¹e bien, le vrai, — cette trinité morale qui n'a guère
moins d'incrédules aujourd'hui que la trinité théolo-
gique. — C'est un sage, un philosophe, presque un pré-
dicateur. Et la pièce oubliée ? Il s'en souvient un peu
tard, en voyant qu'il a dépassé déjà la dixième colonne
du feuilleton et que tout à l'heure le portique sera complet, et en quelques mots nets, rapides et décisifs, il a
indiqué le sujet du drame ou de la comédie ; il en a dit
les défauts et les qualités, approuvé ou blâmé les tendances, avec ce bon sens qui ne se trompe guère et ce
tact des choses du théâtre, transformé par les années en
infaillible expérience ; il a même eu le temps de passer
en revue les acteurs, de les flatter ou de les gourmander, ou tout au moins de les interpeller par leur nom
comme un général passant devant un front de bataille.
Aussi « le prince des critiques » était en ce temps, et
l'est encore, une périphrase courante comprise de
tout le monde pour désigner Jules Janin, comme « le
plus fécond de nos romanciers », signifiait Balzac.

Vous pensez bien qu'un style d'une allure si caractéristique, d'une saveur si spéciale, d'un cachet si marqué,
a dû être l'objet de bien des imitations, mais personne
ne l'a si bien imité que Janin lui-même.

Nous avons insisté chez le nouvel académicien sur le
talent du feuilletoniste. C'est le côté que le public connaît le plus et celui par lequel il se montre le plus souvent à ce balcon du lundi, d'où l'écrivain salue ses
lecteurs ; mais J. J., qui devient alors Jules Janin tout
au long et ajoutera désormais la formule consacrée « de
l'Académie française », a écrit de très-bons livres et en
assez grand nombre : *L'Âne mort et la femme guillotinée*,
un de ces péchés de jeunesse qu'il ne faut pas renier
plus tard sous prétexte de sagesse et de bon goût, car ce
sont eux qui vous révèlent et vous font célèbre ; *Barnave,*

où flamboient tant de belles pages ; *le Piédestal*, d'une
donnée si hardie et d'une exécution si brillante ; *Clarisse
Harlowe*, retirée de son cadre d'ennui et remise à neuf
avec un soin pieux ; *la Fin d'un monde*, continuation et
conclusion du *Neveu de Rameau; la Religieuse de Toulouse*, et tant d'autres volumes bien pensés, bien écrits
et bien imprimés, dignes en tout point de prendre place,
au chalet de Passy, sur les rayons de la bibliothèque
choisie à côté des éditions *princeps* des bons auteurs magnifiquement reliées par Bauzonnet, Capé, Petit et les
maîtres de l'art ; orgueil et bonheur du lettré qui vit au
milieu de ces richesses qu'il ne se contente pas de regarder, mais qu'il lit, qu'il étudie et dont il s'assimile la
substance.

On le voit bien à son style.

Le discours de Janin sur le grand écrivain[1] qu'il remplaçait à l'Académie, tous les journaux l'ont répété et le
critique du théâtre a rendu pleine justice au critique du
livre : il en a dit la sagacité merveilleuse, l'intuition
profonde, la finesse subtile, la patience d'investigation
et ce don de tout comprendre, de tout pénétrer, de tout
sentir, d'entrer dans les natures les plus opposées, de
vivre leur vie, de penser leurs idées, de descendre jusqu'au fond de leurs replis les plus cachés, une lampe
d'or à la main, et de passer, comme les dieux indous,
par une perpétuelle suite d'incarnations et d'avatars. Il
admire comme il convient cette curiosité toujours éveillée, jamais assouvie, qui croit ne rien savoir si le moindre détail lui échappe. *Homo duplex :* l'homme est
double, dit le philosophe. Pour Sainte-Beuve, il était
souvent triple, et voulant compléter le portrait qui semblait achevé à tous, il demandait de nouvelles séances

---

[1] Sainte-Beuve.

au modèle, s'informait, cherchait, trouvait et ne passait
à un autre que lorsque la ressemblance du cadre posé
sur le chevalet ne laissait plus rien à désirer.

Certes Sainte-Beuve, si quelque chose de ce monde
parvient à l'autre, a dû être heureux de s'entendre louer
ainsi. Mais peut-être a-t-il trouvé qu'en exaltant le critique on glissait un peu trop légèrement sur le poëte.
Là était son véritable et secret amour-propre ; il regret-
tait presque que sa seconde réputation, si étendue, si
méritée, si acceptée de tous, eût comme masqué ou enseveli la première :

> Le poëte mort jeune à qui l'homme survit,

existait encore chez lui « toujours jeune et vivant, » et
il aimait qu'on y fît allusion et qu'on en demandât des
nouvelles, et c'était avec un plaisir visible qu'il récitait
à ses intimes, sans se faire beaucoup prier, quelque
fragment d'élégie mystérieuse, quelque sonnet de langueur et d'amour qui n'avaient pu trouver place dans un
de ses trois recueils de vers. Un mot sur *Joseph Delorme,*
les *Consolations* et surtout les *Pensées d'août,* lui cau-
saient plus de joie qu'un long éloge de la dernière *Causerie du lundi.* En effet, il avait été en poésie un inventeur. Il avait donné une note nouvelle et toute moderne,
et de tout le cénacle c'était à coup sûr le plus réellement
romantique. Dans cette humble poésie, que rappellent
par la sincérité du sentiment et la minutie du détail
observé sur nature, les vers de Crabbe, de Wordsworth
et de Cowper, Sainte-Beuve s'est frayé de petits sentiers
à mi-côte, bordés d'humbles fleurettes, où nul en France
n'a passé avant lui. Sa facture un peu laborieuse et
compliquée vient de la difficulté de réduire à la forme
métrique des idées et des images non exprimées encore

ou dédaignées jusque-là ; mais que de morceaux merveilleusement venus où l'effort n'est plus sensible ! Quel
charme intense et subtil ! quelle pénétration intime des
lassitudes de l'âme ! quelle divination des désirs inavoués et des postulations obscures ! Sainte-Beuve, poëte,
serait aisément le sujet d'une intéressante et longue
étude.

(La Gazette de Paris, 19 novembre 1871.)

# ALBERT GLATIGNY

NÉ EN 1839 — MORT EN 1873

Albert Glatigny est une des plus étranges figures de ce temps, qui ne manque pourtant pas d'originaux. Il dédaigne la prose comme indigne de l'homme, et il pousse l'amour de la poésie jusqu'au parfait abandon de soi-même et au sacrifice le plus absolu des nécessités de la vie. Il ne s'en est jamais plus inquiété que l'ingénieux hidalgo de la Manche, auquel il ressemble par plusieurs points ; et comme il n'avait pas, derrière son Pégase efflanqué, Sancho Panza sur son âne, portant le bissac aux provisions, il a dû souvent lui arriver de jeûner et de coucher en plein air. Comme il ne manquait pas d'arrêter les philistins sur la route pour leur faire confesser que sa Dulcinée, la Muse, était la plus belle princesse du monde, il a reçu plus d'un horion après en avoir donné beaucoup. Il suivait les troupes de comédiens ambulants comme un poëte du temps de Louis XIII, un Tristan l'Hermite ou un Mayret, se rendait utile, mettait des morceaux aux pièces, les rajustait, ajoutait des couplets aux vaudevilles, figurait dans les ensembles. Un jour, et ce jour est un des plus beaux de sa vie, il eut l'occasion

de rendre service à Shakespeare. Rouvière, l'admirable
acteur que l'Angleterre eût honoré à l'égal de Kean, et
que la France a méconnu, essayait de donner *Othello* au
Théâtre-Historique, qu'on allait démolir et que déjà les
maçons attaquaient. Glatigny obtint d'y jouer, et il remplit, à la satisfaction générale, le rôle du second sénateur dans la grande scène où le More de Venise, accusé
par Brabantio, se justifie d'avoir enlevé Desdemona. Ce
rôle, il est vrai, n'est pas très-considérable. Voilà ce que
dit le second sénateur : « Et les miennes deux cents. Bien
qu'elles ne s'accordent pas sur le chiffre exact, — vous
savez que les rapports fondés sur des conjectures ont
souvent des variantes, — elles confirment toutes le fait
d'une flotte turque se portant vers Chypre. » Son ambition eût été de jouer le premier sénateur, mais il faut savoir se modérer.

À travers ces aventures de bohème poétique, Albert
Glatigny travaillait, voyageait, et demandait aux arbres
de la route des rimes qui tombaient aussitôt des branches comme une pluie de fleurs. Il a fait de la sorte
deux beaux volumes de vers : *les Vignes folles* et *les
Flèches d'or*, dont Sainte-Beuve, dans un .de ces Lun-
dis où il se souvenait d'avoir été poëte, a rendu compte
avec éloge, assignant à Glatigny la place qu'il mérite
parmi les poëtes contemporains.

Plus tard, ne voulant devoir le pain du jour qu'à la
poésie, il se fit improvisateur. Dans les morceaux sérieux
il avait la verve lyrique de Sgricci, et dans les bouts-
rimés la soudaineté inouïe d'Eugène de Pradel ; sa prodigieuse habileté métrique lui faisait un jeu de cet
exercice qui étonne toujours la foule ; il renonça bientôt à cette ressource passagère et revint à l'art sérieux.
Grâce à cette recrudescence poétique qui se manifeste
aujourd'hui, il s'est rencontré un directeur ne trouvant

pas absurde de mettre en scène une églogue dont les
personnages sont une nymphe et un satyre, et qui se
passe « en Thessalie, aux temps héroïques. » On dit
même qu'un décor nouveau a été commandé pour ce
petit acte à Cheret, le peintre des bois ombreux, des
clairières ensoleillées, des gazons piqués de fleurs, des
fuites bleuâtres d'horizon. Avec lui, on peut être sûr que
l'indication du poëte sera bien traduite, et cela est important ; il faut, pour ces spectacles de pure beauté, que
la vue soit charmée en même temps que l'oreille.

.La Gazette de Paris, 12 novembre 1871.)

# DENECOURT

## LE SYLVAIN

Henri Heine, dans un charmant article, a décrit les occupations et les déguisements des dieux en exil; il nous a montré, après l'avénement triomphal du christianisme, les olympiens forcés de quitter leurs célestes demeures, comme aux temps de la guerre des Titans, et s'adonnant à diverses professions en harmonie avec le prosaïsme de l'ère nouvelle; sans les renseignements positifs qu'il a recueillis de la bouche de Nichol Anderson, le baleinier, nous ignorerions que Zeus, le dieu au noir sourcil et à la chevelure ambrosienne, est devenu un simple marchand de peaux de lapin comme l'ami du pair de France d'Henry Monnier, et qu'il vit de cet humble commerce au milieu d'une petite île de la mer Polaire, entre son vieil aigle à demi déplumé et la chèvre Amalthée aux pis éternellement roses, répondant en dactyles et en spondées homériques aux demandes de ses rares clients; nous ne saurions pas non plus qu'Ampélos, jetant la nuit le froc de moine qui le couvre le jour, célèbre, avec toute la pompe antique, les mystères des bacchanales, au fond des forêts

de la Thuringe, en compagnie du père cellérier, transformé en Silène, et des jeunes novices reprenant le pied
de bouc de l'ægipan, ou la peau de tigre de la mimal-
lone. C'est par lui encore que nous avons appris le sort
d'Hermès-Psychopompos, actuellement entrepreneur du
transport des âmes sous l'habit de ratine d'un négociant
hollandais, ainsi que celui de la sage Pallas-Athéné, réduite à ravauder des bas, et de la dévergondée Aphrodite, arrivée, comme une lorette vieillie, à faire des
ménages et à poser des sangsues. — Mais le poëte allemand, si bien informé, d'ailleurs, n'a rien dit du dieu
Sylvain ; nous sommes en état de combler cette lacune.
Sylvain, que l'on croit mort depuis deux mille ans, existe,
et nous l'avons retrouvé : il s'appelle Denecourt. Les
hommes s'imaginent qu'il a été soldat de Napoléon, et
ils ont pour eux les apparences ; mais, comme vous le
savez, rien n'est plus trompeur que les apparences. Si
vous interrogez les habitants de Fontainebleau, ils vous
répondront que Denecourt est un bourgeois un peu singulier qui aime à se promener dans la forêt. Et, en
effet, il n'a pas l'air d'être autre chose ; mais examinez-le
de plus près, et vous verrez se dessiner sous la vulgaire
face de l'homme la physionomie du dieu sylvestre : son
paletot est couleur bois, son pantalon noisette ; ses
mains, halées par l'air, font saillir des muscles semblables à des nervures de chêne : ses cheveux mêlés ressemblent à des broussailles ; son teint a des nuances verdâtres, et ses joues sont veinées de fibrilles rouges comme
les feuilles aux approches de l'automne ; ses pieds mordent le sol comme des racines, et il semble que ses
doigts se divisent en branches ; son chapeau se découpe
en couronne de feuillage, et le côté végétal apparaît
bien vite à l'œil attentif.

C'est sous la protection de ce dieu sans ouvrage que

prospère cette belle forêt de Fontainebleau, si aimée des
peintres ; c'est par lui que les chênes prennent ces di-
mensions énormes et ces attitudes bizarres qui retien-
nent des mois entiers Rousseau, Diaz et Decamps au
Bas-Bréau ; c'est lui qui dégage des amas de sable les
roches singulières ; qui fait filtrer l'eau de diamant sous
le velours des mousses ; qui fraye le chemin aux fourrés
secrets, aux taillis mystérieux, aux perspectives inattendues ; qui écrase sous son talon la vipère à tête plate et
entr'ouvre les branches pour laisser passer le chevreuil
poursuivi.

Souvent l'artiste, sa boîte au dos, s'engage au hasard
dans la forêt touffue et profonde. Les masses de verdure
voilent l'horizon. Les roches se dressent comme des murailles, le chemin aboutit à un fort impénétrable où les
fauves peuvent à peine se glisser. Mais tout à coup une
main invisible écarte le feuillage, entre deux troncs satinés et plaqués de velours vert, une étroite sente se
dessine comme foulée par le pied furtif des fées et des
nymphes bocagères ; les épines se rangent, les ronces
dénouent leurs filaments, les rameaux se redressent
comme dans les forêts enchantées, quand on a prononcé
le mot magique ; la route devient aisée, quoique presque
invisible. Aux carrefours douteux, vous trouvez sur les
pierres blanches des flèches qu'on croirait tombées du
carquois de Diane ; leur pointe vous dirige vers le but :
un grès d'une difformité curieuse, une grotte aux accidents pittoresques, un arbre séculaire ou historique, un
point de vue d'une étendue immense. Pendant que vous
cheminez vous entendez parfois remuer dans les feuilles,
vous croyez que c'est un oiseau effrayé qui s'enfuit, un
lapin qui regagne son gîte ; nullement : c'est Sylvain qui
vous accompagne de sa protection bienveillante, et rit
doucement lorsqu'il voit l'admiration pour sa chère

forêt se peindre sur votre figure ; confiez-vous à lui et
n'ayez aucune crainte, il vous ramènera toujours à l'au-
berge où le poulet se dore devant le foyer, où l'écume
rose du vin mousse à la gueule du broc, et, pour cela,
vous n'aurez pas besoin de lui offrir des sacrifices comme
au temps où son effigie de marbre, couronnée de feuilles
et de pommes de pin, se dessinait blanche sur le fond
sombre des bois de Grèce et d'Italie. Tant d'exigence
n'irait pas à un dieu tombé. Quelquefois, la nuit, il
rencontre Irmensul, le dieu gaulois rentré depuis des
siècles dans le cœur des chênes, où l'on taillait à coups
de serpe sa grossière image, et ce sont entre eux de tou-
chants dialogues sur la dureté des temps, sur les ravages
que fait la hache dans les bois sacrés, sur la moqueuse
impiété et la noire ingratitude des mortels.

— Hélas ! se disent-ils, la verte chevelure de la mère
Cybèle tombe boucle à boucle, et bientôt apparaîtra tout
nu le crâne chauve de la terre ! Tâchons, au moins, de
sauver la forêt de Fontainebleau !

La femme légale de Denecourt, qui ne sait pas être
l'épouse de Sylvain, que quelques mythologues confondent avec le grand Pan, dont une voix lamentable pro-
clama la mort il y a tantôt vingt siècles, ne comprit pas
l'amour de son mari pour la forêt, et sa jalousie s'alarma
de si longues absences ; elle crut à des rendez-vous vulgaires, à des voluptés illégitimes sous la tente verte des
feuilles. Le dieu Sylvain fut suivi, épié, et l'épouse se
rassura en ne voyant jamais un chapeau de paille orné
d'une fleur l'accompagner dans ses promenades solitaires, ni une jupe adultère s'étaler à côté de lui sur le
gazon, pendant ses haltes méditatives. Quelquefois, Sylvain tenait embrassé le fût rugueux d'un chêne ; mais
qui songerait à être jalouse d'un arbre ? Elle ne savait
pas, la bonne dame, que sous la rude écorce palpite,

aux approches du dieu, le tendre sein de la jeune et
belle hamadryade qui n'a rien à refuser au maître de la
forêt, et pour lui dépouille son épaisse tunique ligneuse
frangée de mousse d'or. Et alors s'accomplissait le mystérieux hymen; le soleil brillait plus vif, la végétation
redoublait d'activité et de fraicheur, des bourgeons gon-
flés de séve éclataient sur les branches mortes, l'herbe
poussait haute et drue, la source babillait sous le manteau vert du cresson, les oiseaux improvisaient de superbes chansons, et l'antique forêt, reverdie et rajeunie,
tressaillait d'aise jusque dans ses plus intimes profondeurs.

(FONTAINEBLEAU, 1 vol., Lecou, 1855.)

# A. C. DE LABERGE

NÉ EN 1805 — MORT EN 1842

M. de Laberge, qui n'a fait dans sa vie que six à sept
tableaux, peut être considéré comme l'expression absolue d'un système jugé diversement, mais qui n'en touche
pas moins aux points les plus ardus et les plus transcen-
dants de la peinture.

Il y a quelques mois, je reçus une lettre de M. de Laberge, dont j'avais parlé dans une revue du salon, à
propos d'un petit paysage à effet de soleil couchant
exposé à deux pas des *Joueurs d'échecs* de Meissonnier.
— Quelques-unes de mes observations l'avaient frappé,
et il marquait le désir d'avoir un entretien avec moi
dans son atelier, en face de plusieurs tableaux à divers
degrés d'avancement, afin de m'expliquer sa théorie.
Il ne désespérait pas, disait-il, de me ramener à son
opinion.

A quelques jours de là, je me rendis à l'invitation de
M. de Laberge, et j'allai à son atelier, avenue Sainte-
Marie, près de la barrière du Roule, où il logeait dans
une petite maison tenue avec cette propreté et ce soin
qui caractérisent ses tableaux; au fond de la cour, un

petit arbre, un abricotier, je crois, étirait au soleil ses
branches malingres; dans un coin l'on voyait deux ou
trois troncs d'arbres coupés qui lui servaient de modèle
en ce moment-là pour le tableau qu'il était en train de
faire, et je reconnus au premier coup d'œil, tant le portrait était fidèle, la roue, le seau et la corde à puits qui
avaient posé pour les premiers plans du paysage dont
j'avais rendu compte. Ce fut M. de Laberge père qui me
reçut, car son fils était fort malade déjà et ne pouvait
descendre. J'examinai avec le plus vif intérêt le tableau
de *la Laitière* et celui des *Pêcheurs*, qui me parurent parfaitement achevés, quoique l'artiste ne les regardât que
comme des ébauches. Un grand nombre d'esquisses et
de dessins du plus grand mérite étaient accrochés à la
muraille dans un ordre parfait. Lorsque j'eus tout re-
gardé, l'on me conduisit à la chambre du malade; j'a-
perçus couché dans un grand fauteuil un jeune homme
d'une physionomie régulière et fine, avec des yeux étincelants, les joues empourprées de ce ton maladif qui
donne aux poitrinaires je ne sais quelle perfide apparence de santé. Il tenait un crayon à la main et avait
sur un guéridon quelques feuilles de papier placées à sa
portée. Il me salua d'un signe de tête, et, prenant un
des carrés de papier, il traça quelques lignes où il me
remerciait d'être venu le voir et disait que, les médecins
lui ayant défendu de parler, il me répondrait en écrivant : notre discussion s'engagea de cette manière, et
dans cette singulière conversation il déploya une grande
finesse d'esprit et une connaissance approfondie de son
art, qu'il avait étudié, sous le rapport de la théorie, beaucoup plus attentivement que la plupart des peintres
même les plus exercés. Le dernier papier qu'il me tendit contenait cette phrase : — Je voudrais bien être fort
et robuste comme vous. — Et il regardait d'un air où

perçait le pressentiment de sa fin prochaine, une ébauche de paysage placée sur un chevalet. Je pris congé et je ne le revis plus.

Auguste-Charles de Laberge, né le 17 mai 1805, entra en 1825 chez M. Victor Bertin le paysagiste, qui était fort en vogue en ce temps-là. En 1828, il alla chez M. Picot, peintre d'histoire, l'auteur de *l'Amour et Psyché.* Ces deux maîtres, hommes de talent et surtout habiles professeurs, ne devaient pas avoir une grande action sur leur élève, déjà préoccupé d'un autre système et poussé par un sentiment invincible à la reproduction exacte de la nature.

Il quitta les ateliers et fit en 1828 et 1829 de nombreuses études dans la basse Normandie. Ces deux années lui suffirent pour se débarrasser des traditions de l'école et conquérir tout d'un coup son originalité. Son premier tableau, qu'aucun artiste n'a oublié, parut à l'exposition de 1831 ; le sujet en était le plus simple du monde et d'une rare hardiesse pour ce temps où le paysage, renfermé dans des abstractions, se bornait à reproduire les vallons de Tempé et les bords du Sperchius ornés d'arbres historiques et de figures fabuleuses.

Une diligence arrêtée à l'entrée d'un petit village près de Caen, était entourée par les indigènes curieux de savoir des nouvelles de la révolution de juillet, qui venait d'avoir lieu. — Voilà tout.

Quoique je n'aie pas vu ce tableau depuis douze ans, les moindres détails en sont encore présents à mes yeux, tant ils étaient fortement empreints de l'accent de la réalité. — Je vois la teinte laiteuse du ciel blanchi par les premières clartés de l'aurore, la caisse jaune de la diligence se détachant sur l'entrée sombre de la rue, les petits lointains violets si patiemment poursuivis jusque dans leurs plus insensibles dégradations, la maigre haie étudiée brin à brin, le merveilleux cochon rose du premier plan qui barbotait dans une flaque d'eau avec une si philosophique insouciance des révolutions. Ce tableau valut à l'auteur une médaille d'or et fut acheté par le roi. Il est placé à Compiègne.

M. de Laberge, résolu à ne plus rien peindre que la nature sous les yeux, recommença ses excursions et ses études. Cette fois il se dirigea vers Avranches et le Mont-Saint-Michel. L'année suivante il mit au salon *le Médecin à la campagne.*

Jamais les Hollandais n'ont approché de cette minutieuse perfection. Van der Heyden, Winantz, Mieris et Metzu sont des Vanloo, des Boucher, le comble du lâché, à côté de cela.

Il y avait dans ce tableau un grand toit de tuiles qui était bien la chose du monde la plus miraculeuse ; chaque tuile était étudiée individuellement et faisait portrait, vous n'en auriez pas trouvé deux pareilles ; celle-ci était rouge, celle-là rose, et l'autre, plus ancienne ou plus cuite, prenait des tons de bistre : quelques-unes étaient tachées par la pluie, quelques autres présentaient ces plaques de lèpre moussue que le temps et l'humidité donnent aux vieux toits. Et la muraille ! quel chef-d'œuvre de patience et d'observation ! La moindre lézarde, la moindre gerçure était rendue avec une conscience incroyable. Les pierres avaient été comptées, mesurées, recommencées vingt fois. Les pores, le grain, les cassures, tout était reproduit. Et si de la fabrique vous passiez à la végétation, c'était encore bien autre chose : un cep de vigne entourait la porte de la maison au fond de laquelle, dans un chaud clair-obscur, on entrevoyait le malade que le médecin venait de visiter. — Chaque feuille était un prodige ; on y démêlait les moindres dentelures, les nervures les plus délicates, les brindilles, le sarment exfolié et fendillé ; toutes les moires et les gaufrures que l'approche de l'automne dessine sur les pampres, rien n'y manquait. Le feuillage de l'arbre n'était pas moins surprenant pour sa perfection microscopique ; chaque feuille avait son clair, sa demi-teinte, son ombre portée ; tous détails de végétation qui ne sont plus de la peinture, mais bien de la botanique. — Et le cheval du docteur ! quelle admirable rosse ! on dirait que M. de Laberge avait deviné la *Colette* du docteur Herbeau ! quelle échine efflanquée, quelle mine débonnaire et pharmaceutique, quels sabots usés, quelles jambes velues, hérissées, quelle crinière en désarroi ! on ne saurait pousser l'imitation plus loin ; et, cependant, ce tableau si fini, si minutieusement étudié, si l'on se recule un peu, prend un aspect large et simple, une vigueur surprenante de coloris. — Armez-vous d'une loupe, vous découvrirez le duvet velouté des bardanes, les piquants des tiges de chardon, les nœuds du fétu de paille, les gouttes de rosée à la pointe des herbes, un monde de détails que vous n'aviez pas aperçu d'abord ; les plus imperceptibles accidents du terrain, un grain de sable, une petite pierre, la moindre ornière, sont rendus avec une fidélité plus grande que celle du daguerréotype, puisque la couleur s'y trouve jointe au modèle et à la perspective.

L'ambition de M. de Laberge, et certes jamais plus noble désir n'a enflammé l'âme d'un artiste, était de faire des tableaux qui, à quelques pas, semblassent traités par larges masses, comme les objets réels paraissent à une certaine distance, et qui, vus de près, offrissent à l'investigateur tout ce qu'un examen attentif fait découvrir dans la nature. En un mot, au lieu de choisir un point de vue pour ses tableaux, il voulait que le

spectateur, en s'avançant ou en se reculant, eût les aspects variés que donne un véritable paysage : — d'abord
l'arbre, ensuite les feuilles, puis chaque feuille et même
une seule feuille, si votre fantaisie voulait borner là son
examen. — C'est à poursuivre la réalisation de ce rêve
qu'on n'ose plus dire impossible quand on a vu *le Médecin de campagne*, que M. de Laberge a consumé sa vie.

L'imagination est effrayée du travail qu'exige un
pareil système. Là rien n'est fait de pratique ; les souvenirs les plus certains n'inspirent pas assez de confiance à
l'artiste méticuleux auquel l'étude de la nature ne suffit
plus et qui veut en faire le portrait comme Ignace Denner
et Holbein entendaient le portrait humain, avec les rides,
les plis, les pores de la peau, les verrues et même les
marques de petite vérole. M. de Laberge poussait la
littéralité de sa traduction jusqu'au mot à mot le plus
rigoureux, disant qu'il faisait ce qu'il voyait, que tant
qu'il verrait il continuerait à rendre.

*Le Médecin de campagne* a été acheté par Son Altesse
royale le duc d'Orléans ; ce n'est pas la moindre richesse de la charmante galerie de tableaux modernes
qui décorent les appartements du prince, et la toile de
de Laberge tient parfaitement sa place au milieu des
Cabat, des Decamps, des Rousseau, des Jadin et des
Marilhat, etc..

On nous a parlé aussi d'un *Intérieur au Mont-Saint-
Michel*, mais nous ne l'avons point vu. Des voyages dans
le Midi, dans le Bugey, en Italie, des études peintes, des
dessins à la plume, des travaux sur l'histoire de la peinture et les maîtres italiens, un séjour à Pise et un autre
au retour dans le Bugey, occupent la vie de l'artiste de
1832 jusqu'à 1836, où il exposa le tableau de *la Vieille au
mouton*. « La Vieille au mouton » est peut-être le tableau
le plus frappant de M. de Laberge ; son système y est

poussé à la dernière limite. — Sur la pente d'un tertre
duveté, d'un de ces gazons exécutés brin à brin comme
M. de Laberge seul a su en faire, une vieille est auprès
d'un mouton, non pas d'un de ces moutons d'idylle,
blancs, savonnés, avec des rubans roses au cou, non
pas même un mouton de Brascassat, mais un mouton
crotté, avec sa laine éraillée aux buissons, jaunie par le
suint et le fumier de l'étable, un mouton vrai. — Ce
qu'il a fallu de soins, de temps, de patience, de volonté,
pour arriver à rendre ce petit coin de terre et ces
quelques brins d'herbe, est vraiment prodigieux ; — il y
y a tel chardon, telle plante du premier plan qui a exigé
plus de vingt cartons et des mois entiers d'étude.

A peu près vers ce temps la santé de M. de Laberge
commença à s'altérer, et, à travers des alternatives de
mal et de pire, il continua à étudier l'histoire de la
peinture, la propriété et la préparation des couleurs, et
termina ses tableaux ébauchés, la *Forêt près de Virieu*
entre autres, qui, par une disposition testamentaire de
l'artiste, doit revenir au Musée après le décès de M. et
de madame de Laberge, et de son frère. — Il fit aussi le
portrait de sa mère, qu'on peut mettre hardiment à côté
de ce qu'Albert Dürer, Quintin Metzys et Holbein ont fait
de plus achevé et de plus précieux.

Nous avons rendu compte, autrefois, du paysage l'*Effet de soleil couchant*, qui a toutes les qualités et tous les
défauts de l'auteur, et de plus une intensité de lumière
remarquable. — *La Laitière et le Pot au lait*, qu'il a terminé, *le Pêcheur et les Poissons*, *le Chien et son Maître*,
un *Intérieur de château*, qui seraient pour tout autre des
tableaux d'un fini parfait, avec un certain nombre de
dessins à la plume ; voilà tout l'œuvre de M. de Laberge,
œuvre marqué au sceau d'une originalité extrême, et qui,
tout peu nombreux qu'il est, suffira à placer son nom

au rang des maitres hollandais les plus délicats, les plus fins et les plus vrais.

Dans un temps comme le nôtre, où chacun court en toute hâte au succès rapide, à la vogue du quart d'heure, où l'artiste se met lui-même en coupe réglée et fait fructifier son cerveau comme un champ, on ne saurait trop louer les hommes de courage et de conscience qui étudient avant de produire, et n'abandonnent rien à cette facilité banale si vite acquise, et dont se contentent beaucoup de gens. M. de Laberge doit être, sous ce rapport, cité comme un exemple. Sa vie, hélas! si courte, a tout entière été consacrée à la poursuite de son rêve et à l'étude de son art. Il s'était imposé pour loi l'absence de toute convention, la fidélité la plus scrupuleuse; il s'est toujours tenu parole, et a mis une sorte de point d'honneur à ne pas donner un coup de pinceau qui ne fût vrai.

Il a poussé la conscience jusqu'à faire scier et porter dans son atelier les branches des arbres qu'il voulait rendre, lorsque sa santé ne lui permettait pas d'aller visiter la nature chez elle. Triste présage! comme la forêt de Dunsinane venait au-devant de Macbeth, la forêt venait au-devant de lui avec ses vertes ramures et ses branches moussues.

Dans cette lutte acharnée avec les infiniment petits de la nature, les forces de M. de Laberge s'épuisèrent bien vite : de plus robustes y auraient succombé. Mais il a laissé son empreinte, il a conquis son originalité, il est lui; et nul n'ira plus loin dans la ligne qu'il s'était tracée.

(Le Cabinet de l'amateur et de l'antiquaire, 1842.)

# TONY JOHANNOT

NÉ EN 1803 — MORT EN 1852

Mêlé à la publicité par ses illustrations, Tony Johan
not n'a pas occupé comme il le mérite la critique contemporaine, par la raison que les journaux s'occupent
de tout, excepté des journalistes. Tony Johannot est un
feuilletoniste qui écrit au crayon, voilà tout.

L'admiration qu'on a en France pour les talents sopo-
rifiques, fait qu'on n'a pas rendu jusqu'à présent justice
à Tony Johannot. En regardant une de ses innombrables
vignettes, l'on dit : « C'est charmant » et l'on passe
outre. S'il avait fait quelque croûte démesurée, peuplée
de bonshommes de bois sur des chevaux de carton, il
friserait de près l'Institut et jouirait de cette estime que
les gens graves accordent aux ennuyeux, et qui se résout
en croix, en places, en dignités. — Rien ne nuit comme
la grâce, l'esprit et la facilité. — Le bourgeois qui voit
un homme de talent faire très-vite une jolie chose, se
croit volé. Aussi les habiles s'enferment dans leur cabinet, ne fût-ce que pour dormir, placent une lampe allu-
mée près de leurs carreaux, et disent avoir passé trois
mois à l'œuvre enlevée en trois jours. Tony Johannot a

donc contre lui d'avoir mis en circulation depuis quinze ans, sans y attacher la moindre prétention, et selon que les libraires les lui demandaient, une foule de charmants dessins, qui, pour être improvisés, n'en étaient pas moins finis, et que bien des peintres à grande prétention seraient embarrassés de faire. Cette œuvre immense éparpillée dans plus de mille volumes, peut soutenir la comparaison avec Cochin, Gravelot, Eisen, Moreau, Saint-Non et les plus habiles faiseurs de vignettes de l'autre siècle.

De tout temps l'on a orné les livres d'enjolivements plus ou moins riches. Les enlumineurs-miniaturistes du moyen âge ont couvert les marges des missels et des romans de chevalerie de merveilleuses arabesques, où les oiseaux fantastiques se mêlent aux fleurs idéales dans un enchevêtrement de volutes, à désespérer le copiste le plus patient : les jambages des lettres majuscules servent de cadre à de petites scènes épisodiques, et aux endroits les plus importants sont placées des vignettes où l'outre-mer, le carmin et l'or luttent d'éclat et de vivacité.

L'imprimerie a fait disparaître la calligraphie, la gravure a supprimé l'enluminure-miniaturiste, mais l'usage s'est conservé d'illustrer (c'est le mot dont on se sert) les livres précieux et de traduire une page par un dessin.

Ce travail où le crayon repasse sur le trait de la plume demande un talent tout particulier. Il faut que l'artiste comprenne le poëte, et soit pour ainsi dire un littérateur. Il ne s'agit pas de transporter directement la nature sur la toile, de copier la réalité comme on la voit, — car dans l'art il y a cent mille réalités, — de saisir les jeux de l'ombre et de la lumière, de reproduire l'air de tête qui vous plaît, le sourire qui vous a charmé.

Ceci est l'affaire du peintre. L'illustrateur, qu'on nous permette ce néologisme, qui n'en est presque plus un, ne doit voir qu'avec les yeux d'un autre ; il aime les

femmes brunes aux sourcils arqués, aux cheveux d'un
noir violet, au ferme profil syracusain ; l'héroïne de son
auteur est un vrai clair de lune allemand, un rayon argenté dans des cheveux en pleurs ; il n'a jamais vu la
végétation luxuriante des tropiques, les palmiers, les
jam-roses, les frangipaniers ; mais en revanche, il connaît à merveille les haies d'aubépine, les ruisseaux qui
se cachent sous le cresson, la chaumine qui fume dans
les branches du noyer ; c'est précisément Paul et Virginie qu'on lui donne pour thème ; n'importe! il fera
son chef-d'œuvre.

Comme le journaliste, l'illustrateur doit être toujours
prêt sur tout ; qui de nous sait ce qu'il écrira demain.
Dans un même article, le hasard des représentations
peut nous faire passer de la Russie à l'Égypte, de l'antiquité la plus reculée à l'actualité la plus palpitante. Ce
sont, à chaque minute, des sauts de deux mille ans et
deux mille lieues ; il faut connaître tous les temps, tous
les pays, tous les styles. C'est là une difficulté dont on
ne tient pas compte et qui est immense. Accepter un
sujet ou le choisir, c'est tout autre chose. Aussi quelle
souplesse, quelle intelligence, quel esprit toujours prêt,
quelle main hardie il faut pour ce périlleux métier?
Tony Johannot est sans contredit le roi de l'illustration.
Il y a quelques années, un roman, un poëme ne pouvait
paraître sans une vignette sur bois signée de lui : que
d'héroïnes à la taille frêle, au col de cygne, aux cheveux
ruisselants, au pied imperceptible, il a confiées au papier
de Chine ! Combien de truands en guenilles, de chevaliers
armés de pied en cap, de tarasques écaillées et griffues,
il a semé sur les couvertures beurre-frais ou jaune-serin
des romans du moyen âge ; toute la poésie et toute la
littérature ancienne et moderne lui ont passé par les
mains : la bible, Molière, Cervantes, Walter Scott, lord

Byron, Bernardin de Saint-Pierre, Gœthe, Chateaubriand,
Lamartine, Victor Hugo, il les a tous compris. — Ses
dessins figurent dans ces volumes admirables, et nul ne
les y trouve déplacés. — A côté de ces pages sublimes,
de ces vers harmonieux, ils sont un ornement et non
une tache; ce que tant de génies divers ont rêvé, il a
pu le rendre et le transporter dans son art; certes, c'est
là une gloire qui en vaut bien une autre !... Avoir mis
son nom dans tous ces nobles livres, l'honneur du genre
humain ! Ary Scheffer, bien qu'il n'ait jamais fait de
vignettes, peut être considéré comme le type de ces artistes littéraires dont le génie s'échauffe à la lecture d'un
poëme. Qu'est-ce que la Marguerite au rouet, à l'église,
les deux Mignon, Medora, le Giaour, le roi de Thulé,
Eberhard le Larmoyeur, si ce n'est de magnifiques illustrations? La vraie Marguerite rencontrée dans la rue
eût moins frappé Scheffer à coup sûr que la Marguerite
de Gœthe rencontrée au détour d'une scène de Faust;
l'extrême civilisation, la fusion des arts entre eux, l'habitude de vivre parmi les créations de l'esprit, amènent
certaines intelligences d'élite à ne plus percevoir la
nature qu'à travers les chefs-d'œuvre des hommes.

Sans doute les peintres de pure race qui n'ont besoin
que d'un contour pour s'enflammer et qui découvrent
un tableau dans une attitude, en un jet de draperie, sont
préférables, mais nous trouvons un charme infini à ces
fleurs délicates, écloses dans la serre chaude d'un autre
art ; ce sont des teintes d'une pâleur amoureuse, des
nuances attendries et comme pénétrées par des jours
mystérieux : sous les couleurs du peintre on entend
bruire les strophes du poëte; pour les raffinés, ces créations hybrides ont un attrait tout spécial.

Ce qu'Ary Scheffer a réalisé dans une sphère réservée
et sereine, Tony Johannot l'a fait dans les conditions de

l'industrie moderne qui, à chaque instant, et c'est le plus
bel éloge qu'on puisse lui donner, a besoin des arts, à
travers tous les tumultes et tous les hasards de la publicité ; il n'a rien dédaigné, ni la tête de page, ni la lettre
ornée, pas même l'affiche. Il a prêté à tous : poëtes historiens, romanciers, faiseurs de publications pittoresques,
son crayon vif et spirituel, ses compositions toujours intelligentes et fines. — Il faut savoir, comme nous, combien peu il reste d'un dessin gravé sur bois, cliché ensuite et imprimé avec de l'encre épaisse. pour admirer
Johannot comme il doit l'être.

Le graveur aussi bien que le traducteur mérite l'épithète de *tradittore*.

Las de voir ses plus légères traductions alourdies par
les burins pesants et hâtifs, Tony Johannot a fini par ne
plus vouloir se fier qu'à lui-même. Il s'est souvenu que
lui aussi autrefois avait manié la pointe et, profitant de
l'occasion d'un beau livre qu'un éditeur qui s'y connaît
voulait faire paraître, il a gravé lui-même à l'eau-forte
une suite de délicieux dessins pour le Werther de Gœthe
traduit par Pierre Leroux et commenté par George Sand.

Tony Johannot, cet artiste improvisateur, défraye,
avec Gavarni, de dessins l'illustration parisienne.

Seulement il y a entre Tony Johannot et Gavarni cette
différence, que le premier fait ses meilleurs dessins sur
des livres, et que Gavarni aime mieux créer lui-même
son sujet. Les types de Gavarni lui appartiennent plus en
propre, mais il n'a pas cette souplesse de Johannot à
traduire la pensée des autres. Tony est plus poëte ; Gavarni, plus philosophe ; l'un comprend et l'autre voit ;
mais tous deux, tels qu'ils sont, n'ont pas de rivaux dans
le genre qu'ils cultivent.

(La Presse, 16 juin 1845.)

# GRANDVILLE

NÉ EN 1803 — MORT EN 1847

Grandville, qui jouissait d'une réputation populaire et dont les dessins, les caricatures et les illustrations sont connus de tout le monde, est mort à quarante-cinq ans. Il laisse, dit-on, des œuvres posthumes ; nous ne les connaissons pas, mais nous doutons qu'elles puissent ajouter beaucoup à sa renommée, à moins qu'il ne se soit fait dans la manière de l'artiste une révolution complète. Depuis *les Animaux peints par eux-mêmes*, son vrai chef-d'œuvre, parce qu'il n'y a peint que les bêtes, depuis cette œuvre, qui restera comme une des plus curieuses de notre temps, Grandville avait dit son dernier mot. Grandville, quand il abandonnait la critique de l'homme par l'animal, était un esprit plus bizarre qu'original, plus chercheur que primesautier, d'une étrangeté laborieuse et d'une fantaisie compliquée ; nature à la fois craintive et audacieuse, hardie dans la pensée, timide dans l'exécution, il s'est souvent mépris sur la portée et les moyens d'expression de son art. Il a voulu faire parler au crayon le langage de la plume ; mais, n'ayant pas la ressource des piquantes légendes qui servent d'âme aux croquis de Gavarni, il manque souvent de clarté et ne présente aux yeux que des rébus difficiles à deviner.

Les conséquences excessives tirées d'une idée heureuse et qui a fait sa réputation — les animaux jouant la comédie humaine — ont donné au talent de Grandville quelque chose de contraint, de pénible et de peu naturel. On se prête volontiers à cette fantaisie momentanée de la vision qui fait retrouver le profil humain dans le muffle du lion, la hure du sanglier, le groin du porc, le museau du singe, le rostre de l'aigle; mais que cette hallucination dessinée se poursuive à travers des formes complétement différentes comme des arbres, des fleurs et des pincettes, c'est ce qu'on ne saurait comprendre.

Grandville a perdu à ce jeu beaucoup de talent, d'esprit et de patience; comme il ne représentait guère que des choses impossibles et chimériques, il lui fallait, pour les rendre probables, une étude et un soin extrêmes. Que de peines il a prises pour culotter convenablement un crocodile, pour cravater un pélican, coiffer une girafe et faire tenir un archet à un hanneton mélomane; car toutes ces extravagances, Grandville ne les entendait pas à la façon des songes drôlatiques de Rabelais, des tentations de Callot ou des caprices de Goya; il voulait, dans ce monde de son invention, une clarté prosaïque, une netteté bourgeoise; il n'escamotait aucune difficulté. Un dessinateur du jardin des Plantes n'aurait rien trouvé à redire aux tarses de ses insectes, aux dents de ses quadrupèdes, aux pennes de ses oiseaux.

Il apportait l'exactitude du naturaliste dans les folies de la caricature et de la métempsycose; aussi que d'efforts pour tordre en pleine lumière, à la forme humaine, un animal dont il eût suffi d'éclairer les portions d'une ressemblance caractéristique en baignant de l'ombre du

rêve et du cauchemar les portions purement bestiales !
Souvent cette gêne est si grande, que, malgré tout le
soin et toute la précision de Grandville, l'homme et
l'animal se confondent dans une création hybride dont
il est difficile de démêler les types, surtout dans ses dernières œuvres, où il a essayé de plier à sa méthode des
formes rebelles et des physionomies tout à fait réfractaires.

Ses chefs-d'œuvre sont *les Métamorphoses du jour*, les
illustrations des *Fables de la Fontaine*, et, en première
ligne, la *Vie privée et publique des animaux*; il est là tout
à fait dans le milieu naturel de son talent et digne de la
vogue dont il a joui. En dépit d'un peu de lourdeur dans
l'exécution, Grandville, moins coloriste que Daumier,
moins fin que Gavarni, moins poëte surtout que Tony
Johannot, tiendra une place éminente parmi les dessina-
teurs humoristes et fantasques, journalistes du crayon
qu'on dédaigne pour des talents prétentieux qui ne les
valent pas. Ses dessins originaux, faits à la plume, sont
exquis de finesse, de verve et de *bien rendu*, et gagne-
ront de valeur, d'année en année. On pourra singer
Grandville, mais non le refaire ou le continuer.

(LA PRESSE, 24 mars 1847.)

# MARILHAT

NÉ EN 1811 — MORT EN 1847

Quelque temps après la révolution de juillet, vers
1833 à peu près, une petite colonie d'artistes, un campement de bohèmes pittoresques et littéraires menait une
existence de Robinson Crusoé, non dans l'île de Juan
Fernandez, mais au beau milieu de Paris, à la face de la
monarchie constitutionnelle et bourgeoise, à cet angle
du Carrousel laissé en dehors de la circulation comme
ces places stagnantes des fleuves où ni courants ni re-
mous ne se font sentir.

C'est un endroit singulier que celui-là : à deux pas du
roulement tumultueux des voitures, vous tombez tout à
coup dans une oasis de solitude et de silence. La rue du
Doyenné se croise avec l'impasse du même nom, et s'en-
fonce au-dessous du niveau général de la place par une
pente assez rapide; l'impasse se termine par une espèce
de terrain fermé assez peu exactement d'une clôture de
planches à bateaux noircies par le temps. Les ruines d'une
église, dont il reste une voûte en cul de four, deux ou
trois piliers et un bout d'arcade contribuent à rendre ce
lieu sauvage et sinistre. Au delà s'étendent, jusqu'à la

rue des Orties, des terrains vagues parsemés de blocs
de pierre destinés à l'achèvement du Louvre, entre lesquels poussent la folle avoine, la bardane et les chardons.

Les maisons qui bordent ces deux rues sont vieilles,
rechignées et sombres ; elles frappent par un air d'incu-
rie et d'abandon. On ne les répare pas, les ordonnances
de voirie le défendent, car elles doivent disparaître dans
un temps donné, lorsque les travaux du Louvre seront
repris. On dirait que ces pauvres logis ont la conscience
de l'arrêt qui pèse sur eux, tant leur physionomie est
morose. A la crainte de l'avenir peut se mêler le regret
du passé, car c'étaient pour la plupart de respectables
demeures honorablement hantées par des gens d'église
et de robe.

J'habitais deux petites chambres dans la maison qui
fait face à l'arcade qui mène au pont suspendu. Camille
Rogier, Gérard de Nerval et Arsène Houssaye occupaient
ensemble, dans l'impasse, un appartement remarquable
par un vaste salon aux boiseries tarabiscotées, aux glaces
à trumeaux, au plafond décoré de moulures délicates et
capricieuses ; ce salon chagrinait beaucoup le propriétaire, et avait longtemps empêché le logis de se louer,
car en ce temps-là le goût que nous appelons bric-à-
brac, faute de meilleur nom, n'était pas inventé encore.

Cette pièce, garnie de quelques meubles anciens bro-
cantés à vil prix, rue de Lappe, aux Auvergnats de la
bande noire, avait quelque chose d'étrange et de fantastique qui nous plaisait, et souvent le regret de ne recevoir personne dans une si belle pièce nous préoccupait
douloureusement, mais pour rien au monde nous n'y
eussions admis des bourgeois en chapeau rond et en
habit à queue de morue, à moins que ce n'eût été un
éditeur venant nous proposer dix mille francs pour un

volume de vers ou un Anglais curieux de se composer
une galerie de tableaux inédits.

Gérard trouva un moyen de tout concilier, c'était de
donner dans ce salon Pompadour un bal costumé; de cette
façon, les personnages ne jureraient pas avec l'architecture : cette opinion paradoxale nous surprit un peu,
car nos finances étaient dans l'état le plus mélancolique;
mais, poursuivit Gérard, les gens qui manquent du nécessaire doivent avoir le superflu, sans quoi, ils ne pos-
séderaient rien du tout, ce qui serait trop peu, même
pour des poëtes. Quant aux rafraîchissements, ils seront
remplacés par des peintures murales qu'on demandera
aux artistes amis; cette magnificence vaudra bien à
coup sûr quelques méchants verres d'eau chaude mêlée
de thé et de rhum : faire peindre un salon exprès pour
une fête, c'est une galanterie digne de princes italiens
ou de fermiers généraux, et qui nous couvrira de
gloire.

Il n'y avait pas d'objection à faire à des raisonnements
si logiques : les camarades furent convoqués; on dressa
des échelles, et chacun se percha le moins incommodé-
ment possible pour esquisser le trumeau et le panneau
qui lui était destiné dans la distribution du travail. Aucun des noms qui concoururent à cette décoration improvisée n'est resté dans l'ombre qui les couvrait alors,
et dans ces ébauches rapides l'on pouvait déjà pressentir le talent et le caractère futur de chacun.

Un jeune homme aux yeux noirs, aux cheveux ras,
au teint cuivré, peignit sur une imposte des ivrognes
couronnés de lierre, dans le goût de Velasquez, et un
autre jeune homme à l'œil bleu, aux longs cheveux d'or,
exécuta une naïade romantique : l'un était Adolphe Leleux, le peintre des Bretons et des Aragonais; l'autre
Célestin Nanteuil, l'auteur du *Rayon*, un des plus char-

mants tableaux de l'exposition de cette année. Sur deux
panneaux étroits, Corot logea en hauteur deux vues
d'Italie d'une originalité et d'un style admirables. Théodore Chassériau, alors tout enfant, et l'un des plus fer-
vents élèves d'Ingres, paya sa contribution pittoresque
par une Diane au bain, où l'on remarquait déjà cette
sauvagerie indienne mêlée au plus pur goût grec d'où
résulte la beauté bizarre des œuvres qu'il a faites
depuis.

D'autres panneaux furent remplis de fantaisies orientales et hoffmanniques par Camille Rogier, qui, plus
tard, réalisa ses rêves par un séjour de huit ans à Constantinople, d'où il a rapporté le plus curieux album.
Alcide Lorentz fit aussi quelques Turcs de carnaval, et
des masques à la manière de Callot. Pour moi, je peignis
dans un dessus de glace un déjeuner sur l'herbe, imitation d'un Watteau ou d'un Lancret quelconque, car,
en ce temps-là, j'hésitais entre le pinceau et la plume.
Gérard ne fit rien, mais il nous donna le conseil de nous
couronner de fleurs, suivant l'usage antique.

Comme nous étions juchés sur nos échelles, la rose
à l'oreille, la cigarette aux lèvres, la palette au pouce,
chantonnant des ballades d'Alfred de Musset ou décla-
mant des vers d'Hugo, il entra un jeune homme amené
par un camarade pour prendre sa part de nos travaux,
et qui fit sur moi l'impression la plus vive.

Il avait une de ces figures qu'on n'oublie pas. Son teint
naturel disparaissait sous une accumulation de couches
de hâle, et ressemblait à du cuir de Cordoue, quoique aux
pommettes on pût distinguer à travers le jaune des tracés
de couleurs assez vives ; une fine moustache ombrageait
sa lèvre supérieure, et son nez mince, un peu courbé en
bec d'oiseau de proie, s'unissait à des sourcils noirs
extrêmement marqués. Les yeux, agrandis par la mai-

greur, avaient une limpidité, un éclat et une expression
extraordinaires : ils semblaient avoir gardé le reflet d'un
ciel plus lumineux et la flamme d'un soleil plus ardent;
le ton bistré de la peau en faisait encore ressortir l'émail
étincelant : ces yeux étaient le résultat d'un voyage en
Orient, car l'Orient, nous en avons fait la remarque depuis, lorsqu'il ne vous aveugle pas, vous donne des regards aveuglants.

Le nouveau-venu promena sur tout ses prunelles d'é-
pervier, prit un morceau de crayon blanc, et traça sur
un coin resté vide trois palmiers s'épanouissant au-dessus du dôme d'une mosquée; puis, quelque affaire l'appelant ailleurs, il s'en alla et ne revint plus.

Ce jeune homme à physionomie d'icoglan ou de zébek,
comme nous le sûmes plus tard, était Prosper Marilhat,
qui revenait d'Égypte. Rien, à cette époque, ne le recommandait à l'attention que le feu de ses yeux et le
hâle de sa peau, car il n'avait encore rien exposé, et sa
longue absence avait naturellement dérobé le secret de
ses études et de ses progrès.

Au Salon suivant, un tableau étrange, marqué au cachet de l'originalité la plus naïve et la plus violente,
attira l'attention des artistes et du public. On ne peut se
faire aujourd'hui une idée de la surprise qu'excita cette
révélation d'un monde inconnu. En ce temps-là, l'école
romantique pittoresque commençait à peine à se produire, et le paysage historique florissait principalement.
Ce superbe goût, qui règne encore sur les papiers de salle
à manger des auberges de province, était cultivé avec
succès par beaucoup de membres de l'Institut. Un arbre
dans le coin, une montagne dans le fond, une fabrique
à fronton triangulaire sur le bord d'une nappe d'eau formant cascade, un Ulysse, une Io ou un Narcisse pour
animer la chose; tel était le programme. Aussi, à l'as-

pect de ce tableau exotique, les perruques traditionnelles
se hérissèrent, les crânes beurre frais pâlirent d'horreur
*et dirent que l'art était perdu. Le public comprit tout de
suite qu'un grand peintre était né.* Sur le sable rouge du
terrain, la brosse, comme un doigt qui trace un nom
dans la poussière, avait écrit d'un jet fier et libre : Prosper Marilhat.

En voyant pour la première fois ce nom obscur la
veille, et sur qui la lumière était à jamais fixée, le jeune
homme aux yeux flamboyants me revint en mémoire, et
il me sembla que lui seul avait pu faire cette œuvre si
bizarrement puissante. En effet, c'était bien lui.

*La place de l'Esbekieh au Caire!* Aucun tableau ne fit
sur moi une impression plus profonde et plus longtemps
vibrante. J'aurais peur d'être taxé d'exagération en disant que la vue de cette peinture me rendit malade et
m'inspira la nostalgie de l'Orient, où je n'avais jamais
mis le pied. Je crus que je venais de connaître ma véritable patrie, et, lorsque je détournais les yeux de l'ardente peinture, je me sentais exilé : je le vois encore cet
énorme caroubier au tronc monstrueux pousser dans
l'air chaud ses branches entortillées comme des nœuds
de serpents boas, et ses touffes de feuilles métalliques
dont les noires découpures font briller si vivement l'in-
digo du ciel ; l'ombre s'allonge azurée sur la terre fauve,
les maisons élèvent leurs moucharabys et leurs cabinets
treillagés de bois de cèdre et de cyprès avec une réalité
surprenante ; un enfant nu et bistré suit sa mère, long
fantôme enveloppé d'un yalek bleu. La lumière petille,
le soleil darde ses flèches de feu, et le lourd silence des
*heures brûlantes* pèse sur l'atmosphère.

J'ai raconté de quelle manière j'avais rencontré Marilhat pour la première fois. C'était à propos d'un bal.
La dernière fois que je le vis, ce fut à propos d'un bal-

let; j'avais écrit pour Carlotta le livret de *la Péri*, et, dans cette œuvre muette, je voulais apporter toute l'exactitude matérielle possible. J'allai donc chez Marilhat faire provision de couleur locale; une sincère admiration chaleureusement exprimée de ma part, une bienveillance reconnaissante de la sienne, avaient établi entre nous des rapports qui, pour n'être pas fréquents, n'en étaient pas moins cordiaux. Il m'ouvrit tous ses cartons avec une inépuisable complaisance, me dessina ou me permit de calquer les costumes dont j'avais besoin, et me prêta même une petite guitare arabe à trois cordes, au ventre en calebasse et au long manche d'ébène et d'ivoire, qui servit à la Péri dans sa scène de séduction musicale; il est vrai de dire qu'aucune danseuse, à l'exception de mademoiselle Delphine Marquet, ne voulut se conformer aux indications de Marilhat, et que toutes, à mon grand désespoir, préférèrent s'habiller en sultanes du Jardin Turc, ce qui me démontra la vanité de la couleur locale en matière chorégraphique.

Maintenant ces yeux si avides de lumière sont baignés par l'ombre éternelle, et lorsqu'on reporta la guitare, dont on avait fait une copie en carton, la porte de l'atelier était fermée pour ne plus se rouvrir. Marilhat n'était pas mort, mais déjà il était perdu pour les arts; la tête ne guidait plus cette main si habile, et deux ans il se survécut ainsi à lui-même. Lorsque après des alternatives de calme et d'exaltation il s'éteignit enfin, les journaux, préoccupés de quelques misérables tracasseries politiques dont l'opposition taquinait alors la royauté, se furent sur cette triste fin, et la tombe du grand peintre mort si jeune ne reçut pas même ces banales couronnes nécrologiques qu'on jette à toutes les médiocrités défuntes comme pour les remercier de s'en être allées. L'oubli vient si vite dans notre époque affairée! A peine

se souvient-on de soi-même ; d'ailleurs, les vivants ré-
clament leur part de publicité avec une telle énergie, que
les morts doivent en souffrir, et moi, dont aucun génie
n'a trouvé l'admiration infidèle, je ne suis pas non plus
sans quelques remords à l'endroit de la mémoire de Marilhat. Voici bien des mois déjà que l'annonce de l'article qui le concerne se reproduit sur la couverture de
la *Revue des Deux Mondes ;* mais la vie, comme dit Montaigne, est ondoyante et diverse, et la plus ferme volonté
dévie à chaque instant ; le labeur de chaque jour, les
mille soins de l'existence, les chagrins et les décourage-
ments d'un poëte qui poursuit son rêve à travers les pe-
santes réalités du journalisme, une révolution, un deuil
irréparable dans les circonstances les plus douloureuses,
me serviront d'excuse, et mon hommage, pour être un
peu tardif, n'en sera pas moins senti. Je n'oublie vite
que les sots et les méchants.

Je n'ai pu m'empêcher de commencer cette esquisse
biographique, sur laquelle la mort prématurée de celui
qui en est l'objet jette d'avance comme un crêpe de tristesse, par les deux anecdotes frivoles et peut-être pué-
riles qu'on vient de lire. Aujourd'hui les peintures du
salon de la rue du Doyenné ont disparu sous une couche
de badigeon, car ces barbouillages auraient nui à la location, et la *guzla* rapportée du Caire par Marilhat qui
la prit des mains d'une *gawhasie,* après avoir résonné à
l'Opéra sous les doigts frêles de Carlotta Grisi, se trouve
dans un coin de l'atelier de Fernand Boissard, où son
emploi est de *poser* pour les mandolines moyen âge.

Prosper Marilhat fut d'abord élève de Roqueplan : ses
premiers essais, quoique indiquant d'heureuses dispositions, n'indiquent pas le genre de talent qu'il aura plus
tard ; c'est qu'il n'avait pas encore trouvé le véritable
milieu de son talent. Chose remarquable, l'âme a sa

patrie comme le corps, et souvent ces patries sont différentes. Il y a bien des génies pareils au palmier et au
sapin dont parle Henri Heine dans une de ses chansons.
Le palmier rêvait des neiges du pôle sous la pluie de feu
de l'équateur ; le sapin, frissonnant sous les frimas de
la Norvége, rêvait de ciel bleu et de soleil brûlant. Ce
qui arrive aux arbres peut arriver aux hommes. Quelquefois ils ne sont pas plantés dans leur pays réel ; ces
aspirations singulières qui font un Grec ou un Arabe
d'un individu né à Paris ou dans l'Auvergne, ont leur
raison d'être. La mystérieuse voix du sang, qui se tait
pendant des générations entières ou ne murmure que
des syllabes confuses, parle de loin en loin un langage
plus net et plus intelligible. Dans la confusion générale,
chaque race réclame les siens ; un aïeul inconnu reven-
dique ses droits. Qui sait de combien de gouttes hétéro-
gènes est formée la liqueur rouge qui coule sous notre
peau ? Les grandes migrations parties des hauts plateaux
de l'Inde, les débordements des races polaires, les in-
vasions romaines et arabes ont toutes laissé leurs traces.
Des instincts bizarres, au premier coup d'œil, viennent
de ces souvenirs confus, de ces rappels d'une origine
étrangère. Le vague désir de la patrie primitive agite
les âmes qui ont plus de mémoire que les autres et en
qui revit le type effacé ailleurs. De là ces folles inquiétudes qui s'emparent tout à coup de certains esprits,
ces besoins de s'envoler comme en sentent les oiseaux
de passage élevés en captivité, ces départs soudains qui
font qu'un homme quitte les jouissances d'une vie confortable, luxueuse, pour s'enfoncer dans les steppes, les
pampas, les despoblados et les sahara, à travers toutes
sortes de fatigues et de périls. Il va retrouver ses frères
d'autrefois ; on pourrait même indiquer aisément la patrie intellectuelle de chacun des grands talents d'aujour-

d'hui. Lamartine, Alfred de Musset et de Vigny sont Anglais ; Delacroix est Anglo-Hindou ; Victor Hugo, Espagnol, comme Charles-Quint avec le royaume des Flandres ; Ingres appartient à l'Italie de Rome ou de Florence ; la Grèce réclame Pradier ; Dumas est créole, à part toute allusion de couleur ; Chassériau est un Pélage du temps d'Orphée ; Decamps, un Turc de l'Asie Mineure ; Marilhat, lui, était un Arabe syrien, il devait avoir dans les veines quelque reste du sang de ces Sarrasins que Charles-Martel n'a pas tous tués.

Aussi, lorsque cette occasion se présenta de faire le voyage d'Orient en compagnie de M. Hugel, riche seigneur prussien, Marilhat comprit sa vocation, et l'avenir de son talent fut décidé. Ce voyage fut l'événement capital de sa vie, ou plutôt ce fut sa vie tout entière : l'éblouissement n'en cessa jamais pour lui, et les années qu'il vécut ensuite n'eurent d'autre emploi que de rendre les impressions reçues à cette époque bienheureuse. A part quelques rares études d'arbre qu'il peignait lorsqu'il allait l'été passer cinq ou six semaines chez ses parents en Auvergne, tous ses tableaux ne représentent que des sites et des scènes de l'Orient. Rentré dans les brumes du Nord, il garda toujours dans l'œil le soleil de là-bas. Il s'isola de la nature qui l'entourait, et, malgré les nuages gris, les terrains froids, les hêtres, les frênes et les bouleaux, il fit toujours, avec l'exactitude de la vision rétrospective, s'épanouir l'étoile de feuilles du palmier dans l'implacable azur du ciel égyptien. Il n'aperçut pas le noir fourmillement des bourgeois dans nos rues crottées, il n'entendit pas le tumulte de nos voitures. Pour lui, la foule bigarrée des Fellahs, des Nubiens, des Cophtes, des Nègres, des Turcs, des Arabes, circulait toujours dans le pittoresque dédale du Caire avec ses armes et ses costumes bizarres ; il y avait dans son

imagination un perpétuel mirage de dômes d'étain, de
minarets d'ivoire, de mosquées aux assises blanches et
roses, de caroubiers trapus et de dattiers sveltes, de fla-
mants s'enfuyant dans les roseaux, de vols de colombes
égrénées dans l'air comme des colliers de perle; quoique
son corps fût ici, il n'avait pas, à vrai dire, quitté l'O-
rient, et consolait sa nostalgie par un travail acharné.
Decamps offre un exemple illustre de ce phénomène. Il
n'a jamais pu non plus rentrer dans sa patrie, et il continue sa caravane orientale sans plus se détourner qu'un
pèlerin musulman qui veut aller baiser la pierre noire à
la Caaba.

Nous allons tâcher de faire, avec ce pauvre Marilhat,
enlevé si malheureusement à la fleur de l'âge et du talent, ce voyage qui l'a rendu un des plus grands peintres de paysage de ce temps-ci et de tous les temps, il
faut bien le dire.

On a bien voulu nous confier quelques lettres qu'il
écrivit à sa sœur dans les rares loisirs que lui laissaient
ses études et ses excursions. Cette liasse de papiers jau-
nis, presque illisibles, usés à leurs angles, lacérés par
les griffes de la Santé, exhalant encore les âcres parfums
des fumigations contre la peste, et que nous avons dé-
pliés avec une précaution respectueuse et triste, nous
permettra de comparer le récit au tableau, l'impression
écrite à l'impression peinte.

Ce n'est pas un voyage complet que nous allons transcrire; ces lettres offrent beaucoup de lacunes; plusieurs
se sont égarées en route, d'autres ont été perdues depuis.
Une foule de détails sont omis, car Marilhat, en peintre
qu'il était, se fiait plus au crayon qu'à la plume, et à
plusieurs reprises exprime cette opinion : qu'un bon
croquis vaut mieux que toutes les descriptions imaginables; il avait plus que personne le droit d'émettre cet

avis, mais chacun fait comme il peut. Si la description littéraire est moins exacte, elle a cet avantage, d'être successive, et Marilhat lui-même s'est donné tort par plusieurs passages charmants et pittoresques.

La première de ces lettres est datée du 16 mai 1831, à bord du brick *le d'Assas*, en rade de Navarin. Le jeune voyageur y parle de la Provence, qu'il vient de traverser « juste au moment des roses et des arbres de Judée, » de la route de Marseille à Toulon, si aride et si sauvage, du joli vallon chargé d'oliviers en fleur qu'on parcourt avant d'entrer dans cette dernière ville.

Il continue d'un ton badin en s'excusant de ne pas décrire d'une façon détaillée des choses si connues, et, s'adressant à sa sœur : « Je te dirai seulement, comme dans *Plik et Plok :* Corbleu ! c'est un joli brick que le brick *le d'Assas !* Il est fin, léger, coquet, d'une propreté merveilleuse, et c'est, les marins en conviennent, le plus joli navire qu'on ait mis à l'eau depuis longtemps. Il n'a que dix-huit mois, ayant été lancé à Rochefort lors de l'expédition d'Alger, ce qui ne m'a pas empêché d'avoir le mal de mer. C'est une diable de chose que le mal de mer ! Veux-tu savoir ce que c'est ? On entre dans un navire, on est fort gai. Peu à peu les figures changent, l'une s'allonge, l'autre s'élargit, une autre devient rouge, une autre devient verte. Les plaisanteries cessent, on s'aligne entre les caronades, et... »

Débarqué à Navarin avec ses compagnons, le jeune voyageur indique ainsi son itinéraire : « Nous irons voir l'ancienne Arcadie et quelques ruines grecques. Nous nous réembarquerons immédiatement pour Napoli de Romanie. De là nous nous dirigerons vers Athènes, Sparte et toutes les villes de Grèce que nous pourrons visiter ; puis, nous embarquant de nouveau, nous gagnerons Candie, ensuite Alexandrie, d'où nous commencerons notre voyage en Syrie, dont je parlerai dans ma prochaine lettre. »

Cette excursion accomplie, Marilhat tient sa parole, et d'Alexandrie envoie à sa sœur la lettre suivante, qui contient ses premières impressions orientales : « Tu dois savoir, ma chère amie, qu'il y a déjà huit jours que nous sommes à Alexandrie, et ces huit jours ne m'ont pas paru longs, je t'assure, quoique nous soyons assassinés par les cousins et les moustiques et quoique le soleil soit passablement ardent; mais il y a dans toute la ville quelque chose de si neuf pour moi, dans les habitants quelque chose de si original, que le temps passe très-vite à voir et à dessiner dans les bazars et les places publiques toutes ces figures si noblement déguenillées. Quelle différence avec notre froide et *propre* France!

« Je crois, » continue-t-il en revenant sur ses pas, « que je t'ai laissée à Navarin; je ne te raconterai pas notre petite incursion en Grèce. C'est si bête de raconter, surtout quand on parle de quelque chose que l'on a vu avec plaisir! Je me contenterai de t'apprendre que nous sommes allés de Navarin à Napoli de Romanie par mer, que là nous avons pris avec nous une escorte que nous a donnée le comte Capo d'Istria; que nous avons vu Argos, Corinthe, Mégare, Athènes et les lieux intermédiaires où il y avait des antiquités; que nous sommes restés trois jours dans cette dernière ville et qu'ensuite nous nous sommes embarqués pour Candie; que nous y avons relâché un jour et que nous voici au terme de notre voyage par mer, grâce au ciel. Je ne te dirai pas que la Grèce est un pays charmant, bien cultivé, bien boisé, peuplé d'habitants doux et hospitaliers : je mentirais; mais je te dirai que c'est un pays d'un caractère superbe, hérissé de rochers arides, mais d'une forme imposante, avec des plaines désertes, mais d'une grandeur et d'une beauté magnifiques, et couverte de broussailles, de lauriers-roses tout en fleurs, de myrtes et de thuyas; que les habitants y sont voleurs, canailles, mais qu'ils ont des têtes et des attitudes fort imposantes; qu'il y a des ruines superbes...

« Cependant tout cela n'est rien comparativement à la partie de l'Égypte où nous sommes. Les ruines y sont peu importantes, mais les habitants sont la chose la plus extraordinaire que j'aie jamais vue. Il y a des figures parmi eux qui sont absolument semblables à celles que les anciens Égyptiens cherchaient à imiter dans leurs sculptures. »

La Grèce et ses nobles sites obtiennent, on le voit, de notre artiste un légitime tribut d'admiration. Pourtant, dès qu'il met le pied sur le rivage d'Alexandrie, on sent qu'il aborde à sa terre natale, à la patrie réelle de son talent; il s'étonne, il se récrie et ne procède que par exclamations. La vue de cette foule si pittoresquement drapée, si sale et si brillante, si bariolée et si diverse, l'enchante et le ravit. Justement le pacha a convoqué son armée, et il y a là une collection de types à faire devenir un peintre fou de joie. Les Cophtes, tels encore que les couvercles des momies nous les représentent, les habitants du Sennâar et du Darfour, les Abyssins, les Gallas, les gens du Dongola, ceux de l'oasis d'Ammon, les Arabes de l'Hedjaz, les Turcs, les Maugrabins, posent tour à tour devant l'artiste. Autour de la ville, les cahutes basses en briques et couvertes de plusieurs doigts de poussière mamelonnant la plaine, comme autant de verrues, contiennent les familles des soldats. Des femmes fauves comme des statues de bronze, vêtues à peine d'une chemise bleue, entrent dans ces tanières en courbant la tête ou en sortent portant quelque vase de terre et traînant quelque enfant tout nu. Quel plaisir et aussi quel

regret pour Marilhat, qui voudrait dessiner des deux
mains et quarante-huit heures par jour ; mais laissons-le
parler plutôt lui-même. A travers la mauvaise humeur
que lui cause quelque courbature perce le plus vif sentiment pittoresque.

« Dans le voyage que nous venons de terminer, nous
avons rencontré une mauvaise saison : c'était au plus fort
de l'été. Tu sens que, voyageant dans la plus grande chaleur du jour sous le soleil brûlant de Syrie, et surtout
étant obligés de ne porter pour coiffure qu'un tarbouch
ou bonnet grec, à cause du fanatisme des habitants contre les chapeaux, nous n'étions pas sans attraper force
coups de soleil. Nos visages couleur d'écrevisse étaient
impayables, et notre tournure... c'est à décrire ! Repré-
sente-toi quatre ou cinq figures de différentes couleurs,
selon l'effet du soleil sur chaque carnation : l'un avait la
peau rouge, puis à côté brune et encore noire. C'étaient
les trois couches différentes, les restes, par place, du
premier et du deuxième coup de soleil, tout cela se pelant comme l'écorce d'un jeune cerisier et s'enlevant de
temps en temps par larges rouleaux ; l'autre avait sur le
nez une immense vessie ou ampoule, et sur la figure autant d'autres, petites comme les enfants de la première.
Pour moi, j'ai pelé au moins une demi-douzaine de fois.
Nous voilà pourtant sur la route à dix heures, loin encore
du lieu de la sieste, et tout cela parce que M. Hugel ne
se lève jamais de bonne heure, chacun monté sur une
mule immense, dessous lui tout son bagage et son matelas, cheminant gravement au milieu de la caravane,
tantôt pestant contre la maudite mule qui ne veut pas
avancer, tantôt, par un écart, roulant à terre, la tête la
première, le bagage d'un côté, le matelas sur soi, sans
avoir d'autre consolation que le rire de ses compagnons.
**Nous faisions comme cela douze ou treize lieues de**

France par jour, puis nous nous arrêtions dans un lieu
habité ou sauvage, toujours à l'air ; on étendait son matelas, on faisait décharger les mules, le cuisinier allumait son feu. S'il n'était pas encore nuit, je partais pour
faire quelques croquis de mon côté : le naturaliste, du
sien, chargeait son havre-sac, prenait son bâton et allait
à la recherche... Au lieu de la halte, sur un tas de bagages mêlés de casseroles, de matelas, de bâts d'ânes,
était juché le baron écrivant ; puis, autour de lui, il y
avait les deux ou trois cents Arabes de la caravane, occupés à le regarder. Alors, quand je revenais avec mon
carton sur le dos, le naturaliste avec son chapeau hérissé d'insectes et de lézards, et tout autour du cou un
immense serpent, nous trouvions la table mise sur une
natte avec des matelas pour sièges, comme dans les fes-
tins antiques ; au milieu, un immense plat de pilau ;
puis des poulets bouillis et des terrines de lait aigre
pour compléter notre repas ; quelquefois, surtout dans
les derniers jours, de très-beaux raisins de la couleur la
plus agréablement dorée que l'on puisse voir. Là-dessus,
nous étendions de nouveau nos matelas, nous établis-
sions une sentinelle, nous nous roulions dans nos man-
teaux, et je t'assure que hormis l'heure de notre garde,
nous n'ouvrions guère les yeux jusqu'au lendemain. Puis
c'était à recommencer ; alors on s'appelait, on chargeait
de nouveau, et en avant !

« La Syrie, en grande partie, je t'assure, est terrible à
traverser en été. C'est un pays aride et sec, qui fait mal
à voir. Seulement, dans les montagnes du Liban, il y a
une belle végétation, mais rien comme notre France. Si
tu veux savoir au juste ce que c'est que la Syrie, c'est la
partie aride de notre province (l'Auvergne) en laid... Les
belles parties, qui sont extrèmement rares, sont mille
fois plus belles que les jardins d'Hyères, sans culture

s'entend ; cela se trouve seulement quand il y a de l'eau :
alors c'est une place d'une lieue et souvent moins...
puis tout est désert. Je ne te parle pas de tout cela en
artiste ; j'ai mal à la tête, et je ne vois pas les choses en
beau. »

Dans une autre lettre, où il félicite ironiquement son
frère d'avoir été promu au grade de lieutenant de la garde
nationale, à Thiers, nous retrouvons ce passage remarquable. Rassasié de palmiers et de végétations tropicales,
il recommande, si l'on veut lui faire plaisir, de planter
à Sauvignac, près de la serre du jardin, des *saules pleu-
reurs*, et de faire nettoyer la petite allée du bois.
« ...Lui, il est là, continue-t-il en parlant de son frère
avec une vivacité d'images qui le met en présence des
objets, il va se promener de bonne heure par une de ces
journées d'automne si agréables, où le brouillard du
matin vous enveloppe comme un songe, où l'on parcourt, sans penser où l'on va, les charmants sentiers des
bois, où l'on respire, en gonflant sa poitrine, cette atmosphère fraîche et mélancolique, où l'on n'entend que
les feuilles mortes qui tombent avec un léger frôlement
comme un regret des beaux jours, et de temps en temps
le cri saccadé et moqueur du merle qui s'enfuit ; alors
son chien fera quelques pas brusquement en avant, et
puis, après avoir interrogé son maître, il retournera à
sa place accoutumée reprendre son allure trottinante.
Je me souviens de tout cela ; je me rappelle tout jusqu'au
*Pli-des-Grives*, jusqu'au cigare fumé tranquillement sur
les *Tertres de Bontest*, en face de cette nature douce et
calme et de cet horizon si gai et si plein de bonheur.
Dis-lui qu'ici tout est grand, haut, sublime, mais tout
est aride ; c'est dénudé de végétation, encore plus pelé
et plus monotome que les vastes bruyères de nos montagnes. Ici (je veux dire en Syrie), toute la végétation

semble avoir été comme brûlée et réduite en cendre,
sans perdre sa forme, par le souffle empesté d'un mauvais génie. La seule variation, c'est des chemins étroits
et tortueux taillés sur une base de craie blanche ou quelques éboulements de terrains, comme si la nature n'y
était pas encore assez nue et qu'on ait voulu lui arracher
par force son dernier vêtement en lambeaux. Partout la
même misère. Quand ce ne sont pas des bruyères, des
chardons, ce sont des pierres tombées comme la grêle
et qui ont sablé ces vastes contrées d'une teinte unifor-
mément gris noir comme la peau raboteuse d'un crapaud; toujours une ligne droite ou régulièrement ondu-
lée de collines arides; quelquefois, dans le lointain, les
pics majestueux et nus du Liban, comme un gigantesque
squelette qui paraîtrait à l'horizon; toujours un ciel pur
et d'un azur foncé vers le haut, vers le bas d'un ton
lourd et écrasant, plus terreux et plus livide à mesure
qu'on approche davantage du désert. Qu'on se figure au
milieu de cette désolation trois ou quatre mille chameaux
blancs, roux et noirs mangeant gravement les herbes
sèches et dispersés dans la plaine comme autant de petites taches; un camp de Bédouins, composé de vingt
ou trente tentes noires, toutes noires, en poil de chameau, agglomérées sans ordre; quelques femmes ayant
pour tout vêtement une chemise bleue et une ceinture
en cuir; puis, près de vous, si vous voyez un homme
poussant ses chèvres ou ses moutons, c'est quelque
chose de sec et de fier, couleur de pain bis, avec une
chemise, autrefois blanche, serrée d'une ceinture de
cuir, recouverte d'un manteau en laine à trois larges
raies bleues du haut en bas, la tête enveloppée d'un
mouchoir de soie jaune et entourée d'une corde en poil
de chameau. C'est là l'habitant de la partie déserte de
la Syrie et de la Judée. — Plus près de la mer, ce sont

des villages blancs en terre avec des terrasses pour toits,
et pour maisons des carrés de dix pieds et des portes
de trois pieds de haut. Là dedans logent les paysans...
Tout cependant n'est pas comme cela. Quelquefois on
trouve une belle source, grosse à l'endroit d'où elle sort
comme votre Durolle; alors à ses alentours se déploie la
plus riche végétation qu'on puisse imaginer. Sur un rideau d'un vert brillant et pur, formé par les vignes et
les orangers qui se mêlent et s'entrelacent, on voit scintiller le rouge sémillant de la grenade, qui s'ouvre pour
offrir, la coquette! ses charmes aux voyageurs, et s'étaler la feuille large et luisante de la banane avec ses longues grappes de fruits, et dans le fond, plus loin, le gris-
vert de l'olivier, placé là comme pour reposer les yeux
de tant d'objets splendides. .

« Sous ces charmants fouillis de végétation, une halte
de Turcs avec leurs chevaux arabes attachés aux arbres.
Les hommes sont assis à leur manière sur leurs tapis et
fument gravement la pipe ou le narguilhé. Nous faisons
quelquefois partie du tableau. Moi armé de mon carton
à dessiner, le cuisinier en train de faire cuire une mauvaise poule et un peu de riz, et là-bas, dans la campagne,
le docteur prussien avec son havre-sac passé derrière le
dos et attaché si court, qu'il semble faire l'office de collet; de ce havre-sac sortent des pinces, des marteaux,
un voile à papillons. Quant à la tête, elle est coiffée d'un
chapeau de paille hérissé de lézards, de mouches, de
scarabées, d'insectes de toute sorte; pour les jambes,
elles s'engloutissent dans d'immenses bottes turques
rouges à pointes recourbées assez grandes pour faire un
justaucorps. La main balance un énorme bâton. Repré-
sente-toi tout cela, et, pour prendre ton point de vue,
place-toi sur un tas de matelas, de caisses, de casseroles
et de bâts, et tu auras une idée de ce que c'est qu'un

naturaliste en Syrie et un campement de voyageurs arrêtés pour diner dans un lieu commode. »

Une autre lettre, écrite à son père, contient des détails
sur l'itinéraire suivi en Palestine par la petite caravane
artistique et botanique. « Tu dois sans doute, mon cher
père, avoir reçu la lettre que je t'ai envoyée de Beyrouth. Dans le cas contraire, je te dirai que nous n'avons
pu faire le voyage de Palmyre comme nous l'espérions,
à cause des Bédouins, qui, justement à cette époque,
étaient agglomérés pour faire paitre leurs troupeaux
près de Homs, ville située au bord du désert, et d'où
nous devions partir pour notre expédition. Nous sommes
allés de là à Balbek, puis dans le Liban, où nous avons
passé quelque temps. Ce que je ne t'ai pas dit, de peur
de t'effrayer, c'est que M. Hugel y est tombé malade
d'une fièvre nerveuse qui lui a duré quinze jours à Tripoli, puis à peu près autant à Beyrouth, où nous étions
allés par mer. De Beyrouth, nous sommes allés par mer
à Saïde (Sidon), puis à Sour (Tyr), ensuite à Acre, par
terre ; de là à Nazareth, puis au Thabor, à Tibériade,
près de la mer de Galilée. Nous sommes retournés à
Nazareth, puis de là nous avons dirigé notre voyage vers
la grande cité de Jérusalem par Samarie (Naplouse aujourd'hui). Nous y sommes restés huit jours, tu penses
à quoi faire : à visiter toutes les places .. à recueillir
toutes les traditions... pas moi, car je n'écris rien, et
je préférerais du reste un bon croquis (malheureusement
les bons croquis sont rares !) à toutes les relations de
voyages imaginables. A Jérusalem, je me suis fourni
d'une bonne provision de chapelets, reliques, etc., que
j'ai fait bénir au Saint-Sépulcre. Cela peut être agréable
à quelques personnes de nos connaissances. Nous sommes
allés voir Bethléem et la mer Morte, et tous les points
importants ; puis nous avons fait route sur Jaffa, où

nous nous sommes embarqués pour Alexandrie. Notre traversée a été de quarante-huit heures seulement. Tu sens que, tout en voyant des lieux si anciennement illustres, les souvenirs de nos vieilles armées de la république m'ont souvent occupé, et au Thabor, et à Saint-Jean d'Acre, et à Jaffa, que de fois j'ai pensé à toutes ces belles victoires d'une poignée de Français sur des milliers d'Arabes, venus comme des fourmis de leurs déserts !

« Comme les mauvaises nouvelles se savent vite et sont toujours exagérées, tu dois avoir lu dans les journaux des relations effrayantes des ravages du choléra-morbus en Syrie, en Arabie et en Égypte ; je vais te dire tout ce que j'en ai su sur les lieux mêmes, et quel rapport cela peut avoir avec notre voyage.

« Le choléra est venu des Indes en Perse par les caravanes. Les hadjis ou pèlerins persans l'ont porté à la Mekke et à Médine, où cette année se trouvent à peu près cent mille pèlerins, venus de tous les pays musulmans ; la maladie aussitôt s'est manifestée d'une manière effrayante, et a enlevé, dans l'espace de quatre à cinq jours, quarante mille hadjis. Puis le temps de partir est arrivé, et de ce centre commun les caravanes se sont dirigées, l'une pour Bagdad, l'autre pour Constantinople par la Syrie, l'autre pour la Haute-Égypte par la mer Rouge et Kosseïr, enfin la plus nombreuse pour la Basse-Égypte, le Delta, le Caire et Alexandrie ; ainsi la maladie que les Arabes appellent le vent jaune a éclaté en même temps partout...

« Nous sommes arrivés au Caire après la maladie, et il n'y a plus rien dans la Haute-Égypte. Nous partons sous peu pour ce pays. »

Profitant de son séjour au Caire, où il a trouvé le motif de tant de délicieux tableaux, Marilhat en fait à la plume le croquis suivant, avec une netteté et une finesse admirables : « La ville se présente à vous comme les mille petites tourelles dentelées d'un édifice gothique au pied d'une montagne blanchâtre assez escarpée, et flanquée d'une citadelle à tours et à dômes blancs dans le goût turc. D'une part, vers la montagne, le désert avec toute son aridité, sa désolation, et, pour y ajouter encore, la ville des tombeaux, espèce de cité qui a ses rues, ses maisons, ses quartiers, ses palais, et n'a d'habitants vivants que quelques reptiles, quelques oiseaux solitaires et d'immenses vautours placés sur les minarets comme les vedettes de cette triste population ; de l'autre part, vers le Nil, des champs couverts d'une verdure brillante, et (du moins à l'époque où nous y étions) de temps en temps de charmantes pièces d'eau, restes de l'inondation, miroitant au sein de cette verdure ; des jardins couverts d'arbres épais et noirs, d'où s'élèvent comme autant d'aigrettes des milliers de palmiers avec leurs belles grappes rouges ou dorées. Au milieu de ce contraste se trouve la ville, tout à fait en harmonie avec ce paysage bizarre, immense ramas d'édifices à toits plats sans tuiles, noircis par la fumée et couverts de poussière : de loin en loin, un édifice neuf, blanc et scintillant, jaillit de ce tas de maisons grisâtres, de ces rues étroites et noires où se remue un peuple sale quoique très-brillant et bariolé ; de cette poussière, de cette fumée bleue s'élancent vers l'air libre mille et mille minarets, comme le palmier des jardins, minarets couverts d'ornements légers à l'arabe et cerclés de leurs trois galeries de dentelles superposées. C'est un admirable spectacle, fait pour enthousiasmer un peintre. »

Ensuite il ajoute, en parlant de son projet de voyage dans la Haute-Égypte : « C'est un beau voyage que celui de la Haute-Égypte, facile à faire avec agrément. Il y a

ici fréquemment des dames anglaises qui le font ; mais
passé le Caire, comme le costume européen des femmes
n'est pas connu, elles sont obligées de s'habiller à la turque. Je t'assure qu'il y a comme cela de fort jolies
Turques. »

Ce voyage, fait en compagnie de M. Hugel, dura
trois mois. Une dernière lettre que nous allons citer,
outre les impressions de l'artiste, contient des détails
curieux sur le voyage de l'obélisque de Luxor, avec qui
il naviguait de conserve :

« 18 mai 1833. Rade de Toulon.

« Me voilà enfin de retour dans notre belle France. Je
suis arrivé hier dans la matinée sur le *Sphinx*, bateau
à vapeur de l'État qui remorquait l'obélisque de Luxor.
Mais à quoi bon être arrivé quand on est condamné à
voir cette terre chérie de près sans pouvoir y mettre les
pieds, sans pouvoir serrer la main à un compatriote,
sans pouvoir aller même au lazaret qu'avec un garde de
santé grognard qui a toujours peur que vous ne communi-
quiez avec des gens qui se portent peut-être moins bien
que vous. Oui, c'est un vrai supplice de Tantale, et d'autant plus grand qu'on vient d'un pays plus aride et plus
éloigné de nos mœurs. J'ai heureusement à qui parler
dans les officiers du bâtiment, qui sont de vrais amis
pour moi et des jeunes gens charmants pour tout le
monde ; j'ai tout ce qu'il me faut pour passer la quaran-
taine gaiement, et cependant !...

« J'étais parti avec le *Sphinx* dans l'espoir que la traversée serait moins longue et moins fatigante qu'avec
un bâtiment marchand. La bonté du bâtiment et l'agrément de l'intérieur me le faisaient penser, mais il était
écrit qu'il n'en serait pas ainsi ; il fallait que tout tendît

à allonger ce malencontreux voyage. Partis d'Alexandrie par un temps superbe, le 1er mai, nous avons eu, deux jours après, un vent de nord-ouest si fort, que ne pouvant plus aller de l'avant, inquiets du *Luxor*, qui, peu fait pour supporter la mer, paraissait devoir s'engloutir à chaque instant, nous avons laissé porter sur Rhodes, où nous sommes arrivés à bon port, malgré un vent très-fort et une mer houleuse. Comme le port n'y est pas assez sûr, nous nous sommes réfugiés vis-à-vis, à Marmariza, sur la côte de Caramanie. Là, nous avons attendu que le mauvais temps nous permît de repartir; puis nous avons fait route sur Navarin, croyant y trouver du charbon pour refaire notre provision, qui commençait à s'épuiser. Un coup de vent nous a forcés de relâcher à Milo, dans l'Archipel, d'où nous sommes repartis au bout de deux jours. Arrivés à Navarin, point de charbon! Obligés d'aller en prendre dans les Iles Ioniennes! A Zante, nous en trouvons à peine pour atteindre à Corfou, où enfin nos soutes se sont comblées. Le chargement a duré huit jours, après lesquels nous avons chauffé, et nous voilà arrivés ici avec un temps superbe, arrivés comme Ulysse, après avoir visité toute la Grèce antique. Si l'obélisque, que tu verras du reste à Paris, t'intéresse, je te dirai qu'il va à merveille, et que si tous ses antiques magots hiéroglyphiques n'ont pas plus le mal de mer dans la traversée qui va les conduire au Havre qu'ils ne l'ont eu jusqu'ici, il n'y aura pas trop d'avaries pour qu'ils puissent montrer leurs grotesques faces de granit sur une de nos places de Paris,

« Cependant le voyage m'a amusé, en ce sens que j'ai vu Rhodes et ses souvenirs de chevalerie, ses écussons des anciens chevaliers, sa tour attaquée avec tant d'ardeur, défendue avec tant de courage; Marmariza et ses montagnes incultes, couvertes de pins, de myrtes et de

toutes ces plantes du climat de Grèce qui répandent dans
l'air un parfum à elles, et lui donnent un aspect si brillant, quoique si triste ! Et Milo décorée de la mémoire du
plus bel âge des arts; Navarin, je le connaissais déjà;
enfin Zante et Corfou, iles doublement charmantes dans
le passé et dans le présent, les premières que je voyais
qui me rappelassent un peu l'Europe, et présentant des
restes de la puissance commerçante de Venise. Ma qualité d'artiste m'a fait recevoir du lord haut commissaire,
gouverneur de l'île, ainsi que de lady N..., sa femme,
qui, artiste qu'elle est, aime les arts, comme toutes les
sommités de l'aristocratie (lord N... est le frère du duc
de Buckingham). Je suis allé au bal deux fois. Je te re-
parlerai de tout cela à loisir. Le papier finit. Adieu, *Sa-*
*lam-Alek.*

« L'Égyptien Prosper Marilhat. »

Là se termine l'odyssée de notre voyageur, et ici nous
allons placer quelques détails épars dans sa correspondance.

A son retour au Caire, il lui arriva un malheur très-
sensible pour un peintre : sa boîte à couleurs, embar-
quée avec d'autres bagages à Beyrouth, fut promenée on
ne sait où par un patron maltais qu'égarait la peur du
choléra. Heureusement, il se trouva là un amateur qui,
touché du désespoir du jeune peintre, lui céda une boîte
assez bien garnie qu'il avait. O béni sois-tu, digne amateur qui, sous la forme d'une douzaine de vessies, repré-
sentas la Providence auprès de Marilhat et fus la cause
indirecte de beaucoup de chefs-d'œuvre.

Notre artiste, à qui M. Hugel avait proposé de faire le
voyage des Indes-Orientales, et qui n'avait pas accepté,
passa quelques mois tout seul, tantôt à Alexandrie, tantôt à Kanka, à Rosette et au Caire, où étaient restés le

docteur et le naturaliste prussien, qui, tous deux, avaient trouvé à se placer avantageusement au service du pacha, dont il fit le portrait, non sans peine, car « ce diable d'homme » voulait être peint sans poser, prétention assez gênante pour la ressemblance, qui fut pourtant réussie. Il eût bien voulu en faire une copie, mais il lui fallut se contenter d'un croquis fait à la hâte et en cachette. Pendant tout ce temps, Marilhat fit des portraits pour vivre et des études pour apprendre. Ses portraits lui étaient payés 500 francs, et ce chiffre flattait son amour-propre. — Il peignit aussi deux décorations pour un théâtre bourgeois d'Alexandrie, où il y avait « des actrices bien jolies. »

Il resta là tout l'hiver, n'osant pas revenir en France, de peur de geler, car, dit-il, « depuis mon séjour en Orient, je suis devenu si frileux, que, même ici, je souffre beaucoup du froid de l'hiver, si doux cependant. Que serait-ce donc, si j'arrivais en France dans cette saison ? » Nous aussi, nous avons éprouvé ce frisson en revenant de Constantine, au mois d'août, après un long bain de soleil à quarante-huit degrés. Une houppelande doublée de peau d'ours dans laquelle nous nous étions enveloppé ne nous empêchait pas de claquer des dents sur le quai de Marseille, et nous ne sommes pas encore réchauffé !

Les fragments que nous avons cités donnent une idée assez complète de l'itinéraire suivi par Marilhat, à l'exception de son voyage dans la Haute-Égypte qu'il annonce plusieurs fois, et dont sa correspondance ne contient pas de description, bien que sa *Vue des ruines de Thèbes* et d'autres dessins montrent que le voyage a été accompli. Mais peut-être que les lettres confiées aux mains peu sûres des fellahs se seront égarées, ou Marilhat, énervé par « ce mou climat d'Orient, » n'aura pas écrit.

Ce que nous avons détaché de cette correspondance écrite au vol de la plume à de proches parents, sans le moindre soupçon de publicité, fait voir, à travers sa négligence, que Marilhat eût pu acquérir comme écrivain le nom qu'il a conquis comme peintre ; son style est net, coloré, rapide ; ses descriptions, aidées par l'œil exercé de l'artiste, ont une précision caractéristique des plus rares ; chaque objet est attaqué par son angle saillant, chaque touche posée à sa place et du premier coup : il a dans son style une grande puissance de réalisation plastique. Pour bien écrire un voyage, il faut un littérateur avec des qualités de peintre ou un peintre avec un sentiment littéraire, et Marilhat remplit parfaitement ces conditions ; c'était du reste un esprit vif, clair, plein d'activité et de feu, légèrement ironique et se plaisant aux lectures choisies : Montaigne, Cervantes et Rabelais étaient ses auteurs de prédilection ; il aimait à parler et parlait bien. Ses conversations roulaient en général sur des théories d'art tantôt paradoxales, tantôt profondément sensées, suivant son humeur, qu'il développait avec beaucoup de verve et d'éloquence ; l'art fut l'idole de sa vie et la consuma tout entière.

Dans le *post-scriptum* de plusieurs de ses lettres, il parle avec une sollicitude inquiète du sort de son tableau envoyé au Salon avant son départ, et demande l'avis de Cicéri et de Camille Roqueplan, et plus tard, lorsqu'on lui marque que quelques-unes de ses études apportées en France ont été comparées à celles d'Isabey par des connaisseurs, il se récrie, quoique le compliment l'ait touché au vif : « Isabey est un habile peintre, et je ne suis qu'un jeune croûton ! »

Revenu à Paris après une si longue absence, que devait prolonger encore un voyage en Italie, projet qui ne s'accomplit pas, Marilhat se posa tout de suite au pre-

mier rang par son tableau de la *Place de l'Esbekieh.*
Decamps revenait, lui aussi, de son pèlerinage, et lançait, à travers les ruelles crayeuses de Smyrne, cette *Pa-*
*trouille turque* qui courait si vite, que son ombre ne pouvait la suivre sur les murailles. La peinture avait ses
*Orientales* comme la poésie.

Une des gloires de Marilhat fut de conserver son originalité en présence de Decamps. Ces deux talents sont
des lignes parallèles voisines, il est vrai, mais qui ne se
touchent point ; ce que l'un a de plus en fantaisie, l'autre le regagne en caractère. Si la couleur de Decamps
est plus phosphorescente, le dessin de Marilhat a plus
d'élégance. L'exécution, excellente chez tous deux, l'em-
porte en finesse chez le peintre enlevé si jeune à sa
gloire et au long avenir qui semblait devoir l'attendre.

A *la Place de l'Esbekieh* succédèrent le *Tombeau du*
*scheick Abou-Mandour,* la *Vallée-des Tombeaux à Thèbes,*
le *Jardin de la Mosquée,* les *Ruines de Balbeck,* et d'autres chefs-d'œuvre d'une nouveauté, d'un éclat et d'une
puissance extraordinaires.

Puis Marilhat fut pris de maladie du style, maladie
que les jeunes paysagistes, revenus dans leurs ateliers,
gagnent en regardant les gravures d'après Poussin. La
plupart en meurent ou restent malades toute leur vie.
Notre Égyptien, habitué aux fléaux, à la peste, au choléra, à la dyssenterie, et d'ailleurs violemment médica-
menté par une critique intelligente, survécut et rentra
dans sa parfaite santé pittoresque.

Au salon de 1844, qui, si cette expression peut s'étendre à la peinture, fut le chant du cygne de Marilhat, il
envoya huit tableaux, huit diamants : un *Souvenir des*
*bords du Nil,* un *Village près de Rosette,* une *Ville d'É-*
*gypte au crépuscule,* une *Vue prise à Tripoli,* un *Café sur*
*une route en Syrie,* etc.

Le *Souvenir des bords du Nil* est peut-être le chef-d'œuvre du peintre, nous dirions presque de la peinture. Jamais l'art du paysagiste n'est allé plus haut ni plus loin. C'est si parfait, que le travail n'a laissé aucune trace. Ce tableau semble s'être peint tout seul comme une vue répétée dans une glace. Nous en avons écrit jadis une description que nous reproduisons ici comme prise sur le fait. « Les teintes violettes du soir commencent à se mêler à l'azur limpide du ciel, où la lune se recourbe comme une faucille d'argent. Des tons de turquoise et de citron pâle baignent les dernières bandes de l'horizon, sur lequel se détachent en noir les colonnes sveltes et les élégants chapiteaux d'un bois de palmiers plantés sur une rive qui forme une ligne de démarcation entre le ciel et l'eau, miroir exact qui en réfléchit les teintes. Dans l'ombre de cette rive commencent à scintiller quelques points lumineux, étoiles de la terre qui s'éveillent à la même heure que celles de là-haut. Un troupeau de buffles s'avance dans le fleuve pour s'abreuver ou le traverser à la nage. Dans le ciel, un essaim de grues vole en formant le V ou le delta. On ne peut rien rêver de plus calme, de plus taciturne et de plus mystérieux. Il règne dans cette toile une fraîcheur crépusculaire à tromper les chauves-souris. »

Comme la plupart des peintres, Marilhat eut trois manières : la première, qui se rapporte aux tableaux exécutés en Orient même ou d'après des études faites sur place, a quelque chose d'imprévu, de violent et de sauvage. On y sent passer le souffle orageux du Khamsin et ruisseler les rayons fondus du soleil d'Égypte. Tout un cycle d'œuvres où palpitent des souvenirs immédiats, ou du moins très-vifs encore, se rattache à ce genre. Puis vient la seconde manière, celle du style historique, dans laquelle l'artiste, averti à temps, n'a fait heureusement que très-peu de tableaux. La troisième est probablement celle qui satisfera davantage les amateurs. Marilhat, pendant cette période, se préoccupait de l'exécution à un point excessif. Il apportait le plus grand soin au choix de ses panneaux et de ses couleurs; il grattait, il ponçait, il se servait du rasoir, glaçait, reglaçait, et employait toutes les ressources matérielles de l'art. Jamais tableaux n'ont été l'objet de tant de précautions; il laissait quelquefois une teinte sécher trois mois avant de revenir dessus; aussi avait-il toujours une grande quantité d'ouvrages en train. Pour nous, et les artistes seront de notre avis, nous préférons sa première manière, moins parfaite sans doute, mais plus hardie.

On a bien voulu nous montrer les études et les tableaux que Marilhat a laissés à sa mort, ou plutôt dès le commencement de sa funeste maladie, à un état d'ébauche plus ou moins avancé.

Nous sommes entré dans la petite chambre qui les renferme empilés les uns sur les autres, ou tournés contre la muraille, avec un sentiment de profonde tristesse : un autre tombeau avait le corps du pauvre grand artiste, mais là était enterrée son âme. Ce que nous avons vu a doublé nos regrets. Pourquoi faut-il que le pinceau se soit échappé si tôt de cette main sans rivale? Tout l'Orient nous est apparu dans ces esquisses et ces ébauches étincelantes ; déserts arides, vertes oasis, caroubiers au feuillage luisant, palmiers aux grappes rouges, villes aux coupoles d'étain, minarets élancés comme des mâts d'ivoire, fontaines aux arcades dentelées, ruines massives, caravansérail qu'encombre une foule brillante et bigarrée, caravanes aux types variés et bizarres, défilés de chameaux profilant sur l'horizon fauve leurs cous d'autruche et leurs dos gibbeux; buffles difformes descendant à l'abreuvoir ou se vautrant dans la vase, sauvages habitants du Sennâar pareils à des statues de jais, temples à moitié enterrés dans le sable, rien n'y manque. Ce qu'il y a de singulier dans ces tableaux, c'est que les portions peintes sont parfaitement achevées, quoique le reste de la toile soit laissé en blanc. L'exécution de Marilhat était si sûre, que tout coup portait. De simples frottés à la terre de Cassel ont la perfection du travail le plus patient. Cette certitude de main, soutenue par une pratique incessante et des études immenses, lui permettait de peindre très-vite sans tomber dans le désordre, les bavochures, le gâchis et le tumulte de l'esquisse. Son tableau semblait fait derrière la toile. Il ne le peignait pas, il le découvrait.

Cependant, soit désir de la perfection, soit mobilité d'esprit, il n'a produit relativement à sa fécondité qu'un petit nombre d'œuvres terminées, bien qu'il ait travaillé avec un acharnement et une assiduité sans exemple.

Cette chambre ne contient pas moins de deux ou trois cents toiles commencées et menées jusqu'à un certain point d'exécution. Les moins faites ne sont pas les moins belles. Il serait à souhaiter que la famille de Marilhat fît une exposition de son œuvre complète, tableaux, dessins, études, et l'on verrait quel grand peintre la France a perdu dans ce jeune homme mort si déplorablement, et à qui elle eût pu épargner un chagrin. Marilhat, après cette radieuse exposition de 1844, croyait avoir mérité la croix, — il ne pensait pas que ce fût un hochet; — on lui donna nous ne savons plus quelle médaille qui se distribue aux demoiselles qui font des bouquets de fleurs et des intérieurs vertueux. Il en conçut une mélancolie qui altéra son esprit, déjà si troublé, et précipita sa fin, dès longtemps prévue.

(REVUE DES DEUX MONDES, 1<sup>er</sup> juillet 1848.)

# THÉODORE CHASSÉRIAU

NÉ EN 1819 — MORT EN 1856

A Paris, la vie moderne, telle que la civilisation moderne l'a faite, est une bataille si acharnée, qu'à peine
a-t-on le loisir de regarder qui tombe autour de soi. De
temps à autre un combattant se retire, votre ami le plus
cher peut-être, la main sur sa blessure, et dit à ceux de
son rang : « Continuez ; ce n'est rien ; » ou bien même
garde un silence stoïque et va chercher hors de la mêlée
un pan de mur écorné par les boulets derrière lequel il
puisse mourir à peu près tranquille. Il est des âmes
héroïques qui ont la pudeur de la mort et se couvrent de
leur manteau pour dérober à tous les yeux le mystère
de leur heure suprême. Théodore Chassériau fut un de
ces vaillants ; nul ne l'entendit se plaindre : quand il
fut touché de la balle invisible, tout le monde l'ignora ;
on le croyait plein de force et d'avenir, et nous-même,
son ancien camarade, nous qui avions vu naître sa jeune
gloire rayon à rayon, et dont la voix enthousiaste le con-
sola plus d'une fois aux jours de découragement, nous
n'avons appris la triste nouvelle que par hasard, dans
la rue, au seuil du Théâtre-Italien. Cruelle ironie ! amère

discordance! vous allez entrer insoucieux dans un lieu plein de joie, de lumière et de bruit, un doigt glacé vous arrête, un petit souffle vous chuchote à l'oreille : « Ton ami est mort ! »

Quelle existence horrible que celle où, entraîné dans le tourbillon des choses, l'on peut innocemment applaudir une cantatrice lorsque le cercueil se ferme sur une tête chère! on a le remords, et l'on n'est pas coupable pourtant! le coupable, c'est le monde! le monde qui, avec ses terribles exigences, ne laisse plus de temps ni de place à la vie du cœur : — ton ami était pâle hier, il semblait fatigué, malade; mais le drame à entendre, le livre à feuilleter, la page à finir! et lui-même ne s'enferme-t-il pas pour achever cette vaste toile, honneur futur de l'exposition prochaine? Ce tableau, c'est la grande médaille d'or, c'est le simple ruban rouge qui se noue en rosette à l'habit noir, c'est le noble triomphe sur les rivaux et sur les détracteurs; ne volons pas des heures précieuses qui se changeront en siècles de gloire; et d'ailleurs, l'humble feuilleton qu'une visite interrompait, c'est le pain de la table, la flamme du foyer, la lueur de la lampe, l'aisance et la sécurité de la famille!

Chacun a quelque implacable nécessité qui lui met sous le nez sa main pleine de clous d'airain, et l'on se rue aveuglément, sauvagement, car il faut vaincre ou périr! Comment entendre, dans ce tumulte, le lent soupir du malade et le grésillement de la veilleuse qui agonise avec lui à son chevet. Les sanglots des parents s'étouffent sous les mouchoirs trempés de larmes, et la lettre à bordure funèbre vous arrive parmi des journaux, des billets de théâtre, des invitations à dîner, mille frivolités de la vie qui semblent indécentes ce jour-là.

Ç'a été, à Paris, une douloureuse surprise que cette mort si soudaine, si inattendue, si brutalement hâtée ! Eh quoi ! ce jeune homme si vivace, si robuste en apparence, qui jamais n'avait dit « je souffre, » brisé, emporté, disparu, sans qu'on ait eu la triste douceur des adieux éternels ! Mais l'autre jour il me montrait dans son atelier une délicieuse *Sainte Famille* d'un sentiment tout nouveau ; mais, accoudé à la cheminée de marbre blanc à la dernière soirée, il causait avec cette verve incisive et pittoresque qui le caractérisait ; mais au sortir de l'Opéra j'ai fumé un cigare avec lui sur le boulevard, au clair de lune, en discourant de musique italienne et de musique allemande. Oui, hier vivant — aujourd'hui mort. C'est toujours ainsi. Cette fois personne n'y voulait croire ; il a bien fallu le croire cependant et s'acheminer derrière le corbillard, après s'être agenouillé à Notre-Dame de Lorette, vers la funèbre colline, Calvaire du cœur que nous gravissons, depuis quelques années, bien souvent, hélas !

Théodore Chassériau est mort à trente-sept ans — comme Raphaël, dans la plénitude de la vie et du talent, possédant encore tout le feu de la jeunesse et déjà toute l'expérience de l'âge mûr. Il savait et pouvait. Parti d'Ingres, ayant traversé Delacroix comme pour colorer son dessin si pur, il était depuis longtemps lui-même un maître, et tout dernièrement nous signalions son influence sur les plus hardis élèves de l'école de Rome. Un charme secret nous attirait vers lui, et souvent l'on nous a accusé de partialité à son endroit, partialité qui n'était qu'une avance de justice et dont nous sommes fier aujourd'hui comme d'une divination. Jamais nature ne nous fut plus sympathique ; nous aimions chez lui l'homme autant que le peintre, et le peintre autant que l'homme. L'amour du beau, l'horreur du commun, le

dédain du succès vulgaire, le souci perpétuel de l'art,
l'énergie de la conviction, la persistance au travail, le
dévouement aux siens, la religion de la famille, l'incor-
ruptible probité du cœur et de l'esprit : telles étaient
les qualités qu'il cachait sous l'apparence élégante et
spirituelle d'un homme de la meilleure compagnie.

Nous avons connu Théodore Chassériau tout jeune :
notre première rencontre eut lieu dans une vieille maison de l'impasse du Doyenné, démolie pour faire place
aux pavillons neufs du Louvre, et qui servait alors de
nid à une couvée de poëtes et de peintres ; manquant du
nécessaire, nous avions jugé à propos de nous accorder
le superflu et de donner un bal où les rafraîchissements
seraient remplacés par des fresques. En quelques jours
le salon fut couvert de peintures, et réellement nous
faisions, sans le savoir, acte d'une magnificence que
bien peu de capitalistes pourraient aujourd'hui se permettre. Les inconnus qui, montés sur des échelles et
couronnés de roses, esquissaient chacun une fantaisie
sur le panneau qui lui était dévolu, étaient Marilhat,
Chassériau, Corot, Adolphe Leleux, Célestin Nanteuil,
Camille Rogier, Lorentz, tous noms sortis de l'ombre
qui les baignait encore. Gérard de Nerval les regardait
et donnait des conseils. — Théodore avait peint une
Diane au bain avec ses nymphes, d'un charme sauvage
et d'une grâce étrange, qui nous frappa singulièrement.
Depuis, nous ne perdîmes pas de vue un instant ce talent dont la verdeur acide devait en mûrissant produire
de si beaux fruits, et à chaque salon nous faisions ressortir de notre mieux les beautés neuves, les inventions
hardies, l'originalité de style et la grande manière du
jeune artiste. Tableau à tableau, nous avons décrit tout
son œuvre avec une exactitude passionnée et une admiration profondément sentie. — Rien n'y manque, ni la

*Suzanne au bain*, ni la *Vénus Anadyomène*, ni l'*Andro-
mède au rocher*, ni les *Troyennes au bord de la mer*, ni
le *Christ au jardin des Oliviers*, ni la *Cléopâtre*, ni les
*Femmes de Constantine*, ni le *Kaïd visitant un douair*, ni
le *Scheik faisant enlever les morts du champ de bataille*,
ni la *Sapho se jetant à la mer avec sa lyre*, ni la *Bai-
gneuse*, marbre grec colorié de vie moderne, ni le *Tepi-
darium*, une fresque antique dérobée au mur de Pompeï,
ni la *Défense des Gaules*, toile héroïque, suprême effort
de l'artiste. Les grandes peintures murales de Chassériau :
la chapelle de Sainte-Marie l'Égyptienne à Saint-Merry ;
l'escalier de la cour des comptes, la chapelle baptismale
de Saint-Roch, l'hémicycle de Saint-Philippe du Roule,
ont été pour nous le sujet d'articles spéciaux, et nous
avons du moins cette consolation de n'avoir pas attendu
que notre ami fût mort pour le louer. Nos éloges, il a
pu les lire, et ils n'ont pas été jetés sur sa pierre, comme
de sèches couronnes d'immortelles.

De même que M. Ingres, son ancien maître, Théodore
Chassériau excellait à crayonner en quelques heures des
portraits à la mine de plomb, qui sont autant de chefs-
d'œuvre. D'un trait donné en apparence au hasard, il
fixait une physionomie d'une manière magistrale.

Sa mémoire était fidèle comme son affection, et ce
fut de souvenir qu'il fit de madame E. de Girardin, dont
le salon nous réunissait autrefois presque tous les soirs,
un portrait d'une ressemblance à la fois idéale et vraie,
où l'âme est dans les yeux et l'esprit sur les lèvres, le
seul que les amis de l'aimable femme reconnaissent
et gardent au fond de la petite chapelle des reliques
sacrées.

Il dort maintenant à l'ombre du sépulcre, l'ardent
artiste qui aimait tant le soleil, et que l'Afrique nous
renvoya ivre de lumière, fasciné de couleur, éperdu

de la vie du désert. Abd-el-Kader, Bou-Maza, le bey de Constantine étaient ses amis. Aussi, un Arabe en grand burnous noir, à la chachia retenue par des cordelettes en poil de chameau, suivait son convoi avec la gravité de la douleur orientale, et de sa main brune tatouée de versets du Coran, jetait de l'eau bénite au cercueil, et suspendait une couronne jaune à la chapelle mortuaire.

(Moniteur, 15 octobre 1856.)

# ZIEGLER

NÉ EN 1804 — MORT EN 1856

Ziegler pouvait avoir de cinquante-trois à cinquante-quatre ans, quoiqu'il parût moins âgé : sa haute taille, sa construction athlétique, sa face puissamment modelée, ses cheveux abondants et noirs, où peu de fils argentés se montraient, ses dents superbes, ses yeux d'un noir brillant, pleins de vie et d'intelligence, faisaient croire chez lui à une de ces carrières d'artiste à la Titien, qui ont besoin de la peste pour ne pas se continuer au delà du siècle.

Nous n'aurons pas grand'chose à dire sur sa vie intime, mais nous l'avons beaucoup connu comme artiste, et de longues conversations, auxquelles il savait donner un charme particulier, car c'était un merveilleux causeur, nous ont fait pénétrer dans le secret de sa pensée. Les idées et les œuvres ne sont-elles pas la vraie vie de l'artiste? Les accidents plus ou moins bourgeois qui peuvent la varier dans une civilisation si rigoureusement précise que la nôtre, et si bien mise à l'abri de toute aventure, n'offrent jamais un intérêt bien vif. On n'y trouve pas ces romans à péripéties singulières, si fré-

quents parmi les existences des peintres du seizième
siècle. Tout le drame est dans le cerveau.

Ce fut à l'école d'Ingres, sous ce maitre enthousiaste
c sévère, dont tous les élèves ont gardé le culte et
comme la crainte, quelque renom qu'ils aient acquis
d'ailleurs, que Ziegler apprit les principes et la pratique
de son art. Cette discipline austère lui a donné le goût
de la ligne, le souci du style et le parti pris des grandes
localités, simples et dégagées de tout détail superflu,
et la netteté d'exécution qui caractérisent les élèves
d'Ingres.

Le début de Ziegler au salon de 183... fut très-remar-
qué : c'était *le Giotto* dans l'atelier de Cimabué. On
n'a pas encore oublié cette charmante figure du jeune
pâtre à demi vêtu d'un bout de haillon et d'une peau de
chèvre, qui d'un air de profonde rêverie regardait les
miniatures d'un grand missel, et semblait comme ébloui
à ce premier rayonnement de l'art. Ainsi qu'il arrive à
beaucoup de peintres, Ziegler donna là comme la fleur
de son talent; il eut plus de science, mais non plus de
charme en ses autres œuvres. Là, pour la première fois,
union qui le séduisait, il appliqua la chaude couleur
vénitienne par larges touches sur le contour précis d'Ingres. Les lumières s'effaçaient peut-être trop dans les
demi-teintes, mais l'aspect était harmonieux et doux à
l'œil, et, pour beaucoup, Ziegler est encore suffisamment
désigné par « l'auteur du *Giotto.* »

Au *Giotto* succéda le *saint Georges* combattant le dragon.

Saint Georges, couvert d'or de la nuque au talon, perce
de sa lance le monstre qui se renverse dans son agonie et
couvre d'écume le poitrail du cheval monté par le saint
guerrier. Cette armure était une merveille d'exécution,
un véritable trompe-l'œil : elle brillait d'un éclat si neuf,

elle était si polie, si fourbie, si illuminée de reflets, si
étoilée de clous, elle faisait si bien miroir, que l'or du
cadre paraissait faux à côté ; la tête du saint Georges,
quoique fort belle et très-bien peinte, ne pouvait lutter
contre cette splendeur métallique, et l'accessoire nuisait
ici au principal ; car il est plus facile de faire vivre ce
qu'on appelle la nature morte, que d'animer la nature
vivante ; — mais ce n'était pas un défaut à la portée de
tout le monde que cette armure dont Giorgione eût pu
revêtir l'un de ses chevaliers.

Puis vient le *saint Luc* peignant le portrait de la
Vierge, grande et magistrale peinture, un peu trop sys-
tématiquement large peut-être, mais d'un bel aspect. La
robe du saint, taillée en dalmatique, témoignait déjà par
sa coupe et les ornements de ce penchant d'archéologie
si remarquable plus tard chez Ziegler.

Le *Daniel dans la fosse aux lions* est un des plus heureux tableaux de l'artiste. Toutes ses qualités s'y trouvent, ses défauts n'y paraissent pas : — le prophète se
tient debout, les yeux levés vers le ciel, les yeux blancs
d'extase, sans prendre aucun souci de la fauve société
qui se roule autour de lui au fond de l'antre. Les lions
avaient été peints par Ziegler avec une fidélité zoologique
à charmer un naturaliste. Il s'était plu à rendre ces
mufles puissants, aux yeux d'un jaune métallique, au
front montueux, au profil presque humain dans leur
nimbe de crins échevelés, ces pattes lourdes aux os énormes, aux muscles formidables, onglées de poignards
rétractiles. Mais ce qu'il y avait de plus beau, c'était un
ange blanc comme ceux de Swedenborg, aux traits fiers
et charmants, à la chevelure blonde, dont les fils d'or
s'embrouillaient avec les rayons de l'auréole. Cette adorable figure, phosphorescente de lumière, ayant pour
ombres des reflets argentés, offre un type angé'ique en-

tièrement neuf et demeure la plus heureuse création du peintre.

Vers cette époque à peu près, il arriva à Ziegler une de ces fortunes rares qu'un artiste peut attendre en vain toute sa vie : il obtint l'hémicycle de la Madeleine, — une place immense et magnifique dans un des plus riches monuments de Paris. Il fit ses esquisses, ses cartons, et se prépara par de consciencieuses études de perspective à ce grand travail. Ziegler, qui était possédé de la curiosité de l'art, avait connu, par des voyages en Allemagne, l'école idéaliste de Munich et de Dusseldorf, et il fit, le premier en France, une composition philosophico-humanitaire, dans le genre des cartons que Chenavard, puisant aux mêmes sources, dessina plus tard pour la décoration projetée du Panthéon. C'était alors une nouveauté piquante que de voir Napoléon, emporté par son aigle comme Jupiter, mêler son manteau impérial constellé d'abeilles d'or aux dalmatiques des saints et aux tuniques flottantes des anges. — D'autres personnages significatifs de l'histoire figuraient aussi dans cette vaste composition cyclique dont Cornelius n'aurait pas désavoué l'idée première, et qui se recommandait par un aspect mat de fresque et de véritables qualités de peinture murale. Cet hémicycle assure contre l'oubli le nom de l'auteur, dont l'œuvre est peu nombreux, car il se distrayait en toutes sortes de recherches et de travaux.

Dans un de nos salons, — celui de 1847, — le seul qu'on ait réuni en volume, — nous trouvons ces lignes que nous transcrivons, parce qu'elles rendent avec fidélité l'impression du moment et qu'on ne peut les soupçonner de complaisance posthume. — Il s'agit de la *Judith* exposée par l'artiste :

« L'instant choisi est celui où l'héroïne, transportée d'enthousiasme, approche des murailles de Béthulie. —

Dans l'exaltation du triomphe, elle a marché vite et sans doute laissé en arrière sa servante au pas alourdi.

Sous un ciel épais comme l'ivresse, noir comme la mort, et que zèbrent à sa portion inférieure quelques estafilades rouges que l'on prendrait pour des coups de sabre, l'aurore, qui se lève louche et sanglante sur une crête de collines sombres, sert de fond à la figure de Judith, qui d'une main tient le glaive, et de l'autre élève la tête d'Holopherne, qu'elle semble montrer aux habitants de Béthulie.

M. Ziegler a cherché pour sa Judith un type oriental et cruel, qu'il a réalisé à souhait; cette femme au corps souple et vigoureux, au teint de bistre, aux cheveux et aux sourcils bleus, aux grands yeux sauvages cernés d'antimoine, aux lèvres arquées fièrement, malgré sa beauté incontestable, nous semble une mortelle de bien farouche approche, et Holopherne au moins n'a pas été pris en traître.

La tête du malheureux général assyrien que brandit la virago, a encore quelque reste de frisure à la barbe, et une natte, à moitié défaite, se mêle à ses cheveux coagulés par le sang : détail ingénieux, qui montre que la mort a surpris Holopherne au milieu d'une nuit de débauche.

Une tunique brune, serrée par une ceinture de cuir, et laissant voir, par-dessus, une robe blanche richement brodée à la poitrine, quelques coraux dans les cheveux et au col, forment à l'héroïne de Béthulie une toilette très-pittoresque, mais peut-être un peu trop simple, surtout si l'on songe que, d'après le texte de la Bible, Judith s'était parée de ses plus riches ornements. Mais trop de luxe d'étoffes et de pierreries aurait sans doute dérangé la gamme sobre et l'effet austère que l'artiste avait choisis, car il excelle à peindre ces dé-

tails et à leur donner la réalité la plus surprenante,
comme peut en faire foi la poignée du glaive sur lequel
s'appuie la main de Judith, et dont l'or soutient le voisinage de la dorure du cadre qu'elle touche presque.

Outre sa Judith, M. Ziegler a exposé une *Vision de
Jacob*, où le rêve biblique est interprété d'une façon nouvelle. — Le jeune pasteur, étendu sur un lit de mousse
et de gazon, répand ses cheveux d'or comme les flots
d'une urne sur la pierre qui lui sert d'oreiller ; le sommeil a jeté sa poudre sous les yeux baissés du dormeur,
qui voit seulement des yeux de l'âme.

Ceci est la partie réelle du tableau, et tout y est peint
avec une conscience destinée à faire valoir la partie fantastique et vaporeuse ; — les rayons du soleil dorent
ce premier plan avec une intention peut-être trop marquée.

A partir de là, nous faisons un *voyage dans le bleu*,
mais dans un bleu d'un outre-mer plus foncé que celui
du Tieck. Toute la vision est illuminée par une lumière
de grotte d'azur dont il est très-difficile d'apprécier la
vérité. — Dans cette atmosphère de feux de Bengale se
déroule toute une théorie de figures angéliques montant et descendant l'échelle mystérieuse ; ces esprits révèlent l'avenir au dormeur en lui présentant divers symboles.

Le moment choisi est celui où passe le groupe des
anges portant les emblèmes des arts : la houlette des pas-
teurs, la gerbe du laboureur, les grappes de la vigne,
les fruits des jardins précèdent les figures qui tiennent
les symboles de la musique, de l'architecture et de l'art
céramique. — O grès de Voisinlieu, que faites-vous ici ?
— Viennent ensuite les anges représentant la peinture,
la sculpture, la gravure, la poésie : puis enfin, sur un
plan éloigné, à demi noyés dans la vapeur, des anges

voilés qui révéleront à Jacob les arts à venir encore igno-
rés de nous. »

On voit, par cette conception digne d'être peinte à
fresque sur quelque monument de Munich, l'Athènes ba-
varoise, glyptothèque, ou pinacothèque, combien l'idéalité allemande avait séduit Ziegler.

Ajoutez à cela une *Courtisane vénitienne* peignant ses
cheveux, une tête de *Léda*, *la Rosée*, un *Phidias et
Phryné*, vous aurez à peu près tout l'œuvre connu du
peintre. — Nous ne parlons pas de quelques tableaux
officiels auxquels il n'attachait pas, lui-même, grande
importance. Cependant ce n'est pas là tout ce qu'il a
fait ; son atelier, sanctuaire mystérieux dont il n'entre-
bâillait pas volontiers la porte, renferme un assez grand
nombre de morceaux, compositions, esquisses, fragments, études, toiles terminées, où l'esprit inquiet de
l'artiste cherchait la perfection par les voies les plus diverses.

Nous avons parlé tout à l'heure des grès de Voisinlieu.
— Ziegler avait un cerveau encyclopédique, comme la
plupart des artistes de la renaissance. Il touchait
à tout dans les choses de l'esprit, et sa curiosité vagabonde profitait, peut-être un peu au détriment de son
art, des loisirs que lui faisait une médiocrité dorée. — Il
s'était épris de céramique, et ce caprice nous valut un
bel ouvrage théorique et une foule de vases en grès d'un
galbe exquis et d'une fantaisie charmante ; — car, différent de beaucoup de songeurs, il rêvait et pratiquait.
Nous nous souvenons d'avoir passé deux ou trois jours
avec lui à Voisinlieu, dans la fabrique qu'il dirigeait. —
Il était là, au milieu de ses pétrissoirs, de ses roues de
potier, de ses moules, de ses fours, de ses creusets, passionné comme Bernard Palissy pour les *rustiques figu-
lines,* sans être obligé de jeter, faute de bois, ses meubles

dans la fournaise ; il cherchait alors pour les vases un
vernis métallique, qu'il a trouvé depuis, qui donnât du
ton et de la dureté à la pâte et ne couvrit pas les détails
délicats de l'ornementation. Tout le monde a pu admirer, aux vitrines des magasins, ces belles poteries, qui
n'avaient que le défaut d'être trop chères. Tout en en-
fournant ses pièces, Ziegler nous développait ses théories
sur le point de départ des formes céramiques, théories
très-ingénieuses et très-subtiles, que nous reprodui-
sîmes dans un article. — Du reste, Ziegler lui-même a
fait sur ce sujet un beau livre, illustré de planches magnifiques, que les amateurs peuvent consulter.

Quand ce n'était pas la céramique qui l'occupait,
c'était quelque cosmogonie bizarre, quelque théorie nouvelle de la lumière et des couleurs, quelque recherche
de procédé perdu, quelque invention chimique. Les
fragments insérés dans l'*Artiste* montrent quelles recherches il apportait dans l'emploi des couleurs, ne
posant un ton que d'après ses rapports exacts. Il avait
aussi des idées particulières sur l'architecture, dont il
variait les lignes droites et les symétries trop froides par
une suite de brisures ou de motifs alternés qu'il appelait
*la loi d'interséquence.* — Plus tard il voulut retrouver le
secret de ces vases myrrhins, espèce de verre diapré
aux teintes d'opale, de nacre et de burgau, que l'antiquité payait des sommes fabuleuses, les croyant entaillés
dans des gemmes d'une rareté chimérique, qu'on ne
trouvait que par d'heureux hasards au fond de l'extrême
Orient ; et un jour il nous apporta de Choisy-le-Roy un
morceau de verre qu'il avait obtenu de certains mé-
langes, et qui était nué de plus de teintes que l'arc-en-
ciel ; au moyen âge Ziegler eût été alchimiste ; il y avait
chez lui du souffleur hermétique. — La clarté du siècle
où nous vivons ne laisse pas s'entasser assez d'ombre

dans les laboratoires pour que le microcosme y puisse écheveler ces éblouissants rayons qui illuminent la formidable eau-forte de Rembrandt. — Sans cela il eût travaillé au grand œuvre comme Raymond Lulle, comme Flamel, comme Paracelse, comme Agrippa, ou même comme Van Dyck, qui eut la folie de chercher l'or ailleurs que sur sa palette.

(L'Artiste, 1857.)

# INGRES

NÉ EN 1781 — MORT EN 1867

La vie d'un artiste est dans son œuvre, aujourd'hui
surtout que la civilisation par son développement a diminué les hasard des existences et réduit presque à rien
l'aventure personnelle. La biographie de la plupart des
grands maîtres des siècles passés contient une légende,
un roman, ou tout au moins une histoire ; celle des
peintres et des sculpteurs célèbres de notre temps peut
se résumer en quelques lignes : luttes obscures, travaux
dans l'ombre, souffrances courageusement dévorées, renommée discutée d'abord, reconnue enfin, plus ou
moins récompensée, de grandes commandes, la croix,
l'Institut ; à part quelques victimes tombées avant l'heure
du triomphe, et à jamais regrettables, tel est, sauf un
petit nombre de détails particuliers, le fond obligé de
ces notices. Mais si les faits y tiennent peu de place, les
idées et les caractères en occupent une grande : les
œuvres suppléent les incidents qui manquent,

Ingres (Jean-Auguste-Dominique) est né à Montau-
ban, en 1781. Il a donc, à l'heure qu'il est, soixante-
seize ans. Jamais vieillesse plus verte ne fut plus robus-

tement portée, et l'on peut hardiment promettre à
l'illustre maître d'atteindre et de dépasser la vie séculaire du Titien.

Il existe d'Ingres un portrait peint par lui-même en
1804. L'artiste s'est représenté debout devant son chevalet, un coin de manteau jeté sur l'épaule : la main
droite tient un crayon blanc, la gauche se replie contre
la poitrine ; la tête, de trois quarts, regarde le spectateur. On dirait que le peintre se recueille dans sa foi et
sa volonté avant d'attaquer la toile.

Les traits, malgré leur jeunesse, — l'auteur avait alors
vingt-quatre ans, — sont très-fermement accentués ;
les cheveux, d'un noir énergique, se séparent sur le
front en boucles mouvementées et rebelles. Les yeux
bruns ont un éclat presque sauvage ; un sang riche colore les lèvres, et le teint, comme hâlé par un feu intérieur, rappelle cette nuance ambrée et fauve qu'affectionnait Giorgione : un col de chemise rabattu fait valoir
par une large touche blanche la chaude localité des
chairs. La teinte neutre dont on peint les murs des ateliers remplit le fond.

Il y a dans ce portrait une force de vie singulière : la
sève puissante de la jeunesse y déborde, quoique déjà
contenue par la volonté. Le maître apparaît derrière l'é-
lève. Ceux qui accusent Ingres de froideur n'ont certes
pas vu cette figure si vivace, si âpre, si robuste, qui
semble vous suivre de son regard noir, obstiné et profond. C'est un de ces portraits inquiétants avec lesquels
on n'est pas seul dans une chambre ; car une âme vous
épie par le trou de leurs prunelles sombres.

Nous aimons beaucoup les images des artistes illustres
tracées au début de leur vie, quand la gloire n'avait pas
encore couronné leur front plein de rêves ; elles sont
rares d'ailleurs : on ne s'occupe guère de fixer et d

multiplier leur ressemblance que lorsque les années sont
venues, apportant la célébrité avec elles.

Ce portrait promet tout ce que l'artiste a tenu. Foi
ardente, courage inébranlable, persistance que rien ne
rebute. On découvre dans ces lignes nettes, dans ces
méplats accusés, dans cette forte charpente, un génie
opiniâtre, têtu même, — n'a-t-on pas dit que le génie est
fait de patience? — dont la devise semble être : *Etiam si
omnes, ego non.* En effet, rien n'a pu détourner du culte
de la beauté pure cet enthousiasme, solitaire si longtemps, ni le pédantisme classique, ni l'émeute romantique : il a mieux aimé attendre la réputation que de
l'acquérir hâtivement, en se conformant aux doctrines
à la mode. A une époque de doute, de mollesse, d'incer-
titude, il a *cru,* sans un moment de défaillance : la Nature, Phidias, Raphaël, ont été pour lui une sorte de
trinité de l'art, d'où résultait pour unité l'idéal.

Mettez un froc à la place du manteau, et vous aurez un
jeune moine italien du moyen âge, un de ces moines qui
deviennent cardinaux ou papes ; car ils ont la puissance
de suivre toute leur vie une idée unique.

Maintenant regardons le portrait du maître souverain,
comblé d'ans et d'honneurs, qui a régné despotique-
ment sur une école fanatisée, adoré et craint comme un
dieu. Les cheveux, qui ne comptent encore qu'un petit
nombre de fils blancs, gardent toujours la raie au milieu
de la tête, en l'honneur du divin Sanzio, comme une
espèce de marque mystérieuse par laquelle le dévot
se consacre à son idole. Quelques plis transversaux ont
rayé le front légèrement ; quelques veines dessinent
leurs rameaux sur les tempes moins couvertes ; une
chair compacte et solide élargit les plans primitifs et
modèle puissamment les formes indiquées par le premier portrait : la bouche s'est attristée à ses angles de

deux ou trois rides moroses, mais l'œil conserve une immortelle jeunesse ; il regarde toujours le même but : — le beau.

Remplacez par un camail d'hermine le paletot moderne, et cette tête aux lignes sévères, à la coloration énergique, sculptée, mais non détruite par l'âge, pourra figurer parmi les prélats romains à un conclave, à une cérémonie de la chapelle Sixtine. Si nous insistons sur cette idée, c'est que la religion de l'art, dont il fut le prêtre le plus fervent, a donné à Ingres un aspect vraiment pontifical : il a toute sa vie gardé l'arche sainte, et porté les tables de la loi.

Ordinairement les biographies d'artistes commencent par le récit des obstacles qu'élève la famille contre la vocation. Le père qui désire un notaire, un médecin, ou un avocat, brûle les vers, déchire les dessins et cache les pinceaux. Ici, point d'empêchement de ce genre : chose rare ! le projet du fils se trouva d'accord avec le vœu paternel. L'enfant eut du papier, des crayons rouges et un portefeuille d'estampes à copier ; il apprit aussi la musique et à jouer du violon. Peintre ou musicien ! cet avenir n'effrayait nullement ce brave M. Ingres père. Il faut dire, pour expliquer ce phénomène, qu'il était lui-même musicien et peintre: Le jeune Ingres fut mis à l'atelier chez un M. Roques, de Toulouse, élève de Vien ; mais ce fut, plutôt encore que l'enseignement de ce maître, la vue d'une copie de la *Vierge à la chaise*, rapportée d'Italie, qui décida de son avenir. L'impression reçue fut ineffaçable, et l'enfant devenu homme ne l'oublia jamais : elle domine encore sa vie après plus de soixante ans écoulés.

Quelques années plus tard, il vint à Paris, entra chez David, obtint au concours un second prix qui l'exempta de la conscription ; puis, en 1801, un premier prix :

« Achille recevant dans sa tente les députés d'Agamemnon, » qu'on peut voir à l'Académie des beaux-arts, et
qui le contient déjà tout entier. Bien que lauréat, il ne
partit pas tout de suite pour cette ville éternelle, qui
devait lui être comme une seconde patrie : les finances
de l'État étaient épuisées, et les fonds manquaient pour
la pension des élèves. Il attendit donc l'instant propice,
travaillant, dessinant d'après l'antique et le modèle, au
musée et chez Susse, copiant les estampes des maîtres,
se préparant à la gloire lointaine par de fortes et sérieuses études.

Enfin, le voilà dans cette Rome où, avant lui, un autre
maître austère, Poussin, s'était si bien acclimaté, oubliant presque la France au milieu des chefs-d'œuvre
de l'antiquité. Cette atmosphère imprégnée d'art, si favorable au travail recueilli et solitaire, lui convenait
admirablement. Il s'y fortifia dans le silence, loin des
coteries et des systèmes, et se fit de son atelier un
sorte de cloître où n'arrivaient pas les bruits du monde.
— Il vivait seul, fier et triste ; mais chaque jour il pouvait admirer les loges et les stances de Raphaël, et cela
le consolait de beaucoup de choses. Bientôt après il
épousa la femme qu'on lui avait envoyée de France, et
qui, par un hasard providentiel, se trouva être précisément la femme qu'il eût choisie. On sait avec quel infatigable dévouement madame Ingres écarta de son mari
toutes ces petites misères qui taquinent le génie et le dis-
trayent ; elle lui cacha le côté douloureux de la vie, et lui
créa un milieu de calme et de sérénité, même dans les
situations les plus difficiles. Sûr d'atteindre son but tôt
ou tard, Ingres, quoiqu'il vît sa peinture peu goûtée ou
méconnue tout à fait, s'obstinait à suivre la voie où il
était entré, et souvent la gêne rôda autour du ménage et
s'assit sur le seuil ; — une telle misère est glorieuse, et

l'on peut en parler. A Florence, le peintre dont maintenant les toiles se couvrent d'or fut obligé pour vivre de
faire des portraits à des prix dérisoires, et il n'en trouvait pas toujours.

Jamais artiste ne poussa plus loin le dédain de l'argent
et de la gloire facile ; il élaborait longuement ses tableaux, et savait attendre l'heure de l'inspiration pour
des œuvres qui devaient durer toujours. Dans le public
l'on est porté à croire que le peintre du *Vœu de
Louis XIII*, du *Plafond d'Homère*, de la *Stratonice*, n'a
pas le travail rapide : c'est une erreur. Ce pinceau si
savant et si sûr de lui-même ne donne pas un coup qui
ne porte, et souvent en une journée Ingres peint de la
tête aux pieds une grande figure, où nul autre que lui
ne saurait reprendre un défaut. Mais un artiste de cette
conscience et de cette force ne se contente pas de peu.
Le bien ne lui suffit pas ; il cherche le mieux, et ne s'arrête qu'à cette limite où l'imperfection des moyens humains arrête les génies les plus absolus dans la poursuite de l'idéal. Ainsi, des tableaux commencés au début
de sa carrière n'ont reçu que tout récemment la dernière main ; mais ceux qui ont eu le bonheur de les voir,
ne trouvent pas que l'artiste ait mis trop de temps à les
faire, quoiqu'ils soient restés quarante ans peut-être sur
le chevalet.

*L'Odalisque*, commandée en 1813 par la reine Caroline
de Naples, acquise en 1816 par M. Pourtalès, dont elle
a longtemps illustré la galerie, et appartenant aujour-
d'hui à M. Goupil, qui n'a pas voulu que ce chef-d'œuvre
sortît de France, fut la première toile qui attira l'attention sur le maître ignoré dans sa patrie. L'effet produit
aurait pu décourager une conviction moins robuste : on
n'apprécia pas cette exquise perfection de dessin, ce
modelé si savant et si fin, ce grand goût qui mariait la

nature choisie aux plus pures traditions de l'antiquité.
— L'*Odalisque* fut trouvée *gothique*, et l'on accusa le
peintre de vouloir remonter à l'enfance de l'art. Nous
n'inventons pas, croyez-le bien, ce jugement étrange. —
Les barbares qu'imitait Ingres, au dire des critiques de
1817, c'étaient tout bonnement André Mantegna, Léonard de Vinci, Pérugin et Raphaël, gens, comme on
sait, laissés infiniment en arrière par le Progrès. — Plus
tard, on reprocha aussi aux romantiques de faire re-
brousser la langue jusqu'à Ronsard.

Le *Vœu de Louis XIII*, auxquel Ingres travailla trois
ans, força enfin l'admiration rebelle. En effet, depuis le
peintre d'Urbin, jamais plus noble et plus fière madone
n'avait présenté enfant Jésus plus divin à l'adoration des
anges et des hommes. L'artiste français avait pris place,
par ce chef-d'œuvre, parmi les grands Italiens du seizième siècle. Les anges soulevant les rideaux, les enfants portant les tablettes, la figure du roi, vu de
dos et ne montrant qu'un profil perdu au-dessus d'un
grand manteau fleurdelysé, dont les plis traînaient sur
les dalles, étaient exécutés avec un style et une maës-
tria dont la tradition s'était perdue pendant plus de
deux siècles.

En 1824, Ingres fut décoré de la Légion d'honneur, et,
en 1825, admis à l'Institut. L'*Apothéose d'Homère*, au
salon de 1827, où figuraient la *Naissance de Henri IV*
d'Eugène Devéria, et le *Sardanapale* d'E. Delacroix,
consacra la gloire de l'artiste si longtemps méconnu.
Il conquit dès lors dans une région sereine, au-dessus
des disputes d'école, une place à part qu'il a gardée depuis et que personne n'est tenté de lui disputer. Il s'y
maintient avec une tranquillité majestueuse — *pacem
summa tenent* — n'entendant du monde lointain qu'un
vague murmure, cultivant le beau sans distraction ;

étranger à son temps et vivant avec Phidias et Raphaël
cette vie éternelle de l'art, qui est la vraie, puisque de
toute civilisation disparue il ne reste souvent qu'un
poëme, une statue ou un tableau.

Chose qui paraîtra singulière d'abord, mais que nous
allons expliquer tout de suite. Le maître sévère fut ar-
demment soutenu par les romantiques, et il compta plus
de partisans enthousiastes parmi la nouvelle école que
dans l'Académie. Ingres, quoiqu'il puisse sembler classique à l'observateur superficiel, ne l'est nullement ; il
*remonte* directement aux sources primitives, à la nature,
à l'antiquité grecque, à l'art du seizième siècle ; nul
n'est plus fidèle que lui à la *couleur locale.* Son *Entrée
de Charles V à Paris* ressemble à une tapisserie gothique, sa *Francesca de Rimini* a l'air d'être détachée
d'un de ces précieux manuscrits à miniatures où s'épuisait la patience des imagiers, son *Roger et Angélique* a la
grâce chevaleresque du poëme de l'Arioste, sa *Chapelle
Sixtine* pourrait être signée Titien ; quant aux sujets antiques, tels que l'*OEdipe*, l'*Apothéose d'Homère*, la *Stratonice*, la *Vénus Anadyomène*, on ne les concevrait pas
peints d'une autre manière par Apelle, Euphranore ou
Xeuxis. Ses *Odalisques* rendraient jaloux le sultan des
Turcs, tant les secrets du harem semblent familiers à
l'artiste. Nul non plus n'a mieux exprimé la vie moderne,
témoin cet immortel portrait de M. Bertin de Vaux qui
qui est la physiologie d'un caractère et l'histoire d'un
règne. S'il sait plisser admirablement une draperie
grecque, Ingres n'arrange pas moins heureusement un
cachemire et il tire un merveilleux parti de la toilette
actuelle: ses portraits de femme l'attestent.

Ainsi, quel que soit le sujet qu'il traite, Ingres y apporte une exactitude rigoureuse, une fidélité extrême de
couleur et de forme, et n'accorde rien au poncif acadé-

mique ;.et si,.dans le portrait d'histoire de Cherubini, il
introduit Polymnie étendant la main sur un front inspiré, il laisse néanmoins sa perruque et son carrick au
vieux maëstro.

Ingres, lorsqu'il peint. un sujet antique, fait comme
un poëte qui, voulant faire une tragédie grecque, remon-
terait à Eschyle, à Euripide, à Sophocle, au lieu d'imiter
Racine et ses copistes.

En ce sens il est romantique — bien que pour la foule
tout homme qui représente des scènes de l'histoire ancienne ou de la mythologie soit classique — et il ne faut
pas s'étonner qu'il ait compté de nombreux adeptes
parmi la nouvelle école.

Le *Martyre de saint Symphorien*, que Michel-Ange et
Jules Romain eussent admiré, n'eut pas le bonheur de
plaire au public français à l'Exposition de 1834. La tête
sublime du saint, le geste magnifique de la mère, les
tournures superbes des licteurs n'obtinrent pas grâce
pour le coloris, qui avait la teinte mate, sobre et forte des
fresques des grands maîtres. — L'artiste, justement ir-
rité, se retira dans la direction de l'école française à
Rome comme sous une tente d'Achille, et il se livra à
l'enseignement de son art avec cette autorité que nul
professeur ne posséda comme lui. Ses élèves l'adoraient
et le craignaient, et tous les jours il y avait dans l'école
des scènes passionnées et pathétiques, des brouilles
et des raccommodements. Ingres parle de son art avec
une singulière éloquence ; il a, devant Phidias et devant Raphaël, des effusions, des élans lyriques qu'on
aurait dû sténographier ; d'autres fois, plus calme,
il émet des maximes et des conseils qu'il est toujours bon de suivre, et qui, sous une forme abrupte,
concise et bizarre, contiennent toute l'esthétique de la
peinture.

Son influence a été profonde et se continue. Hippolyte Flandrin, Amaury Duval, Lehman, Ziegler, Chassériau, furent ses élèves les plus remarquables ; et on peut
dire que chacun, dans la sphère de son talent, a fait
honneur au maître.

A l'Exposition universelle de 1855, les travaux d'Ingres
furent exposés dans une salle à part, chapelle privilégiée
de ce grand jubilé de la peinture, et les adorateurs du
beau y vinrent de tous pays.

Les bornes de cet article ne nous permettent pas de
passer en revue tout l'œuvre du maître ; nous avons voulu
plutôt considérer l'artiste en général. Malgré quelques
bizarreries de détail, nous aimons cette personnalité
entière, cette vie une et consacrée sans réserve à l'art,
cette recherche du beau que rien ne peut troubler. —
Les esprits à systèmes, religieux, politiques ou philosophiques diront sans doute qu'Ingres ne sert aucune
idée ; c'est en quoi sa supériorité éclate : l'art est le
but et non le moyen, et jamais il n'en exista de plus
élevé. Tout poëte, statuaire ou peintre qui met sa plume,
son ciseau ou sa brosse au service d'un système quelconque, peut être un homme d'État, un moraliste, un
philosophe, mais nous nous défierons beaucoup de ses
vers, de ses statues et de ses tableaux ; il n'a pas
compris que le beau est supérieur à tout autre con-
cept. Platon n'a-t-il pas dit : Le beau est la splendeur du
vrai ?

A toutes les qualités d'Ingres on pourrait en joindre
encore une. Il a conservé le secret, perdu aujourd'hui,
de rendre dans toute sa pureté la beauté féminine. —
Voyez l'Iliade et l'Odyssée, l'Angélique, l'Odalisque, le
portrait de madame de Vauçay que le grand Léonard eût
signé, la muse de Cherubini, la Vénus Anadyomène, la
Stratonice, les Victoires de l'apothéose de Napoléon, et

enfin la Source, pur marbre de Paros rosé de vie, chef-d'œuvre inimitable, merveille de grâce et de fraîcheur, fleur d'un printemps de Grèce éclose sous le pinceau de l'artiste à un âge où la palette tombe des mains les plus vaillantes.

(L'ARTISTE, 1857.)

# PAUL DELAROCHE

NÉ EN 1797 — MORT EN 1856

Autrefois, nous avons assez rudement malmené Paul Delaroche. C'était à une époque où la polémique d'art se faisait à fer émoulu et à toute outrance, — heureux temps! — Qui se passionne aujourd'hui pour ou contre un poëte, un peintre, un compositeur? ces belles colères et ces chaudes admirations n'existent plus. Nous haïssions d'une haine esthétique et sauvage Paul Delaroche que nous n'avions jamais vu; nous en aurions mangé et il nous eût semblé *bon*, comme l'évêque de Quebec au jeune Peau-Rouge. Quelle était la cause de cette aversion profonde? Casimir Delavigne de la peinture, par de sages concessions, par de prudentes hardiesses, par une sorte de romantisme bourgeois, il compromettait et détournait le grand mouvement conduit par Victor Hugo et Eugène Delacroix. Ses tableaux, arrangés comme des dénoûments de tragédies, et d'une extrême propreté d'exécution, faisaient ameuter la foule autour d'eux. Il se livrait à un moyen âge coquet, lustré, ciré, minutieusement exact dans les petites choses, à ravir d'aise les philistins. De toutes parts, on nous disait : « Que deman-

dez-vous? il ne fait pas de Grecs ni de Romains, celui-là. »
Mais nous avions découvert la jambe d'Achille dans la
botte à chaudron de Cromwell, et le torse d'Hyacinthe
sous le surcot des enfants d'Édouard.

Aussi quels cris, quelle rage! il fallait nous voir, les
griffes et la crinière au vent, bondissant dans notre bas
de journal, comme une bête fauve qu'on agace dans sa
cage! — Les montagnards du parti, les pâles, les ba-
sanés, les verdâtres, les chevelus, les moustachus, les
barbus, ceux à fraise et à pourpoint, nous criaient : —
Bien rugi, lion!

Beaucoup d'années se sont écoulées depuis; — en rappelant ce souvenir, si nous sourions de ces saintes fureurs de notre jeunesse, nous ne les renions en aucune
manière. L'idée pure nous inspirait; un amour sans
bornes de l'art nous poussait, et le danger que nous signalions n'était nullement chimérique. La violence de
nos attaques pouvait nous donner tort dans la forme;
nous, nous avions raison au fond. Notre tâche était haute,
nous plaidions la cause du génie méconnu contre le talent populaire; et fanatique comme tout croyant, nous
tâchions de briser l'idole de la foule, pour élever sur
son socle la statue du vrai Dieu.

Depuis, tout en restant fidèle à nos doctrines, nous
avons reconnu l'esprit ingénieux, la patiente étude, la
ferme persévérance de l'artiste. Nous avons admiré,
comme tout le monde et plus que tout le monde, ce
merveilleux petit chef-d'œuvre, l'*Assassinat du duc de
Guise*, tableau d'histoire d'une étonnante fidélité,
épreuve photographique de toute une époque, prise à
travers les siècles, dessin rétrospectif qu'on croirait fait
par un témoin oculaire.

(L'Artiste, 1857.)

. . . . . . . . . . . . . . . . . .

Bien que Paul Delaroche ait joui d'une réputation pour
laquelle le mot d'européenne serait trop faible, et qu'on
pourrait dire, sans exagération, universelle, ce n'est
point un paradoxe d'avancer qu'il est peu connu : parmi
la génération actuelle, ils sont en petit nombre ceux qui
ont vu des tableaux de ce maître, que les belles gravures
éditées par Goupil, qui lui avait consacré une espèce de
culte, ont rendu si populaire depuis 1831. Il avait fui
l'arène tumultueuse du Salon ; il s'était même abstenu
à la grande exposition de 1855, où les maîtres de
France et de l'étranger avaient apporté leurs titres de
gloire.

L'exposition des œuvres de Paul Delaroche au palais
des Beaux-Arts fut presque inédite, pour la plupart des
visiteurs à qui les œuvres récentes du peintre sont assurément inconnues, s'ils ont vu ou se rappellent ses œuvres anciennes.

Nous aimons cette exhibition solennelle où l'artiste
mort, avant d'entrer définitivement dans la postérité,
expose loyalement et franchement ses toiles, depuis la
première jusqu'à la dernière, depuis son premier bégaie-
ment dans l'art jusqu'à son mot suprême.

Il s'agit donc ici d'un jugement sérieux dans lequel le
respect dû à une mémoire illustre se concilie avec la
sévérité nécessaire en de telles questions, qui intéressent
le présent et l'avenir de l'art.

Loin de nous l'idée de vouloir diminuer l'une des
gloires de la France ! Cependant il est bon de ne pas céder à un engouement très-explicable d'ailleurs, et de
prendre au nom du grand art quelques réserves contre
des tendances qui ne doivent pas être encouragées.

Paul Delaroche n'est pas né peintre ; il n'a pas le don

comme l'ont eu la plupart des maîtres du seizième siècle, pour ne pas chercher d'exemple parmi les contemporains ; l'art n'est pas chez lui cette fleur naturelle qui
s'épanouit spontanément au printemps de la vie et couronne le front de Raphaël. Delaroche ne produit pas tout
jeune et d'une manière presque inconsciente des chefs-
d'œuvre que son âge mûr aura de la peine à surpasser,
si même il les égale. Il n'a pas le sentiment inné de la
forme, encore moins celui de la couleur, ni ce tempérament impérieux du peintre, qui se trahit dès les premiers
barbouillages de l'enfant. Mais il possède à un haut
degré la volonté intelligente ; il dirige vers un but choisi
toutes les qualités persistantes de son esprit ; il étudie,
il travaille, il corrige, il améliore, il ne s'arrête qu'à son
extrême limite, et il repart reposé et plus fort, après
une halte méditative. — Jamais le mot latin si souvent
cité : « *Labor improbus omnia vincit,* » ne fut plus honorablement applicable ; mais, malgré le dicton, il n'est pas
vrai que le travail acharné vienne à bout de tout ; il faut
aussi la grâce, dans le sens chrétien : les œuvres seules
ne sauvent pas.

Contrairement aux peintres nés, à qui le thème de
composition fut presque indifférent, et qui firent des
centaines de chefs-d'œuvre avec deux ou trois données
insignifiantes, Paul Delaroche s'est toujours préoccupé
du sujet outre mesure. En cela l'on peut dire qu'il fut
bourgeois : il chercha l'intérêt, chose tout à fait secondaire en art. Si le visiteur d'une galerie, en s'arrêtant
devant un tableau, au lieu de le regarder et d'en jouir,
feuillette d'abord son livret pour s'enquérir de la scène
historique ou de l'anecdote représentée, vous pouvez
dire, sans crainte de vous tromper :

Cet homme, assurément, n'aime pas la peinture.

Delaroche a beaucoup trop pensé à ces visiteurs-là. La
pureté du dessin, la force ou la finesse du modelé, l'harmonie de la couleur, l'imitation de la nature, idéalisée
par le style, importent autrement que la curiosité ou le
choix du fait. Là est le seul, le vrai, l'éternel sujet de
la peinture. L'on a dans ces derniers temps confondu
l'idée littéraire avec l'idée pittoresque : rien n'est plus
dissemblable. Si l'on disait qu'une nature morte de Chardin, représentant une raie, un paquet de céleri, un
chaudron ou un pot de grès, contient souvent cette idée
pittoresque qui manque à de vastes compositions cy-
cliques, palingénésiques, philosophiques, historiques,
ethnographiques et prophétiques, on étonnerait peut-
être bien des gens du monde ; mais, à coup sûr, l'on
surprendrait fort peu les artistes, très-convaincus d'a-
vance de cette vérité. En France, le sentiment plastique
n'existe presque pas ; le beau par lui-même intéresse
peu. Devant un torse grec, sans tête, sans bras et sans
jambes, divin fragment qui chante l'hymne de la forme
pure dans sa muette langue de marbre, la foule passe
froide et distraite, pour s'amasser devant une toile dont
l'explication tient une page de petit texte dans la brochure du Salon.

Aussi le succès de Paul Delaroche auprès de ce public
ainsi fait fut-il immense, toutes les fois qu'il lui laissa
voir ses toiles. Il a mis le drame dans la peinture. Chacun de ses tableaux est un cinquième acte de mélodrame
ou de tragédie, au bas duquel on pourrait écrire comme
indication finale : « La toile tombe. »

La forme dramatique est la forme préférée par notre
nation ; elle va à son esprit net, exact, positif : Paul Delaroche fut très-français en cela. Il avait les goûts qu'il
servit à souhait. Au fond, la ligne d'Ingres déplaît autant
au public que la couleur d'Eugène Delacroix. A deux

points de vue opposés, ces deux maîtres font de l'art pur,
c'est-à-dire que pour l'un le contour est la chose importante, comme le ton pour l'autre. Ils n'amusent pas cette
classe nombreuse qui lit un tableau comme un roman
de Walter Scott.

Il est singulier d'avancer, d'un homme arrivé dans son
art à tous les honneurs possibles, qu'il s'est trompé de
vocation en choisissant la peinture qui lui a valu tant de
renommée; mais après trois visites à l'exposition du
palais des Beaux-Arts, nous ne pouvons nous empêcher
de croire que Paul Delaroche aurait réussi bien davantage au théâtre. Là était son vrai talent. Quelle adresse
et quelle habileté de mise en scène! quelle entente du
groupe dramatique, et même, pour tout dire, quel jour
de rampe sur toutes ces morts et ces décapitations!

Une chose frappante, et que fait ressortir de la façon
la plus significative l'exposition du palais des Beaux-Arts,
c'est le progrès non interrompu de l'artiste à mesure
qu'il avance dans son œuvre : le mérite de ses tableaux
pourrait se classer par dates, et qui voudrait prendre le
meilleur, n'aurait qu'à emporter le dernier : si l'existence séculaire du Titien lui avait été accordée, il serait
devenu indubitablement un grand peintre. Il y a quelque
chose de touchant dans cette opiniâtreté intelligente et
réfléchie, qui marche vers la perfection d'un pas lent,
mais sûr, sans se décourager jamais, comprenant ce qui
lui manque et tâchant de l'acquérir, et venant presque
à bout, dans la *Jeune martyre noyée*, de produire un
véritable chef-d'œuvre après tant de faux chefs-d'œuvre!
— A l'heure où pour beaucoup la décadence a commencé
depuis longtemps, Paul Delaroche s'élevait, s'élevait
toujours.

Pour comprendre combien grand est l'espace parcouru,
il faut regarder, plus longtemps qu'ils ne le méritent

peut-être, les tableaux de la première salle, les plus anciens en date, et l'on verra avec quels aveugles tâtonnements, quelles incertitudes laborieuses, quelles anhélations pénibles la volonté du peintre se fraye sa route à travers les obstacles. La seule intention bien visible encore, c'est le sujet, qui resta toujours la préoccupation de Paul Delaroche. — *Joas sauvé d'entre les morts, la mort du président Duranti, la mort d'Élisabeth, la scène de la Saint-Barthélemy, la mort d'Augustin Carrache, Jeanne d'Arc malade, interrogée par le cardinal de Winchester,* accusent cette recherche de scènes funèbres ou violentes; le dessin est mou, la forme veule ou boursouflée, la couleur plombée ou criarde. La composition seule se fait remarquer par son arrangement ingénieux ou théâtral; — tels qu'ils sont, à l'époque où ils ont été exposés, ces tableaux ont dû frapper l'attention de la foule, s'ils ne satisfaisaient pas le goût sévère des connaisseurs. Paul Delaroche les trouva sans doute plus mauvais que personne, car nul plus que lui n'eut la lucidité critique à l'endroit de ses œuvres.

*Le cardinal Richelieu* traînant Cinq-Mars et de Thou derrière sa barque sur le Rhône, *le cardinal Mazarin* suivant une partie de cartes de son lit, marquent déjà un grand progrès chez l'artiste : l'arrangement des deux tableaux est spirituel; la couleur, malgré des transparences outrées et des tons qui font lanterne, ne choque pas trop désagréablement les yeux; les physionomies des personnages ont assez le caractère du temps, les costumes sont exacts; la *pensée* se comprend tout de suite, et les deux cadres reproduits en estampes à la manière noire forment pendants sur les murs de plus d'un salon bourgeois.

Nous croyons que là était la forme naturelle du talent de Delaroche; l'histoire épisodique, traitée dans cette

dimension, convenait à son pinceau, plus fin que large :
la *Mort du duc de Guise*, son chef-d'œuvre peut-être, en
est la preuve. — Ici on ne peut que louer ; cette tête
efféminée et pâle qui sort d'une porte pour regarder
timidement le grand cadavre gisant à l'autre bout de la
chambre, assassiné par des ruffians coupe-jarrets, produit une impression des plus dramatiques dans le meilleur sens du mot. C'est vrai comme une scène de Shakspeare. Les fonds, par leur réalité minutieuse, donnent
de la réalité à la scène qui a dû se passer réellement
ainsi. Les personnages sont campés sur la hanche comme
des spadassins et semblent faits d'après nature par un
contemporain. Jamais la couleur locale de l'époque ne
fut mieux ni plus fidèlement reproduite.

La *Jane Gray* est une toile romantique à la façon de
Casimir Delavigne, avec lequel Paul Delaroche avait du
reste plus d'un rapport ; le peintre et le poëte pouvaient
se prêter des sujets de tragédies et de tableaux ; ils entendaient l'art de la même manière. Aussi tous deux
ont-ils emporté de leur vivant ce succès populaire que
n'obtient pas toujours l'art sérieux : il y a beaucoup
d'adresse dans cette peinture : la paille destinée à boire
le sang de la victime sur l'échafaud fait trompe-l'œil,
et plus d'un spectateur est tenté d'en tirer un brin à
lui ; les petites mains d'un ton de cire de la Jane Gray
qui se tendent en avant et semblent chercher le billot,
ont produit autrefois une grande impression sur la sensibilité philistine, et peut-être même le produisent-elles
encore ; le satin blanc de la jupe est aussi fort beau,
très-bien cassé à ses plis, miroité de lumières nacrées et
rehaussé d'ombres blondes. — La figure de la suivante
qui s'évanouit et s'appuie à une colonne rappelle, par le
costume et l'ajustement, certaines figures d'Holbein ;
quoiqu'elle manque d'épaisseur et s'aplatisse comme

une découpure de papier sur le fond grisâtre, elle ne manque ni de finesse ni de sentiment ; le maillot violet du bourreau est vide, et les jambes qu'il est censé revêtir ne se trahissent par aucun détail anatomique. Cependant le contraste de ce col mignon et de cette lourde hache fait frissonner, et il sera toujours difficile, sinon impossible, de faire comprendre à un public français que cette scène si émouvante ne constitue pas de la bonne peinture, et que la moindre esquisse d'un Vénitien de la décadence, Tiepolo, Montemezzano, Fumiani, ou tout autre dont le nom n'est pas écrit ou prononcé une fois en dix ans, satisfait bien davantage aux conditions de l'art : ce défaut est la cause du succès de Delaroche. Chez un peuple littéraire avant tout, il n'a pas peint, il a écrit ses tableaux, et les motifs pour lesquels nous le blâmons sont précisément les causes de sa réussite.

Toutefois il serait injuste de ne pas constater un immense progrès accompli entre la mort d'Élisabeth et la Jane Gray. Ici, du moins, l'artiste fait ce qu'il veut ; il rend sa conception d'une manière absolue : le maître apparaît.

Le *Strafford* afflige l'œil par l'abus des noirs, qui ont un fâcheux ton de cirage : les coloristes savent rompre habilement, avec des glacis et des reflets, cette teinte qui boit la lumière et dont on doit éviter l'emploi autant que possible. Van Dyck a très-souvent peint des personnages vêtus de noir, sans tomber dans cet excès ; il évite cette nuance d'encre violâtre, et lui donne une chaude harmonie en rapport avec les blancs dorés des linges et des collerettes. Ces défauts disparaissent à la gravure, qui ne laisse voir que la disposition habile de la composition.

Dans la *Sainte Cécile*, Paul Delaroche semble avoir subi l'influence d'Ingres, ou, pour mieux dire, des an-

ciens maîtres italiens. Il remplit d'une couleur claire un
contour nettement arrêté ; mais il ne possède ni la pureté
de dessin, ni la finesse de modelé, ni la naïveté gothique
qui font le charme de ces imitations archaïques ; — il
ne peut intéresser par l'expression de la seule beauté :
il lui faut un sujet, une scène. Les anges qui tiennent
l'orgue sur lequel la sainte en extase laisse errer ses
doigts, ne sont que jolis ; ils n'ont pas cette idéalité séraphique des figures de Fiesole, du Pérugin et de Gian-
Bellini. Mais, en revanche, le dessin teinté de pastel
composé pour un vitrail, et représentant sainte Amélie
offrant sa couronne à la Vierge, est une chose charmante, digne en tout point d'être gravée par Cala-
matta.

A cette période se rattache la *Jeune Italienne et son
enfant :* Paul Delaroche essaye du style et de la ligne : il
cherche le contour sévère et cette mâle couleur bistrée
des grands maîtres de l'école romaine ; il y a dans cette
peinture d'éminentes qualités ; mais, comme nous l'a-
vons dit déjà, ces sujets, excellents pour des peintres de
race, ne conviennent pas à Delaroche ; ils ne sont pas
assez significatifs.

*Les Joies d'une mère* sont exécutées dans cette manière
sèche et découpée à l'emporte-pièce ; les cheveux roux
nattés de rubans cerise et s'échappant en ondes sur des
chairs roses, dénotent une intention d'harmonie qu'un
Vénitien eût réalisée en se jouant, mais qui se ternit à
l'œil sous un pinceau moins coloriste.

*La reine Marie-Antoinette* à la Conciergerie pèche par
cet abus de noir, dont nous parlions tout à l'heure. Le
noir, comme le rouge, comme le vert, comme le bleu,
comme toute autre nuance, a ses clairs, ses demi-teintes,
ses ombres ; il ne fait pas, parmi les objets qui l'entou-
t, cette tache absolument opaque ; il s'y relie par des

reflets, par des rappels, par des ruptures ; autrement il
creuse un trou dans le tableau. La tête de la reine est
fort belle et pleine de dignité. L'artiste a osé la peindre
avec ses cheveux prématurément blanchis, ses yeux
rougis par les larmes, ses marbrures et ses fatigues.
Nous regrettons seulement qu'une main molle, sans os,
sans articulations, presse le long de la jupe un mouchoir
blanc semblable à un flocon d'écume. Parmi les figures
à demi voilées d'ombres qui moutonnent dans l'étroit
couloir sur le passage de la reine, exprimant les unes la
pitié, les autres la haine, celles-ci une indifférence bes-
tiale, celles-là une curiosité stupide, il y a des types
bien observés et bien rendus ; le vif sentiment du drame
qui caractérise Delaroche se fait sentir dans cette foule
admirablement groupée.

L'idée de représenter Napoléon sur un mulet devait
séduire et a séduit en effet l'artiste ingénieux à la recherche de l'incident, du détail, de l'anecdote. Nous aimons
mieux la conception épique de David, mais la foule est
charmée par ce *fac simile* ; c'est ainsi, en effet, que le
héros a dû traverser les Alpes, précisément en cet équi-
page, conduit par un guide, à travers une neige qui, en
s'écartant, ne laisse pas voir inscrits sur le rocher les
noms d'Annibal et de César.

La tête de *Napoléon à Fontainebleau* a de la ressemblance, du style et de la profondeur, mais croyez que
M. Prudhomme admire principalement les taches de
boue des bottes impériales. Qui faut-il blâmer? Le peintre
ou M. Prud'homme ?

Les derniers tableaux de Paul Delaroche dénotent
d'énormes progrès. Ses *Girondins* sont une chose excellente. Dans les proportions d'une toile de genre,
l'artiste a su faire un vrai tableau d'histoire, sans
emphase, sans rhétorique, sans fausse poésie. Il a sur-

monté avec un goût infini les difficultés qu'offrait le costume de l'époque, il a donné à chaque tête sa ressemblance, son expression, ses mœurs pour ainsi dire. — Quant à la *Jeune martyre romaine noyée dans le Tibre*, cette tête pâle, éclairée de son auréole, a un reflet de grâce corrégienne. — Les petits drames intimes de la passion, quoiqu'on puisse leur reprocher de rabaisser à l'humanité des souffrances divines, sont pleins de sentiment, d'une couleur tendre et vague, d'une touche suave, d'un effet attendri, et montrent que l'artiste arrêté par la mort entrait dans une sphère nouvelle.

Plusieurs dessins au crayon, ou relevés de pastel, méritent d'être cités avec éloges ; ce sont de vrais dessins de maître, auxquels la couleur n'ajouterait rien, et qu'elle gâterait peut-être.

Le portrait de M. Guizot est célèbre, et l'on vante beaucoup celui de M. Thiers, mais nous leur préférons le portrait de M. E. Pereire ; le masque est d'une étonnante finesse de modelé dans son harmonie grise, et les mains sont peut-être les plus étudiées qu'ait peintes l'artiste.

En sortant de cette exposition, l'on entrait dans l'hémicycle où se fait la distribution des prix : une vaste peinture murale se déroule sous la coupole, éclairée par un jour égal et doux. La gravure de Henriquel-Dupont a rendu cette belle composition trop familière à toutes les mémoires pour qu'il soit nécessaire de la décrire. La peinture murale a cet avantage d'agrandir la manière des artistes. Il semble qu'au contact de la pier.e la peinture devienne plus robuste. — Paul Delaroche, sans atteindre au style des peintres dont il a si énergiquement groupé les portraits sur les bancs de marbre de cette académie idéale, a ici des qualités de dessin et de couleur

qu'on ne saurait méconnaître ; mais combien la réduc-
tion modifiée est supérieure à l'original !

Maintenant, quelle sera la place de Paul Delaroche
dans l'avenir ? il sera en peinture ce que Casimir Delavigne est en poésie.

(L'ARTISTE, 1858.)

# ARY SCHEFFER

NÉ EN 1795 — MORT EN 1858

Il faut que les jeunes gens redoublent de travail et
d'efforts pour maintenir la France à cette place souveraine qu'elle occupe dans les arts. Ils ont bien des vides
à remplir parmi la phalange sacrée où la mort semble
frapper de préférence les plus célèbres. Tel n'était hier
que soldat qui se trouve aujourd'hui capitaine ; il s'agit
de ne pas laisser péricliter l'honneur du drapeau. Mais,
hélas ! la vie est ainsi faite, et voici bien des siècles que
Glaucus l'a dit :

Comme les feuilles dans les bois, ainsi vont les races des hommes.
Le vent jette à terre et dessèche les feuilles, et au printemps
Il vient d'autres feuilles, d'autres bourgeons.
— Ainsi la race humaine ! celui-là vient, l'autre passe.

Nous n'avons pas connu l'homme personnellement, et
nous le regrettons, car c'était une des figures les plus
remarquables de ce siècle, que la postérité comptera
parmi les époques climatériques du génie humain ; mais
les courants de la vie nous ont emporté ailleurs, et
cette physionomie manque à notre Panthéon. Ceux qui

l'ont vu nous disent qu'il avait une belle tête romantique, passionnée et ravagée comme on peut se figurer celle de Faust, basanée de ton, argentée sur la fin par de longues mèches de cheveux blancs et des touffes de barbe grise, avec une expression rêveuse, mélancolique et spiritualiste, tout à fait en rapport avec la nature de son talent. Chose rare, il ressemblait à son idée, et il ne faisait pas dire de lui, comme beaucoup d'artistes qui n'en sont pas moins grands pour cela : « Je me le figurais autrement. »

Les débuts d'Ary Scheffer remontent à cette période de glorieuse renaissance qui vit éclore à la fois Eugène Devéria, Bonnington, E. Delacroix, Louis Boulanger, Decamps, Roqueplan, Saint-Evre, Poterlet, Paul Huet, Cabat, Th. Rousseau, David d'Angers, A. Préault et tant d'autres vaillants champions de la liberté dans l'art ; Ary Scheffer fut un des premiers à rompre avec la vieille tradition académique : son origine allemande lui rendait d'ailleurs le romantisme aisé et comme naturel. Tous les esprits étaient alors tournés vers la Grèce combattant pour conquérir son indépendance ; chaque poëte, chaque peintre, par un chant ou par un tableau, témoignait de cette généreuse préoccupation. Ary Scheffer peignit les *Femmes souliotes ;* on sait que ces héroïnes, pour se soustraire à la brutalité des bandes d'Ali-Pacha, se précipitèrent du haut d'un rocher ; c'était là un beau sujet pour la peinture. Ary Scheffer le traita avec une fougue de coloriste, une liberté de brosse, beaucoup plus surprenantes alors que maintenant, et y mit en outre une grâce passionnée, une sentimentalité pathétique qu'on peut admirer encore aujourd'hui. Comme beaucoup de maîtres, Ary Scheffer eut deux manières, mais la première n'offre presque pas de rapport avec la seconde, et pourrait appartenir à un autre peintre. — Dans cette

première manière, il cherchait la couleur, usait et abu-
sait du bitume, procédait par touches heurtées, et gardait à ses toiles l'apparence de l'ébauche. — La poésie,
l'inspiration, le sentiment, semblaient lui paraître préférables à une correction laborieuse. C'était, pour employer un mot dont le sens se comprenait plus clairement
autrefois que de nos jours, un véritable peintre *romantique;* il avait déchiré les vieux poncifs employés par
l'école de David, reniait la mythologie et empruntait ses
sujets à Gœthe, à lord Byron, à Burger, aux vieilles légendes allemandes; bref, il était orthodoxe dans l'hé-
résie. Ce qui le distinguait de ses rivaux, plus exclusivement peintres que lui, c'est qu'il ne prenait pas la
palette, excité d'une façon directe par le spectacle des
choses; il semblait s'échauffer par la lecture des poëtes
et chercher ensuite des formes pour exprimer son impression littéraire; au lieu de regarder la nature en
face, il la contemplait réfléchie dans un chef-d'œuvre. Il
voyait avec l'œil de la vision intérieure Marguerite passer
à travers le drame de Faust; il ne l'eût peut-être pas
remarquée au détour d'une rue; ce défaut, si c'en
est un, concordait trop avec la passion d'un jeune
public ivre de la lecture des poëtes, pour ne pas avoir
été compté comme un mérite à l'artiste qui réalisait
ainsi des types chers à tous.

Nous nous souvenons de l'effet que produisit la première Marguerite, car Scheffer en fit plusieurs : c'était
une figure à mi-corps, assise ou plutôt affaissée avec une
attitude de méditation douloureuse; ses cheveux d'un
blond cendré coulaient en bandeaux de lin sur ses
tempes attendries, délicatement veinées d'azur; la lumière posait sur le haut du front une touche d'argent
qui se prolongeait et se perdait sur l'arête du profil;
tout le reste de la tête, noyé et comme vaporisé dans une

ombre bleuâtre qui ressemblait à la lueur d'un clair de
lune allemand, se fondait, s'évanouissait, s'idéalisait,
comme le souvenir d'un rêve, ne laissant briller qu'un
regard de *vergiss mein nicht.* C'était l'ombre d'une ombre, et cependant quel charme morbide, quelle volupté
malade, quelle langueur passionnée ! Le col sans doute
était trop long, trop mince, plutôt d'un oiseau que
d'une femme ; les mains fluettes, presque transparentes,
avaient des veines d'un azur trop bleu ; mais une âme
vivait derrière ce corps à peine indiqué au milieu de ce
fond plutôt pressenti que rendu, et sa lueur, comme
celle d'une lampe, illuminait le tableau d'un éclat merveilleux. C'était à la fois Marguerite et la Poésie de l'Allemagne, une traduction de Gœthe plus exacte dans sa
vague fluidité que les traductions littérales de Stappfer,
de Gérard et de Henri Blaze, et la jeunesse s'enivrait de
cet enchantement tout nouveau, n'écoutant pas les critiques moroses qui réclamaient au nom de l'ostéologie,
de la myologie et des saines doctrines. Le *Faust* aussi
était fort admiré, et avec raison ; le *Giaour* qu'Eugène
Delacroix avait représenté dans sa lutte contre le terrible
Hassan avec une furie de mouvements et une splendeur
de coloris qu'il n'a jamais dépassées peut-être, fut peint
aussi par Ary Scheffer, mais d'une manière toute différente, et comme une personnification solitaire de la poésie
byronienne : « Enveloppé de sa robe flottante, il s'avance
lentement le long des piliers de la nef : on le regarde
avec terreur, et lui, il contemple d'un air sombre les
rites sacrés, mais quand l'hymne pieux ébranle le chœur,
quand les moines s'agenouillent, soudain il se retire.
Voyez-le sous ce porche qu'éclaire une torche lugubre et
vacillante ; là, il s'arrête jusqu'à ce que les chants aient
cessé. Il entend la prière, mais sans y prendre part ;
voyez-le près de cette muraille à demi éclairée ; il a

rejeté son capuchon en arrière : les boucles de sa noire chevelure retombent en désordre sur son front pâle qu'on dirait entouré des serpents les plus noirs dont la Gorgone ait jamais ceint sa tête, car il a refusé de prononcer les vœux du couvent, et laisse croître ses cheveux mondains. »

Jamais plus belle *illustration* — nous nous servons à dessein de ce mot — ne fut faite d'après un type poétique.

Rappelons aussi la Lénore regardant aux portes de la ville défiler l'armée où manque son amant. Le peintre, sans doute dans l'intérêt du costume, s'était permis un léger anachronisme en reculant de deux ou trois siècles l'époque que fixe Burger à l'histoire fantastique racontée dans sa ballade, mais la figure de Lénore respirait la plus vive douleur, et le tableau avait un charme tout romantique.

*Le Roi de Thulé*, *Eberhart le larmoyeur* appartiennent encore à cette première période ; on admira beaucoup la tête pâle et suave du jeune homme couché dans son armure ; rarement la mort eut plus de grâce, et devant ce tableau on pensait à ces vers de lord Byron, placés au commencement du *Giaour*, sur la beauté suprême qui précède l'heure de la décomposition chez les gens dont la vie a été violemment interrompue.

A dater de là, Ary Scheffer parut subir une influence qui lui fit changer sa manière. Sans doute, arrivé au sommet de son talent, chaque maître s'arrête, contemple la route parcourue et se recueille en lui-même. Il sent le besoin de prendre une décision ; selon sa nature, il se calme ou s'exalte ; il se bride ou s'éperonne ; quelques-uns restent sur le plateau, d'autres se mettent à gravir une cime plus haute. Pour que cette crise ne soit pas fatale, il faut que l'artiste pris d'admiration pour un autre ne renonce pas à lui-même, et ne cherche pas la perfection en dehors de ses moyens.

Certes, M. Ingres est un de ces modèles qu'on peut proposer sans crainte à de jeunes élèves. Il a la grande tradition de l'art, le sentiment de l'antique, le dessin, le style, mais nous le croyons dangereux pour les talents déjà formés. Ary Scheffer, à notre avis, se préoccupa trop de cet artiste souverain. La *Marguerite* sortant de l'église, montra chez le peintre jusque-là romantique, une netteté un peu sèche de contours que ne justifiait pas une correction suffisante. *Faust* voyant le fantôme de Marguerite au Sabbat est conçu dans le même style ; une couleur pâle comme celle d'un lavis s'étend dans des lignes arrêtées ; le sujet, ce nous semble, exigeait plus de mystère, et l'ombre blanche qui porte au col une raie rouge large comme le dos d'un couteau eût gagné à moins de rigueur. Repentant de sa négligence primitive, Ary Scheffer voulait dessiner, mais on ne remonte pas après coup de la couleur au dessin, qui veut une disposition particulière et de longues années de travail à l'âge où l'on étudie et non à celui où l'on exécute. Quand on fait, on doit savoir. Ce n'est plus le moment d'apprendre, et Ary Scheffer eut tort de quitter en pleine réputation la manière vague, floue, pleine de grâce et de morbidesse qui faisait son originalité et se prêtait merveilleusement à rendre ses idées, plus littéraires que plastiques. A ce changement il perdit la couleur, le clair-obscur, la touche, et ne gagna pas la ligne ; pourtant le succès lui resta fidèle : c'est qu'Ary Scheffer ne pouvait abdiquer son âme. *Francesca et Paolo* passant sur le fond noir de l'enfer comme deux colombes blessées, saisirent l'imagination du public. Il ne voulut voir que la poésie de l'idée et ne remarqua pas la pauvreté du dessin ou l'insuffisance du modelé. *Mignon* regrettant la patrie,

*Mignon* aspirant au ciel, ne ressemblent pas beaucoup au type vivace, vraiment féminin et peu céleste tracé par Gœthe dans les années d'apprentissage et de voyage de Wilhelm Meister ; on a peine à reconnaître cette figure mélancolique, langoureuse, spiritualisée outre mesure, l'ardente nostalgie de la petite fille précoce qui exécutait la danse des œufs en trousses de page, et se glissait la nuit dans la chambre du bien-aimé Wilhelm, mais non pas sur un rayon de lune. Cependant la *Mignon* d'Ary Scheffer est tellement acceptée, qu'elle s'est substituée peu à peu à la création du poëte, et qu'un véritable portrait d'elle ne serait plus aujourd'hui trouvé ressemblant par personne, murmurât-il avec une passion toute méridionale :

Connais-tu le pays où les citrons mûrissent ?

Dans le *Christ rémunérateur*, Ary Scheffer fit un effort suprême pour s'élever au style ; la composition est bien agencée ; l'idée, quoique plus humanitaire que religieuse, pouvait fournir de beaux motifs à la peinture. Mais chez notre artiste, la main trahissait souvent le cerveau, et ici l'intention dépasse le rendu. *Dante et Béatrix, saint Augustin et sainte Monique* continuent ce système d'émaciation et d'allongement où le corps disparaît sous des draperies à plis droits pour laisser toute sa valeur à une tête d'une beauté maladive et frêle levant les yeux au ciel ; mais ce n'est pas l'heure de discuter techniquement l'œuvre de l'artiste célèbre sur qui la tombe vient de se fermer. Ary Scheffer laisse une réputation que d'admirables gravures augmenteront encore, car elles ne traduisent que ses qualités : le burin excelle surtout à rendre l'idée d'un tableau, et les tableaux d'Ary Scheffer ne sont que des idées pures. Qu'on lui préfère Ingres, Delacroix,

Decamps, tous les complets, tous les robustes, rien de
plus juste ; pourtant sa place n'est pas à dédaigner. Il
fut comme le Novalis de la peinture, et s'il n'eut pas le
tempérament d'un artiste, il en eut l'âme ; sa vie, honorable entre toutes, ne connut que de nobles aspirations :
la foi, la pensée, le travail, la reconnaissance l'occu-
pèrent jusqu'au dernier moment. Finissons par un mot :
Ary Scheffer était un poëte transposé. Dante, Gœthe,
Byron furent ses maîtres plus que Michel-Ange, Raphaël
ou Titien : il peignit d'après leurs conceptions, peut-être
devait-il chanter comme eux !

(L'Artiste, 1858.)

# HORACE VERNET

NÉ EN 1789 — MORT EN 1863

Nous ne nous arrêterons pas aux détails biographiques ; nous n'avons connu de l'homme que ses œuvres, et c'est de ses œuvres que nous allons nous occuper, dans leur sens, leur valeur et leur individualité, car l'analyse des toiles brossées par cet infatigable travailleur exigerait un volume entier et non un simple article.

Une chose remarquable, c'est que les ardentes querelles d'art qui ont agité la première partie de ce siècle n'aient pas enrégimenté Horace Vernet dans un de leurs camps. Aucune école ne l'a revendiqué, ni celle du style, ni celle de la couleur. L'éloge hyperbolique, l'injure acrimonieuse, qu'on ne se ménageait pas alors de part et d'autre, n'éclaboussèrent même pas son nom. A travers tout ce tumulte, il jouissait tranquillement d'une popularité que n'atteignirent jamais, malgré leur incontestable génie et les efforts de leurs séides, les chefs des écoles rivales. Avec lui, pour la foule, il n'était pas besoin d'initiation préalable ; on le comprenait tout de suite, car il possédait une qualité bien rare dont les pédants font peu de cas : la vision des choses modernes.

Rien ne semble plus aisé que de peindre ce qu'on a per-
pétuellement sous les yeux. Eh bien, c'est là une erreur
que démontre une simple promenade dans une galerie
de tableaux. On est surpris de voir combien peu les
peintres illustres de tous les temps et de tous les pays
donnent, à part quelques portraits, la physionomie de
l'époque et du milieu où ils vivaient. L'imitation de l'antique, la recherche de l'idéal et du style, les dédains
superbes de la peinture d'histoire pour la réalité, le goût
de l'arrangement et de la transposition, les maniérismes
à la mode, éloignent presque toujours les artistes des
sujets actuels, qu'ils n'acceptent que comme à regret, et
le plus souvent pour les travestir. Les siècles sont plus
modestes qu'on ne pense, ils se méprisent au profit d'un
rêve quelconque, toujours placés hors d'eux-mêmes, et
se soucient peu qu'on les représente tels qu'ils sont,
fussent-ils beaux, glorieux et sublimes.

Il faut donc au peintre qui se consacre à la reproduction fidèle des faits contemporains un courage tout particulier, une prédisposition géniale, car il n'a pas de
précédents ni de modèles autres que ceux offerts par la
réalité. Pour peindre le combat d'Hercule et d'Antée, on
a des statues, des médailles, des pierres gravées, des
estampes, des tableaux, toute une tradition académique.
Ces ressources manquent s'il s'agit de la rencontre d'un
grognard et d'un Cosaque.

Bien qu'il n'attire l'œil par aucune bizarrerie, personne
n'est plus original qu'Horace Vernet. Il ne doit rien à
l'antiquité ; les Grecs et les Romains semblent ne pas
avoir existé pour lui. On ne peut le rapprocher des peintres de batailles ses prédécesseurs. Il ne ressemble ni à
Raphaël, dans *la bataille de Constantin*, ni à Lebrun,
dans *les Conquêtes d'Alexandre*, ni à Salvator Rosa, ni
au Bourguignon, ni à Van der Meulen, ni à Gros, le

peintre épique d'Aboukir et d'Eylau. A ses commencements, peut-être rappelle-t-il un peu Carle Vernet ; mais
cela est bien permis à un fils.

La gloire d'Horace Vernet est d'avoir osé peindre le
premier « la bataille moderne, » non pas un épisode de
combat, c'est-à-dire une douzaine de guerriers se sa-
brant, au premier plan, sur des chevaux cabrés qui
foulent aux pieds le blessé classique, mais bien le choc
réel de deux armées avec leurs lignes qui se déploient
ou se concentrent, leur artillerie au galop, leurs batteries tonnantes, leurs états-majors et leurs ambulances,
dans quelque vaste plaine, échiquier naturel des grandes
combinaisons stratégiques. Il a compris que le héros de
nos jours était cet Achille collectif qu'on appelle un régiment.

Au lieu de gémir sur la laideur de nos costumes si
rebelles au pittoresque, Horace Vernet accepta bravement l'homme vêtu de notre temps : pour lui, l'habit
remplaça le torse tant regretté ; le manteau à collet ne
lui parut pas inférieur au pallium antique, et en l'absence de cothurne il cira des bottes à l'écuyère. Il se
rendit familier avec les uniformes comme un capitaine
d'habillement ; le vestiaire de l'armée lui révéla tous ses
secrets : il sut le nombre des boutons, la couleur du pas-
sepoil, la coupe des basques et des revers, l'estampage
des plaques de shako, le harnachement du sac, le croi-
sement des buffleteries, les capucines des mousquets, la
grenade ou le cor des gibernes, les grandes et les petites
guêtres, la tenue de campagne et la tenue d'ordonnance,
et, mieux que tout cela, la physionomie du soldat au bi-
vouac comme au feu, son attitude habituelle et caractéristique, le haussement d'épaule du fantassin, le traîne-
ment de jambe du cavalier, le type spécial de chaque
arme ou de chaque campagne. Nul mieux que lui n'at-

trapa le *chic* militaire d'une époque, — qu'on nous passe ce mot d'atelier qui n'est pas académique, mais qui rend bien notre pensée. Après avoir peint le soldat de la République et de l'Empire, en lui conservant tout son cachet, il s'assimila aussi facilement le soldat de l'armée d'Afrique, qu'il peignit avec une fidélité de type, de couleur et d'allure qui ne fut jamais prise en défaut, Il y a peut-être autant de mérite à dégager la physionomie d'une armée qu'à imiter le profil d'une médaille syracusaine.

Pour être peintre de batailles, il faut savoir faire les chevaux ; bien des artistes de talent y ont échoué ; le cheval est, après l'homme, l'être de la création le plus difficile à bien représenter ; il y a une anatomie compliquée qui exige de sérieuses études : ses allures moitié naturelles, moitié acquises, ne se révèlent qu'à l'écuyer consommé, et le mettre en action sous son cavalier sans se tromper d'assiette ou de mouvement est une entreprise périlleuse pour qui n'est pas familiarisé de longue main avec l'écurie, le manége, le champ de manœuvre et le champ de bataille.

En cela comme en autre chose, Horace Vernet ne dut rien à la tradition. Il ne peignit pas ce lourd cheval *historique* aux proportions monstrueuses dont l'art se contentait aux époques où l'importance donnée à la figure humaine faisait négliger l'exactitude des accessoires ; il n'assit pas non plus ses dragons et ses cuirassiers, comme la blanche cavalcade du Parthénon, sur ces nobles bêtes au col renflé, à la crinière coupée en aigrette de casque grec, qui ont pour robe le marbre du Pantélique ; il osa représenter des chevaux de nos jours, avec leur race, leur allure et leur caractère. Ils n'ont pas la beauté poétique des coursiers peints par Gros, ni la vigueur de ceux dont Géricault entrelaçait les muscles sous une peau vei-

née et frissonnante ; mais ils sont irréprochables au point
de vue hippique, et l'artiste les lance, les retient, les éperonne, les cabre, les met au galop, leur fait franchir des
haies, les abat, les représente de face, de profil, par la
croupe, en raccourci, les quatre fers en l'air, dans
toutes les poses possibles, avec l'aisance, la rapidité
et la certitude d'un maître pour qui la difficulté n'existe
plus.

A toutes ces qualités indispensables au peintre de
batailles, il joignait un fin sentiment topographique du
paysage ; il savait reproduire exactement l'assiette des
terrains où s'étaient livrées les grandes luttes, sujets de
ses tableaux, tout en conservant l'aspect de la nature et
l'effet pittoresque ; et comme on ne fait bien que ce qu'on
aime, il adorait la guerre ; chez lui, il y avait du militaire dans l'artiste.

Une de ses toiles résume assez bien ce caractère mul-
tiple. Elle représente l'atelier du peintre : dans un coin,
un cheval occupe une *box;* des armes de toutes sortes
sont suspendues à la muraille ; des élèves s'escriment au
fleuret : un flâneur fait la charge en douze temps, un
autre bat du tambour ; un modèle pose sur la table, et le
peintre, tranquille à son chevalet, travaille au milieu
de ce tumulte qui l'amuse, car Horace Vernet était doué
d'une étonnante facilité. Quand il peignait sur une toile
blanche, on eût dit qu'il découvrait un sujet déjà exé-
cuté et recouvert d'un papier de soie, tant les objets
naissaient sous sa brosse avec une promptitude infaillible. Sa prodigieuse mémoire locale le dispensait presque
de faire des croquis ; elle dessinait dans la chambre ob-
scure de son cerveau tout ce qui venait s'y réfléchir :
une silhouette de ville, un profil de soldat, une forme
d'ustensile, un détail de costume, une arabesque de sou-
tache, un numéro de bouton, une poignée d'yatagan,

une selle arabe, un fusil kabyle, et il tirait tous les renseignements de ce carton invisible qu'il n'avait pas même
besoin d'ouvrir et de feuilleter.

Dès ses premières toiles, *le Cheval du trompette, le
Chien du régiment*, auxquelles succédèrent les batailles
de *Jemmapes*, de *Valmy*, de *Hanau*, de *Montmirail* et *la
Barrière de Clichy*, Horace Vernet avait conquis son public. On admirait en lui des qualités toutes françaises,
l'esprit, la clarté, l'aisance, la précision ; la nature des
sujets qu'il traitait de préférence ne pouvait que charmer
une nation chez qui la fibre militaire a toujours palpité
si facilement.

Les campagnes d'Afrique ont fourni de vastes pages,
telles que *la Prise de Constantine, la Bataille d'Isly, la
Smalah*, où son talent à l'apogée a brillé de tout son
éclat. Il y a dans ces toiles, d'une dimension que la
peinture n'aborde pas ordinairement, quelque chose de
l'illusion et de l'effet magique que produisent les panoramas, et le peintre y pousse très-loin la science du
trompe-l'œil, mérite secondaire sans doute, mais qu'il
ne faut pas mépriser et qui impressionne vivement la
foule. *La Smalah*, où l'originalité de la vie arabe surprise en son pittoresque désordre par une brusque invasion se laisse voir, avec son charmant luxe barbare
éparpillé sous les pieds des chevaux, offrait la plus excellente occasion au peintre de varier au moyen de
piquants contrastes la réglementaire monotonie des
uniformes. Horace Vernet, sans être un coloriste à palette flamboyante comme Eugène Delacroix, tira très-
bon parti de ces armes bizarres, de ces étoffes rayées
d'or, de ces coffrets aux incrustations de nacre, de ces
kandjiars aux fourreaux d'argent, de ces atatiches ba-
riolés, espèce de palanquins où la jalousie orientale cache
ses femmes en voyage ; un ton argenté, limpide, tel que

27.

le donne la blanche lumière d'Afrique, éclaire cette longue
toile en forme de frise qui reste une des meilleures œuvres
de l'artiste.

L'Algérie a aussi inspiré à Horace quelques tableaux
de chevalet bibliques, où les personnages de l'Ancien Testament portent le burnous arabe comme plus probable
que le costume classique dont les grands maîtres les ont
revêtus. L'Orient immobile conserve presque éternellement ses usages, et les patriarches ne devaient pas dif-
férer beaucoup des Bédouins actuels ; mais ce travestisse-
ment, malgré sa vraisemblance archéologique, contrarie
l'œil habitué aux vagues draperies et aux ajustements
sans origine précise dont l'art a toujours habillé ces respectables et lointaines figures. Cette bizarrerie bédouine
n'a pas d'ailleurs grand inconvénient dans des sujets
épisodiques comme *Thamar* ou *Rebecca* avec *Eliezer*.

*Édith au col de cygne, Judith et Holopherne, Raphaël
rencontrant Michel-Ange sur l'escalier du Vatican, le Pape
porté par les ségettaires*, appartiennent au genre historique proprement dit, et les qualités originales de l'artiste ne trouvent pas à s'y déployer aussi librement que
dans ses autres peintures. Sa manière nette, rapide et
facile ne suffit pas à suppléer l'absence de style.

Jamais réputation ne fut plus répandue que celle
d'Horace Vernet. Il est connu à l'étranger plus qu'aucun
de notre école moderne, et ses tableaux y atteignent une
grande valeur. Aucune gloire n'a manqué à sa carrière
si bien remplie, et il clôt d'une manière triomphale l'illustre dynastie des Vernet. Nature éminemment française
et faite pour plaire à des Français, il restera, comme
Scribe, Auber et Béranger.

(Le Moniteur, 23 janvier 1863.)

# EUGÈNE DELACROIX

NÉ EN 1798 — MORT EN 1863

Eugène Delacroix avait à peine soixante-cinq ans, et on l'eût cru beaucoup plus jeune, à voir son épaisse chevelure noire où pas un fil d'argent ne s'était glissé encore. Il n'était pas robuste, mais sa complexion fine, énergique et nerveuse semblait promettre une plus longue vie. La force intellectuelle remplaçait chez lui la force physique, et il avait pu suffire à une incessante activité de travail. Nulle carrière, quoiqu'elle ait été arrêtée brusquement, ne fut mieux remplie que la sienne. A dénombrer son œuvre, on supposerait à Delacroix la vie séculaire de Titien. Elève de Guérin, — l'auteur de la *Didon* et de la *Clytemnestre,* qui avait aussi dans son école Géricault et Ary Scheffer, — il débuta au salon de 1822 par le *Dante et Virgile,* que son maître, alarmé de cette fougue puissante, lui conseillait de ne pas exposer. Cette peinture, qui rompait si brusquement avec les traditions académiques, excita des enthousiasmes et des dénigrements d'une égale violence, et ouvrit cette lutte continuée à travers toute la vie de l'artiste.

Le mouvement romantique se propageant de la poésie

dans les arts, adopta Eugène Delacroix et le défendit
contre les attaques du camp rival. M. Thiers, qui faisait
alors le Salon dans le *Constitutionnel*, dit à propos de
cette toile si louée et si contestée ces paroles remarquables : « Je ne sais quel souvenir des grands artistes me
saisit à l'aspect de ce tableau ; j'y retrouve cette puissance
sauvage, ardente, mais naturelle, qui cède sans effort à
son entraînement. » En effet, dès lors Eugène Delacroix
était un maître. Il n'imitait personne, et sans tâtonnements il était entré en possession de son originalité.
Quoi qu'en puissent dire ses détracteurs, il avait apporté
dans la peinture française un élément nouveau, la couleur, à prendre le mot avec ses acceptions multiples. Le
*Massacre de Scio*, qui figura au salon de 1824, porta au
dernier degré d'exaspération les colères de l'école classique. Cette scène de désolation rendue dans toute son
horreur sans souci du convenu, telle enfin qu'elle avait
dû se passer, soulevait des fureurs qu'on a peine à con-
cevoir aujourd'hui en voyant cette passion, cette profondeur de sentiment, ce coloris d'un éclat si intense, cette
exécution si libre et si vigoureuse. A dater de là, les jurés
fermèrent souvent les portes de l'exposition à l'artiste
novateur, mais Eugène Delacroix n'était pas homme à se
décourager, il revenait à la charge avec l'opiniâtreté du
génie qui a conscience de lui-même. *La mort du doge
Marino Faliero*, le *Christ au jardin des Oliviers*, *Faust et
Méphistophélès*, *Justinien*, *Sardanapale*, le *Combat du
giaour et du pacha*, se succédèrent au milieu d'un tumulte d'éloges et d'injures.

On appliquait à Delacroix la qualification trouvée pour
Shakspeare : « Sauvage ivre ». Et certes rien n'était
mieux imaginé pour désigner un artiste nourri dans la
familiarité des poètes antiques et modernes, écrivain
lui-même, dilettante passionné, homme du monde, déli-

cieux causeur, doué du plus rare sentiment de l'harmonie. Après la révolution de 1830, Eugène Delacroix fit la
*Liberté guidant le peuple sur les barricades* comme une
réplique de l'iambe célèbre d'Auguste Barbier. Puis vinrent le *Massacre de l'évêque de Liége*, les *Tigres*, le
*Boissy d'Anglas*, la *Bataille de Nancy*, les *Femmes d'Alger*, tout un œuvre merveilleusement varié, plein de
poésie, de passion, de couleur, qu'il est inutile de dé-
tailler plus au long dans ces lignes rapides. Mieux compris et mieux accueilli, Eugène Delacroix put déployer
son talent ample et robuste sur de vastes surfaces. Il eut
à peindre la salle du Trône et la bibliothèque à la
Chambre des députés, la coupole de la bibliothèque à la
Chambre des pairs, le plafond de la galerie d'Apollon,
une salle à l'Hôtel de Ville, et en dernier lieu la chapelle des Saints-Anges à Saint-Sulpice. Personne n'entendit mieux la peinture murale et décorative; il y montra dans la composition des qualités de premier ordre,
et sut revêtir les édifices confiés à son pinceau d'un magnifique vêtement mat de ton comme la fresque, moelleux
comme la tapisserie. Ces travaux énormes ne l'empê-
chèrent pas d'envoyer toujours au Salon de nombreux
chefs-d'œuvre : Le *Saint Sébastien*, la *Bataille de Tail-
lebourg*, la *Médée*, les *Convulsionnaires de Tanger*, la
*Noce juive au Maroc*, la *Barque de Don Juan*, la *Justice
de Trajan*, l'*Entrée des Croisés à Constantinople*, l'*Enlèvement de Rebecca*, la *Montée du Calvaire*, et cent toiles
dont la moindre porte la souveraine empreinte du maître.

L'exposition universelle de 1855 fut pour Delacroix un
véritable triomphe. Son œuvre réuni apparut dans toute
sa splendeur. Les contradicteurs les plus obstinés de sa
gloire ne purent résister à cet ensemble harmonieux,
éclatant et superbe, de compositions si diverses, si
pleines de feu et de génie. L'artiste reçut la grande mé-

daille et fut nommé commandeur de la Légion d'honneur. Cependant ce grand maître, dont la couleur ne
s'éteint pas à côté des Titien, des Paul Véronèse, des
Rubens et des Rembrandt, ne fut de l'Institut qu'en 1858.

Eugène Delacroix eut le mérite d'être agité des fièvres
de son époque et d'en représenter l'idéal tourmenté avec
une poésie, une force et une intensité singulières. Il
s'inspira de Shakspeare, de Gœthe, de lord Byron, de
Walter Scott, mais librement, en maître qui trouve dans
l'œuvre une œuvre, et qui reste l'égal de ceux qu'il traduit. Eckermann a conservé les paroles admiratives du
Jupiter de Weimar lorsqu'il feuilletait de sa main octogénaire les illustrations de *Faust*. Le poëte allemand ne
s'était jamais mieux compris que dans les lithographies
du jeune maître français.

Sa mort inattendue a laissé inachevés quatre grands
panneaux décoratifs représentant des *Nymphes au bain*
et destinés à M. Harthmann, et un *Camp des Turcs attaqué
nuitamment par des Grecs*. Qui les finira?

Aux Beaux-Arts de Venise nous avons vu le dernier
tableau de Titien, un *Christ au tombeau*, avec cette
inscription : *Quod Tizanius inchoatum reliquit, Palma
reverenter absolvit.* — Delacroix aura-t-il un Palma?

Une réplique de la *Médée*, d'une dimension plus petite
que celle de l'original et faite pour M. Emile Pereire, est
la dernière œuvre à laquelle le maître ait apposé sa glorieuse signature.

(LE MONITEUR, 14 août 1863.)

# HIPPOLYTE FLANDRIN

NÉ EN 1809 — MORT EN 1864

Hippolyte Flandrin s'est toujours tenu dans la plus haute sphère de l'art, et c'est sur les murailles des églises qu'il faut chercher les témoignages de son génie. Il était digne d'ailleurs d'avoir le sanctuaire pour atelier, car jamais talent plus pur, plus chaste, plus élevé, ne fut mis au service d'une inspiration plus religieuse. Disciple bien-aimé et fervent d'un maître austère devant lequel il se tint toujours dans la modestie d'un élève, quoique depuis bien des années la gloire lui fût venue, il a, fort de ses savantes leçons, tendu vers l'idéal d'un effort qui ne s'est jamais lassé. Ce n'était pas assez pour lui de chercher le beau, il cherchait le saint, et la forme humaine épurée sans cesse lui servait à rendre l'idée divine. Il avait, dans sa nature, quelque chose de cette timidité tendre, de cette délicatesse virginale et de cette immatérialité séraphique de Fra Beato Angelico ; mais sa naïveté de sentiment pouvait s'aider d'une science profonde. Chrétien d'une piété convaincue et pratique, il apportait à la peinture religieuse un élément bien rare aujourd'hui, la Foi. Il croyait sincèrement à ce qu'il peignait, et n'avait pas besoin de se mettre l'esprit dans la situation vou-

lue par un enchaînement factice ; c'était son élément,
son air respirable ; il y voguait d'une aile accoutumée
et confiante. Aussi nul peintre moderne ne s'est plus approché des vieux maîtres sans imitation archaïque.

On se souvient encore de l'effet que produisit, en
1832, le *Thésée reconnu par son père dans un festin*, qui
remporta le grand prix de Rome, et qui attestait chez
son jeune auteur un talent plein d'avenir et déjà tout
formé. Hippolyte Flandrin exécuta pendant son séjour
en Italie, à des intervalles plus ou moins rapprochés,
*Saint Clair guérissant des aveugles*, *Eschyle écrivant ses tragédies*, *Dante dans le cercle des envieux*, *Jésus et les petits
enfants*. De retour à Paris, il peignit un *Saint Louis dic-
tant ses commandements*, une *Mater dolorosa*, un *Napoléon législateur*, et quelques autres œuvres pleines de
mérite. Mais on peut dire, malgré tout l'art qu'il y déploya, qu'il n'avait pas encore trouvé sa véritable voie :
la peinture murale et religieuse. La chapelle de Saint-
Jean, à l'église Saint-Séverin, se recommande par une
simplicité austère, une sobriété magistrale et ce dédain
des vains effets qu'exige la peinture associée à l'architecture et faisant corps avec elle. Jamais peut-être le
dessin de l'artiste ne fut plus ferme et plus fier de style.
Malheureusement la mauvaise qualité de l'enduit a compromis en plusieurs endroits ces nobles compositions,
qui s'écaillent et s'effaceront bientôt. L'immense frise de
Saint-Vincent de Paul, où défile en longue procession
tout le personnel de la Légende dorée : les saints martyrs, les saints confesseurs, les saintes vierges, a mérité
le nom de panathénées chrétiennes pour la beauté du
style, le rhythme des groupes, l'agencement des figures,
c'est, en effet, de l'art grec baptisé et dont s'honorerait
la frise du Parthénon changée en église. Saint-Germain
des Prés a reçu des mains d'Hippolyte Flandrin un vê-

tement d'admirables peintures qui recouvrent son chœur
et sa nef aux arcades romanes de manière à ne lui rien
laisser regretter de son antique splendeur.

Nous avons analysé dans le plus grand détail cette
œuvre grandiose, d'un sentiment si pur et d'une exécution si parfaite, dont il suffit d'évoquer le souvenir ; l'infatigable artiste, sans songer qu'il épuisait sa vie à ce
labeur, au-dessus des forces humaines, a peint encore
l'église Saint-Paul à Nîmes, et l'abside de l'église d'Ai-
nay à Lyon, son chef-d'œuvre, à ce que prétendent les
pieux visiteurs assez heureux pour l'avoir vu.

Ajoutons qu'Hippolyte Flandrin était, comme tous les
grands maîtres, comme Albert Durer, comme Holbein,
comme Titien, comme Velasquez, un excellent portrai-
tiste. Il suffit de rappeler, pour que personne n'en
doute, parmi ses portraits les plus récents, ceux de M. le
comte de Walewski, du prince Napoléon, de l'empereur,
d'un si beau style et d'une si haute interprétation. Dans
les portraits féminins, il mettait une grâce pudique,
une distinction exquise, une sérénité pensive, d'un effet
irrésistible et profond. Nul ne peignit mieux les honnêtes
femmes et d'un pinceau plus chaste et plus réservé.
Quel succès obtint ce délicieux portrait de jeune fille qui
tenait une fleur à la main, et qu'on désigne sous le nom
de *la Jeune fille à l'œillet*, comme on dit d'une madone
de Raphaël, *la Vierge au voile, la Vierge à la chaise !*

Le doux peintre, au nom d'ange, s'il revenait au
monde, signerait volontiers cette charmante toile du plus
pur de ses admirateurs.

LE MONITEUR, 24 juillet 1864.)

# GAVARNI

NÉ EN 1801 — MORT EN 1866

Le monde antique nous domine encore tellement du fond des siècles, que c'est à peine si nous avons le sentiment de la civilisation qui nous entoure ; malgré les efforts de Paris et de Londres, Athènes et Rome sont toujours les capitales de la pensée. Chaque année, il sort des collèges des milliers de jeunes Grecs et de jeunes Romains ne sachant rien des choses modernes ; — plus que personne nous admirons cette force persistante de l'idée, ce pouvoir éternel du beau ; mais n'est-il pas singulier que l'art reflète si peu l'époque contemporaine ? Les études classiques inspirent un profond dédain des mœurs, des usages et des costumes actuels, qui sont si peu exprimés par les monuments, les statues, les bas-reliefs, les médailles, les tableaux, les meubles et les bronzes, que les Dézobry de l'avenir seraient fort embarrassés de les reconstituer dans un *Paris au siècle de Napoléon III*.

Quelle idée, par exemple, pourrait-on se former, en l'an trois mille, de nos femmes à la mode, de nos beautés célèbres, de celles que nous avons aimées et pour qui

nous avons fait plus ou moins de folies, quand bien
même la plupart des œuvres de nos maîtres n'auraient
pas disparu?

Ingres est un Athénien, élève d'Apelles et de Phidias,
dont l'âme s'est évidemment trompée de siècle et a fait
son entrée deux mille quatre cents ans trop tard ; ses
tableaux pourraient prendre place dans la pinacothèque
des propylées ; ses portraits, le style les fait antiques et
leur ôte toute date pour les rendre éternels. Delacroix ne
sort guère de l'histoire, de l'Orient ou de Shakspeare ; à
peine si, dans son œuvre nombreux, on trouverait un
type de nos jours ; sans se rattacher comme Ingres à
l'antiquité, il remonte aux Vénitiens et aux Flamands, et
n'a de moderne que l'inquiétude et la passion. Il s'est
composé son microcosme par une sorte de vision intérieure, et l'on dirait qu'il n'a pas une seule fois jeté les
yeux autour de lui. Ce que nous disons là de ces illustres
maîtres, qui représentent chez nous les deux faces de
l'art, s'applique aux autres avec toute rigueur. — Les
essais *realistes* de ces derniers temps cherchent le laid
idéal plus que la reproduction exacte de la nature. Les
quelques types *vrais* des tableaux de genre sont presque
tous pris à la classe rustique, et l'on peut dire en toute
assurance que ni les hommes ni les femmes du monde,
ni presque aucun des mille acteurs de la société du dix-
neuvième siècle, n'ont laissé trace dans l'art sérieux de
notre temps.

Certes la Vénus de Milo est un admirable marbre,
amoureusement poli par les baisers des siècles, le suprême du beau, l'effort le mieux réussi du génie humain voulant fixer l'idéal ; et nous-même nous adorons ce
torse sublime dont personne ne peut nier la divinité.
Mais les Parisiennes n'ont-elles pas aussi leurs charmes?
La sculpture, si elle le voulait, ne retrouverait-elle pas

les lignes pures de leurs corps élégants sous le cachemire dont le pli dessine une nuque arrondie, et qui, du
bout de sa frange, baise le talon d'une bottine mignonne ;
la draperie de la Polymnie ne se fripe pas d'une manière plus souple que ces grands tapis de l'Inde sur les
épaules et sur les reins de nos femmes comme il faut.
Henri Heine, le grand plastique, ne s'y était pas trompé,
et il suivait une Parisienne dans son châle comme une
déesse grecque dans sa chlamyde de Paros. Pour Balzac,
il préférait certainement, à tout l'Olympe féminin, même
à Vénus « adorablement épuisée, » comme dit Gœthe,
madame Firmiani, madame de Beauséant, madame de
Mortsauf, la duchesse de Maufrigneuse, la princesse de
Cadignan, lady Dudley, peut-être bien madame Marneffe.
Sont-ils donc indignes d'une médaille, ces charmants
visages d'une pâleur rosée qu'encadrent au fond de leurs
frais chapeaux, comme des têtes d'anges souriant dans
une fleur idéale, des cheveux ondés ou lissés que Praxitèle ne voudrait pas déranger, s'il avait à les copier en
marbre ? Les coiffures de bal n'offrent-elles pas à l'artiste intelligent toutes les ressources imaginables, perles,
fleurs, plumes, brindilles, réseaux, nœuds, torsades,
bandeaux luisants, spirales alanguies, crêpures rebelles,
boucles follettes, chignons lourds tournés en corne
d'Ammon ou négligemment rattachés ? Les robes, malgré
la passagère exagération des volants et des jupes à ar-
matures, par la richesse des brocarts, des moires, des
satins, par le froufrou et le miroitement des taffetas,
par la transparence des dentelles, des gazes, des tulles,
des tarlatanes, par l'éclat, la douceur et la variété des
tons, semblent convier le pinceau du coloriste et lui présenter une palette de nuances séduisantes ; mais le coloriste ne regarde pas ces bouquets de tons épanouis dans
les promenades, dans les soirées, aux loges des théâtres.

Il aime mieux tremper sa brosse dans l'or roux de Rembrandt, l'argent mat de Paul Véronèse, ou la pourpre enflammée de Rubens, tandis que le statuaire déshabille en place publique quelque frileuse nymphe toute honteuse et tout inquiète de sa nudité.

Pour laisser les Grecs et les Romains de côté, Léonard de Vinci, Raphaël, André del Sarte, Titien, ont donné des beautés de leurs temps d'éternels témoignages que, dans les galeries, les poëtes regardent en rêvant et le cœur ému d'un irrésistible désir rétrospectif. — Il n'est pas de femme un peu célèbre du seizième siècle, princesse, courtisane, maîtresse de grand-duc ou de peintre, qui ne nous ait légué son image divinisée par l'art. Notre époque ne transmettra rien de pareil aux âges futurs; la femme semble avoir fait peur à nos artistes, la crainte de retomber dans le faux idéal classique les a poussés à l'énergie, aux caractères, aux effets violents, et bien peu se sont occupés de la beauté moderne ; pour en trouver quelques traces, il faudra consulter dans l'avenir les portraits faits par certains peintres fashionables, qui ont eu plutôt pour but de satisfaire au goût des gens du monde que de remplir les rigoureuses exigences de l'art, tels que Winterhalter, Dubuffe père et fils, Pérignon et quelques autres. Vidal aurait pu, ce nous semble, s'il ne s'était pas laisser aller à de gracieuses et coquettes fantaisies, rendre cette impression de beauté délicate et de fraîche élégance que nous fait éprouver une femme du monde partant pour le bal et mettant ses gants devant sa glace.

Ce préambule, qui peut paraître un peu long, était nécessaire pour bien faire comprendre toute l'originalité de Gavarni et la valeur de cet œuvre éparpillé en livres, en albums, en séries et en planches détachés; il n'a pas de prédécesseurs ni de rivaux dans notre époque; à lui la gloire non médiocre d'être franchement, exclusivement, absolument moderne ; comme Balzac, avec lequel il a plus d'un rapport, il a fait sa « Comédie humaine, » moins large et moins universelle sans doute, mais très-complète en son genre, quoique légèrement appuyée, car où le bec de la plume coupe le papier, la pointe du crayon lithographique s'écraserait sur la pierre. Gavarni, grand dessinateur et grand anatomiste à sa manière, n'a aucun souci des formes sculpturales traditionnelles. Il fait des hommes et non des statues habillées ; nul ne connaît mieux que lui la pauvre charpente de nos corps étriqués par la civilisation ; il sait les maigreurs, les misères, les défectuosités, les calvities des dandys parisiens, les embonpoints grotesques, les rides flasques, les pattes d'oie, les genoux cagneux, les jambes torses des protecteurs, des banquiers et des hommes dits sérieux, et il habille tout ce monde comme Chevreuil ou Renard pourrait le faire ; d'un coup de crayon il taille en sac un paletot, il tire les sous-pieds d'un pantalon, rejette les basques d'un frac sur la poitrine, échancre ou boutonne un gilet, lustre ou hérisse la peluche noire d'un chapeau de soie, chausse les gants ou les bottes, encastre le lorgnon, fait plier le stick et brimballer les breloques, élime ou brosse les étoffes, serre ou débraille la tenue, et dessine aux coudes, aux entournures, aux tailles de chaque vêtement le pli caractéristique qui trahit la prétention, le tic, le vice, et raconte toute une vie.

Si vous voulez retrouver le Parisien de 1830 à nos jours, avec son costume, son allure, son attitude et sa physionomie, sans mensonge et sans caricature, et seulement relevé de ce trait fin qui est l'esprit même de l'artiste, feuilletez l'œuvre de Gavarni. Il sera bientôt aussi instructif que les estampes de Gravelot, d'Eisen, de Moreau, et que les gouaches de Baudoin pour le siècle dernier. Mais la plus grande gloire de Gavarni, ce n'est pas d'avoir compris le Parisien dédaigné comme impossible par l'art contemporain ; il a compris la Parisienne ! il l'a non-seulement comprise, mais aimée ; ce qui est la vraie et bonne manière de comprendre. — Croyez qu'il ne s'est pas beaucoup soucié des figures du Parthénon, ni de la Vénus de Milo, ni de la Diane de Gabies, et qu'il a trouvé un idéal très-suffisant de la petite mine chiffonnée de la Parisienne, dont les gentilles laideurs sont encore des grâces : si le nez ne fait pas une ligne droite avec le front, si les joues sont plus rondes qu'ovales, si la bouche se retrousse à ses coins, laissant frétiller le bout de queue du dragon, si le col est frêle et n'offre pas dans une chair épaisse les trois plis du collier d'Aphrodite, si le flanc pressé par le corset fait trop saillir la hanche ; qu'importe ! — Ce n'est pas une nymphe antique qu'il veut dessiner, mais la femme qui passe et que vous suivrez. Il ne lithographie pas d'après la bosse, mais d'après le vif.

Bien avant Alexandre Dumas fils, Gavarni a crayonné la Dame aux camélias, et raconté — dessin et légende — la chronique du demi-monde, — ou, si vous l'aimez mieux, du quart de monde ; et avec quel esprit, quelle verve légère, quelle convenance parfaite ! mademoiselle de Beauperthuis, M. Coquardeau et Arthur sont devenus des types connus de tout le monde, des personnages vivants de l'éternelle comédie. La lorette, grâce à Roqueplan qui l'a baptisée, et à Gavarni qui en a fixé le signalement fugitif, parviendra jusqu'à la postérité la plus reculée : ce n'est ni l'hétaïre grecque, ni la courtisane romaine, ni l'impure de la Régence, ni la femme entretenue de l'Empire, ni la grisette de la Restauration ; mais un produit spécial de nos mœurs affairées, la maîtresse sans façon d'un siècle qui n'a pas le temps d'être

amoureux, et qui s'ennuie beaucoup à la maison. Chez
elle on fume, on s'asseoit sur la tête, on appuie ses talons de botte à la tablette de la cheminée, on dit tout ce
qui passe par la tête, même la plaisanterie crue et l'é-
quivoque grossière ; on n'est pas plus gêné qu'entre
hommes ; on s'en va quand on veut, charme suprême !
— et puis ce sont après tout de drôles de filles ! Elles
ont été plus ou moins figurantes, actrices, maîtresses de
piano ; elles savent l'argot du sport, de l'atelier, de la
coulisse ; elles dansent admirablement, déchiffrent une
valse, chantent un peu, et font des cigarettes comme des
contrebandiers espagnols, — quelques-unes même s'é-
lèvent jusqu'à l'orthographe ! mais leur principal talent
est de faire des patiences ou des réussites. Quant à leur
toilette lustrale, les bayadères de la pagode de Bénarès ne
sont pas plus exactes à descendre l'escalier de marbre
blanc qui mène au Gange et à faire leurs ablutions dans
le fleuve sacré; pour leur mise, il n'y a que le Parisien de
race qui la distingue, à quelque luxe excessif ou à quelque légère négligence, de celle des femmes du monde ;
les étrangers s'y trompent presque toujours, même les
Russes, qui pourtant sont si Français. Quelquefois elles
ne sont pas à la mode d'aujourd'hui ; — elles sont à la
mode de demain. Elles savent tout porter, et la moire
antique, et le velours, et le chapeau à plumes, et le
mantelet en dentelles de Chantilly, et la bottine qui
cambre le pied, et la manchette d'homme, et l'amazone
de drap, — tout, excepté un cachemire long ; là est la
supériorité de l'honnête femme : aucune dame aux camélias, aucune fille de marbre, aucune lorette ne résistera
à la tentation de tendre un peu le châle avec les coudes
pour marquer la taille et faire ressortir imperceptible-
ment le riche contour de la croupe. Gavarni saisit toutes
ces nuances, et il les exprime d'un crayon rapide et fa-

cile, toujours sûr. de lui-même. Avec lui nous entrons
dans des boudoirs capitonnés, pleins de vases de Chine
et de vieux sèvres, où miroitent des glaces de Venise, où
les torchères entortillent leurs rocailles dorées, et nous
voyons, couchée sur un divan, la divinité du lieu, à demi
vêtue d'un large peignoir que ne rattache pas la cordelière, faisant danser sa pantoufle au bout de son pied
nu, et soufflant de ses lèvres roses la fumée d'un *papelito*, tandis qu'une amie lui fait quelque drolatique confi-
dence, ou qu'un *gentleman* plus ou moins *rider* mord
la pomme de sa canne en méditant quelque déclaration.
Meubles, costumes, accessoires, modes, tout est rendu
avec une propriété parfaite, avec une *modernité* intime,
que personne ne possède au même degré. Le geste est
vrai, juste, actuel surtout ; c'est bien ainsi que nous
nous levons, que nous nous asseyons, que nous tenons
notre chapeau, que nous entrons nos gants, que nous
saluons, que nous ouvrons et fermons la porte : sous les
paletots, les talmas, les redingotes, le corps se retrouve
toujours, ce qui n'arrive pas toujours sous les draperies
pseudo-antiques des peintres d'histoire ; car, nous l'a-
vons dit plus haut, Gavarni est un grand anatomiste. La
femme de nos jours, absente des tableaux, revit dans
les historiques lithographies de notre artiste, avec son
maniérisme coquet, sa grâce spirituelle, son élégance
chiffonnée, sa beauté problématique, mais irrésistible :
tous ces petits museaux sont charmants ! Quels yeux à
prendre les alouettes ! quels nez à la Roxelane, retrous-
sés par le doigt du caprice ! quelles jolies fossettes pour
nicher les amours ! quels fins mentons, doucement ar-
rondis au-dessus d'un nœud de rubans ! quelles joues
fraîches caressées d'une boucle de cheveux ! quelles dé-
licieuses réalités et quels adorables mensonges sous ce
flot de dentelle, de batiste et de taffetas ! Certes il en est

de plus belles, de plus nobles, de plus pures, et ce n'est
pas là encore l'expression suprême de la beauté féminine
de notre époque ; mais Gavarni n'en a pas moins rendu
un des profils de la beauté moderne. — Le carnaval de
Paris, auquel il ne manque que la Piazza, la Piazzetta
et le Grand-Canal pour effacer l'antique carnaval de
Venise, a trouvé dans Gavarni son peintre et son historien. Pendant qu'au bruit d'un orchestre formidable
tourne ce galop infernal, vraie ronde de sabbat du plaisir, un homme se tient debout adossé contre une colonne;
il regarde, il écoute, il observe, et demain, sur la pierre,
se déhancheront les débardeuses avec le pantalon de velours à volants de dentelle, la large ceinture de soie
leur coupant la taille, la fine chemise de batiste aux
transparences rosées ; chuchoteront les dominos sous la
barbe de satin du masque ; agiteront leurs manches les
pierrots blafards, battant de l'aile comme des pingouins ;
s'allongeront les nez de carton verni des hommes sérieux ; scintilleront et bruiront les grelots des Folies ; se
hérisseront les plumeaux sur les casques romains ; bal-
lotteront les colliers de rassade des sauvages civilisés : à
travers l'éblouissant tourbillon, la lumière embrumée
des lustres, le tapage des voix et de l'orchestre, l'artiste
a saisi chaque type, chaque allure, chaque physionomie.
— Il prête son esprit à tous les masques, peut-être stupides ; il résume d'un mot profond les causeries du
foyer ; il traduit en légende drolatique l'engueulement
enroué de la salle ; puis pierrettes, pierrots, débardeurs,
débardeuses, dominos et fashionables, il les emmène au
*Café anglais*, à la *Maison d'or*, et les grise de sa verve,
plus exhilarante et plus mousseuse que le vin de Champagne !

Qui ne connaît ses *Enfants terribles* — et surtout ses
*Parents terribles?* les uns trahissent tout, les autres dés-

enchantent tout; *Ce qu'on dit et ce qu'on pense*, *Masques et Visages*, les *Petits mordent*, les *Revenus d'ailleurs*, et toutes ces séries d'un trait si vif, d'une philosophie si profonde, qu'on ne se lasse pas de feuilleter. — Les mots qui accompagnent chaque planche sont parfois une comédie, souvent un vaudeville, toujours une maxime digne de Larochefoucauld. — Que d'emprunts ont faits à ces lignes incisives les vaudevillistes et les faiseurs de revues! — Il est bien peu de pièces où Gavarni, s'il le voulait, n'aurait pas à revendiquer de droits d'auteur. Ne croyez pas, parce qu'il a dessiné surtout la Bohême du plaisir et crayonné les mœurs interlopes de ce monde où les plus sévères ont mis le pied, que Gavarni n'ait pas de sens moral; parcourez l'album intitulé « les Lorettes vieillies, » et vous verrez que son crayon lithographique sait punir le vice aussi bien qu'eût pu le faire le pinceau d'Hogarth; ces jupes effilochées, ces tartans à plis flasques, ces marmottes à carreaux, ces savates feuilletées qui boivent l'eau, ces mines hâves, ces joues creuses, ces bouches froncées, ces yeux meurtris de bistre, compensent bien les robes à trente-deux falbalas, les châles de cachemire traînant par terre, les chapeaux à plumes, les brodequins à talons rouges, et tout le luxe insolent du passé. On peut leur pardonner à ces pauvres filles d'avoir été jolies, superbes et triomphantes. Que la poudre de riz leur soit légère!

*Thomas Vireloque*, bien qu'il soit un peu misanthrope, est aussi un bon compagnon; Diogène, Rabelais et Sancho Pansa acquiesceraient de la tête à plus d'un de ses aphorismes. Cette création de Gavarni restera.

Dans cette rapide esquisse, nous n'avons pas même essayé de décrire l'œuvre innombrable du maître; — c'en est un, — nous avons voulu seulement fixer, par ses traits principaux, cette physionomie d'artiste, si originale, si vivante, si moderne, que la critique, trop occupée de talents prétendus sérieux, n'a pas étudiée avec l'attention qu'elle lui devait à coup sûr.

(L'Artiste, 1855.)

. . . . . . . . . . . . . . . . . . . . . .

Ce nom que Gavarni a illustré n'était pas le sien ; il s'appelait en réalité Sulpice-Paul Chevallier, et il avait pris d'une de ses premières publications ce gracieux pseudonyme qui allait si bien à son talent leste, élégant et dégagé. Les commencements de Gavarni furent pénibles, et ce n'est guère que le cap de la trentaine dépassé qu'il parvint à sortir de l'ombre et à se faire sa place au soleil. Nous l'avons connu vers cette époque. C'était un beau jeune homme orné d'une abondante chevelure blonde aux boucles frisées et touffues, très-soigné de sa personne, très-fashionable dans sa mise, ayant quelque chose d'anglais pour la rigueur du détail en fait de toilette, et possédant au plus haut degré le sentiment des élégances modernes. Il ne travaillait qu'en jaquette de velours noir, pantalon à pied de la meilleure coupe, fine chemise de batiste à jabot, souliers vernis à talons rouges, et tel qu'on peut le voir dans le portrait de dos qu'il a fait de lui-même sur la couverture d'une des publications illustrées d'Hetzel. Il avait plutôt l'air d'un dandy s'occupant d'art que d'un artiste, dans la signification un peu désordonnée qu'on attache d'ordinaire à ce mot; et cependant quel opiniâtre, quel incessant et quel fécond travailleur ! On bâtirait une maison immense avec les pierres lithographiques qu'il a dessinées.

On peut dire que Gavarni, quoique très-connu, très en

vogue et même célèbre, n'a pas été apprécié à sa juste
valeur, non plus que Daumier, que Raffet, que Gustave
Doré, si éclatante que soit sa réputation. On aime en
France les talents stériles et l'on se défie étrangement
de la fécondité. Comment croire au mérite de ces œuvres
multipliées qui viennent vous trouver chez vous chaque
matin, sous forme de journal ou de livraison, surtout
lorsqu'elles sont vivantes, spirituelles, prises à même
nos mœurs, pleines de feu, d'entrain et de jet, originales
de pensée et d'exécution, ne devant rien à l'antique,
exprimant nos amours, nos aversions, nos goûts, nos
caprices, nos tics, les habits dont nous sommes vêtus,
les types de grâce et de coquetterie qui nous plaisent,
les milieux où nous passons notre vie? Tout cela ne
semble pas sérieux; et tel qui admire un Ajax, un Thésée et un Philoctète tout nus, traiterait volontiers de
bonshommes les Parisiens de Gavarni.

Personne mieux que Gavarni n'a su poser un habit
noir sur un corps moderne, et ce n'est pas là chose facile: demandez-le aux peintres de *high life*. Humann
l'admirait. Sous cet habit, l'artiste, en trois coups de
crayon, savait mettre une armature humaine aux articulations justes, aux mouvements aisés, un être vivant, en
un mot, capable de se retourner, d'aller et de venir.
Bien souvent Delacroix regardait d'un œil rêveur ces
dessins si frivoles en apparence, et d'une science si
profonde cependant. Il s'étonnait de cet aplomb si parfait, de cette cohésion des membres, de ces attitudes
qui portent si fermement, de cette mimique si simple et
si naturelle. Chaque année rendait le dessin de Gavarni
plus souple, plus libre, plus large; le crayon ni la pierre
lithographique ne lui offraient plus de résistance, et il
en faisait ce qu'il voulait. Chez cette nature d'une originalité si particulière, outre l'artiste, il y avait un philo-

sophe, un écrivain qui, en deux lignes au bas de ses planches, a écrit plus de comédies, de vaudevilles et d'études de mœurs que tous les auteurs de ce temps-ci ensemble. Gavarni a fait l'esprit de son époque, et presque tous les mots de ces dernières années viennent de lui. Son influence, sans être avouée, a été très-grande ; il a inventé un carnaval plus amusant, plus fantasque et plus pittoresque que le vieux carnaval de Venise. Ses types, qu'on croit copiés, sont créés, et la réalité imita plus tard le dessin. C'est lui qui a fait vivre de la vie de l'art toutes les bohèmes, celle de l'étudiant, celle du rapin, celle de la lorette ; il a montré les fourberies des femmes, les naïvetés terribles des enfants, ce qu'on dit et ce qu'on pense, non pas en sermonneur morose à la façon de Hogarth, mais en moraliste indulgent qui sait la fragilité humaine et lui pardonne beaucoup. Cependant on se tromperait fort si l'on croyait Gavarni seulement gracieux, spirituel, élégant. Ses lorettes vieillies, avec leurs légendes comiquement macabres, atteignent au terrible. Thomas Vireloque, ce haillon déchiqueté à toutes les broussailles, jette de son œil borgne un regard sur la vie et l'humanité, aussi clairvoyant, aussi profond, aussi cynique que Rabelais, Swift ou Voltaire. Des misérables observés dans Saint-Gilles, pendant son séjour à Londres, Gavarni a rapporté d'effrayantes silhouettes, de sinistres fantômes, plus hideux et plus lamentables que les visions du cauchemar.

Sa manière de composer était singulière : il commençait à badiner sur la pierre, sans sujet, sans dessin arrêté ; peu à peu les figures se détachaient, prenaient une existence, une physionomie ; elles allaient et venaient, se livraient à une action quelconque. Gavarni les écoutait, cherchait à deviner ce qu'elles disaient, comme lorsqu'on voit marcher deux inconnus gesticu-

lant entre eux sur le boulevard. Puis, quand il avait
entendu le mot caractéristique, il écrivait sa légende, ou
plutôt il la dictait, car c'était une autre main qui moulait
la lettre.

Depuis quelques années, Gavarni, quoique toujours
aussi recherché, avait un peu abandonné le dessin. Son
esprit, de tout temps amoureux des sciences exactes, se
portait vers les hautes mathématiques et s'adonnait à la
poursuite de problèmes ardus auxquels il trouvait de
curieuses et neuves solutions. Il se plaisait dans ce
monde du chiffre où l'on voit le nombre grandir à l'infini et produire les combinaisons les plus étonnantes. Il
n'était point un de ces chimériques qui cherchent la
quadrature du cercle ou le mouvement perpétuel, mais
bien un savant dont l'Institut faisait cas.

Il s'est éteint dans cette villa d'Auteuil où nous étions
son voisin il y a une vingtaine d'années et dont le jardin, entamé depuis par le chemin de fer de ceinture,
ne contenait que des arbres à feuillages persistants,
cèdres, pins, mélèzes, thuyas, buis, houx, chênes verts,
lierres, sapinettes, et que sa verdure sombre faisait ressembler à un jardin de cimetière. Il paraît que cette col-
lection d'arbres verts était sans rivale, et l'artiste horticulteur y attachait le plus grand prix.

(Le Moniteur, 26 novembre 1866.)

# JOSEPH THIERRY

NÉ EN 1812 — MORT EN 1866

Joseph Thierry, le frère d'Édouard Thierry, le critique sagace et fin, l'habile directeur de la Comédie-Française, n'était ni un écrivain, ni un compositeur, ni un peintre dans le sens rigoureux où l'on entend le mot ; c'était un décorateur de théâtre, un grand artiste à coup sûr. C'est à ce titre que nous lui consacrons ces lignes.

On ne se figure pas la quantité énorme de travail qu'exigent cette littérature et cet art de tous les jours dont on ne fait guère plus de cas que de l'air qu'on respire, tant il semble naturel d'être baigné par cet oxygène de l'esprit. Si cet air manquait, comme on se sentirait oppressé, comme on aurait la tête lourde, comme la conversation s'appauvrirait, comme vite l'Attique tournerait à la Béotie ! On n'estime pas ces talents faciles qui enlèvent toutes les difficultés, ces improvisateurs toujours prêts, ces éruditions que rien ne surprend, ces originalités qui tirent tout de la substance de leur temps et qui n'empruntent rien aux traditions classiques. Le respect se réserve pour les gens dits sérieux. L'ennui en impose. Dès qu'on a bâillé, l'on admire et l'on dit : « C'est beau ! »

Parmi ces sacrifiés, il faut mettre au premier rang
les décorateurs. Certes, la place qu'ils tiennent dans l'art
dramatique actuel est immense; personne ne le contes-
tera. Que de pièces vantées leur doivent le succès, que
de chutes ils ont empêchées, que de sots dénoûments
ils ont sauvés par quelque apothéose! Mais bien que des
foules immenses sans cesse renouvelées viennent chaque
soir contempler leurs œuvres faites pour disparaître,
hélas! au bout d'un certain temps, un préjugé bizarre
empêche de les apprécier à leur juste valeur. Le public
s'imagine que pour produire une belle décoration il suffit
de répandre des seaux de couleur sur une toile étendue
à terre et de les mélanger avec des balais; le jeu des
lumières fait le reste. C'est à peine si au bout de leurs
analyses les feuilletonnistes signalent en quelques mots
rapides ces merveilles qui demandent tant de talent,
d'imagination et de science. Le moindre peintre ayant
exposé au Salon un ou deux petits tableaux est connu.
Les *reviewers* de l'Exposition s'en occupent, la foule
apprend à en retenir le nom, tandis que celui du plus
habile décorateur reste souvent obscur, quoiqu'il figure
à présent sur l'affiche. On pense à l'auteur, à la pièce,
aux comédiens, aux costumes, aux maillots, aux trucs,
à tout, avant d'arriver à lui. Et cependant quel art vaste,
profond, compliqué, que le décor comme on l'entend
de nos jours! La perspective, que la plupart des peintres
ignorent, les décorateurs la savent mieux que Paolo
Ucello, qui l'inventa. Ils la savent d'une façon rigoureuse,
géométrique, absolue. Ils connaissent la projection des
ombres, dessinant l'architecture comme des architectes,
et procèdent d'une manière complétement scientifique
dans le tracé et la plantation de leurs décors. Rien n'est
livré au hasard dans ces vastes machines dont les toiles
de fond sont grandes trois ou quatre fois. comme les

*Noces de Cana.* La moindre erreur, le plus léger gau-
chissement y produiraient des déviations énormes. Ce
n'est là que la partie matérielle de la décoration. Pour
suffire aux exigences imprévues des auteurs, il faut posséder à fond tous les pays, toutes les époques, tous les
styles ; il faut connaître la géologie, la flore et l'architecture des cinq parties du monde. Cela n'est même pas
assez. Les civilisations disparues, les splendeurs du
monde antédiluvien, les verdures azurées du paradis, les
flamboiements rouges de l'enfer, les grottes de madrépores de l'Océan, Babel, Enochia, Ninive, Tyr, Memphis,
et tout le domaine de la féerie, ce qui existe et ce qui
n'existe pas, le décorateur doit être prêt à rendre ces
spectacles si divers. Un auteur écrit en tête d'un acte :
« La scène est à Byzance, » et vite l'artiste bâtit un
palais byzantin, avec pleins cintres, coupoles, colonnes
de porphyre, mosaïque à fond d'or auquel Anthémius
de Tralles, l'architecte de Justinien, ne trouverait rien
à reprendre. Si l'action se passe en Chine, tout aussitôt les
tours en porcelaine aux toits recourbés, les ponts s'élèvent
en forme de dragons, s'ouvrent dans les murailles les
portes circulaires, flottent au vent les enseignes historiées
de caractères, s'échevèlent dans les lacs les saules d'un
vert argenté. On dirait que le décorateur a fait le voyage
d'Hildebrandt, le peintre prussien, et que le Céleste Empire lui est aussi familier que la banlieue. Et ainsi pour
une pagode, pour un temple grec, pour une cathédrale
gothique, pour une forêt vierge, pour le sommet de
l'Himalaya, pour un intérieur pompéien ou pour un boudoir de marquise. C'est lui qui fournit de couleur locale
tant d'ouvrages qui en manquent, et plus d'une fois il
nous est arrivé d'oublier l'action pour le décor infiniment supérieur à la pièce.

Le décor, comme la littérature, a eu sa rénovation

romantique vers 1850. Feuchères, Séchan, Diéterle et
Despléchin furent les Delacroix, les Decamps, les Marilhat, les Cabat de la peinture de théâtre. Ils y appor-
tèrent l'invention, l'audace, la couleur, l'exactitude. Ce
furent eux qui prêtèrent leurs merveilleuses brosses à
tous les grands opéras de Meyerbeer, d'Halévy et d'Auber.
C'est peut-être un blasphème, mais pour nous le cloître
des nonnes, dans *Robert le Diable*, vaut, pour la magie,
l'effet et le vague frisson du monde inconnu, la musique
à laquelle il ajoute la profondeur mystérieuse de ses ar-
ceaux. Thierry se rattachait à cette école, tout en conservant son originalité propre. On se rappelle cette admirable décoration du *Juif-Errant*, à l'Opéra, qui représentait un temple en ruine au bord d'un promontoire
éclairé d'un pâle rayon de lune. Quel style, quelle noblesse, quelle poésie et quelle illusion! L'impression
était la même que celle produite par les Dieux en exil de
Henri Heine. On partageait la mélancolie de ce sanctuaire
écroulé, dont l'écho s'éveillait aux pas de l'éternel
voyage. Quelles étaient charmantes encore et d'un pur
sentiment grec, les décorations de *Pysché*, à l'Opéra-
Comique!

Mais Thierry avait aussi le talent de rendre avec un
ragoût à faire envie au peintre le plus habile, les maisons
aux étages surplombants, aux vitrages bouillonnés, aux
colombages de poutrelles, aux crépis de chaux laissant
voir la brique, aux brindilles de folle-vigne se suspendant
au-dessus de la porte. Il faisait des villages et des bouts
de jardin charmants, et telle de ses coulisses vaut la
meilleure aquarelle anglaise. Thierry était de cette
époque où la décoration rivalisait avec la peinture et ne
se faisait pas à grand renfort de clinquant, de miroirs
et de lumières électriques. Quelquefois il mettait sa
carte de visite au Salon, et cette année même il avait

exposé un *Faust* et un *Méphistophélès* passant auprès du
gibet qui se faisait remarquer par la singularité fantastique de l'effet et la furie magistrale de l'exécution. Il est
douloureux de penser que rien ne reste de ces chefs-
d'œuvre destinés à vivre quelques soirs, et qu'ils disparaissent des toiles lavées pour faire place à d'autres
merveilles également fugitives. Que d'invention, de talent et de génie perdus, et sans même laisser toujours
un nom ! C'est pour protester autant qu'il est en nous
contre ce déni ou plutôt cet oubli de justice que nous
avons écrit ces quelques phrases à propos de ce véritable artiste, qui serait à coup sûr célèbre s'il avait dépensé la même quantité de talent sur des toiles restreintes
et entourées de cadres d'or.

(Le Moniteur, 15 octobre 1866.)

# HÉBERT

Hébert, avec son teint olivâtre, ses grands yeux nostalgiques, ses longs cheveux noirs, sa barbe épaisse et brune, son air profondément italien, semble l'idéal et le modèle de ses propres tableaux.

S'il n'est pas Italien, Ernest Hébert est au moins méridional. Il a vu le jour à Grenoble comme H. Beyle, qui, lui aussi, adora l'Italie jusqu'à la préférer à son pays même, et à faire mettre sur son épitaphe : « *Arrigo Beyle, Milanese.* » Hébert ne pousse pas les choses aussi loin, et il aime la France, où il a toujours trouvé admiration et sympathie : mais la patrie de son talent n'en n'est pas moins située au delà des monts. Quoique habitué aux élégances de la vie parisienne et homme du meilleur monde, Hébert n'a jamais oublié les brunes filles de Cervara et d'Alvita, et secrètement il préfère leurs pittoresques haillons aux plus aristocratiques toilettes.

La vie des artistes modernes, dans notre civilisation si parfaite, d'où l'accident est exclu, ne saurait être aventureuse ni romanesque comme celle des artistes de la renaissance, et leur biographie, en dehors de l'appré-

ciation de leur œuvre, se borne nécessairement à quelques dates. Nous dirons donc qu'Ernest Hébert est né en
1817 et qu'il vint à Paris en 1835 pour faire son droit,
comme les fils de famille dont la vocation n'est pas
encore décidée. A travers ses études  pour lesquelles on
peut supposer qu'il n'avait pas grand goût, le jeune
Hébert fréquentait l'atelier de David d'Angers, profitable
préparation qui devait servir au peintre.

Hébert cependant ne devint pas sculpteur, et, protégé
par Delaroche, il fut admis à concourir pour le prix de
Rome, qu'il remporta dès la première année, en 1839. Le
sujet du concours était « la coupe de Joseph trouvée dans
le sac de Benjamin. »

Certes, pendant son séjour dans la ville éternelle, qu'il
prolongea de trois années,  le pensionnaire de la villa
Medici étudia avec amour les grands maîtres, fit de longues stations devant  les fresques de Michel-Ange et de
Raphaël, admira les antiques du Vatican, mais il ne se
laissa pas absorber  uniquement par les chefs-d'œuvre ;
à côté de l'art, il vit la nature, chose plus difficile qu'on
ne pense. Bien des talents, distingués d'ailleurs, ne per-
çoivent pas l'image directe. La représentation les frappe
plus que l'objet, et pour qu'une figure leur arrive il faut
qu'elle ait déjà été  exprimée par l'art ou la poésie. De
tous les artistes qui font depuis si longtemps le pèlerinage de Rome, il en est deux ou trois à peine dont les
œuvres laissent soupçonner le voyage.  Les tableaux les
ont empêchés de voir les hommes, et la nature qu'ils ont
eue pendant plusieurs années sous les yeux est absente
de leurs toiles. Schnetz, Léopold  Robert et Hébert seuls
ont profité de leur séjour. Ils ont  pensé que ces types
qui avaient posé pour les maîtres étaient encore bons à
peindre, et qu'on pouvait à Rome faire autre chose que
des copies. Chacun de ces peintres exprima l'Italie à sa

manière : Schnetz, robuste, hâlée, un peu lourde; Léopold Robert, avec ses types caractéristiques et ses costumes de fête ; Hébert, passionnée, fiévreuse et mélancolique. Mais ce goût particulier n'empêchait pas ce
lauréat de satisfaire aux conditions du programme de
l'école, et nous nous souvenons encore d'une copie de la
*Sibylle delphique* et des *Odalisques sur une terrasse*, qu'il
envoya de Rome. L'accord de la mer bleue, de la terrasse
blanche et de la chair rose de ces beaux corps nonchalamment étendus, nous fit pressentir dans le jeune
peintre le coloriste délicat qu'il s'est montré depuis. Si
nous avions le loisir de rechercher dans nos anciens
feuilletons de la *Presse*, nous retrouverions les lignes
élogieuses accordées à ces premières manifestations d'un
talent qui a tenu ce qu'il promettait. Cette peinture s'é-
cartait déjà du poncif académique et indiquait une originalité ne demandant pour s'affirmer que la liberté de
l'étude et du sujet.

Son temps d'école fini, Hébert se mit à parcourir la
campagne de Rome, les monts de la Sabine et ces pauvres villages délabrés hors de la route des voyageurs,
où les types des races se sont conservés dans leur pureté
sauvage ; il recueillait avec amour ces restes d'une barbarie pittoresque qui va bientôt disparaître, dessinant,
peignant, prenant un air de tête, croquant ici un costume, copiant un bout de paysage, une de ces ruelles
escarpées coupées de degrés de pierre où se vautrent
des cochons bleus, une arcade laissant voir au fond d'une
cour une plaque de soleil sur un mur blanc. Mais ce qui
l'attirait surtout, c'étaient ces belles filles au teint hâlé,
aux yeux de diamant noir, d'une grâce étrange et farouche,
aux formes sveltes faisant prendre à leurs haillons des
plis de statues antiques, la Maruccia, la Celestina, la
Rosa-Nera, la Maria Pasqua, dont il a exprimé avec son

profond sentiment de la nature italienne la beauté déli-
cieusement bizarre.

Hébert, après cette longue absence de sept années,
revint en France. Il exposa à plusieurs salons, où ses
œuvres furent appréciées comme elles le méritaient ;
mais sa popularité date de la *Mal'aria*, qui fit un grand
effet au Salon de 1850. Tout le monde se souvient de
cette barque glissant sur un de ces canaux des marais
Pontins où barbotent des buffles, et portant une famille
de pauvres travailleurs. Quelle grâce malade et quel
charme attendrissant avait cette jeune femme minée par
la fièvre, couchée sur des joncs au bout du bateau !

Rare bonheur dans la vie d'un artiste, Hébert avait
cette fois trouvé le sujet où se résume, où se condense
toute une originalité. Il venait de donner la formule de
son talent, sa note toute personnelle. Il ne resterait
d'Hébert que ce tableau, qu'on le reconnaîtrait tout
entier avec ses qualités rares, exquises et caractéristiques.

Malgré sa passion pour la nature italienne, Hébert sait
aussi, quand il veut, peindre l'histoire. Le *Baiser de
Judas* est une œuvre de premier ordre, et la tête du
Christ, si fière et si triste, où se lit le suprême dégoût de
la trahison, est d'une admirable beauté.

Après un autre voyage en Italie, car Hébert, lorsqu'il
est resté trop longtemps éloigné de cette terre aimée,
tombe dans une langueur nostalgique, notre artiste
exposa successivement *Crescenza*, les *Fienarolles*, les
*Filles d'Alvito*, qui figuraient à l'exposition de 1855 ; les
*Fienarolles de Sant'Angelo*, les *Filles de Cervara*, *Rosa-
Nera* à la fontaine, sans parler de plusieurs portraits de
femmes d'une délicatesse et d'une distinction exquises et
de têtes italiennes d'une morbidesse délicieuse avec ces
grands yeux noirs passionnément morts, et ces lèvres

arquées par une *smorfia* qu'Hébert seul sait rendre. Il peignit aussi pour la Bibliothèque du Louvre deux grands médaillons allégoriques encastrés dans la boiserie des cheminées, représentant : l'un Napoléon I<sup>er</sup> et l'autre Napoléon III. Ce dernier tableau renferme une figure de femme personnifiant l'Italie délivrée, et se relevant avec une pose de Juliette sortant du tombeau, qui est le chef-d'œuvre de l'artiste.

Honoré deux fois de la première médaille, Hébert a été décoré en 1853 et fut en 1866 nommé directeur de l'école de Rome, où il succéda à Robert Fleury, dont le climat altérait la santé. C'est là un choix qui sera approuvé de tout le monde, car jamais homme ne fut mieux fait pour cette place qu'Hébert, vieux Romain habitué à la ville éternelle par de longs et fréquents séjours. Il sera là dans son véritable centre, et son influence sur les élèves ne saurait être qu'heureuse. Outre son talent que nul ne conteste, Hébert a un caractère charmant, des manières parfaites, une cordialité sincère, une absence de vanité et d'envie que nous souhaiterions à beaucoup de ses confrères. Il admire ses rivaux et sait reconnaître les talents qui diffèrent. Chez lui, nul parti pris, nul système. Quoique nourri des plus excellentes études, il écoute sa propre originalité, et ne gênera pas celle des autres.

(L'ILLUSTRATION, 19 janvier 1867.)

# E. APPERT

NÉ EN 1820 — MORT EN 1867

Quand Appert débuta, les luttes des romantiques et des classiques étaient finies. Il était élève d'Ingres, et certes on lui eût volontiers attribué un autre maître, car il avait le tempérament d'un coloriste, et semblait dans son œuvre plus dévot à Titien et à Paul Véronèse qu'à Phidias et à Raphaël; mais cependant on sentait à la tenue de son dessin que'il avait été élevé sous une forte discipline. Un beau contour peut contenir une belle couleur.

Appert débuta au Salon de 1837 par un *Berger jouant avec une tortue:* l'année suivante, il exposa une *Bacchante ivre*, puis *Néron à Baies;* plus tard, *Néron devant le cadavre d'Agrippine*, des tableaux de sainteté, l'*Assomption de la Vierge*, la *Vision de saint Orens*, le *Christ descendu de la croix*, toiles d'une composition bien entendue, d'une facture énergique et solide, où la nature propre de l'artiste s'accentue et devient plus visible à chaque Salon. Appert, quoiqu'il eût étudié sous le grand prêtre du style, avait un vif penchant pour la réalité : — nous disons la réalité, et non le réalisme comme on l'entend de nos jours ; — et à ses tableaux d'histoire il commençait à mêler des tableaux de nature morte, morceaux excellents, faits avec gravité et conscience dans la manière de Velasquez et de Chardin, si l'on peut appeler manière ce qui est la traduction la plus élevée, la plus ferme et la plus exacte des choses. Il peignit ainsi des instruments de musique, des armures, des fruits, des fleurs, des vases, des trophées de chasse d'une couleur superbe et d'une exécution magistrale ; nous possédons de lui un énorme bouquet de pivoines et de pavots qui déborderaient magnifiquement d'un vase de marbre dans le coin de quelque festin de Paul Véronèse. Pour la grandeur du jet, l'ampleur de la forme et la force de la touche, ce sont vraiment des fleurs historiques. Il fit aussi, avec un égal succès, des tableaux de genre : le *Délateur* jetant sa dénonciation dans la gueule de bronze ; des *Baigneuses au Lido*, scène vénitienne ; la *Sœur de charité en Crimée*, la *Fileuse*, *Sedaine tailleur de pierres ;* une grande figure allégorique de Venise, rappelant les apothéoses du palais ducal ; le *Pape Alexandre III* et la *Confession au couvent*, une de ses dernières œuvres.

Mais ce n'était pas là tout le talent d'Appert. Il entendait à merveille la peinture décorative, et il a peint dans la salle à manger de l'hôtel Fould toute une ornementation de feuillages, de fruits, de fleurs, et d'oiseaux du plus grand goût. Il a fait des travaux analogues pour la salle à manger du ministère d'État, et on admire de lui, dans l'appartement de l'Impératrice, un plafond et quatre dessus de portes de cette couleur claire, solide et gaie dont il avait le secret.

En dehors de son talent de peintre, Appert était un homme d'un esprit vif et charmant, il abondait en re-

parties heureuses, il causait bien de toutes choses et de
son art en particulier. La vie lui souriait, on l'aimait, et
sa perte est vivement sentie. Angers, sa ville natale,
l'honore et le regrette, car chez lui le citoyen valait
l'artiste.

(LE MONITEUR, 1ᵉʳ avril 1867.)

# DAUZATS

NÉ EN 1808 — MORT EN 1868

Dauzats est un des premiers peintres voyageurs de
notre école; il erra pendant bien des années sur la
terre et la mer et, comme le patient et subtil Odys-
seus, fils de Laerte, il vit les cités de peuples nombreux et il connut leur esprit. Au temps où l'on se contentait du classique voyage en Italie, il a visité l'Espagne, la Grèce, la Turquie, l'Égypte, l'Asie Mineure, la
Palestine, le mont Sinaï. Il précéda en Orient Decamps,
Marilhat, et en Afrique Delacroix. Aucune fatigue ne le
rebutait, aucun péril ne l'effrayait; il affrontait le désert et la sierra sauvage aux défilés hasardeux, bordés
de croix sinistres. Les inscriptions *Aqui murio de man
airada...* ne lui faisaient pas tourner bride, et ses bras
percés de coups de navaja témoignaient de la vivacité de
ses dialogues avec les bandits de la montagne. Certes, il
aimait les âpres et féroces paysages, les horizons sauvages et grandioses, la mer implacablement bleue, la
lumière blanche et crue du Midi; mais ce qu'il aimait
encore mieux, c'étaient les monuments, les temples, les
palais, les forteresses, les portes de villes et les ruines

gardant l'empreinte magnifique ou pittoresque du passé ;
car dans ce peintre il y avait un architecte, et dans l'architecte un décorateur. Il savait sa ligne, et au besoin
il eût bâti les édifices qu'il dessinait, mais il y mettait
l'effet, et le soleil, et l'ombre, et l'atmosphère ambiante,
et la profondeur de perspective. Il exprimait avec sa
puissante horizontalité le lourd temple égyptien, la hardiesse élancée de la cathédrale, l'élégance mystérieuse de
la mosquée, le dôme blanc du marabout s'arrondissant
près de son bouquet de palmiers, les luxueux intérieurs
orientaux d'Alep ou de Damas, rafraîchis de fontaines
embaumées de fleurs, tapissés d'*azulejos* et d'arabesques
semblables à des guipures, les salles capitulaires, les
sacristies et les cloîtres de couvent. On se rappelle,
parmi les tableaux de Dauzats, *le Passage des Portes de
Fer*, *les Environs de Damas*, *les Ruines de Djimilah*, *le
Couvent du Sinaï*, *le Chœur de la cathédrale de Tolède*,
*la Mosquée de Cordoue*, *une Rue du Caire*, *la Vue des
bords du Nil*, *la Place du marché de Jaën*. Mais c'est là
certainement la moindre partie de son œuvre : il avait
des matériaux pour peindre pendant deux ou trois cents
ans. Ses portefeuilles regorgeaient de croquis, de dessins,
d'études d'après nature, de pochades à l'aquarelle d'une
vérité et d'une vigueur de ton admirables, où se reproduisaient le climat, l'effet et l'impression du moment. Il
y en avait de tous les pays, mais les peintures faites en
Espagne nous plaisaient surtout ; il nous semblait, en les
voyant, refaire notre voyage. Dauzats avait accompagné le
baron Taylor dans sa mission pour former une galerie
de l'école espagnole. C'était un charmant compagnon,
très-lettré, homme du monde, d'une bonté et d'une
politesse exquises.

(Le Moniteur, 24 février 1868.)

# GABRIEL TYR

Gabriel Tyr, dont la gloire modeste n'a pas beaucoup dépassé les sanctuaires où son talent s'exerçait, s'était adonné de toute âme à la peinture religieuse. Élève et admirateur d'Orsel, il avait complété, après la mort de cet artiste délicat et pur comme un peintre de l'école ombrienne, cette délicieuse chapelle des Litanies de la Vierge, à Notre-Dame de Lorette, où chaque épithète est traduite par un charmant symbole, et l'esprit du maître semble avoir guidé la main du disciple. Orsel, Hippolyte Flandrin et Gabriel Tyr morts, il ne reste plus de peintre religieux, dans le vrai sens du mot, que M. Périn, l'auteur de cette belle chapelle de l'Eucharistie qui fait face à la chapelle des Litanies dans cette même église.

On eût dit que Gabriel Tyr avait appris son art dans le couvent où peignait l'Ange de Fiesole, tant il semblait étranger aux subterfuges et au charlatanisme de la peinture moderne. Bien mieux et bien plus profondément qu'Overbeck, il s'était empreint de la naïve poésie des peintres primitifs, mais sans imitation d'imagerie. Il

n'était pas gauche à plaisir et ne cassait pas par piété les
pieds de ses figures. Personne n'eut un dessin plus fin,
plus pur, plus élégant, plus soigneux des extrémités. Il
rappelait sous ce rapport Amaury-Duval et Flandrin.
Il disait qu'il fallait baptiser l'art grec et le faire agenouiller sous l'arceau byzantin ou l'ogive gothique, et
nul ne tint plus fidèlement ce programme difficile. Ses
types de tête ont une onction, une candeur et une spiri-
tualité qu'on ne rencontre guère aujourd'hui dans les
œuvres, d'ailleurs pleines de mérite, consacrées à la décoration des églises. Gabriel Tyr s'est rarement montré
aux expositions. Un *Christ enfant* au Salon de 1849, moment peu favorable à la peinture mystique, quelques
portraits de *l'Ange gardien* conduisant l'âme au ciel à
travers les épreuves de la vie, sont à peu près tout ce
que le public a pu voir de lui. La peinture murale dans
des églises ou des couvents éloignés de Paris, foyer de
toute réputation, l'a absorbé tout entier. Sur ces longues
parois silencieuses il a déroulé de pieuses et séraphiques
compositions, tendres et claires de ton comme les peintures à l'eau d'œuf ou les gouaches des missels sobre-
ment rehaussées d'or, où sous les dalmatiques et les
robes d'azur du Fiesole on devine la beauté des formes
antiques dépouillées de leur sensualisme. Ses dernières
fresques sont aux Chartreux de Lyon et aux Jésuites de
Villefranche, dans la chapelle de Montgré.

(LE MONITEUR, 24 février 1868.)

# SIMART

NÉ EN 1806 — MORT EN 1857

M. Simart, l'une des gloires de la statuaire française,
mourut par une fatalité vulgaire, à la suite d'un accident qui pouvait parfaitement bien ne pas arriver, — un
accident d'omnibus. — Supposez que la voiture eût porté
ce jour-là l'écriteau « complet », l'artiste continuait son
chemin à pied et vivrait encore pour faire de belles œuvres, car il était dans la force de l'âge, — quarante-neuf
ou cinquante ans au plus, — et rendu robuste par ce
dur métier de la statuaire.

Raconter maintenant la vie d'un artiste, ce n'est
autre chose qu'analyser ses idées, marquer sa place intellectuelle parmi ses contemporains et donner le catalogue de son œuvre; l'individu disparaît, l'idée seule
se dégage.

Quand nous aurons dit que M. Simart est né à Troyes
en Champagne, vers 1808 ou 1807, — nous ignorons la
date précise, — qu'il a étudié successivement sous Dupaty, Cortot et Pradier, obtenu le prix de Rome en 1837
avec Ottin, qu'il a été fait chevalier, puis officier de la
Légion d'honneur, et enfin membre de l'Institut, nous

aurons tracé le cadre de cette existence honorable et
bien remplie, et nous pourrons étudier sans être plus
distrait par ces détails, le caractère, le sens et la portée
de l'artiste.

Ce qui distingue M. Simart dans cette époque de doute
et de trouble, c'est l'unité singulière du talent. Chez lui
on n'aperçoit aucune trace d'hésitation ; dès le commencement il vit le but et il y tendit d'un effort invariable.
— Ce but, disons-le tout de suite, était la perfection
grecque, le classique le plus pur (bien différent du goût
académique avec lequel on affecte de le confondre). —
Le dieu de M. Simart, et nous concevons cette idolâtrie,
était Phidias ; et pour lui la statuaire n'avait eu que des
variétés de décadence depuis le grand siècle de Périclès.
Il s'enferma en pensée sur le plateau de l'Acropole et
n'en voulut jamais descendre. — Un statuaire ne saurait
mieux choisir sa patrie idéale, car les Grecs resteront
toujours les maîtres divins du marbre comme ils le sont
de la poésie et comme ils l'étaient sans doute de la peinture.

Déjà, dans l'atelier de Dupaty, le jeune Simart s'était
assimilé les formes, les attitudes, les jets de draperie de
la statuaire antique, non par un plagiat servile, mais par
une assimilation naturelle. Il enveloppait les fragments
imités ou copiés de ce contour élégant, flexible, dégagé
de détails se continuant de la tête aux pieds, dont Flax-
mann dessinait ses compositions de l'*Iliade* et de l'*Odyssée* ; — déjà, comme plus tard, l'artiste se préoccupait
plus de l'harmonie générale, du rhythme des lignes, de la
pureté des profils que de l'étude des morceaux. Il était,
qu'on nous permette cette distinction essentielle, plus
statuaire que sculpteur. Il sacrifia toujours la vérité de
détail, le grain de la peau, le frisson de l'épiderme, le
tressaillement de la vie, tout le caprice et le ragoût du

ciseau, à une sorte de sérénité limpide et blanche dont
l'art antique est le plus pur modèle. Il n'acceptait la
forme humaine qu'idéalisée, régularisée, pour ainsi dire,
dégagée de tout accident vulgaire et ramenée à un type
préconçu ; ainsi il fit des statues plutôt que des corps de
marbre, comme beaucoup d'artistes que nous sommes
loin d'ailleurs de blâmer. L'effet produit par ses œuvres
résulte principalement de la composit on de la figure
arrangée et balancée d'après ces mathématiques de l'attitude dont les Grecs avaient le secret tant cherché depuis. M. Simart n'avait pas cette fièvre d'originalité à
tout prix qui a tant tourmenté certains talents de notre
époque, — noble inquiétude après tout et qui nous a
valu bien des œuvres remarquables ! — Le beau lui suffisait, ne fût-il pas neuf ; et, au risque de tomber quel.
quefois dans le poncif, comme on dit en argot d'atelier,
il adoptait les grandes divisions du corps humain, les
poses favorites, les façons de faire piéter ou trancher
une figure, le style et le jet de draperie des anciens :
selon lui, l'art ne pouvait trouver mieux, et s'éloigner de
ces types divins c'était s'exposer à errer. — Beaucoup
de classiques eurent sans doute ces principes, mais ils
ne possédaient pas comme Simart ce sentiment fin et pur
de l'antiquité, cette grâce aisée et charmante dans l'imitation. Il y a entre eux et lui la différence qui existe entre
les gracieux fragments grecs d'André Chénier et le fatras
mytho ogique de Lebrun-Pindare. Cette adoration de
l'antiquité est d'autant plus remarquable qu'à cette époque les hordes romantiques tatouées de couleurs vives
et poussant des cris sauvages assaillaient la blanche citadelle grecque, gardée par quelques pauvres vieux dieux
invalides à perruque de marbre, qu'elles jetaient par-
dessus les remparts en riant aux éclats, aux grands applaudissements des rapins et de la foule ; mais Simart,

fort de sa foi païenne en Jupiter, Apollon, Vénus, Minerve et autres divinités de Phidias, ne s'émut nullement du tumulte des barbares et ne s'affilia pas aux nouvelles religions. — Il regarda une heure de plus chaque jour la Vénus de Milo, les Panathénées du Parthénon, la Femme dénouant sa sandale, le torse du Thésée, les divines figures décapitées par les bombes vénitiennes, et les guerriers du fronton d'Égine, n'admettant pas que rien eût existé depuis l'an 450 avant Jésus-Christ.

Il exposa vers 1833 un buste de Gustave Planche, dont nous n'avons pas gardé souvenir, mais l'*Oreste à l'autel de Minerve* qu'il envoya de Rome fixa sur lui l'attention publique. C'était un morceau très-élégant, très-fin, très-pur de style ; le torse d'Oreste s'évanouissant au pied de l'autel, si on l'eût trouvé dans des fouilles, eût pu passer pour une œuvre du bon temps de la statuaire grecque. L'auteur a fait depuis aussi bien, mais non pas mieux.

La perfection de cette statue inspira aux classiques en désarroi l'idée de se servir de Simart pour l'opposer aux romantiques comme ils firent d'Ingres, malgré la haine qu'ils nourrissaient contre lui ; car ils n'étaient pas en état de comprendre et d'aimer réellement deux talents si sobres, si purs et si véritablement grecs. Puisque nous avons prononcé le nom d'Ingres, disons que Simart ressentait à l'endroit de ce grand maître un amour, une admiration et un respect qui ne se sont jamais démentis. Ingres, de son côté, professait une haute estime pour Simart, et le louait en toute rencontre, et l'on sait combien l'artiste austère est sobre de pareils témoignages.

Simart, quoique apprécié des romantiques, qui aiment beaucoup l'art grec s'ils haïssent l'art académique, fut donc très-vanté, très-poussé, très-prôné par le parti contraire, par les soi-disant fanatiques de l'antiquité, qui ne sont pas capables de discerner une statue grecque d'une statue romaine. — Il fut proclamé comme le sauveur des bonnes doctrines ; et, on le fit servir, bien malgré lui, à une sorte de réaction pareille à celle de la tragédie contre le drame, de Ponsard contre Hugo. Heureusement sur sa tête, qu'on a essayé de coiffer d'une perruque, il n'est resté qu'une simple branche de laurier dont les feuilles ne se flétriront pas, car Simart a sincèrement aimé le beau, et l'a puisé à l'éternelle source.

Les travaux lui vinrent avec la renommée ; il fit une statue de la *Philosophie* d'une beauté calme et sévère, d'un ajustement plein de noblesse, d'un style élevé et simple, qu'on prendrait pour un dessin d'Ingres réalisé en marbre. Ses *Renommées* à la barrière du Trône pourraient se déployer sur quelque monument antique que ce soit ; sa *Vierge avec l'Enfant Jésus,* — bien qu'en art le statuaire ne fût pas de cette religion, — a une grâce austère et charmante; et peut dignement tenir sa place dans tout sanctuaire chrétien. — M. le duc de Luynes, qui use en grand seigneur de sa fortune, et au milieu d'un siècle occupé du cours de la Bourse, se livre à des dilettantismes de prince italien du temps de la Renaissance, commanda à Simart une suite de bas-reliefs, formant frise pour la salle peinte par Ingres au château de Dampierre et non achevée encore. Ces bas-reliefs, qui se rattachent à l'idée décoratrice de la salle et représentent les diverses phases de l'activité humaine, —la Guerre, la Chasse, l'Agriculture et autres motifs analogues, — sont une des œuvres les plus hardies, les plus vivantes et les plus originales de l'auteur; ces compositions, sans manquer aux rigides principes que Simart s'était imposés, ont beaucoup de mouvement, de caractère et de variété.

Dans les grands travaux du tombeau de l'empereur qu'il partagea avec Pradier et Duret, il surmonta, non

pas entièrement, mais avec toute l'habileté possible,
cette difficulté de traduire sous des formes antiques des
idées toutes modernes ; il n'est pas aisé de représenter
en marbre le Code civil et autres institutions analogues.
Au Louvre, il sculpta le fronton où la Paix et les Arts entourent allégoriquement Napoléon III, debout au centre
de la composition. Il y a là de belles et charmantes figures, dont l'élévation ne permet pas d'apprécier toute la
finesse ; il fit aussi les cariatides de l'un des deux pavillons dans un beau goût grec, légèrement adultéré de
renaissance, pour se conformer au style de l'édifice. —
On dirait les figures qui supportent l'entablement du
petit temple de Pandirose, copiées par Jean Goujon. Mais
l'œuvre qu'il caressa avec le plus d'amour, ce fut la
restitution de la Minerve de Phidias, commandée par le
duc de Luynes ; il y mit tout son talent, toute son âme,
toute sa piété, et la main dut plus d'une fois lui trembler comme si l'esprit invisible de Phidias le regardait
travailler par-dessus l'épaule.

Lorsque cette figure, le seul essai de statuaire chryséléphantine qu'ait tenté l'art moderne, fut découverte à
la grande exposition de 1855, nous en rendîmes compte
avec le détail qu'elle méritait, et quelques lignes de
notre appréciation ne seront pas déplacées ici.

« M. Simart, s'aidant de toutes les ressources que la
science archéologique mettait à sa disposition, a res-
tauré heureusement la silhouette générale de la statue
de Phidias ; il a consulté les textes et les médailles : sa
Minerve n'a pas, comme on le pense bien, la taille de la
Minerve du Parthénon ; il a dû se borner à l'exécution au
quart, ce qui donne encore une proportion de huit
pieds. — La tête de sa statue, au profil ferme et sévère,
a bien l'expression de sérénité froide et de virginité dédaigneuse qui convient à la plus chaste divinité de l'O-

lympe : une pièce d'azurite enchâssée dans sa prunelle,
rappelle l'épithète de *glaucopis*, qu'Homère ne manque
jamais d'appliquer à Pallas-Athènè, et prête à son regard une lueur étrange ; — on dirait un œil vivant qui
scintille à travers un masque. — Nous aimons assez cette
bizarrerie inquiétante ; des boucles d'oreille d'or et des
pierres bleues accompagnent les joues pâles de la déesse :
les bras, taillés d'une seule pièce dans deux énormes dé-
fenses d'ivoire fossile, sont d'une rare beauté ; la transparence éburnéenne traversée de veines bleuâtres et de
blancheurs rosées, joue la chair à faire illusion : on croirait voir la vie courir sous cette belle substance si polie,
d'un grain si fin, qui imite le derme délicat d'une jeune
femme. Les pieds sont purs de forme, comme des pieds
qui n'ont jamais foulé que l'azur du ciel ou la neige étincelante de l'Olympe. La tunique d'un or pâle, semblable
à cet *electrum* si célèbre dans l'antiquité, descend à plis
simples et graves, et fait le plus heureux contraste avec
les teintes de l'ivoire ; les bas-reliefs du bouclier et des
sandales ont bien le caractère hellénique et le serpent
Érechthée déroule d'une façon pittoresque ses écailles
d'or vert. —Au lieu de la Méduse de l'Égide, M. Simart,
se fondant sur certains textes, a mis un masque d'Hécate
dont la bouche au *rictus* monstrueux laisse passer quatre
crocs, symbole des quatre quartiers de la lune. Nous
doutons que Phidias eût placé sur la virginale et robuste
poitrine de sa déesse ce mascaron grimaçant, relevant
plutôt des religions symboliques de l'Asie que du génie
grec. La Victoire que Minerve tient dans sa main et qui
fait palpiter éperdument ses *frissonnantes ailes d'or* est
la plus délicieuse statuette chryséléphantine qu'on puisse
rêver, et M. Simart a cette ressemblance avec Phidias
d'avoir principalement réussi cette figurine.

« L'artiste, poursuivant sa restauration, a restitué sur

le piédestal de sa statue la *Naissance de Pandore* douée
par les dieux comme une princesse de conte de fées, dont
on dit que Phidias avait orné le socle de son colosse. Ce
bas-relief est charmant et semble détaché d'une frise du
temple de la Victoire Aptère, et complète la statue dont
la richesse avait besoin de cette base élégante. »

Dire que, voulant restituer d'après les récits des anciens ce chef-d'œuvre de Phidias, M. de Luynes, le plus
fin connaisseur de ce temps-ci, songea à Simart, et mit
à sa disposition l'ivoire, l'argent et l'or nécessaires pour
ce coûteux travail, c'est faire le plus bel éloge possible
de l'artiste ; s'il n'a pas réalisé complétement ce rêve,
personne du moins n'eût pu en rapprocher plus que lui,
de l'aveu même de ses rivaux.

On sait que dans le délire qui précéda sa mort, Simart
eut un étrange cauchemar. Il voyait ses cariatides se
pencher sur lui comme pour l'étouffer, en statues mé-
contentes de leur sculpteur ; — pure modestie de la fièvre, humilité trop grande de l'hallucination ! Les statues
de Simart n'ont rien à lui reprocher : il les a faites belles,
nobles, pures, vivantes de la vie sereine de l'art, au-dessus des agitations contemporaines. Que peuvent-elles lui
demander de plus : elles n'ont qu'à prendre son âme
entre leurs bras de marbre, et à lui dire comme la fian-
cée de Corinthe à son amant :

Viens! vers nos anciens dieux nous volerons ensemble!

(L'ARTISTE, 1857.)

# DAVID D'ANGERS

NÉ EN 1789 — MORT EN 1856

On peut réunir dans sa bibliothèque toutes les œuvres
d'un poëte ou d'un auteur qu'on aime. L'impression les
multiplie assez pour satisfaire leurs admirateurs. Mais
les statues et les tableaux, nécessairement uniques, d'un
artiste, se dispersent, vont décorer des monuments lointains, occupent des places que souvent on ignore, disparaissent de la circulation, s'enterrent au fond de quelque collection jalouse, quelquefois sont détruits par l'in-
cendie, le temps, le manque de soin, la malveillance ou
toute autre cause. Quelque attention qu'on apporte à
suivre dans sa carrière un statuaire ou un peintre, toujours quelque production vous échappe ; et nous, qui
pensions connaître David d'Angers, nous avons été surpris, en feuilletant le recueil de son œuvre [1], de la quantité de morceaux inédits, pour nous, qu'il contenait ;
car ce fut un rude travailleur que ce David. Ce que, de
1810 à 1855, il a pétri d'argile, taillé de marbre, coulé
de bronze, est vraiment prodigieux ; on ferait presque un
peuple avec ses statues.

[1] *L'OEuvre de David d'Angers,* publié par M. Haro.

L'ouvrage s'ouvre par un de ces fins crayons où M. Ingres sait créer en quelques traits une ressemblance intime et vivante, et où il se montre sans effort le rival des
plus grands maîtres. Le portrait est daté de Rome 1815.
David s'y trouvait alors en qualité de lauréat. Son
*Othryadas mourant* lui avait valu un second prix, et son
bas-relief de la *Mort d'Épaminondas* l'envoya dans la
ville éternelle. L'*Othryadas*, malgré son style nécessairement classique, trahit déjà de l'originalité, et ses formes
étudiées indiquent la préoccupation du vrai. Le bas-relief de la *Mort d'Épaminondas* a plus de mouvement que
n'en offrent d'ordinaire ces sortes de compositions où
l'élève, pour se concilier des juges sévères, cherche plus
la sagesse que tout autre mérite.

La *Néréide portant le casque d'Achille*, bas-relief en
marbre, est une figure d'une grâce purement grecque.
Dans cet envoi de Rome, daté de 1815, le jeune David,
alors âgé de vingt-trois ans, semble subir l'influence ex-
clusive de l'antiquité. Les chefs-d'œuvre de la statuaire
grecque et romaine durent l'impressionner vivement et
l'emporter sur ses propres instincts. La Néréide vue de
dos, couchée sur un dauphin, soulève d'une main le casque d'Achille et de l'autre retient le bout d'une draperie
volante dont les plis se chiffonnent et se frangent comme
un feston d'écume. La ligne, qui part de la taille ployée,
s'arrondit avec la hanche et s'allonge jusqu'à l'orteil,
est d'une élégance charmante. Comme pendant à cette
figure, David esquissa une Néréide portant le bouclier
d'Achille; mais cette composition n'a pas été exécutée
définitivement, et c'est dommage. La pose est heureuse.
La nymphe chevauchant un monstre marin se présente
de face. Ses bras entourent le bouclier avec un mouvement plein de grâce, et ses pieds croisés la tiennent en
équilibre sur le flanc de sa monture.

Le *Berger* (envoi de Rome 1817) est une figure très-simple, très-naïve, d'une gracilité juvénile qui rappelle un peu la manière du Donatello, mais où le sentiment particulier du maître ne se prononce pas encore ; car David fut plus tard un statuaire romantique dans la limite que peut admettre la sculpture, cet art sévère et précis dont le véritable milieu fut l'antiquité avec son polythéisme anthropomorphe. David, dès qu'il fut maître de son outil et de ses moyens, qu'il put exprimer librement son idée, se préoccupa plus du caractère que de la beauté. Les lignes savamment rhythmées des Grecs lui parurent froides et souvent conventionnelles. Il trouva que les têtes antiques, avec leur placidité sereine, manquaient presque toujours d'expression, du moins à nos yeux habitués aux complications de la vie moderne. Il s'inquiéta beaucoup plus qu'aucun statuaire de la face humaine. Pour les sculpteurs en général, la tête n'est qu'un détail du corps ; le torse a autant d'importance, sinon davantage. Païens inconscients, ils ne s'attachent pas assez à ce masque transparent où l'âme laisse sa trace visible.

David d'Angers poussa très-loin cette curiosité ; il recherchait l'occasion de reproduire en bustes ou en médailles les célébrités contemporaines. Il alla à Weimar pour faire le buste de Gœthe, il fit celui de Chateaubriand, de Béranger, de Lamennais, d'Arago, de Balzac, etc. C'était un plaisir pour lui de voir comment le génie, par une sorte de repoussé, se modèle à l'extérieur, bossèle le crâne et le front de protubérances, martèle, meurtrit et sillonne les joues. Chez lui le physiognomoniste et le phrénologiste se mêlaient au statuaire dans des proportions même un peu trop fortes, car il a souvent exagéré au delà du possible les organes de telle ou telle faculté qu'il croyait découvrir dans son modèle ou

qui y existaient réellement. Ces bustes monumentaux
n'en sont pas moins des œuvres du plus grand caractère.
Ils passeront à la postérité comme types définitifs et ac-
ceptés des illustrations qu'ils représentent. Il est difficile
de se figurer Gœthe sous une autre apparence que le
buste olympien de David d'Angers.

Les profils qu'il pétrissait d'un doigt rapide et sûr avec
un vif sentiment de la physionomie formeront le médail-
lier complet du dix-neuvième siècle ; car presque tous
les genres de notabilités y ont leurs représentants essen-
tiels ; ce n'est pas la partie la moins intéressante de l'œuvre de David d'Angers. Ces médaillons, d'un modelé
très-souple, très-fin et très-vrai, ne sont pas du tout
conçus au point de vue antique. Le statuaire n'a pas
cherché à faire de ses contemporains des médailles de
Syracuse; il les accepte avec leurs cheveux longs ou
courts, hérissés ou plats, leur calvitie, leurs mousta-
ches, leurs favoris, leur menton rasé, leur collet d'habit et leur cravate, s'il le faut, et là il est franchement
moderne.

Peu de statuaires se sont autant mêlés au mouvement
intellectuel de leur temps. Non que David fût un littérateur ; mais des idées l'agitaient, et il croyait qu'il était
du devoir de l'artiste de les représenter, ou du moins
d'en faire rayonner un reflet sur son œuvre. Aussi vivait-
il dans l'intimité des poëtes, et plus d'une ode magnifique
témoigne de ces nobles échanges d'admiration fréquents
à la belle époque du romantisme. Souvent son marbre
lui fut rendu en vers non moins solides et durables.
Quant à nous qui croyons que le paros et le corinthe doivent exprimer avant tout la beauté et non telle ou telle
idée politique ou philosophique, nous regrettons les
peines souvent inutiles que s'est données David d'Angers
pour faire cadrer son art avec son système. Heureuse-

ment dans son œuvre, grand est le nombre des statues qu'il oublia d'y rattacher.

*La jeune fille au tombeau de Marco Botzaris*, écrivant du doigt sur la poussière le nom du mort illustre, malgré la préoccupation philhellène du moment, rentre dans les conditions de l'art pur ; ce corps charmant, dans sa chaste nudité, a toute la grâce d'une nymphe avec la vérité en plus et une morbidesse qui transforme le marbre en chair. *Le Jeune tambour Bara* n'a gardé de son uniforme que la baguette qu'il tient encore d'une main mourante, et il montre un torse fin aux formes un peu grêles, aussi délicat et pur que celui d'un Hyacinthe tombé sous le palet d'Apollon. *L'Enfant à la grappe*, célébré par Sainte-Beuve en vers délicieux sur un vieux rhythme de Ronsard, vaut les rimes qu'il a inspirées. C'est un morceau digne de l'antique. *Le Philopœmen retirant la flèche de sa blessure*, en dépit de son sujet grec, représente un corps tout moderne, mais d'une si profonde étude, d'une vérité si grande, qu'on n'y désire pas ces formes plus pures et plus pleines qu'un statuaire athénien lui eût sans doute données. Cette figure excellente fait le plus grand honneur à David, et elle peut compter au nombre des meilleures qu'aient produites l'art de notre temps.

Une grande question, qui n'est pas résolue encore, passionnait alors les ateliers et les cénacles. Faut-il représenter les personnages de notre époque avec leur costume ou à l'état d'apothéose avec une nudité idéale, comme faisaient les sculpteurs de l'antiquité pour leurs contemporains? Les romantiques, par une sorte de réaction contre le pseudo-classicisme, étaient pour la vérité absolue du vêtement; ils voulaient l'Empereur en petit chapeau et en redingote grise, et non en pallium de César romain. David d'Angers ne s'est pas nettement prononcé.

Quoique son goût du vrai le fit pencher vers le costume exact, ses instincts de statùaire le rappelaient au nu sans lequel il n'y a pas de véritable sculpture. Ainsi il représente Corneille en habit du temps un peu arrangé dans un manteau et Racine nu sous une chlamyde grecque dont il ramène les plis sur sa poitrine comme un poëte tragique d'Athènes. Le général Foy n'a qu'un manteau, dans la *figure* qui couronne son monument, mais il est habillé dans le bas-relief qui le représente au milieu de ses contemporains illustres.

Cette contradiction apparente peut s'expliquer : le bas-relief reproduit l'homme tel qu'il était, la statue le transforme, le divinise en quelque sorte et représente son génie. Dans son remarquable fronton du Panthéon, David a mêlé les figures allégoriques aux figures réelles. Les premières sont nues ou drapées ; les autres conservent le costume du temps. La statue de Talma pourrait être celle de Roscius, mais l'acteur n'a pas de costume propre, et il est permis de donner au plus grand tragédien des temps modernes l'attitude et la nudité antiques. Cependant, plus tard, et sans doute poussé par des raisonnements littéraires, David d'Angers a donné résolûment à ses statues de personnages illustres l'habit de l'époque où ils vivaient, et ne pouvant déployer sa science d'anatomiste sous les formes plus ou moins bizarres des vêtements, il a concentré tout son talent dans les têtes et les masques.

A la statue de Bernardin de Saint-Pierre il ajoute un délicieux groupe de Paul et Virginie qui dorment, entrelaçant leurs bras enfantins, sous une plante du tropique : il sculpte de superbes Victoires dans les tympans de l'Arc de triomphe de Marseille ; il y taille de grandes figures allégoriques, d'une tournure robuste et magistrale ; il accoude de belles femmes à l'œil-de-bœuf du Louvre, et

toutes les fois que l'occasion se présente de faire pleurer
un Génie ou une Vertu sur un tombeau, il ne la manque
pas; mais, malgré le nombre de ces morceaux, ce qui
prédomine dans son œuvre, c'est la représentation de
l'homme illustre, la glorification du génie humain. Corneille, Racine, Gœthe, Humboldt, Cuvier, Byron, Rossini, Alfred de Musset y ont leur statue, leur buste ou
leur médaille. Nous citons au hasard; les guerriers et
les politiques tiennent aussi leur place dans ce Panthéon
sculptural que David d'Angers fit, de son propre gré,
souvent pour le marbre ou la fonte, bien des fois pour
rien, mû par une admiration, un enthousiasme ou une
sympathie.

Sa dernière œuvre fut la statue d'Arago, allongée dans
le repos éternel sur le marbre de la tombe. Il était fidèle
à la mission de sa vie entière : fixer les traits du génie
et lui donner l'éternité la plus longue dont l'art dispose,
celle de la sculpture. Ainsi le nom de David d'Angers se
trouve lié à ceux de tous les hommes célèbres qui rem-
plirent la première moitié de ce siècle, et il s'inscrit au
bas de leur image auguste. Ce fut là son originalité et son
caractère distinctif.

(LE MONITEUR, 28 novembre 1859.)

# MADEMOISELLE FANNY ELSSLER

On ne s'occupe guère dans les feuilletons que du talent et du jeu des actrices. On n'analyse pas leur beauté, on ne les envisage jamais sous le côté purement plastique. Quelquefois seulement on parle de leur grâce, de leur gentillesse, et c'est tout.

Cependant une actrice est une statue ou un tableau qui vient poser devant vous, et l'on peut la critiquer en toute sûreté de conscience, lui reprocher sa laideur comme on reprocherait à un peintre une faute de dessin (la question de pitié pour les défectuosités humaines n'est pas ici de saison), et la louer pour ses charmes, avec le même sang-froid qu'un sculpteur qui, placé devant un marbre, dit : Voici une belle épaule ou un bras bien tourné.

Aucun feuilletoniste n'insiste sur ce côté important ; en sorte que les renommées de jolies actrices se font au hasard, et sont la plupart du temps fort loin d'être méritées ; d'ailleurs, beaucoup de ces réputations de beauté durent depuis tantôt un demi-siècle : c'est trop en vérité.

Une multitude d'héroïques généraux, de délicieux fonctionnaires de l'empire et de non moins délicieux provinciaux, voire même de Parisiens de race, en sont encore à admirer la fraîcheur traditionnelle, mythologique et remontant aux âges fabuleux de mademoiselle Mars, l'inimitable Célimène.

En général, les belles actrices sont assez laides, c'est une justice à leur rendre, et si elles n'avaient pas le théâtre pour piédestal, personne n'y ferait attention ; elles rentreraient dans la classe des femmes ordinaires ou des femmes honnêtes, qui elles-mêmes n'ont d'autre mérite que de n'être pas des hommes, comme on peut s'en convaincre lorsqu'elles quittent les habits de leur sexe pour prendre les nôtres.

Ceci ne regarde pas mademoiselle Fanny Elssler, qui est dans toute la fleur de sa jeunesse et de sa beauté, et a l'avantage de ne pas avoir été admirée par nos grands-pères.

Mademoiselle Fanny Elssler est grande, souple et bien découplée ; elle a les poignets minces et les chevilles fines ; ses jambes, d'un tour élégant et pur, rappellent la sveltesse vigoureuse des jambes de Diane, la chasseresse virginale ; les rotules sont nettes, bien détachées, et tout le genou est irréprochable ; ses jambes diffèrent beaucoup des jambes habituelles des danseuses, dont tout le corps semble avoir coulé dans les bas et s'y être tassé ; ce ne sont pas ces mollets de suisse de paroisse ou de valet de trèfle qui excitent l'enthousiasme des vieillards anacréontiques de l'orchestre et leur font récurer activement les verres de leur télescope, mais bien deux belles jambes de statue antique dignes d'être moulées et amoureusement étudiées.

On nous pardonnera, je l'espère, d'insister si long-temps sur les jambes, mais nous parlons d'une danseuse.

Autre sujet d'éloge : mademoiselle Elssler a des bras ronds, bien tournés, ne laissant pas percer les os du coude, et n'ayant rien de la misère de formes des bras de ses compagnes, que leur affreuse maigreur fait ressembler à des pinces de homard passées au blanc d'Espagne. Sa poitrine même est assez remplie, chose rare dans le pays des entrechats, où *la double colline et les monts de neige* tant célébrés par les lycéens et les membres du caveau paraissent totalement inconnus. L'on ne voit pas non plus s'agiter sur son dos ces deux équerres osseuses qui ont l'air des racines d'une aile arrachée.

Quant au caractère de sa tête, nous avouons qu'il ne nous paraît pas aussi gracieux qu'on le dit. Mademoiselle Elssler possède de superbes cheveux qui s'abattent de chaque côté de ses tempes, lustrés et vernissés comme deux ailes d'oiseau ; la teinte foncée de cette chevelure tranche un peu trop méridionalement sur le germanisme bien caractérisé de sa physionomie : ce ne sont pas les cheveux de cette tête et de ce corps. Cette bizarrerie inquiète l'œil et trouble l'harmonie de l'ensemble ; ses yeux, très-noirs, dont les prunelles ont l'air de deux petites étoiles de jais sur un ciel de cristal, contrarient le nez qui est tout allemand, ainsi que le front.

On a appelé mademoiselle Elssler une *Espagnole du Nord*, et en cela, on a prétendu lui faire un compliment : c'est son défaut. Elle est Allemande par le sourire, par la blancheur de la peau, la coupe de la figure, la placidité du front ; Espagnole par sa chevelure, par ses petits pieds, ses mains fluettes et mignonnes, la cambrure un peu hardie de ses reins. Deux natures et deux tempéraments se combattent en elle ; sa beauté gagnerait à se décider pour l'un de ces deux types. Elle est jolie, mais elle manque de race ; elle hésite entre l'Espagne et l'Allemagne. Et cette même indécision se remarque dans le caractère du sexe : ses hanches sont peu développées, sa poitrine ne va pas au delà des rondeurs de l'hermaphrodite antique ; comme elle est une très-charmante femme, elle serait le plus charmant garçon du monde.

Nous terminerons ce portrait par quelques avis. Le sourire de mademoiselle Elssler ne s'épanouit pas assez souvent ; il est quelquefois bridé et contraint ; il laisse trop voir les gencives. Dans certaines attitudes penchées, les lignes de la figure se présentent mal, les sourcils s'effilent, les coins de la bouche remontent, le nez fait pointe ; ce qui donne à la face une expression de malice sournoise peu agréable. Mademoiselle Elssler devrait aussi se coiffer avec plus de fond de tête ; ses cheveux, placés plus bas, rompraient la ligne trop droite des épaules et de la nuque. Nous lui recommandons aussi de teindre d'un rose moins vif le bout de ses jolis doigts effilés : c'est un agrément inutile.

(Le Figaro, 19 octobre 1837.)

# MADEMOISELLE GEORGES

NÉE EN 1786 — MORTE EN 1867

Il y a bien longtemps que mademoiselle Georges est belle, et l'on pourrait dire d'elle ce que le paysan disait d'Aristide : « Je te bannis parce que cela m'ennuie de t'entendre appeler Juste. »

Nous ne ferons pas comme ce brave manant grec, quoiqu'il soit évidemment plus difficile d'être toujours beau que d'être toujours juste. Cependant mademoiselle Georges semble avoir résolu cet important problème ; les années glissent sur sa face de marbre sans altérer en rien la pureté de son profil de Melpomène grecque.

Sa conservation est bien autrement miraculeuse que celle de mademoiselle Mars, qui n'est, du reste, aucunement conservée, et ne peut plus faire illusion dans les rôles de jeune première qu'à des fournisseurs de la République et à des généraux de l'Empire.

Malgré le nombre exagéré de lustres qu'elle compte, mademoiselle Georges est réellement belle et très-belle.

Elle ressemble à s'y méprendre à une médaille de Syracuse ou à une Isis des bas-reliefs éginétiques.

L'arc de ses sourcils, tracé avec une pureté et une finesse incomparables, s'étend sur deux yeux noirs pleins de flammes et d'éclairs tragiques ; le nez, mince et droit, coupé d'une narine oblique et passionnément dilatée, s'unit avec son front par une ligne d'une simplicité magnifique ; la bouche est puissante, arquée à ses coins, superbement dédaigneuse, comme celle de la Némésis · vengeresse qui attend l'heure de démuseler son lion aux ongles d'airain. Cette bouche a pourtant de charmants sourires épanouis avec une grâce tout impériale, et l'on ne dirait pas, quand elle veut exprimer les passions tendres, qu'elle vient de lancer l'imprécation antique ou l'anathème moderne.

Le menton, plein de force et de résolution, se relève fermement, et termine par un contour majestueux ce profil, qui est plutôt d'une déesse que d'une femme.

Comme toutes les belles femmes du cycle païen, mademoiselle Georges a le front plein, large, renflé aux tempes, mais peu élevé, assez semblable à celui de la Vénus de Milo, un front volontaire, voluptueux et puissant, qui convient également à la Clytemnestre et à la Messaline.

Une singularité remarquable du col de mademoiselle Georges, c'est qu'au lieu de s'arrondir intérieurement du côté de la nuque, il forme un contour renflé et soutenu qui lie les épaules au fond de la tête sans aucune sinuosité, diagnostic de tempérament athlétique, développé au plus haut point chez l'hercule Farnèse.

L'attache des bras a quelque chose de formidable pour la vigueur des muscles et la violence du contour. Un de leurs bracelets ferait une ceinture pour une femme de taille moyenne. Mais ils sont très-blancs, très-purs, terminés par un poignet d'une délicatesse enfantine et des mains mignonnes frappées de fossettes, de vraies mains royales, faites pour porter le sceptre et pétrir le manche du poignard d'Eschyle et d'Euripide.

Mademoiselle Georges semble appartenir à une race prodigieuse et disparue; elle vous étonne autant qu'elle vous charme. L'on dirait une femme de Titan, une Cybèle mère des dieux et des hommes, avec sa couronne de tours crénelées; sa construction a quelque chose de cyclopéen et de pélasgique. On sent en la voyant qu'elle reste debout, comme une colonne de granit, pour servir de témoin à une génération anéantie, et qu'elle est le dernier représentant du type épique et surhumain.

C'est une admirable statue à poser sur le tombeau de la tragédie, ensevelie à tout jamais.

(Le Figaro, 26 octobre 1837.)

# MADEMOISELLE JULIETTE

La disette de beautés est si grande parmi les femmes
de théâtre, qui devraient être un choix entre les plus
charmantes, que nous sommes obligés d'aller chercher
loin de la scène, dans le demi-jour de la vie privée, une
blanche et svelte figure dont les rares apparitions ont
laissé un vif souvenir à tous les gens qui s'inquiètent encore en ce siècle de la grâce, de la finesse et de l'élégance, et qui lisent de ravissants et d'harmonieux poëmes dans une inflexion de ligne, dans un geste, dans une
œillade, dans une certaine manière de retirer ou d'avancer le pied; choses, après tout, bien plus sérieuses et
plus importantes que les niaiseries prétentieuses dont
s'occupent les hommes graves.

C'est dans le petit rôle de la princesse Negroni de *Lucrèce Borgia* que mademoiselle Juliette a jeté le plus vif
rayonnement. Elle avait deux mots à dire et ne faisait en
quelque sorte que traverser la scène. Avec si peu de
temps et si peu de paroles elle a trouvé le moyen de
créer une ravissante figure, une vraie princesse italienne
au sourire gracieux et mortel, aux yeux pleins d'enivre-

ments perfides ; visage rose et frais qui vient de déposer
tout à l'heure le masque de verre de l'empoisonneuse, si
charmante d'ailleurs qu'on oublie de plaindre les infor-
tunés convives, et qu'on les trouve heureux de mourir
après lui avoir baisé la main.

Son costume était d'un caractère et d'un goût ravissants : une robe de damas rose à ramages d'argent, des
plumes.et des perles dans les cheveux ; tout cela d'un
tour capricieux et romanesque comme un dessin de
Tempeste ou de della Bella. On aurait dit une couleuvre
debout sur sa queue, tant elle avait une démarche onduleuse, souple et serpentine. A travers toutes ses grâces,
comme elle savait jeter quelque chose de venimeux ! Avec
quelle prestesse inquiétante et railleuse elle se dérobait
aux adorations prosternées des beaux seigneurs véni-
nitiens !

Nous avons rarement vu un type dessiné d'une manière
si nette et si franche ; et, quoique mademoiselle Juliette
ait une plus grande réputation comme jolie femme que
comme actrice, nous ne savons pas trop quelle comédienne aurait découpé aussi rapidement une silhouette
étincelante sur le fond sombre de l'action.

La tête de mademoiselle Juliette est d'une beauté régulière et délicate qui la rend plus propre au sourire de
la comédie qu'aux convulsions du drame; le nez est pur,
d'une coupe nette et bien profilée, les yeux sont diaman-
tés et limpides, peut-être un peu trop rapprochés, défaut
qui vient de la trop grande finesse des attaches du nez ;
la bouche, d'un incarnat humide et vivace, reste fort
petite même dans les éclats de la plus folle gaieté. Tous
ces traits, charmants en eux-mêmes, sont entourés par
un ovale, du contour le plus suave et le plus harmonieux;
un front clair et serein comme le fronton de marbre blanc
d'un temple grec, couronne lumineusement cette déli-

cieuse figure; des chéveux noirs abondants, d'un reflet
admirable, en font ressortir merveilleusement, par la
vigueur du contraste, l'éclat diaphane et lustré.

Le col, les épaules, les bras sont d'une perfection tout
antique chez mademoiselle Juliette; elle pourrait inspirer dignement les sculpteurs, et être admise au concours
de beauté avec les jeunes Athéniennes qui laissaient tomber leurs voiles devant Praxitèle méditant sa Vénus.

(Le Figaro, 29 octobre 1837.)

# MADAME JENNY COLON-LEPLUS

NÉE EN 1808 — MORTE EN 1842

Jusqu'à présent les belles actrices de notre galerie sont des types de beautés brunes ; mademoiselle Elssler rappelle les belles danseuses ioniennes qui voltigent si légèrement sur le fond noir des vases étrusques et des fresques d'Herculanum ; mademoiselle Georges est une Melpomène antique, œil noir faisant tache sur une face de marbre : mademoiselle Juliette réalise les nymphes élégantes et sveltes des bas-reliefs de la Renaissance, jolie comme une Parisienne de nos jours, belle comme une Grecque du temps de Périclès. Ce sont plutôt des modèles pour le sculpteur que pour le peintre ; leur beauté tient plutôt à la finesse ou à la sévérité des lignes qu'à l'agrément de la physionomie ou à la richesse de la couleur.

Consignons ici une remarque que l'on n'a pas encore faite : c'est à savoir que le type blond tend à disparaître complétement, et qu'il se fait dans les races un mouvement contraire à celui que l'on avait constaté : le Nord recule devant le Midi ; les femmes qui sont aujourd'hui proclamées reines de beauté appartiennent presque toutes au caractère méridional.

Il y a quelque temps, un peu ennuyé des cheveux d'é-
bène, des teints de bistre, des prunelles couleur de jais
et des épaules peau d'orange, nous avions résolu de
faire, contrairement à la tendance espagnole de l'époque,
un roman *blond*, et même, s'il nous était possible, un
roman *roux*.

Comme nous sommes le plus consciencieux romancier du monde, nous nous décidâmes, après de vaines
perquisitions dans Paris pour trouver un modèle de la
nuance désirée, à nous mettre à la recherche, au *pourchas* du *blond*, comme diraient les anciens romans de
chevalerie.

La patrie de Rubens et de Jordaëns nous semblait naturellement devoir fournir le type que nous cherchions ;
mais, après avoir traversé les Flandres dans tous les
sens, après avoir hanté les Kermesses, les bals, les églises, les promenades et les comédies, nous demeurâmes
convaincus qu'il n'y avait dans les Flandres et la Hollande
que des négresses, des albinos et des Andalouses *au sein
bruni*, plus brûlées que les *marquises* d'aucune romance.

Le type que nous cherchions si loin existait, à l'Opéra-
Comique, en la personne de madame Colon-Leplus.

Madame Leplus, qui au premier coup d'œil rappelle
les figures des nymphes allégoriques de la vie de Catherine de Médicis, a cependant quelque chose de plus
choisi et de plus élégant que le type ordinaire de la
beauté flamande, rêvé plutôt que copié par Rubens. Elle
est forte et grasse, mais il y a loin de son embonpoint,
potelé et soutenu, aux avalanches de chair humaine du
peintre d'Anvers ; son teint, blanc, délicat, avec quelque
chose de soyeux et de pulpeux comme une feuille de camélia ou de papier de riz, n'est pas traversé par des réseaux bleuâtres, martelé de plaques rouges, ainsi que celui des robustes divinités de l'artiste néerlandais. Elle

se rapproche plus du type vénitien, *biondo* et *grassotto*, célébré par Gozzi. Certaines Madeleines de Paul Véronèse, quelques portraits de Giorgione, la *Judith* d'Allori rentrent tout à fait dans son caractère de beauté.

Le front, large, plein, bombé, beaucoup plus développé qu'il ne l'est habituellement chez les femmes, attire et retient bien la lumière, qui s'y joue en luisants satinés; le nez, fin et mince, d'un contour assez aquilin et presque royal, tempère heureusement la gaîté un peu folle du reste de la figure. Singularité charmante, une prunelle brune scintille sous un sourcil pâle et velouté d'une extrême douceur, quant à la bouche, elle est pure, bien coupée, aisément souriante, avec une certaine inflexion moqueuse à la lèvre inférieure qui lui ajoute un grand charme. L'ovale de ses joues se distingue par la gracieuse plénitude de contour et l'absence de saillie des pommettes ; le menton est frappé, au milieu, d'une petite fossette, excellent nid pour les amours, comme aurait dit un poëte du temps de Louis XV.

Les cheveux sont drus et plantureux, d'un blond positif; ils n'ont pas cette couleur poussiéreuse et cendrée des chevelures anglaises ; ils sont *flaves*, rutilants, avec des effets fauves comme les teintes du soleil couchant, comme le nimbe lumineux de quelques têtes de Rembrandt; détachés de la masse, ils scintillent et se contournent aux faux jours en manière de filigranes d'or bruni.

La transition de cette belle teinte chaude aux nuances mates et blanches de la nuque et du col se fait très-harmonieusement au moyen de petits cheveux follets d'un tour capricieux, où s'accroche toujours quelque paillette de lumière.

Ce col est du reste admirablement attaché, et conduit par une ligne onduleuse et riche aux magnificences des

épaules, qui sont les plus belles et les plus blanches du
monde. La poitrine n'a pas l'exubérance de contour de
la beauté flamande ; mais elle est ronde et pleine d'une
saillie modérée, mais cependant complétement [fémi-
nine; car un des agréments de madame Leplus, c'est
qu'elle est femme dans toute l'acception du mot, par ses
cheveux blonds, par sa taille fine et ses hanches puisam-
ment développées, par le timbre argentin de sa voix, par
la molle rondeur de ses bras ; au lieu que les beautés
brunes offrent beaucoup moins de dissemblances avec
les hommes. Un très-joli et très-jeune garçon habillé en
femme, passera aisément pour une belle brune, mais jamais pour une belle blonde. Nous avons fait, à propos de
mademoiselle Elssler, cette remarque qu'elle pourrait
être un beau garçon aussi bien qu'elle est une jolie
femme : en effet, les brunes sont presque des hommes,
et le caractère de leurs formes a plus de rapport avec
celles de l'hermaphrodite qu'avec celles de l'Ève biblique; les épaules, les reins, les bras, les genoux diffèrent
peu. Souvent même, chez les brunes tout à fait caracté-
risées, la ressemblance va jusqu'au duvet aux commissu-
res de la bouche.

Les grandes robes de lampas ou de brocatelle aux plis
soutenus et puissants, les hautes fraises goudronnées et
frappées à l'emporte-pièce, comme on en voit dans les
dessins de Romain de Hooge ; les manches à crevés et à
jabots de dentelles, dont la main sort comme le pistil du
calice d'une fleur ; les feutres à ganse de perles, à plumes
crespelées ; les chaînes et les rivières de diamants, écail-
lant d'étincelles papillotantes la blancheur mate de la
poitrine, les corsets pointus à échelles de rubans s'élan-
çant minces et frêles de l'ampleur étoffée des jupes ;
toute la toilette abondante et fantasque du seizième
siècle, s'adapte merveilleusement à la physionomie de

madame Leplus, que l'on prendrait dans un de ces
costumes capricieux, pour une de ces belles dames des
gravures d'Abraham Boss, qui marchent gravement une
tulipe à la main, suivies du petit page nègre qui porte
leur queue, leur chien et leur manchon, dans les allées
bordées de buis d'un parterre du temps de Louis XIII.

(Le Figaro, 9 novembre 1837.)

# MADEMOISELLE SUZANNE BROHAN

Jusqu'ici, nous n'avons passé en revue que certains marbres d'actrices, plus ou moins beaux, plus ou moins suaves d'harmonie et de contour. La ligne nous a plus préoccupé que l'expression ; nous avons cherché à sculpter *à l'encre*, pour ainsi dire, chaque belle comédienne de nos jours.

Dans cette galerie des belles actrices, toutes ont le regard fier et le front haut ; elles marchent du pas de Vénus ou d'Aspasie. Même assurance du triomphe en leur maintien, même grâce, même sourire. Vous diriez du *Cortége des Heures*, où toutes les figures de Guido Reni sont belles, où chaque déesse sème l'air de son parfum.

Nous nous sommes complu à décrire toutes ces figures. Chez les unes, c'était la sévère pureté d'un profil grec ; chez d'autres, les allures vives et enjouées d'une bergère de Vatteau. Aujourd'hui, nous allons ouvrir la galerie des actrices d'esprit. Les actrices d'esprit ne pourront se plaindre que nous ayons fait passer avant elles les belles actrices, ces fleurs d'un matin dont le vent brise la tige ; il est si à craindre qu'elles n'aient ni vieillesse ni durée !

Ce n'est pas à dire pour cela que toutes les actrices d'esprit ne soient pas belles. Il en est seulement chez lesquelles l'esprit fait oublier jusqu'aux agréments de la personne, comme le motif dominant d'une symphonie laisse dans l'ombre ses autres mérites. Je ne sache pas de tyran au monde plus absolu que celui de l'esprit.

Voyez plutôt : voici, même dans le monde, de charmantes jeunes femmes, qu'on pourrait trouver jolies à bon droit, même à côté des plus jolies ; elles ont le sourire joyeux, et les dents blanches, les cheveux abondants, le teint rosé ; mais aussi, ô malheur ! elles ont avec tout cela de l'esprit ; et l'impitoyable générosité du ciel a tant déversé de dons sur elles que les femmes laides, pour se consoler d'être laides, semblent oublier à chaque instant, elles-mêmes, que ces rivales de salon sont jolies, Elles se bornent à dire : qu'elle a d'esprit ! Et ce mot chez elles est une vengeance.

L'esprit, c'est le livre dont il est donné à peu de monde d'écrire ou de comprendre les pages. Il y a dans un seul geste de femme, dans une seule nuance de toilette, dans une seule inflexion de voix, plus d'esprit que dans Candide. Ajoutez à cela que l'esprit se perd, et qu'il devient plus rare chaque jour, au théâtre comme dans le monde.

Qui nous rendra ces divins modèles de l'esprit français au dix-septième et au dix-huitième siècle, depuis madame de Sévigné jusqu'à madame de Montesson ? Quel analyste patient prendra la peine d'expliquer comment peu à peu l'esprit, ce diamant si rare de nos jours au doigt des actrices, passa des salons de la grande dame au théâtre, comme par un admirable échange de grâce et d'urbanité? Entre les diverses natures d'esprit que peut posséder une actrice, l'esprit le plus rare est à coup sûr l'esprit de société. Eh bien ! c'est cet esprit qui, malgré le préjugé, réconcilia la société française qui vient de finir avec la naïveté de la Gaussin, les reparties de Sophie Arnould et les hardiesses de mademoiselle Desmares. Ces dames avaient acquis le privilége de tout dire à force d'esprit, elles en revendaient à tous ces petits mémoires du dix-huitième siècle, si vaniteux et si impudents. Les Cydalises d'alors ne se faisaient pas un bagage de certains mots empruntés çà et là, sur la scène ou dans le foyer, elles avaient de l'esprit marqué au bon coin, de l'esprit à elles, de l'esprit argent comptant. Les filles de théâtre s'entendaient alors, vous le voyez, avec le grand monde : ces deux puissances se prêtaient entre elles mutuellement.

Aujourd'hui, quelle est la comédienne assez entendue pour se poser hors de la scène sur ce terrain dangereux de l'esprit, s'y soutenir et y triompher des autres? Quelle femme assez maîtresse d'elle pour s'y observer toujours et n'être jamais extrême? Et puis, lorsqu'elle est belle et jeune, comment se résoudre à se faire une arme de son esprit, quand on pourrait très-bien s'en faire une de sa grâce?

Il y a de ces sacrifices que nul ne peut s'expliquer. De même que de jeunes et ravissantes femmes de la cour du grand roi, les cheveux encore nattés de perles, tout imprégnées des roses de Versailles et des billets musqués de vingt amants, se jetèrent craintives dans les bras de la solitude et du cloître, il existe aussi des courages peu assurés de comédiennes qui se réfugient dans l'esprit comme dans une défense. L'esprit devient dès lors leur arme contre les médisances et les petites tyrannies de coulisse ; l'esprit, c'est l'éventail dont elles donnent des coups sur les doigts des sots. Mademoiselle de l'Étoile, dans le *Roman comique*, se sert de son busc de cette façon-là pour corriger Ragotin.

Il ne nous appartient pas d'approfondir ces motifs qui font qu'une jolie actrice entre brusquement et pour le reste de ses jours, dans l'esprit, comme l'on entrait au trefois en religion. Cette résolution, après tout, ne peut venir que d'un grand mérite personnel. Le trône, en fait d'esprit, est d'ailleurs un fort beau thème d'ambition. Ce trône, resté vide depuis mademoiselle Contat à la Comédie française, n'a guère maintenant que trois ou quatre prétendantes qui aient des titres. A leur tête, il nous faut placer mademoiselle Brohan.

Toutes nos réflexions précédentes sur l'esprit s'appliquent merveilleusement à la nature de cette actrice. Mademoiselle Brohan, cette charmante comédienne que vous voyez marcher si sérieuse, par la rue et vers le foyer même de son théâtre, vous l'allez voir tout à l'heure rire sur la scène à gorge déployée, petiller d'esprit, de verve et de grâce. Tous ses mots seront justes, toutes ses reparties piquantes. La comédie de Marivaux respire en elle, c'est la même gerbe d'étincelles et de saillies. A la scène, mademoiselle Brohan produit l'effet du vin d'Aï ; on n'a pas le temps de voir les défauts de l'œuvre, on est ébloui, chancelant sur sa banquette. La mobilité de son masque donne à son ironie ou à sa passion une admirable portée. Aussi déliée qu'une abeille, elle pique avant qu'on songe à parer le trait.

Rentrez au foyer des acteurs après cet étourdissement de votre soirée, et vous y retrouvez la plus aimable femme du monde, qui vous reçoit, mais avec des airs de femme du monde, avec cette réserve et cet esprit, cette délicatesse et cette dignité de manières que nulle comédienne n'a hors du théâtre, pas même mademoiselle

Mars. Gracieuse et fine comme un émail de Petitot, la physionomie de mademoiselle Brohan pourrait se passer au besoin du mot : esprit; mais ne fût-ce que comme politique, elle a bien fait de le prendre, l'esprit est le meilleur ajustement de la beauté.

(LE FIGARO, 23 novembre 1837.)

# MADAME DAMOREAU

NÉE EN 1801 — MORTE EN 1863

Madame Damoreau est maintenant dans tout l'éclat de sa seconde beauté. L'automne quelquefois n'est pas moins favorable aux jolies femmes que le printemps.

Le printemps, célébré avec tant d'acharnement par les poëtes descriptifs et les faiseurs d'idylles, nous semble une des plus odieuses saisons de l'année : un vert épinard s'étend sur toute la nature ; il n'y a encore ni cerises, ni raisins, ni pêches, ni poires, ni aucun de ces beaux fruits blonds et vermeils que l'automne laisse tomber nonchalamment de sa corbeille d'or. C'est une stérile, froide et ennuyeuse saison qui n'a de poétique que l'espérance.

Sans aller aussi loin que M. de Balzac, nous trouvons chez certaines femmes des août et des septembre de beauté qui valent tous les mois d'avril et tous les mois de mai du monde ; quelques regains ne le cèdent en rien aux premières moissons.

Pour les femmes brunes comme madame Damoreau, cet âge tant redouté de trente ans (ce chiffre est ici une pure politesse de notre part) apporte de sensibles améliorations : les teintes fauves de la nuque s'éclaircissent, les bras prennent de la rondeur, la peau mieux tendue par un embonpoint naissant, devient d'un grain plus fin, se lustre et se satine ; les contours acquièrent de la plénitude ; les lignes, plus soutenues, sont d'un galbe plus gras et plus ondoyant ; toute la physionomie se tasse en quelque sorte et prend du caractère.

A la seconde beauté appartiennent exclusivement les mains et les épaules.

Il faut bien se l'avouer, aucune femme n'a de mains et d'épaules avant trente ans ; et beaucoup de femmes, charmantes d'ailleurs, désirent presque d'avoir vingt-neuf ans pour jouir de ce précieux privilége.

Nous n'appellerons pas du nom de *mains* ces morceaux de chair rouge, violacée, grivelée de taches bleues, que les jeunes filles ont au bout de leurs manches, et qu'elles cachent plus ou moins élégamment avec des mitaines de filet ou des gants de Suède. Les deux ossements en équerre qui font saillie sur le dos, et que les guimpes et les pèlerines dissimulent souvent assez mal, ne ressemblent que de fort loin à des épaules.

La véritable main, la main blanche comme une hostie, la main royale frappée de fossettes, aux ongles longs et nacrés, à la peau fine et pulpeuse traversée de filets d'azur, moite et douce au toucher comme une feuille de camélia, n'est pas une beauté de jeune fille.

Les épaules fermes, rebondies, mates et blanches comme le marbre dépoli des statues antiques, ne se dessinent qu'assez tard ; c'est un fruit d'automne, juste compensation de la perte de quelques fleurs de printemps.

Tout ceci est pour dire que madame Damoreau a de jolies mains et de belles épaules.

Le caractère de tête de madame Damoreau est pur, correct, d'une précision un peu dure, tempérée cepen-

dant par un charmant sourire; les tempes sont légèrement comprimées comme celles de Fanny Elssler; le
front n'a pas une grande hauteur, la coupe en est tout à
fait grecque et rappelle le front de la Venus Victrix; la
forme du haut de la tête est une des plus gracieuses que
nous connaissions; c'est une belle ligne ovale qui va
s'élargissant et se lie à la nuque par des passages très-
doux et très-fins; les cheveux n'ont guère de rivaux pour
l'abondance et la noirceur. C'est ici que toutes les com-
paraisons sont d'une exactitude mathématique : les ailes
vernissées du corbeau, le jais, l'ébène n'approchent pas
de ce lustre miroitant.

<blockquote>
..... On dirait, à les voir,<br>
Une jeune guerrière avec son casque noir.
</blockquote>

La lumière frissonne en reflets métalliques et bleuâtres
sur ces bandeaux si bien séparés, dont pas un seul cheveu ne déborde; d'étroites raies de chair blanche se dessinent vivement dans ce parterre d'ébène, sentiers charmants où se promènent les désirs aux pieds furtifs, l'o-
reille, remarquablement petite, s'enroule comme un co-
quillage de nacre et se détache très-purement sur le fond
sombre de la chevelure.

Quant à la nuque, elle est hardie, provoquante et
superbe, d'une violence de tempérament incroyable;
une pénombre fauve sert de transition entre sa blancheur et le noir de ses cheveux. Elle nous a fait penser à
un passage de la *Confession d'un enfant du siècle* où
Octave, éperdu de douleur de la trahison de sa maîtresse,
va chez elle et la trouve à sa toilette : les cheveux de sa
maîtresse sont relevés par derrière avec de petits pei-
gnes, et quelques boucles rebelles se tordent fortement à la
naissance du col; cette nuque aux tons chauds et vivaces,

ces cheveux d'un noir d'enfer, toute cette insolence et ce
luxe de santé contrastant si fort avec son désespoir lui
inspirent une rage tellement effrénée qu'il frappe sa perfide d'un grand revers de main qui lui fait ployer la tête
jusque sur le rebord de la toilette.

Les nuques ainsi faites sont un signe de finesse et de
pureté de race. — Nous avons beaucoup insisté sur les
cheveux et cette nuque, parce qu'ils sont les traits les
plus caractéristiques de madame Damoreau, si régulière
et si classique à tant d'égards. Nous terminerons en disant
qu'elle a un vrai pied d'Andalouse et de comtesse. Le domino de satin noir, le costume aragonais, et le voile
d'abbesse lui vont également bien et lui font trois beautés différentes. Elle est surtout charmante en domino ;
c'est une vraie grande dame espagnole à faire tourner
des têtes plus solides que celle d'Horace de Massarena.

(LE FIGARO, 13 décembre 1837.)

# MADEMOISELLE FALCON

Lehmann, un des élèves les plus distingués de M. Ingres, affectionne particulièrement les scènes de la Bible et le caractère de la nature hébraïque ; il a fait *le Départ du jeune Tobie* et *la Fille de Jephté pleurant sa virginité sur les montagnes*. Ce sont de longs visages d'un ton d'ivoire blondissant, des bouches rouges comme des grenades en fleur, des yeux aux paupières arquées, entourées d'un léger cercle bleu avec un cristallin diamanté ; des prunelles de jais, un regard languissant trempé de soleil, où brillent toutes les ardeurs de l'Orient ; des bras ronds et polis chargés de bracelets, des doigts tournés en fuseaux, des épaules dorées inondées de cheveux bleuâtres. Toute une poésie de beauté singulière et d'élégance étrange qui vous transporte à mille lieues de notre petit monde coquet, où la prétention a remplacé la grâce, et où le chiffonné succède aux lignes simples et pures de l'idéal antique.

Le pinceau de Lehmann rendrait assurément mieux que notre plume le caractère de tête de mademoiselle Falcon ; si jamais elle se fait portraire, nous lui conseillons de confier cette tâche à Lehmann : c'est un peintre fait tout exprès pour le modèle.

A défaut de Lehmann, nous tâcherons d'esquisser au trait le beau masque de mademoiselle Falcon. La coupe en est éminemment tragique et merveilleusement disposée pour rendre les grands mouvements de passion ; les yeux surtout sont parfaitement beaux ; des sourcils d'un noir velouté, d'une courbure orientale, se joignent presque à la racine d'un nez mince et un peu trop aquilin peut-être ; ces sourcils, dessinés fermement, contribuent beaucoup par leur contractilité à donner à la face une expression de passion jalouse et d'emportement tragique très-bien appropriée aux rôles que joue habituellement mademoiselle Falcon. Le front est noble, intelligent, lustré par des frissons de lumière sur les portions saillantes, et baigné de tons fauves aux endroits ombrés par les cheveux.

Le défaut de cette figure si noble et si régulière consiste dans le peu de développement du menton. La distance, à partir du nez jusqu'à l'extrême bord de l'ovale, nous paraît légèrement courte ; plus d'ampleur dans ce contour achèverait mieux la figure et lui donnerait plus d'harmonie.

Le rôle où la beauté de mademoiselle Falcon ressort le plus avantageusement et semble, pour ainsi dire, dans son milieu naturel, c'est le rôle de *la Juive :* le turban hébraïque, avec la blanche bandelette qui fait mentonnière et encadre austèrement l'ovale de la tête, lui sied admirablement ; nulle coiffure ne va mieux à sa physionomie ; ni le diadème d'or, ni les fleurs épanouies, ni les perles laiteuses au blond reflet ne s'accommodent aussi bien à sa figure ; elle ressemble tout à fait à une des compagnes de la fille de Jephté, si ce n'est à la fille de Jephté elle-même ; et c'est ce qui nous a fait revenir

en mémoire le nom et le tableau de Lehmann au commencement de cet article.

Malheureusement le public de l'Opéra, où les jolies
femmes sont si rares malgré la spécialité de beauté de
l'endroit, ne verra pas mademoiselle Falcon de longtemps : mademoiselle Falcon, ce charmant rossignol, a
perdu la voix ; et l'air balsamique et velouté de l'Italie
n'a pu lui rendre ses notes envolées.

(LE FIGARO, 5 janvier 1838.)

# MADAME DORVAL

NÉE·EN 1801 — MORTE EN 1849

Il y a une erreur enracinée chez tous les gens qui voient seulement l'extérieur du théâtre, une erreur banale et béotienne, c'est que les auteurs ou les acteurs du *drame* proprement dit, doivent avoir communément la mine allongée, l'extérieur sombre et un poignard catalan dans leur gousset. La gaieté semblerait une anomalie choquante à ces bons bourgeois s'ils la rencontraient sur le visage d'Alexandre Dumas ou de Bocage, de Victor Hugo ou de Frédérick Lemaître. Ils vous raconteront que Dumas a tué plusieurs matelots dans son voyage de Sicile, que Bocage va chaque matin pleurer au cimetière Vaugirard, que Victor Hugo habite une caverne non loin de Paris, et que Frédérick Lemaître a tenté nombre de fois de s'asphyxier *sous les fenêtres* d'une princesse russe.

L'esprit et la verve joyeuse qui caractérisent la conversation de Dumas, les allures tranquilles et paternelles de Victor Hugo, Bocage et Frédérick Lemaître, vêtus de bleu barbeau et jouant au billard près de l'Ambigu, les confondraient de surprise.

Jugez ce que ce gros public doit penser nécessairement des actrices qui jouent le drame !

A leur tête se place naturellement madame Dorval.
Madame Dorval leur paraît une véritable victime. Quelle
âme, quelle tristesse élégiaque empreinte dans ce regard
doux et voilé ! Je suis sûr que c'est une femme qui pleure
huit heures par jour, dit un miroitier à son voisin. —
On m'a dit qu'elle avait une chambre en velours noir.
Elle va à l'église, etc., etc.

C'est ainsi que le miroitier ingénu, qui a vu madame
Dorval dans Adèle d'*Antony*, dans la femme du *Joueur*,
dans *Charlotte Corday*, et surtout dans Marguerite, du
*Faust* de Goëthe, rôles empreints de tout le génie douloureux et de la passion résignée de madame Dorval, juge
cette grande comédienne. Heureusement que le bourgeois et le miroitier (nous l'espérons bien pour l'honneur
du corps des journalistes) n'écrivent ni biographies ni
feuilletons.

Madame Dorval est une de ces natures privilégiées qui
doivent échapper au sens vulgaire, elle ne se révèle
guère qu'à son monde d'initiés, à ses amis ou à ses auteurs habituels. Cette Adèle d'*Antony*, dont le sourire a
tant de tristesse et de larmes, déploie chez elle tous les
trésors de son esprit naturellement vif et joyeux. Le propre de l'esprit de madame Dorval, c'est une gaieté franche et de bon aloi, naïve et jeune comme la chanson de
l'oiseau qui court les épis, obligeante et vous mettant
tout de suite à l'aise, qui que vous soyez, ce qui est le
propre des véritables riches en fait d'esprit, nobles cœurs
qui tendent la main aux plus pauvres. La conversation
de madame Dorval ne s'alimente jamais de ces lieux
communs si tristes que Voisenon appelle *de bons amis
qui ne manquent jamais au besoin;* elle se pend, au contraire, le plus follement du monde, aux branches de la

folie ou du paradoxe, secouant l'arbre à le briser, animant tout, raillant tout, imprudente à se dépenser de mille façons et ne concevant pas que l'on puisse faire des économies.

Nullement ambitieuse de l'effet, n'affichant aucune prétention *au mot*, madame Dorval l'atteint sûrement, toutes ses témérités d'esprit sont heureuses. La candeur de cet esprit est son cachet, il vous monte au nez comme le bouquet du meilleur vin. Ce qu'il y a d'inouï chez madame Dorval, c'est qu'elle pourrait à coup sûr en tirer un autre parti. Nous ne craignons pas de dire que si madame Dorval voulait écrire n'importe quel livre sans le signer, le livre serait lu. Nous tenons en main un album où madame Dorval a consigné quelques pensées et maximes d'écrivains de tous les pays ; cet album est une Babylone de choses, on y rencontre les noms de Schiller, de Victor Hugo, de Napoléon, de Jésus-Christ, de Mahomet, de Sainte-Beuve, etc., etc. Ces extraits divers sont le résultat des lectures de madame Dorval, mais leur choix indique une fantaisie et une *humour* que rien ne peut rendre. Vous diriez, à parcourir ce livre, écrit en entier de la main de Marie Dorval, que vous suivez le fil d'une de ces bacchanales admirables de Jordaëns ; les pensées se croisent avec les histoires, la poésie avec la prose ; il y a des calculs d'arithmétique et des prédictions d'astronomie ; tout cela danse en spirale fantasque, tout cela forme autant de fusées qui semblent éclairer la route parcourue jusqu'ici par madame Dorval.

Nous nous sommes entendu demander plus d'une fois par des gens de province, moins béotiens que le miroitier précité : « Madame Dorval a-t-elle de l'esprit? » Nous avons répondu à ces gens que nous ne pouvions décemment présenter chez l'aimable actrice. « L'avez-

vous vue dans la *Jeanne Vaubernier*, de M. Balissan de
Rougemont? »

Ce rôle est, en effet, une des meilleures preuves de
l'esprit de madame Dorval. Elle le joue en comédienne
qui a de l'ironie et du trait dans chaque pli de son éventail. Il ne faut pas que M. Balissan de Rougemont se
rengorge pour cela, car c'est bien malgré lui que madame Dorval a déployé tant de finesse joyeuse dans cette
fable banale. Les bonnes comédiennes jouent quelquefois de bons tours aux mauvais auteurs ; un tour comme
celui-ci est une noble vengeance.

Afin que cet article rassure pleinement les gens qui
persistent à croire que madame Dorval habite un tombeau, nous voulons bien leur dire que son salon a l'air
d'une véritable succursale de celui de Marion Delorme.
On y trouve tout le confortable et toute l'élégance du
jour, des albums, des tableaux, des statuettes, un piano,
des fleurs, de la tapisserie et des porcelaines. Nous n'y
avons pas vu de voile noir, de poison Borgia, de lame de
Tolède, ni de stylets. On y prend du thé, on s'y étend sur
de bons sophas, on y cause avec des gens d'esprit, on se
permet d'y rire de certaines actrices, et l'on y voit assez
rarement des acteurs.

(LE FIGARO, 16 janvier 1838.)

# MADEMOISELLE IDA FERRIER

Vous avez peut-être cru jusqu'ici que les lis étaient blancs, que la neige était blanche, que l'albâtre était blanc ; je vous plains. Il n'y a de blanc dans le monde que les mains de mademoiselle Ida.

Si nous commençons par la main, ce n'est pas que mademoiselle Ida n'ait une figure très-charmante et tout à fait à l'avenant du reste ; mais c'est que la main est le signe aristocratique et, pour ainsi dire, le vrai blason de beauté.

Les belles mains sont, à la vérité, peu remarquées de la foule : les regards d'une salle vont tout de suite à la figure et à la taille d'une actrice ; mais c'est dans ceux qui les recherchent un goût pur et raffiné de connaisseur, de même que les botanistes ne s'adressent pas toujours aux fleurs les plus apparentes, il y a toujours dans une grande foule quelques artistes qui sous des touffes de rubans ou de dentelles vont chercher les mains, comme les fleurs les plus rares et les plus choisies du jardin d'amour.

La blancheur éblouissante des mains de mademoiselle

Ida est tempérée par une molle transparence de veines bleues ; les attaches du poignet ont une souplesse et une fermeté telles que nous ne saurions les comparer qu'aux anneaux d'une couleuvre ; le dos de la main est lisse, ciselé comme un camée grec, et fouillé de belles fossettes pleines d'ombres ; l'intérieur, relevé de petits monticules (terme de chiromancie) et traversé de lignes calmes, est une charmante carte de géographie du monde de beauté ; les doigts, aisément pénétrés de lumière, blondissent au soleil comme des perles ; ils pourraient au reste se passer de bagues, car ils ont tous un ongle fait de la plus belle nacre, un vrai bijou, pour lequel je donnerais le diamant de Cléopâtre si je l'avais.

Les autres femmes mettent des gants pour se parer ; mademoiselle Ida ne s'en sert, je crois bien, que pour préserver ses mains du grand air et des regards profanes.

Elle a reçu de la nature une paire de gants, très-belle, très-habillée et de la plus blanche peau, que nous l'engageons à ne montrer que les jours de toilette.

Les mains de mademoiselle Ida vont merveilleusement aux rôles qu'elle joue : mains de reine comme celles de Catherine Howard, mains d'ange comme celles de la blonde Angèle.

Nous avons dit que tout était chez mademoiselle Ida à l'avenant des mains : la tête nous semble, en effet, la plus belle qu'on puisse rêver avec celle de mademoiselle Georges ; seulement, ici c'est mademoiselle Georges blonde. Ce que nous avons avancé de la blancheur des mains, nous pouvons le redire avec la même vérité de la couleur des cheveux : il n'y a pas d'épi, il n'y a pas d'or, il n'y a pas de pistils de fleurs qui soient d'un blond comparable. Le front est calme, poli et court comme les fronts antiques ; les yeux, encadrés de sourcils tran-

chants, arqués et nets, jettent un rayonnement doux et
suave qui rendrait meilleur à les regarder. L'un des
sourcils de mademoiselle Ida est véritablement l'arc du
petit dieu Eros.

Cette partie supérieure de la tête commande merveilleusement au bas. Le nez est d'une ligne docile et fine,
avec des narines mobiles qui rendent bien la passion, la
bouche a grâce, tant elle est fraîche et bien formée, à
dire les choses du cœur ; le tour de la figure, d'un ovale
plein et oriental, se rehausse encore par un éclat unique ; le teint de mademoiselle Ida est, avec ses cheveux,
ce que nous connaissons au monde qui ressemble mieux
au printemps.

Je ne dirai rien des épaules, des bras et de la gorge :
la main de l'écrivain le plus froid ne pourrait guère les
décrire sans trembler sur toutes ces choses comme celle
du peintre Van Dick sur le sein de la princesse Bri-
gnolle.

Ici j'éprouve, je l'avoue, en embarras, celui de trouver matière à critique dans une personne si accomplie ;
et, si je ne trouve ou n'invente même quelque défaut,
vous ne croirez pas mon portrait sincère, ô lecteur ! Essayons ! Que dire des cheveux ? Ils sont les plus fins et les
plus abondants du monde ! Des mains ? adorables ! Des
pieds ? minces et délicats ! De la figure ? ravissante ! Du
cou ? blanc et renflé comme celui d'un cygne ! Des épaules ? divines ! De la taille ? Enfin nous y voilà ! Mademoiselle Ida a en luxe et en excès ce que la moitié des femmes de Paris n'a pas du tout ; aussi les maigres de la
trouver trop grasse, trop puissante, et de dire que mademoiselle Ida n'a que la tête. C'est déjà quelque chose.
Nous avouons, du reste, au risque de passer pour Turc,
que la santé et l'abondance sont pour nous chez les femmes de charmants défauts. Toute femme, dit quelque

part Victor Hugo, contient un squelette : nous aimons que ce squelette soit enveloppé et dissimulé le mieux possible.

Mademoiselle Ida n'a d'ailleurs pas toujours été ainsi, et nous nous souvenons de l'avoir vue, dans *la Chambre ardente*, svelte et presque mince.

La nature de ses moyens l'appelle maintenant à jouer des rôles de reine ou de femme du monde, sans mouvements exagérés, sans poses violentes, sans situations tourmentées et bruyantes. Mademoiselle Ida représente le calme. Elle a, du reste, si peu à faire pour émouvoir une salle ! Il lui suffit presque de la regarder ; sa beauté est le plus grand moyen d'action à la scène comme à la ville. Mais après tout il faut contempler mademoiselle Ida assise dans son salon avec un sourire sur les lèvres.

Ne croyez pas un mot du portrait que je viens de vous faire : il est impossible de rendre avec de l'encre noire ce blond, cette fraîcheur, ce rose des lèvres et des joues. Nous espérons seulement le faire comprendre à ceux qui ont eu le bonheur de la voir.

(LES BELLES FEMMES DE PARIS, 1 vol. 1839.)

# MADAME ANNA THILLON

La célébrité de madame Anna Thillon comme actrice et comme jolie femme est encore toute neuve : elle date de l'ouverture du théâtre de la Renaissance.

La charmante cantatrice avait donné ses premières roses de jeunesse et de beauté à des publics de province. Notre ville, à force de faire la superbe et la dédaigneuse, finit, en repoussant les débuts et les commencements, par ne plus avoir la fleur de ses comédiennes. Il en est, au reste, de la beauté comme du talent, qui a toujours besoin d'un peu de hasard pour réussir et qui perd souvent des prémices faute d'être connu.

Tout ceci ne veut pas dire que madame Anna Thillon ne soit encore très-jeune et tout à fait dans son printemps, mais que Nantes l'a eue avant Paris. M. Anténor Joly, ayant entrepris l'année dernière un voyage à la recherche des jolies actrices, la recueillit sur son chemin, comme une perle enfouie et perdue qui appartient de droit à la grande ville.

Madame Anna Thillon est Anglaise ; on l'a depuis

longtemps surnommée *la blonde Malibran;* c'est du Nord aujourd'hui que nous viennent les rossignols.

Sa voix est claire, agréable et roucoulante ; mais nous avouons entendre fort peu de choses à la musique. Ce qui chante le mieux pour nous dans madame Thillon, ce sont ses yeux, ses mains, sa taille, ses cheveux blonds ; nous voyons courir sur tout cela des notes ailées et frémissantes qui sont de la meilleure harmonie.

Le rôle où madame Anna Thillon demande d'être vue, est le rôle d'Argentine dans l'*Eau merveilleuse :* l'on dirait d'un sylphe et d'un lutin. Une toilette folle, soufflée, aérienne, fait admirablement valoir cette gentillesse anglaise que la jeune cantatrice possède au plus haut degré ; ses cheveux fins, doux, crépelés, pendant de chaque côté en grappes blondes et abondantes ; les yeux, le nez, la bouche sont d'une ligne nette et charmante ; le col est rond, blanc et bien dégagé des épaules ; les seins, d'une protubérance modérée, plaisent par la pureté du contour ; la taille s'amincit comme une vraie taille de guêpe ; il n'y a guère que le pied qui ne soit pas irréprochable. Encore ne faut-il pas être trop sévère pour les actrices à l'endroit du pied ; une femme de salon qui passe toute la journée dans son fauteuil peut se chausser si juste et si étroit que son pied, en dépit de lui-même, semble mince : mais une actrice qui marche, qui s'agite à la scène, a besoin d'être à l'aise dans sa chaussure et de poser fermement sur ses bases. Ses bras, quoique d'un contour encore peu dilaté, sont pleins, frais et terminés par des mains de lady très-aristocratiques et très-charmantes, des mains douces, blondes, souples, onduleuses, avec des doigts en filière qui s'insinuent adroitement et comme furtivement dans les cœurs.

Disons-le pourtant, le théâtre de la Renaissance est un cadre trop grand pour la jolie madame Anna Thillon ; le

Gymnase ou l'Opéra-Comique lui iraient mieux : il faut dans les grandes salles des beautés vastes et théâtrales comme celle de mademoiselle Georges il y a dix ans.

Madame Anna Thillon est une fleur, une fantaisie, un rêve, quelque chose de charmant et frêle que la lumière irritante de la rampe et le gros souffle du public n'osent toucher de peur qu'elle ne se déflore ou s'évanouisse. Un brouillard de cheveux crépelés ajoute encore à l'ensemble vaporeux de cette actrice, qui comme toutes les belles du Nord est plutôt cendrée que blonde. Son regard a cette lumière passionnément douce que nous ne saurions définir autrement, sinon que c'est un regard d'Anglaise ; l'œil fendu en long et aminci aux coins, avec des paupières plissées et des cils blonds qui tempèrent, sous le voile, le feu humide de la prunelle. La voix de madame Anna Thillon a comme sa figure un léger accent anglais, qui plairait fort dans un salon, mais qui, à la scène, manque de sévérité ; ceci concourt à justifier ce que nous avons à peine laissé entrevoir plus haut, que madame Anna Thillon ferait encore plutôt par son bon ton, par la délicatesse de ses traits, par sa gentillesse, par son charme d'étrangère, une jolie femme du monde qu'une belle actrice.

(Les Belles Femmes de Paris, 1 vol. 1839.)

# CARLOTTA GRISI

La biographie de Carlotta Grisi n'est pas bien longue à faire, et nous l'en félicitons ; elle n'a pour tout incident que des succès et encore des succès. — Charmante monotonie ! pas la moindre bizarrerie, pas la moindre aventure extraordinaire, rien d'excentrique, rien de romanesque. — Elle est née, elle a dansé ! — Voilà tout.

C'est à Visinada, village de la haute Istrie, dans un palais bâti pour l'empereur François II, lorsqu'il visita ses États de Lombardie, que Carlotta est née, sur le lit même où il avait couché ! — Ayant eu un tel lit pour berceau, elle ne pouvait manquer de devenir reine. Elle l'est devenue en effet ; et reine d'Opéra ! ce qui vaut mieux aujourd'hui.

A sept ans elle montra de si précoces dispositions pour la danse qu'il fallut la faire entrer à l'école de Milan, où elle eut pour maître un Français, M. Guillet. Ses progrès furent si rapides que M. Lefèvre, de l'Opéra, ayant à faire représenter, au théâtre de la Scala, un pas de sa composition qui nécessitait le concours de quelques élèves, choisit parmi les plus fortes de la classe la jeune Carlotta, qui montra tant de grâce et de légèreté, que le public de Milan ne l'appela plus que la petite Heberlé, comme vous l'auriez appelée la petite Taglioni ou la petite Elssler, car mademoiselle Heberlé régnait alors sans rivale dans l'empire des pirouettes et des ronds de jambe ; c'était l'adorée, la diva, c'était ce que Carlotta fut à son tour.

Le public est cruel dans ses plaisirs comme un vrai sultan qu'il est. Il prit la petite Heberlé dans une telle affection qu'il faillit la faire périr ; il la voulait toujours et encore, et l'enfant, dansait, dansait, sans repos, sans relâche, comme si déjà elle eût été une Willi. A un tel jeu sa santé s'altéra : le colibri lui-même, dont la vie est un vol perpétuel, se repose quelquefois dans le calice d'une fleur ; il faut que de temps à autre les danseuses les plus légères descendent sur la terre où nous sommes ; car la danse, cet art si facile au coup d'œil, si plein de joie, d'entraînement et de volupté, est le plus pénible des métiers, même pour les mieux douées, même pour celles qui ont des ailes aux talons, comme le Mercure de la Fable, pour celles auxquelles on n'a pas besoin de démontrer la grâce au moyen de la pochette.

Carlotta fut donc obligée de poser un instant sur terre le petit bout de son pied mignon comme une colombe lassée : on la crut perdue pour la danse, mais elle n'eût pas dansé qu'elle n'eût pas été perdue pour l'art ; avec les ailes la [nature lui avait donné la voix. Le vol et le ramage, elle avait tout : c'était un oiseau complet. Elle était cousine de Giuletta Grisi, ce sublime marbre grec qui réunit sur son front le triple diadème de la beauté, du chant et de la tragédie. Un tel nom est un talisman.

Madame Pasta, cette grande passion, cette âme toujours débordée, ce lyrisme inépuisable qui pressentait et comprenait tout, ayant entendu partir de l'angle de quel-

que coulisse, comme une fusée étincelante, un jet de voix
limpide, frais, argentin, sympathique, fut droit à la voix
et trouva une danseuse. Elle lui promit le plus brillant
avenir de virtuose et voulut l'emmener à Londres avec
elle; mais madame Grisi n'y consentit pas, ni Carlotta
non plus ; car bien qu'elle aimât passionnément la musique, qu'elle ne manquât pas une représentation d'O-
péra, qu'elle sût par cœur, pour les avoir entendus, les
principaux morceaux des chefs-d'œuvre à la mode, elle
préférait encore la danse au chant, elle ne voulut pas
faire d'infidélité à Terpsichore en faveur de Polymnie,
comme on eût dit autrefois en style mythologique.

La santé de Carlotta se rétablit vite, elle fut engagée
par l'*impressario* Lanari, qui l'exploita suivant l'usage
des directeurs italiens, en l'envoyant en tournée dans les
villes. Elle fut d'abord à Venise, de là elle se rendit à Florence et à Naples par Rome ; elle marqua son passage
dans chaque ville par des triomphes, et fit fanatisme partout.

Mais pendant qu'elle dansait et triomphait ainsi, elle
était abandonnée au hasard de l'inspiration ; depuis deux
ans elle n'avait plus de maître ; il est vrai que bien peu
eussent pu lui donner des leçons. A Naples, par une de ces
combinaisons heureuses qui ne se rencontrent du reste
que dans la vie des gens qui les méritent, elle se trouva
avec Perrot, c'est-à-dire avec la danse incarnée, un de
ces hommes qui donnent à la fois l'exemple et le pré-
cepte, avec Perrot, le plus grand danseur du monde.

Perrot n'eut qu'à lui voir faire un pas pour comprendre tout l'avenir réservé à un présent, déjà si brillant qu'il
eût pu être proposé comme une espérance aux plus am-
bitieuses. Carlotta devint son élève chérie ; à des heureux dons naturels il lui fit joindre les qualités acquises ;
à la grâce il ajouta la force, à la vivacité la précision,

à la hardiesse la sûreté ; et par-dessus tout, cette harmonie rhythmique de mouvements, ce fini de détails, cette élégance, cette netteté de poses dont il possède seul le secret, et qu'il n'a révélé qu'à Carlotta. Laporte, sur la recommandation de Perrot, engagea Carlotta au théâtre de Londres, où elle produisit son effet accoutumé.

La musique, battue une fois, ne se décidait pas à abandonner Carlotta à la danse. En effet, lorsque l'on a une voix signée Grisi, il est bien difficile de ne pas devenir prima donna. Madame Malibran, qui l'avait entendue chez Lablache, renouvela les instances de madame Pasta, pour faire paraître la jeune danseuse sur la scène lyrique, et les instances furent si vives, que Perrot dut s'abstenir de toute influence et laissa le choix libre à sa jeune femme. Elle refusa tout et resta fidèle à son art.

Elle chanta une seule fois à Londres, et ce fut au bénéfice de Perrot, l'air de Lucia, *Regnava nel silenzio.*

De Londres, le couple aérien se rendit à Vienne ; *la Nymphe et le Papillon, la Sylphide,* furent pour Carlotta l'occasion de nouveaux triomphes. Le *Pêcheur napolitain* et *Kobold* firent voir Perrot sous le jour le plus favorable comme danseur et comme chorégraphe.

De Vienne, Perrot et Carlotta se rendirent à Milan, pour les fêtes du couronnement ; ils passèrent par Munich, où ils se firent applaudir comme partout (excusez ces répétitions, nous avons promis de la monotonie en commençant). Munich, la ville artiste et poétique par excellence, ne pouvait manquer de comprendre et d'accueillir avec enthousiasme la charmante fée et le prodigieux lutin.

A Milan, Carlotta se rencontra avec la célèbre Cerito et supporta glorieusement ce dangereux voisinage.

De Milan, Perrot et Carlotta se rendirent à Naples. Paris seul n'avait pas encore vu la charmante danseuse ; Paris, qui met le sceau à toutes les réputations et pose définitivement la couronne d'or et de rayons sur la tête des jeunes renommées.

Perrot, qui l'avait trouvée assez forte dans son art pour affronter le jugement de Londres, de Vienne, de Milan, de Naples, de toutes ces intelligentes capitales, hésitait encore devant la suprême épreuve de Paris ; mais elle eut un tel succès à ce joyeux carnaval, elle fut si légère, si charmante, que le maître sévère sentit que le moment était venu.

Ce fut au théâtre de la Renaissance, le 28 février 1840, que Carlotta parut pour la première fois dans un ballet mêlé de chants, intitulé *le Zingaro*, qui aurait sauvé le malheureux Anténor Joly, si plein de zèle, d'intelligence et d'activité, si quelque chose pouvait sauver un théâtre sur le penchant de sa ruine. Elle fit voir au public qui se serait déjà, et au delà, contenté de l'un de ses deux talents, une danseuse qui chantait et une chanteuse qui dansait. Elle chanta si bien de sa jolie voix fraîche, perlée, argentine, elle fit de si jolies pointes sur le bout de son petit pied, qu'elle paraissait bien danser, même à côté de Perrot, et que personne ne s'étonna qu'elle fût cousine de Grisi. Le pas du bouquet acheva tous les applaudissements ; quant à l'effet produit par Perrot, il fut prodigieux : il semblait qu'on eût retrouvé un art perdu.

Depuis cette époque jusqu'au jour de son début à l'Opéra, Carlotta Grisi resta à Paris, et se livra, sous la direction de Perrot, à de sérieuses études.

Un pas ravissant au deuxième acte de *la Favorite*, la révéla tout d'un coup au public charmé, qui croyait, comme cela arrive toujours, lorsque les grands talents s'éloignent de la scène, qu'après Taglioni, qu'après Elssler, il n'y aurait plus de danseuse. — Un autre pas dans *Don Juan*, un autre dans *la Juive* furent applaudis frénétiquement.

Cependant, Carlotta n'avait pas encore paru dans un ballet composé pour elle, et il lui restait à se faire accepter comme mime. *Giselle ou les Willis*, dont elle fit la vogue, lui en fournit l'occasion. Ce n'est pas à nous qu'il appartient de parler de la réussite de cet ouvrage, le plus grand succès chorégraphique obtenu depuis *la Sylphide*. Gentillesse, naïveté, sentiment, expression, Carlotta ne laissa rien à désirer dans le rôle de Giselle, sous le rapport de la pantomime ; comme danse, elle y déploya une grâce, une légèreté, une hardiesse et une vigueur incomparables, ajoutez à cela une grâce et un physique charmants.

Carlotta, malgré sa naissance et son nom italiens, est blonde ou du moins châtain clair, elle a les yeux bleus, d'une limpidité et d'une douceur extrêmes. Sa bouche est petite, mignarde, enfantine, et presque toujours égayée d'un frais sourire naturel, bien différent de ce sourire stéréotypé qui fait grimacer ordinairement les lèvres d'actrices. Son teint est d'une délicatesse et d'une fraîcheur bien rares : on dirait une rose thé qui vient de s'ouvrir. *Elle* est bien prise dans sa taille, et quoique fine et légère, elle n'a pas cette maigreur anatomique qui fait ressembler trop souvent les danseuses à des chevaux *entraînés* pour la course qui n'ont plus que des os et des muscles. Rien chez elle ne trahit la fatigue ni le travail, elle est heureuse de danser pour son compte, comme une jeune fille à son premier bal ; et cependant elle exécute des choses d'une difficulté excessive, mais en jouant, comme cela doit être ; car dans les arts rien n'est désagréable comme une difficulté difficilement vaincue.

(GALERIE DES ARTISTES DRAMATIQUES DE PARIS, 1841.)

# MADEMOISELLE MARS

NÉE EN 1779 — MORTE EN 1847

A peine connaissions-nous ¦mademoiselle Mars et, par les dernières rougeurs de son déclin, pouvons-nous présumer quelles furent les splendeurs de son midi.

Elle vivait encore, et déjà son talent n'existait plus que dans la mémoire d'admirateurs fidèles. Les jeunes gens secouaient la tête d'un air incrédule en écoutant le récit de succès qu'ils avaient peine à comprendre, et souriaient aux transports de ces hommes d'âge : c'est là, en effet, l'inquiétude de ces existences d'artistes si fêtées, si heureuses, si splendides, et qui semblent avoir eu toutes les fées à leur baptême ; on a beau les combler d'or et de couronnes, ces idoles d'un jour, l'oubli les attend ; elles sentent l'eau, qui ne garde aucun pli, monter silencieuse et noire autour du piédestal que l'amour des contemporains leur élève ; elles savent qu'elles mourront tout entières ; aussi comme elles se cramponnent à la jeunesse ! quelle lutte vaillante elles soutiennent contre le temps, qui, parfois a la galanterie de se laisser vaincre ! comme elles disputent, cheveu par cheveu, l'ébène de leurs tresses, perle par perle l'émail de leurs dents, œillet par œillet la finesse de leur taille ! quelle défense héroïque elles font de leur beauté ! Non moins courageuses que la garde, elles meurent mais ne se rendent pas !

Hélas ! ce charmant sourire, d'où jaillissait l'esprit avec un éclair de nacre, ces yeux furtifs et pleins de séductions dont chaque étincelle tombait sur de la poudre ; ce langage si doux, si rhythmé, si mélodieux, qu'il faisait demander à quoi pouvait servir la musique ; cette intelligence qui semblait comprendre tout, qui ajoutait à tout et surprenait le poëte par les sens nouveaux et les percées inattendues qu'elle lui révélait dans son œuvre, rien de tout cela n'a laissé de traces, pas plus que la barque sur l'eau, que le vol du papillon dans l'air ; et encore le papillon colore-t-il les doigts qui le poursuivent de la poussière de ses ailes. Personne n'a pu écrire ce geste, peindre cette intention, noter cette inflexion de voix. Les comédiens sont semblables à ce personnage d'un conte fantastique d'Hoffmann, qui, assis devant une toile blanche, donnait avec un pinceau sans couleur toutes les touches nécessaires pour réaliser un tableau. Ils dessinent et peignent en l'air, et leurs compositions s'évanouissent à mesure qu'ils les créent.

Un jour peut-être, lorsque la critique, perfectionnée par le progrès universel, aura à sa disposition des moyens de notation sténographique pour fixer toutes les nuances du jeu d'un acteur, n'aura-t-on plus à regretter tout ce génie dépensé au théâtre en pure perte pour les absents et la postérité. De même qu'on a forcé la lumière à moirer d'images une plaque polie, l'on parviendra à faire recevoir et garder, par une matière plus subtile et plus sensible encore que l'iode, les ondulations de la sonorité, et à conserver ainsi l'exécution d'un air de Mario, d'une tirade de mademoiselle Rachel ou d'un *couplet* de Frédérick Lemaître : on conserverait de la sorte, suspendues à

la muraille, la *serenata* de don Pasquale, les impréca-
tions de Camille, la déclaration d'amour de Ruy Blas, da-
guerréotypées un soir où l'artiste était en verve. — Quel
dommage pour Talma et Malibran d'être venus si tôt!
Quant à Malibran, elle vivra : le cœur d'un poëte a fait ce
miracle en sa faveur; les vers immortels d'Alfred de
Musset ont retenu et fixé les chants sublimes de Rosine
et de Desdemona.

Du moins, nous autres humbles poëtes, qui, tous ensemble, depuis que la terre, accompagnée de son pâle
satellite, tourne autour de ce vieux soleil, n'avons pas
gagné autant qu'un ténor, une danseuse ou une comédienne, nos rêves et nos pensées, réunies en in-8° ou en
in-18, peuvent durer après nous, et nous avons la chance
que, dans cent ans, quelque jeune fille ouvre notre volume poudreux et sente tressaillir son cœur aux soupirs
du nôtre; notre art n'est pas fugitif et vain. Homère et
Virgile excitent les mêmes extases qu'au temps où ils
vécurent, et, prodige étrange! ils ont empêché le monde
d'oublier la langue qu'ils parlaient.

Si quelquefois une jalousie secrète a pu nous prendre
à la vue de tant d'applaudissements frénétiques, de tant
d'ovations folles, de tant de bouquets et de couronnes,
de tant de sommes exorbitantes, jetés à la comédienne
pour avoir bien récité les vers du poëte, cette seule pensée du silence qui doit suivre tout ce bruit, nous en a
guéri instantanément. Mademoiselle Mars est aussi loin
de nous que Roscius ou Bathylle; Phidias, Virgile et Raphaël sont nos amis et nos contemporains. Ils sont aussi
vivants aujourd'hui qu'au temps de Périclès, d'Auguste
ou de Léon X.

(La Presse, 24 mai 1847.)

# VERNET

NÉ EN 1790 — MORT EN 1848

On l'a dit souvent avec raison, Vernet était un des premiers comédiens de l'époque. Sa tête, empreinte d'une bonhomie énorme, savait au besoin s'animer par deux yeux chargés d'esprit. Cette curieuse et bonne tête, bruyante, riante, grondante et solidement rivée à ce corps de plomb, comme un canon à son affût, excellait surtout dans les drames d'intérieur. Son jeu, d'une réalité fantastique et profonde, trouvait des lointains nouveaux dans l'horizon de la bêtise. Vrai comme une comédie de Molière, sa place était au Théâtre-Français, cette académie des artistes dramatiques.

Il se rattache lumineusement à cette pléiade d'acteurs curieux, Potier, Perlet, Brunet, Gontier, dont il fut l'ami jusqu'au bout, hommes d'étude populaire, qui ciselaient un rôle et élevaient souvent la farce à la hauteur de l'art. Pourtant il avait commencé par jouer les amoureux ; il est vrai que vers ce temps, Arnal jouait bien la tragédie, la tragédie chez Doyen. Si vous n'avez pas vu Vernet dans *Phœbus l'écrivain public*, tirant la langue et dardant ses yeux pour *couler* un paraphe au bas d'une

lettre, vous le connaissez à peine. Si vous ne l'avez pas
entendu dans *Ma femme et mon parapluie*, tuant sous lui
des pianos, comme Frantz Liszt, vous ignorez une des
faces de son talent-protée.

Si vous ne l'avez pas surpris dans *Mathias l'invalide*,
au tournant d'un cabaret de l'Esplanade, offrant des violettes de deux sous aux jeunes filles, vous avez laissé partir le grand comédien sans avoir assisté à l'un de ses
plus vrais triomphes. Mais au moins avez-vous goûté du
thé infernal de *Madame Gibou* ; et vous êtes-vous rencontré plus d'une fois à la salle Chantereine, avec le *Père
de la débutante*, cette magnifique basse-taille de Montau-
ban et de Bordeaux, qui mettait chaque fois sa perruque sur sa carafe.

A dire vrai, les créations de Vernet ont été peu nombreuses ; mais chacune d'elles a été marquée au coin du
succès ; citons : *Madame et monsieur Pinchon, Prosper
et Vincent, Madelon Friquet, les Bonnes d'enfants, l'Homme
qui bat sa femme, Pierre et Jean, et les Trois portiers*. Autant de rôles, autant de types. La dernière pièce faite
pour lui est *la Filleule à Nicot*, par M. Deligny. Ce fut sa
dernière ovation.

(LA PRESSE, 11 mars 1848.)

# ODRY

Odry s'était fondu dans la création de Bilboquet, et il semblait éternel comme un type. Il vivait parmi cette famille intellectuelle des Panurge, des Sancho Panza, des Lazarille de Torme, des Jocrisse, des Robert Macaire, qui n'a pas d'âge, et dans cent ans sera aussi jeune qu'aujourd'hui, car l'humanité ne vieillit pas. Il paraît cependant que Bilboquet était plein de jours, comme un patriarche, lorsqu'il s'est éteint dans sa retraite champêtre de Courbevoie. M. le maire de Meaux et son auguste épouse vont être bien affligés, eux qui appréciaient à sa valeur le talent de Bilboquet, et laissaient tomber, du balcon municipal, le : Très-bien! très-bien! si doux au cœur de l'artiste.

C'était un homme, après tout, ce comique, qui avait des parents, des amis, des enfants comme tout le monde ; le rouge effacé et la perruque de chiendent pendue au clou, cette face grotesque pouvait être vénérable à ses heures, avec ses vrais cheveux blancs ; cette bouche tordue par le boniment de saltimbanque avait sans doute dans la famille de doux sourires et de sages paroles ; Bilboquet était M. Odry gros comme le bras, et non Bilboquet tout court.

36

Mais nous qui ne l'avons vu que sur son tréteau, conduisant avec maestria l'immortelle odyssée des saltim-
banques, nous ne savons comment nous y prendre pour
exprimer nos regrets. Les pleurs que nous voudrions verser sur le drap mortuaire tombent sur le fameux carrick
« eau du Nil plombée, » et le premier mot qui s'est présenté à notre esprit hésitant, lorsque nous avons pris la
plume pour déplorer sa mort, c'est le déterminatif : « il
le faâllait, » modulé avec l'intonation la plus juste par
la voix du souvenir.

O sublime nez décaèdre ! ô petit œil voiron ! ô sourcil
circonflexe ! ô pommettes vermillonnées ! ô front sillonné
de rides malicieuses ! ô bouche fendue en gueule ! ô physionomie stupide, ahurie et narquoise ! ô voix fausse,
enrouée et bredouillante, comment faire pour vous chanter dignement et vous transmettre à la postérité la plus
reculée ? Qui aura désormais cet indescriptible mouvement d'épaules qui entraînait tout l'Olympe ? Qui pourra
porter ce pantalon rouge, ancienne defroque de tourlou-
rou, retenu par des bretelles de lisière ? Qui dansera la Cat-
chucha, en costume classique d'Espagnol, satin blanc
à crevés bleus ? Qui dira avec cet organe traînant, nasil-
lard et moqueur, ces paroles dignes d'être gravées sur
l'airain : « Sauvons la caisse ! — Je repasserai dans huit
jours ! — Elle doit être à nous ! — C'est de la haute comédie : Monsieur le maire est-il content ? » Que serait-ce
si à la déploration du comédien nous ajoutions celle du
poëte ? car Odry était poëte ; il avait chanté les bons, les
excellents gendarmes que, depuis, Ourliac a célébrés en
prose ; il avait chanté, burlesquement pindarique, le
rhume de cerveau perpétuel dont ces honnêtes agents de
la force publique sont affligés, et ce poëme s'est débité
à des millions d'exemplaires.

(La Presse, 2 mai 1853.)

# MADEMOISELLE RACHEL

NÉE EN 1820 — MORTE EN 1858

Nous n'avons pas envie de faire la biographie de mademoiselle Rachel. Cette curiosité vulgaire qui cherche
des détails insignifiants ou mesquins, nous déplaît plus
que nous ne saurions le dire. Cependant, nous croyons
pouvoir, sans manquer aux convenances, fixer quelques
traits de la physionomie générale de l'illustre tragédienne, dont cette périphrase remplaçait presque le
nom.

Mademoiselle Rachel, sans avoir de connaissances ni
de goûts plastiques, possédait instinctivement un sentiment profond de la statuaire. Ses poses, ses attitudes,
ses gestes s'arrangeaient naturellement d'une façon
sculpturale et se décomposaient en une suite de bas-reliefs. Les draperies se plissaient, comme fripées par la
main de Phidias, sur son corps long, élégant et souple ;
aucun mouvement moderne ne troublait l'harmonie et le
rhythme de sa démarche ; elle était née antique, et sa
chair pâle semblait faite avec du marbre grec. Sa beauté
méconnue, car elle était admirablement belle, n'avait
rien de coquet, de joli, de français, en un mot ; — long-

temps même elle passa pour laide, tandis que les artistes
étudiaient avec amour et reproduisaient comme un type
de perfection ce masque aux yeux noirs, détaché de la
face même de Melpomène ! Quel beau front, fait pour le
cercle d'or ou la bandelette blanche ! quel regard fatal
et profond ! quel ovale purement.allongé ! quelles lèvres
dédaigneusement arquées à leurs coins ! quelles élégantes attaches de col ! Quand elle paraissait, malgré les
fauteuils à serviette et les colonnades corinthiennes supportant des voûtes à rosaces en pleine Grèce héroïque,
malgré l'anachronisme trop fréquent du langage, elle
vous reportait tout de suite à l'antiquité la plus pure.
C'était la *Phèdre* d'Euripide, non plus celle de Racine,
que vous aviez devant les yeux : elle ébauchait à main
levée, en traits légers, hardis et primitifs comme les
peintres des vases grecs, une figure aux longues draperies, aux sobres ornements, d'une austérité gracieuse et
d'un charme archaïque qu'il était impossible d'oublier
désormais. Nous ne voudrions en rien diminuer sa gloire,
mais là était l'originalité de son talent : mademoiselle
Rachel fut plutôt une mime tragique qu'une tragédienne
dans le sens qu'on attache à ce mot. Son succès, déjà si
grand chez nous, eût été plus grand encore sur le théâtre de Bacchus, à Athènes, si les Grecs avaient admis les
femmes à chausser le cothurne ; non pas qu'elle gesti-
culât, car l'immobilité fut au contraire l'un de ses plus
puissants moyens, mais elle réalisait par son aspect tous
les rêves de reines, d'héroïnes et de victimes antiques
que le spectateur pouvait faire. Avec un pli de manteau
elle en disait souvent plus que l'auteur avec une longue
tirade, et ramenait d'un geste aux temps fabuleux et
mythologiques la tragédie qui s'oubliait à Versailles.

Seule, elle avait fait vivre pendant dix-huit ans une
forme morte, non pas en la rajeunissant, comme on

pourrait le croire, mais en la rendant antique, de surannée qu'elle était peut-être ; sa voix grave, profonde, vibrante, ménagère d'éclats et de cris, allait bien avec son
jeu contenu et d'une tranquillité souveraine. Personne
n'eut moins recours aux contorsions épileptiques, aux
rauquements convulsifs du mélodrame, ou du drame, si
vous l'aimez mieux. Quelquefois même on l'accusa de
manquer de sensibilité, reproche inintelligent à coup
sûr ; mademoiselle Rachel fut froide comme l'antiquité,
qui trouvait indécentes les manifestations exagérées de
la douleur, permettant à peine au Laocoon de se tordre
entre les nœuds des serpents et aux Niobides de se con-
tracter sous les flèches d'Apollon et de Diane. Le monde
héroïque était calme, robuste et mâle. Il eût craint d'altérer sa beauté par des grimaces, et d'ailleurs nos souffrances nerveuses, nos désespoirs puérils, nos surexcitations sentimentales eussent glissé comme de l'eau sur
ces natures de marbre, sur ces individualités sculpturales que la fatalité pouvait seule briser après une longue
lutte. Les héros tragiques étaient presque les égaux des
dieux dont ils descendaient souvent, et ils se rebellaient
contre le sort plus qu'ils ne pleurnichaient. Mademoiselle Rachel eut donc raison de ne pas avoir, comme on
dit, de larmes dans la voix, et de ne pas faire trembloter
et chevroter l'alexandrin avec la sensiblerie moderne. La
haine, la colère, la vengeance, la révolte contre la destinée, la passion, mais terrible et farouche, l'amour aux
fureurs implacables, l'ironie sanglante, le désespoir hau-
tain, l'égarement fatal, voilà les sentiments que doit et
peut exprimer la tragédie, mais comme le feraient des
bas-reliefs de marbre aux parois d'un palais ou d'un
temple, sans violenter les lignes de la sculpture et en
gardant l'éternelle sérénité de l'art.

Aucune actrice mieux que mademoiselle Rachel n'a

rendu ces expressions synthétiques de la passion humaine personnifiées par la tragédie sous l'apparence de dieux, de héros, de rois, de princes et de princesses, comme pour mieux les éloigner de la réalité vulgaire et du petit détail prosaïque. Elle fut simple, belle, grande et mâle comme l'art grec qu'elle représentait à travers la tragédie française.

Les auteurs dramatiques, voyant la vogue immense qui s'attachait à ses représentations, rêvèrent souvent de l'avoir pour interprète. Si quelquefois elle accéda à ces désirs, ce ne fut, on peut le dire, qu'à regret et après de longues hésitations. Bien qu'on la blâmât de ne rien faire pour l'art de son époque, elle sentait avec son tact si profond et si sûr qu'elle n'était pas moderne, et qu'à jouer ces rôles offerts de toutes parts, elle altérerait les lignes antiques et pures de son talent. Elle garda toute sa vie son attitude de statue et sa blancheur de marbre. Les quelques pièces jouées en dehors de son vieux répertoire ne doivent pas compter, et elles les quitta aussitôt qu'elle le put.

Ainsi donc mademoiselle Rachel n'a exercé aucune influence sur l'art de notre temps ; mais, en revanche, elle n'en a pas subi. C'est une figure à part, isolée sur son socle au milieu du thymélé, et autour de laquelle les chœurs et les demi-chœurs tragiques ont fait leurs évolutions selon le rhythme ancien. On peut l'y laisser, ce sera la meilleure figure funèbre sur le tombeau de la tragédie.

Nous disions tout à l'heure que mademoiselle Rachel n'avait exercé aucune influence sur la littérature contemporaine ; nous avons parlé d'une manière trop absolue : elle ne s'y mêla pas, il est vrai, mais, en ressuscitant la vieille tragédie morte, elle enraya le grand mouvement romantique qui eût peut-être doté la France d'une forme nouvelle de drame. Elle rejeta aux scènes inférieures plus d'un talent découragé ; mais, d'un autre côté, par sa beauté, par son génie, elle fit revivre l'idéal antique, et donna le rêve d'un art plus grand que celui qu'elle interprétait.

Dans la vie privée, mademoiselle Rachel ne détruisait pas, comme beaucoup d'actrices, l'illusion qu'elle produisait en scène ; elle gardait au contraire tout son prestige. Personne n'était plus simplement grande dame. La statue n'avait aucune peine à devenir une duchesse, et portait le long cachemire comme le manteau de pourpre à palmettes d'or ; ses petites mains, à peine assez grandes pour entourer le manche du poignard tragique, maniaient l'éventail comme des mains de reine. De près, les détails délicats de sa figure charmante se révélaient, sous son profil de camée, dans la corolle du chapeau et s'éclairaient d'un spirituel sourire. Du reste, nulle tension, nulle pose, et parfois un enjouement qu'on n'eût pas attendu d'une reine de tragédie ; plus d'un mot fin, d'une repartie ingénieuse, d'un trait heureux qu'on a recueillis sans doute, ont jailli de cette belle bouche dessinée comme l'arc d'Eros et muette maintenant à jamais.

Triste destinée, après tout, que celle de l'acteur. Il ne peut pas dire comme le poëte : *Non omnis moriar.* Son œuvre passagère ne reste pas, et toute sa gloire descend au tombeau avec lui. Seul, son nom flotte et voltige quelque temps sur les lèvres des hommes. Parmi la génération actuelle, qui se fait une idée bien nette de Talma, de Malibran, de mademoiselle Mars, de madame Dorval ? Quel est le jeune homme qui ne sourie aux récits merveilleux de quelque vieil amateur se passionnant encore de souvenir, et ne préfère *in petto* une médiocrité fraîche et vivante, jouant l'œuvre éphémère du moment, aux

clartés flambantes de la rampe? Aussi, nous autres
sculpteurs patients de ce dur paros qu'on appelle le vers,
n'envions pas, dans notre misère et notre solitude, ce
bruit, ces applaudissements, ces éloges, ces couronnes,
ces pluies d'or et de fleurs, ces voitures dételées, ces
sérénades aux flambeaux, ni même, après la mort, ces
cortéges immenses qui semblent vider une ville de ses
habitants. Pauvres belles comédiennes, pauvres reines
sublimes! — L'oubli les enveloppe tout entières, et le
rideau de la dernière représentation, en tombant, les
fait disparaître pour toujours. Parfums évaporés, sons
évanouis, images fugitives! La gloire sait qu'elles ne
doivent pas vivre, et leur escompte les faveurs qu'elle
fait si longtemps attendre aux poëtes immortels.

(LE MONITEUR, 11 janvier 1858.)

# EMMA LIVRY

NÉE EN 1842 — MORTE EN 1863

Emma Livry avait vingt et un ans à peine. Dès ses débuts dans le pas d'*Herculanum*, elle s'était révélée danseuse de premier ordre, et l'attention publique ne l'avait
plus quittée. Elle appartenait à cette chaste école de Taglioni, qui fait de la danse un art presque immatériel à
force de grâce pudique, de réserve décente et de virginale diaphanéité. A l'entrevoir à travers les transparences de ses voiles dont son pied ne faisait que soulever
le bord, on eût dit une ombre heureuse, une apparition
élyséenne jouant dans un rayon bleuâtre ; elle en avait
la légèreté impondérable et son vol silencieux traversait
l'espace sans qu'on entendît le frisson de l'air. Dans le
ballet, le seul qu'elle ait créé, hélas ! elle faisait le rôle
d'un papillon, et ce n'était pas là une banale galanterie
chorégraphique. Elle pouvait imiter ce vol fantasque et
charmant qui se pose sur les fleurs et ne les courbe pas.
Elle ressemblait trop au papillon : ainsi que lui, elle a
brûlé ses ailes à la flamme, et comme s'ils voulaient es-
corter le convoi d'une sœur, deux papillons blancs n'ont
cessé de voltiger au-dessus du blanc cercueil pendant le

trajet de l'église au cimetière. Ce détail où la Grèce eût vu un poétique symbole, a été remarqué par des milliers de personnes, car une foule immense accompagnait le char funèbre. Sur la simple tombe de la jeune danseuse, quelle épitaphe écrire, sinon celle trouvée par un poëte de l'Anthologie pour une Emma Livry de l'antiquité : « O terre, sois-moi légère; j'ai si peu pesé sur toi ! »

Certes, dans cet intérêt si vif et si tendre de toute une population, le talent, la jeunesse, la mort fatale de la victime et sa longue souffrance étaient pour beaucoup; mais il y avait encore une autre raison : on voulait honorer cette vie pure dans une carrière facile aux entraînements, cette vertu modeste devant laquelle se taisait la médisance, cet amour de l'art et du travail, qui ne demandait de séductions qu'à la danse seule; on voulait montrer qu'on respecte l'artiste qui sait se respecter lui-même. Si quelque chose peut consoler les regrets d'une mère, c'est ce convoi si grave, si attendri, d'un recueillement si religieux, que suivaient dans une voiture de deuil, parmi les célébrités de l'Opéra, les deux sœurs de Charité qui avaient soigné la méritoire et chrétienne agonie de la pauvre fille.

(Le Moniteur, 2 août 1863.)

# ROUVIÈRE

NÉ EN 1809 — MORT EN 1865

Dans une époque de féeries stupides, de vaudevilles idiots et d'opérettes sans musique, Rouvière s'est fait avec une foi inébranlable le prêtre du grand William Shakespeare. Cette création gigantesque d'*Hamlet*, qui semblait intraduisible sur la scène française, il en a pénétré les mystérieuses profondeurs. Sagace comme la critique de Gœthe dans *Wilhelm Meister*, pittoresque comme des illustrations d'Eugène Delacroix, fantasque comme Kean ou Kemble, il a fait vivre, respirer, marcher, rêver le prince de Danemark. Toutes les fois qu'un tréteau vacant a bien voulu prêter ses planches au chef-d'œuvre, personne n'a rendu comme Rouvière cette hésitation de la pensée devant l'action, ce mélange de folie jouée et de folie involontaire, cet œil visionnaire où se réfléchissent des fantômes invisibles pour les autres, cette rêverie profonde, interrompue de réveils convulsifs au contact de la réalité, cet amour intermittent d'une âme qui n'est plus maîtresse d'elle-même, cette horreur sacrée en face de la tâche sanglante imposée par le spectre paternel, cette inquiétude philosophique interrogeant

l'autre vie un pied sur le bord de la fosse, un crâne dans
la main, toutes les nuances si délicates et si diverses de
ce rôle immense qu'on pourrait croire injouable. Dans
*Hamlet*, Rouvière a obtenu un succès bien rare. On lui a
fait répéter le célèbre monologue : « Être ou bien n'être
pas, voilà la question, » comme on fait bisser le grand
air d'un ténor italien. Qu'il était magnifique dans *le More
de Venise*, dont il donna quelques représentations à l'ancien Théâtre-Lyrique, attendant le premier coup de pio-
che des démoliseurs ! Il n'exprima pas moins bien la
fauve passion africaine d'Othello que la rêverie germani-
que d'Hamlet ; le chaud soleil d'Orient illuminait l'un, le
froid clair de lune, blêmissant la plate-forme d'Elseneur,
jetait son rayon pâle à l'autre, et cette teinte, l'artiste,
avec son instinct de peintre, la maintenait dans chaque
rôle comme teinte locale du tableau. En effet, ce qui distingue Rouvière des autres comédiens, outre sa compréhension passionnée et romantique de Shakespeare, c'est
le soin extrême qu'il apporte à la composition extérieure
des personnages qu'il représente. Il dessine Hamlet avec
son corps comme Delacroix avec son crayon lithographique. Dans Othello, il rappelle, par ses poses, par ses costumes, par ses gestes, par son style, les magnifiques eaux-
fortes de Théodore Chassériau. Il ne joue pas seulement
son poëte, il l'illustre, et fait de chaque scène un tableau.

On sait quelles figures saisissantes de réalité historique il a faites de Charles IX et de Henri III. On eût dit des
portraits de Janet ou de Clouet sans cadre. Il a été charmant dans *Maître Favilla* et dans Jacques le mélancolique de *Comme il vous plaira*, arrangé par George Sand ;
en mainte occasion il a montré du talent, de la passion
toujours, du génie parfois. Enfin, avec ses qualités et ses
défauts, ses clartés et ses ombres, ses cris sublimes et

ses incohérences, il est seul capable de jouer aujourd'hui, en leur donnant leur sens intime, leur âcre saveur anglaise, les grands rôles de Shakspeare : Hamlet, Othello, Macbeth, Richard III, Shylock... Eh bien, cela ne lui a servi de rien. Notre époque est si fertile en admirables comédiens, qu'aucun théâtre n'a pu trouver une place pour Rouvière. Il a erré çà et là comme un acteur nomade, après avoir traversé de hautes scènes, jouant Shakspeare en province, de bourg en ville, jusque dans des granges, tandis que des comédiens de bois ou de carton, des médiocrités désespérantes, s'installent dans des emplois, y prospèrent et y vieillissent, bien payés, au bruit des applaudissements de la claque. Cela n'étonne pas Rouvière et ne lui inspire aucune envie, car il a pour se consoler une petite chose qui manque à ces messieurs, l'amour du beau.

Cependant, à ce métier, si l'on ne se décourage pas, on se fatigue ; quelque modeste, quelque sobre, quelque austère que soit la vie acceptée, les ressources s'épuisent, la vigueur diminue, la maladie peut venir ; un peu de repos, de certitude et de bien-être sous un ciel plus clément seraient nécessaires.

(Le Moniteur, 13 février 1865.)

# PROVOST

NÉ EN 1798 — MORT EN 1865

Provost laisse dans les rangs de cette vaillante troupe
de comédiens, sans égale au monde, une lacune qui ne
sera pas de longtemps comblée; car ce qu'il faut d'intelligence, d'étude, d'observation, de pratique, de qualités
de l'esprit et du corps, de mérites naturels et acquis pour
produire un pareil artiste, ceux-là seuls le savent dont
le théâtre est l'occupation, le devoir et à la fois le plaisir.

Provost, du moins, n'a pas eu cette douleur si sensible au comédien d'être envahi prématurément par l'ombre et l'oubli de la vie privée. Il n'a pas reçu ces couronnes et ces bouquets d'adieu de la représentation suprême
qui semblent déjà parfumer un tombeau. Cette tristesse
lui a été épargnée, et il a quitté le public, qui l'applaudissait encore la veille, comme on interrompt un entretien commencé, pour s'acheminer vers sa dernière demeure entouré d'honneurs, de respects et de regrets.

Comme d'autres comédiens dont l'emploi, pour avoir
tout son succès, exige l'œil passionné, la taille svelte, la
démarche alerte, la voix argentine et fraîche de la jeu-

nesse, il n'a pas eu ce chagrin de voir chaque année lui
enlever une grâce  un charme, une séduction. Destiné à
représenter les grands veillards de l'ancien répertoire, le
temps, loin de le détruire, le perfectionnait. Les rides, si
redoutées des jeunes premiers, modelaient de plus en
plus son masque comiquement sérieux, et lui donnaient
ce dernier coup de pinceau qui, vers la fin de sa vie, le
faisait ressembler à un portrait de Rigaud ou de Largil-
lière. Il avait pris, en vieillissant, ce grand air du. dix-
septième siècle qui se retrouve même dans les physionomies bourgeoises de l'époque. Ainsi qu'on disait autrefois, il était de « la vieille roche, » et la maison de Molière paraissait être son domicile légal. Chez lui point de
décadence, mais, au contraire, un progrès incessant.
Comme ces vins généreux d'âpre et forte sève qui se dé-
pouillent et gagnent sous le cachet de l'amphore, chaque
jour il devenait meilleur. Aussi acceptait-il allègrement
cette couronne de cheveux blancs qu'on voit s'argenter
avec tant de mélancolie.

Nous n'avons pas ici à faire l'historique de sa vie. Nous
ne demanderons rien qu'à nos souvenirs personnels, qui
remontent déjà bien haut. Provost nous apparaît pour la
première fois sous un aspect romantique à la Porte-Saint-
Martin, théâtre des grandes luttes du drame, dans *Lucrèce Borgia* et *Marion Delorme*. Il jouait Gubetta, le terrible et facétieux compère de madame Lucrèce, et l'Angely, le fou mélancolique de ce royal ennuyé qu'on
nommait Louis XIII. Il nous a laissé dans la mémoire une
ferme et nette silhouette. Sous les traits de Gubetta, il
était bien l'intrigant italien nourri de Machiavel, mi-di-
plomate, mi-coupe-jarrets, artiste en crimes, admirant
une vengeance cuite à point, un empoisonnement réussi,
comme un tableau de maître, comme un sonnet dont la
chute est heureuse. Il rampait cauteleusement dans son

pourpoint sombre, moelleux et velouté, comme la pan-
thère noire de Java, se rasant ventre contre terre pour
s'élancer d'un bond sur la proie désignée. Au demeurant,
bon compagnon et chantant volontiers la chanson à boire
chez la princesse Negroni, en choquant son verre contre
des coupes pleines du poison des Borgia. Lucrèce ne
pouvait choisir un meilleur confident.

Dans l'Angely, il n'avait pas moins bien saisi cette physionomie singulière d'un bouffon lugubre parlant à son
maître de la mort pour l'amuser, et changeant en clochettes des trépassés les grelots de sa marotte. Avec quel
air de suprême ennui et quelle pâleur de spectre il s'ac-
coudait au fauteuil royal, pour débiter, Hamlet en livrée
de fou, ses facéties funèbres sur l'être ou le non-être ! Il
ressemblait à ces portraits de bouffons de la cour d'Espagne, livides et vêtus de noir, peints par Velasquez.

Quelque mérite qu'il ait déployé dans ces créations,
on peut dire que là n'était pas la véritable vocation de
Provost. Il avait étudié la tragédie, passé par le drame,
mais la comédie était son terrain véritable, et surtout
la comédie classique, le comédie de Molière, quoiqu'il
ait donné des gages à l'art contemporain et servi les
auteurs modernes de tout son zèle et de tout son talent.
Cette forme ample et large, un peu surannée peut-être,
cette couleur légèrement passée de ton comme celle des
vieilles tapisseries, qui s'harmonise si bien avec les boiseries brunes des anciennes demeures, convenaient admirablement à son caractère, et il ne pouvait trouver de
meilleur fond à mettre derrière sa figure paternelle et
magistrale.

Sans avoir eu dans sa carrière de ces coups d'éclat, de
ces bonnes fortunes de rôle qui mettent tout d'un bond
un acteur au premier rang et le placent sous une lumière
qui ne le quitte plus, Provost, après avoir gagné un à un

ses chevrons à force de soins, de travail, de persévérance, était arrivé à une position pleine d'autorité parmi
cette famille de comédiens excellents ; on l'estimait, on
l'admirait, on le consultait ; il représentait dignement le
vieux répertoire. Attaché sans doute à la tradition, mais
sans superstition étroite, esprit curieux, profond et philosophique, il cherchait parfois à ces rôles consacrés des
interprétations nouvelles, des sens intimes et mystérieux
que les contemporains n'avaient pas aperçus, il n'a pas
craint de les faire ressortir. S'il a joué avec une perfection classique Chrysale, Géronte, Argan, Georges Dan-
din, Orgon, Harpagon, toutes les *barbes* de la vieille comédie, il avait dans le tuteur d'Agnès soupçonné tout un
secret poëme d'amour, et trouvé comme Balzac, l'illustre
romancier qui se connaissait si bien en cœur humain,
que le rôle d'Arnolphe était un rôle tragique pour la douleur ressentie et la violence sincère de la passion. Dans le
discours prononcé sur la tombe de l'honorable et regretté sociétaire par M. le directeur de la Comédie-
Française, cette tentative est signalée avec la finesse
du critique émérite dont on a longtemps admiré l'ingénieuse justesse d'appréciation et le style d'un charme
si délicat :

« Le premier rôle, qui n'avait pas eu son jour, se re-
trouvait dans le vieillard, et tout d'un coup il élevait
Arnolphe presque à la hauteur d'Alceste. Arnolphe ! ce
fut son premier triomphe dans l'ancien répertoire. Il faisait de M. de la Souche une autre incarnation de Molière,
et s'il oubliait sciemment que le maître n'a pas voulu
nous intéresser à la folie de ce jaloux coupable envers
l'intelligence humaine, c'est qu'il avait surpris Molière
s'oubliant lui-même à pousser aux pieds d'Agnès quelques-uns de ces soupirs désespérés que dédaignait l'indifférence d'Armande. »

Sans doute, le siècle de Louis XIV était moins tendre à l'endroit des maris trompés et des tuteurs mis en défaut que le nôtre ; mais cette interprétation toute moderne n'en est pas moins intéressante et curieuse. Les chefs-d'œuvre ne sont-ils pas des masques à travers lesquels l'humanité montre son regard, son sourire et ses pleurs ? Cette compréhension tout actuelle et son passage par le drame romantique avaient permis à Provost, quoique naturalisé rue Richelieu, de créer, dans *Angelo tyran de Padoue*, cet Homodeï, sombre personnification de la politique et de l'espionnage vénitiens, simple sbire qui fait pâlir le puissant podesta en entr'ouvrant sa simarre et en montrant le signe mystérieux inscrit sur sa poitrine, et aussi l'étrange personne de Claudio des *Caprices de Marianne*, juge inique, imbécile et féroce, qui met le poignard d'un *bravo* au service des rancunes jalouses de Sganarelle. Dans cette silhouette à peine entrevue, il était à la fois ridicule et terrible, il faisait rire et il faisait trembler.

L'acteur est maintenant disparu, mais l'enseignement du professeur subsiste, et l'on peut espérer que son esprit survivra parmi ses disciples, qui seront à leur tour, comme leur maître, l'honneur de la scène française.

(LE MONITEUR, 1er janvier 1866.)

# MADAME SONTAG

COMTESSE ROSSI

L'on accuse les romanciers d'invraisemblance, d'aventures compliquées à plaisir, de situations impossibles ;
c'est bien à tort. Le livre le plus fantastique est la *Biographie universelle* : les *Mille et une nuits* ne sont rien
à côté de cela. Un auteur est obligé de combiner ses inventions d'après certaines lois ; la nature n'est tenue à
rien, le mensonge tâche d'être vraisemblable, la vérité
est comme elle peut : aussi rien n'est singulier, bizarre,
extravagant comme la réalité. La vie la plus plate en
apparence et la plus correcte, si elle était racontée dans
tous ses ambages et tous ses mystères, dépasserait en
étrangeté la fiction la plus audacieuse. Tous les jours, les
gazettes judiciaires démontrent combien sont pâles les
imaginations des écrivains qu'on accuse de chercher à
plaisir les monstruosités et de calomnier la nature
humaine : et dans un ordre d'idées plus douces, que
d'événements, que de tours de roue de fortune, que d'élévations, que d'écroulements, que d'existences faites et
défaites, que d'amours heureuses ou malheureuses, que

de formes imprévues de la vie amenées par des moyens qu'on ne voudrait pas permettre à un romancier ou à un auteur dramatique !

Bien des gens, sans doute, en voyant *l'Ambassadrice*, de M. Scribe, ont dû se dire, tout en rendant justice à ce joli opéra-comique, brodé par Auber d'une musique si élégante et si spirituelle : ce n'est là qu'une invention romanesque, un conte de fées, mis en scène avec des habits modernes. Eh bien, ces gens-là se sont trompés : la pièce de M. Scribe se passait à l'opéra-comique et dans la vie réelle; tout ce qui, sur le théâtre, pouvait paraître improbable, avait lieu sur le théâtre du monde. Le temps où l'on voyait des rois épouser des bergères n'est pas si loin de nous qu'on le prétend.

Tout ceci est pour dire que, sous le nom de madame la comtesse Rossi, femme de l'ambassadeur de Sardaigne, il faut reconnaître celle qui fut mademoiselle Sontag ; de même qu'on retrouve mademoiselle Naldi sous le blason de la comtesse de Sparre.

Madame la comtesse Rossi n'a guère joué de drame lyrique plus accidenté et mieux arrangé au roman que sa propre vie. Cette rampe de feu, qui dans les salles du théâtre, sépare le monde réel du monde idéal, n'a pas existé pour elle.

C'est une singulière position que celle d'une actrice, même aujourd'hui, où il semble que les préjugés aient disparu : on l'applaudit, on l'adule, on la couvre d'or et de bouquets, on l'enivre d'hommages et d'amours; les gens les plus graves font des folies pour elle; on dételle sa voiture pour la porter en triomphe; les couronnes qu'on refuse aux grands poëtes, on les lui jette à pleines mains; ce qui serait servile, fait pour une reine, semble tout naturel pour une prima donna. Seulement, il ne faut pas qu'elle dépasse cette ligne étincelante, qui flamboie à ses pieds comme un cordon magique.

Elle peut demander tout ce qu'elle voudra, en restant dans son lyrique empire, assise sur son trône d'ivoire ou d'or; mais qu'elle essaye de franchir la limite, d'aller prendre place dans la salle, à côté d'une de ces femmes qui l'applaudissent jusqu'à briser leurs gants blancs, et qui arrachent, pour les lui lancer, les bouquets de leur sein, comme on changera! quelle mine hautaine et fière prendront ces admiratrices de tout à l'heure! quelle réserve glacée, quelle politesse insultante! quelle démarcation profonde, subitement creusée! une bise polaire succède au souffle chaud de l'enthousiasme; les frimas remplacent les fleurs; l'idole n'est plus même une femme, c'est une *espèce.*

Quelques-unes de ces chanteuses adorées parmi les plus célèbres et les plus belles s'imaginent qu'elles vont dans le monde, parce que, de certains soirs, où les camélias garnissent les escaliers, où les lustres, ces fleurs d'or aux pistils de bougies, étincellent joyeusement, où la foule encombre les salons et obstrue les portes, on les fait venir entre onze heures et minuit, à l'heure de tout le monde, à l'heure des indifférents et des amis qu'on ne connaît pas; mais comme bien vite on court ouvrir, sur le piano, la partition à l'endroit de l'air favori! comme on vous les pousse doucement vers le pupitre, ces belles chanteuses, et comme on ne leur fait grâce d'aucun morceau! Si, par hasard, au lieu de filer des sons, elles se mettent à causer avec quelqu'un pour jouir, elles aussi, des plaisirs d'un société élégante et polie, comme tout de suite le front de la maîtresse de la maison se rembrunit! comme on voit que si elle admet la cantatrice elle exclut la femme! que la mieux reçue essaye d'être enrhumée, elle verra!

Une prima donna obtiendra tout sur la terre, hormis une chose : pour un sourire, pour un clin d'œil, pour une perle de son collier de notes, pour une feuille de rose de son bouquet, elle aura des guinées, des roubles, des liasses de billets de banque, des palais de marbre, des équipages à faire envie aux rois; les héritiers des races antiques lui donneront les châteaux de leurs ancêtres et feront marteler le blason de leurs pères pour y substituer son chiffre; mais ce qu'elle n'aura pas, ce qu'elle n'aura jamais, c'est un quart d'heure d'entretien au coin de la cheminée, sur un ton ni trop poli ni trop familier, sur un pied d'égalité avec une grande dame, une femme honnête.

Madame la comtesse Rossi est parvenue à ce résultat merveilleux, et certes, pour ceux qui connaissent les invincibles obstacles qu'elle avait à surmonter, son talent de cantatrice ne sera plus qu'une qualité secondaire. Ce qu'il lui a fallu de conduite, de tact, de réserve, de sagacité, de délicatesse, d'intuition, de qualités diverses, pour accomplir cette difficile métamorphose de la femme de théâtre en femme du monde, nul ne saurait le dire, excepté peut-être Balzac, le peintre de ces nuances insaisissables, le profond analyste qui fait tenir tout un drame dans un imperceptible plissement du front, dans une façon d'avancer ou de retirer le pied.

La prima donna devenue ambassadrice, c'est beau et singulier; mais ce qui l'est encore davantage, c'est après vingt ans passés dans les hautes sphères de la vie, de niveau avec ce que la noblesse et la diplomatie ont de plus rayonnant et de plus illustre, de redevenir, d'ambassadrice, prima donna, de reprendre son succès où on l'avait laissé; femme, de continuer ce qu'on avait commencé jeune fille, de faire encore sa partie dans ce duo où manque, hélas! Malibran, et de retrouver les applaudissements d'autrefois, plus vifs encore peut-être! Le temps a coulé pour nous tous, excepté pour elle. L'Europe a été bouleversée de fond en comble : un trône s'est écroulé, la république a succédé à la monarchie ; mais cette chose si frêle, si ailée, si aérienne, qu'un rien peut anéantir, cette cloche de cristal que le moindre choc peut fêler ou briser, la voix d'une cantatrice, est restée intacte ; le timbre argenté de la jeunesse vibre toujours dans cet organe si pur.

Mademoiselle Sontag — il sera temps plus tard de l'appeler comtesse Rossi — eut toute petite cet avantage inappréciable et très-rare de posséder une vraie voix de soprano : — le soprano naturel ne se rencontre qu'à de longs intervalles : le soprano ordinaire est un mezzo soprano ou même un contralto travaillé, perfectionné, monté de ton par de persévérantes études et de grands efforts de gosier ; on étouffe les basses notes au profit des notes élevées ; on aiguise les hautes, mais ce résultat ne s'obtient souvent qu'au détriment de la voix, qui se fatigue ou s'altère. Mademoiselle Sontag n'eut jamais besoin d'avoir recours à ces violents exercices : l'instrument chez elle était parfait, son travail ne porta que sur la manière d'en jouer ; elle n'eut qu'à s'occuper du chant sans avoir à accorder ou à corriger le luth. En toute chose il ne faut jamais méconnaître le don, qui est dans les arts comme la grâce en religion. Dieu l'accorde à qui il veut, et les mérites n'y font rien ; ni le travail, ni la volonté, ni l'intelligence, ni l'art ne peuvent suppléer le don ; beaucoup de talent ne remplace jamais une étincelle de génie, et toute l'application du monde est inefficace sans la disposition ; c'est ce qu'on oublie trop souvent aujourd'hui, où le calcul plus encore que la vocation détermine le choix des carrières ; la vieille maxime du poëte est toujours vraie : « *Nascitur, non fit.* »

Aussi chez mademoiselle Sontag, si heureusement douée, nul effort, nul travail, pour étendre un registre, pour polir un gosier rebelle. Sa voix pure, souple, facile, atteignait en se jouant aux limites les plus élevées de la voix humaine, et jetait à profusion les trilles, les roulades, les points d'orgue, et tous ses ornements, broderies étincelantes, fusées sonores, arabesques délicates, qui demandent tant d'agilité, de précision et de grâce.

Bien que née en Allemagne dans la patrie de Bach, d'Haydn, de Gluck, mademoiselle Sontag fut pour le style une vraie Italienne, et cependant, particularité remarquable, elle n'alla jamais en Italie; cette terre sainte, cette Mecque du chant dont les artistes lyriques se croient obligés de faire le pèlerinage une fois au moins dans leur vie. Mozart lui-même, son grand compatriote, n'étudia-t-il pas les maîtres d'au delà des monts et ne fit-il pas luire dans le bleu clair de lune allemand un jaune rayon du soleil italien ?

Henriette Sontag est née d'une honnête famille d'artistes, de fortune médiocre, à Coblentz, le 3 janvier 1809. Sa vocation musicale ne fut pas longue à se développer. Dès l'âge le plus tendre, elle commença à gazouiller harmonieusement, de sorte que son berceau avait l'air d'un nid; les pleurs et les vagissements de l'enfance furent remplacés chez elle par des gammes et des vocalises naturelles; à sept ans elle faisait déjà l'admiration de toute la ville. Les voisins, les amis de la maison auxquels se joignaient la noblesse et les autorités se réunissaient pour l'admirer; elle était charmante à voir et délicieuse à entendre : jolie tête blanche sous de beaux cheveux blonds, voix nette, claire et perlée; comme elle était toute petite, on la posait sur la table, et c'était un gracieux spectacle de voir cette belle enfant chanter ainsi joyeusement sans effort et presque sans conscience.

Un voyageur, qui plus tard l'admira dans tout l'éclat de sa gloire et de ses triomphes, se rappelle lui avoir entendu chanter de la sorte le grand air de *la Flûte enchantée* de Mozart « Reine de la nuit », les bras pendants, le regard distrait et suivant sur la fenêtre une mouche qui bourdonne, un papillon qui voltige sur les fleurs ; son chant sur sa bouche avait l'air d'un oiseau sur une rose.

Ses parents ne commirent pas la faute commune aux familles à qui le ciel accorde un enfant doué de talents extraordinaires : ils n'abusèrent pas des forces du petit prodige et ne le fatiguèrent pas prématurément, renonçant au parti qu'ils en auraient pu tirer tout de suite, car déjà les directeurs des théâtres d'Allemagne se disputaient la jeune Henriette Sontag. A l'âge de onze ans, elle joua à Darmstadt un rôle écrit pour elle, *la Petite fille du Danube*, mais les parents bien inspirés ne voulurent pas qu'elle s'épuisât par l'exécution, et perdît ainsi un temps précieux pour l'étude. Elle entra au conservatoire de Prague où son application, secondant ses merveilleuses dispositions naturelles, lui fit remporter tous les prix.

A quatorze ans, par une de ces occasions qui ne manquent jamais aux talents prédestinés, elle révéla un talent déjà formé et sauva la fortune du directeur du grand Opéra de Prague. La prima donna était tombée malade soit réellement, soit par un de ces caprices auxquels les organisations lyriques sont extrêmement sujettes, l'avenir de la saison était compromis, l'impressario ruiné. Mademoiselle Sontag joua à la place de la prima donna le rôle de la princesse dans *Jean de Paris* : on peut dire qu'elle le joua tout à fait à la manière antique exhaussée

sur un cothurne comme celui des tragédiens grecs ou
romains. Pour lui donner la taille du personnage, on lui
fit porter des talons rouges de quatre pouces de haut;
mais pour la voix et la perfection de la méthode, il n'y
eut pas besoin d'artifice : si petite qu'elle fût, la jeune
actrice atteignait les régions les plus hautes de l'art du
chant, au propre comme au figuré; elle remplit ensuite
le rôle de Farzines dans l'Opera de Paër et avec non
moins de succès.

Après ces deux créations, sa renommée grandit tellement qu'à la saison suivante elle fut appelée à l'Opéra allemand de Vienne.

C'était du temps où le célèbre impressario Barbaja, ce
Monte-Christo du théâtre, dirigeait l'Opéra italien de
Naples, où il amassait une fortune royale due autant à
son bonheur qu'à son habileté. Tout réussissait à cet excentrique personnage, ses bizarreries le servaient et
augmentaient sa réputation. Il tenait prisonnier l'auteur
d'*Othello* dans sa magnifique villa du Pausilipe, ne le relâ-
chant que sur la délivrance d'un certain nombre de feuillets de musique malicieusement recopiés par le paresseux
compositeur qui ne se sentait jamais autant de verve que
la veille de la première représentation. Jamais directeur
ne naquit dans une conjonction de talents plus favorable
et plus pure dans le ciel de l'art : non-seulement il avait
à sa disposition Catalami Pasta, Malibran, Garcia Don-
zelli, Rubini, Lablache, mais aussi les chefs-d'œuvre de
Paër, de Winter, de Paësiello, de Cimarosa, de Mozart
qui étaient encore dans toute la fleur de leur nouveauté.
C'était aussi l'âge d'or de Rossini. Son talent qui naissait
jetait les fleurs à profusion ; certes, la jeunesse de l'année et la jeunesse de la femme ont des grâces irrésistibles, mais il y a cependant au monde quelque chose de
plus séduisant encore, c'est la jeunesse du génie. Ra-

phaël a dix-sept ans, Rossini a vingt ans! Le premier
étonnement de la vie, la fraîcheur virginale, la grâce qui
s'ignore, tout ce charme qui s'en va si vite et que rien ne
remplace, ce fut cet heureux Barbaja qui en profita sans
trop comprendre.

On avait alors la conviction que le Midi seul pouvait
produire une grande cantatrice pour la scène italienne ;
on croyait que ces gosiers d'or ne pouvaient respirer que
l'air bleu et parfumé de Naples, de Rome ou de Florence,
et il semblait ridicule à penser que ces paroles douces
comme le miel, que ces mélodies ailées et diaprées pussent voltiger sur des lèvres durcies par les affreux croas-
sements des idiomes du Nord. Les Italiens nonchalamment couchés sous leurs cascades de macaroni, regardaient les Allemands comme des sauvages hennissant
une langue bonne à parler aux chevaux. Cependant
Barbaja, qui vint à Vienne en 1824, fut captivé par mademoiselle Sontag, malgré ses préjugés nationaux, et
se convainquit que la jeune cantatrice, quoique née à
Coblentz, au bord du Rhin, avait la voix aussi flexible,
aussi agile que si elle eût vu le jour à Sorrente, au bord
de la Méditerranée, et il voulut sur-le-champ l'engager
pour Naples. Une Prusienne engagée à Naples, la ville
de Cimarosa! Mais quelque brillantes que fussent ces
propositions, les parents de mademoiselle Henriette Sontag les refusèrent avec une obstination polie ; ils craignaient que les théâtres d'Italie ne devinssent pour leur
fille une école d'immoralité ; et certes, au point de vue
un peu étroit des braves bourgeois de Coblentz, on ne
peut pas dire qu'ils eussent complétement tort : l'Italie
était encore alors la terre classique des Patiti et des Ci-
gisbei, et le jeune siècle, tout bouillonnant d'ardeur,
d'enthousiasme, comme un fils de famille de vingt-quatre
ans qu'il était, surtout là-bas où, selon l'expression de By-

ron, le soleil chauffe terriblement la pauvre machine
humaine, ne se piquait pas d'une vertu bien sévère ;
l'amour rencontrait souvent l'art dans la coulisse et tous
deux s'en retournaient bras-dessus bras-dessous l'opéra
fini.

Une séve exubérante courait dans toutes les veines ;
on était de musique, de poésie et de passion ; une jeune
fille du Nord, candide et blonde, transportée des brouil-
lards de l'Allemagne dans cette chaude et rayonnante atmosphère sous le feu de ces noires prunelles chargées
d'amour et de lumière, dans ce monde plein de laisser-
aller, n'ayant d'autre loi que son plaisir, eût sans doute
pu courir quelques risques.

A la fin, une concession fut faite aux désirs réitérés
de l'impressario Barbaja ; Henriette Sontag débuta à l'O-
péra italien, non de Naples, mais de Vienne. Ce fut là
qu'elle joua pour la première fois, avec Lablache et Rubini, ces deux célébrités du chant qu'elle devait retrouver plus tard à Paris.

Parmi les autres étoiles du théâtre de la porte de Ca-
rinthie se trouvait madame Fodor. Mademoiselle Sontag
avait pour la méthode de madame Fodor une telle admiration que lorsque cette illustre cantatrice répétait, elle
allait se cacher dans un coin obscur de la salle, écoutant
avec extase ces sons si bien filés, si savamment modulés,
comme un jeune rossignol qui, dans une forêt caché
sous une feuille, en écoute un autre déjà plus expert lancer au ciel son étincelante fusée de notes. En revanche,
madame Fodor s'écria la première fois qu'elle entendit
sa jeune rivale : « Si j'avais sa voix, le monde entier serait
à mes genoux ! »

Les dilettanti prussiens s'efforcèrent à leur tour d'at-
tirer mademoiselle Sontag à Berlin. Elle y alla jouer à
la fin de la saison de l'Opéra italien de Vienne, en com-

pagnie des excellents chanteurs allemands Jager, Wach-
ter, Lager et Spitzeder; elle y chanta des traductions
d'opéra de Rossini et de pièces du répertoire français.
Son succès fut immense, et l'affluence des spectateurs de
tout rang fut telle et les places si avidemment recher-
chées, que le comte de Bruhl, intendant des menus plaisirs du roi, se trouva réduit à un tabouret derrière la
cour, au fond de la loge diplomatique.

Le prince Talleyrand se vantait comme d'un des bons
tours de sa vie, fertile en bons tours cependant, d'avoir
fait au congrès de Vienne, dans la délimitation des ter-
ritoires, de Voltaire, un Français *post mortem* en réunissant *Ferney* à la France, et par l'adjonction de Coblentz
au royaume de Prusse, de mademoiselle Sontag, une
Prussienne.

A Berlin, à l'enthousiasme des dilettanti se joignit une
espèce d'amour-propre national, et le succès de l'admirable cantatrice fut plus grand que partout ailleurs : c'était
une frénésie, une furia dont on n'a pas d'idée. La grande
beauté de la jeune artiste et sa réputation bien méritée
de vertu exaltaient toutes les imaginations et faisaient
naître des passions aussi nombreuses que romanesques.
Le seuil de sa maison était toujours obstrué de soupirants
impitoyablement éconduits. Un jeune homme du plus
haut rang ne trouva d'autre moyen d'approcher de l'in-
traitable cantatrice qu'en s'engageant chez elle en qualité de domestique. Il resta ainsi plusieurs mois caché
sous la livrée, jouissant ainsi silencieusement du bonheur furtif de voir quelquefois celle qu'il aimait, d'entendre sa délicieuse voix, de respirer du fond de son
ombre l'air qu'elle traversait modeste et rayonnante,
heureux d'exécuter les ordres qu'elle lui donnait, avec
tout l'empressement et tout le zèle de l'amour. Cela dura
sans que madame Sontag en eût le soupçon, tant l'amou-

reux avait soigneusement voilé sa passion et gardé les
apparences d'un domestique dévoué et respectueux, jusqu'à un certain jour où, en servant à table, le faux valet
fut reconnu par quelqu'un de l'assistance pour ce qu'il
était véritablement, c'est-à-dire pour un jeune homme de
qualité. Il n'est pas besoin de dire que ce Ruy-Blas pré-
maturé reçut son congé en bonne forme et fut mis soigneusement à la porte.

Quelque temps après, en 1827, elle fut attirée vers
Paris, ce centre lumineux où volent toutes les gloires
comme des papillons à la bougie, quelquefois pour s'y
brûler les ailes. Ce ne fut pas le cas de notre cantatrice.
Paris au lieu de la brûler la fit étinceler encore plus vivement. Le jugement de Prague, de Vienne et de Berlin
fut confirmé à l'unanimité. Elle débuta dans le rôle de
Desdemona : Shakspeare commenté par Rossini, tout un
monde! Le succès qu'elle y obtint, le théâtre en vibre
encore, et ce n'était pas peu de chose alors que de s'asseoir sur le trône d'or de prima donna à côté de Malibran, la plus extraordinaire incarnation du lyrisme. Malibran, aussi grande tragédienne que grande cantatrice,
la grâce, l'audace, l'originalité, la poésie, le génie fondus
ensemble dans une organisation passionnée, se retrouve
par un de ces rares miracles dont la nature hélas! est
trop avare.

La rencontre de ces deux célébrités eut lieu chez la
comtesse Merlin. Au lieu de se haïr comme auraient fait
des talents vulgaires, ces deux nobles natures s'éprirent
l'une pour l'autre d'une sympathie réelle et qui ne se
démentit jamais. Quelles belles batailles lyriques se livraient à l'heureux théâtre italien d'alors entre Sontag
et Malibran, luttes glorieuses où personne n'était vaincu
et où la victoire avait deux couronnes.

Cette loyale rivalité tournait au profit de l'art; quelle

passion sur la scène et dans la salle! quels tonnerres d'applaudissements pour toutes deux; car les deux camps finissaient par se confondre dans un enthousiasme réciproque, les partisans de Sontag battaient des mains à Malibran, les champions de Malibran criaient *bis* à Sontag. Entrer aux Italiens, même en payant le triple de sa place, était une faveur rare et la queue réunissait souvent Meyerbeer, Halévy, Auber, Rossini; temps regrettable où l'art occupait toutes les têtes et absorbait les passions politiques!

L'union était si sincère entre ces deux cœurs incapables d'envie, que madame Sontag avait pour confidente Malibran, sa rivale de théâtre. L'illustre cantatrice fut pendant longtemps l'unique dépositaire du secret de madame Sontag, et malgré ce qu'on dit du bavardage des femmes, jamais secret ne fut mieux gardé. A Malibran seule elle avoua sa préférence cachée pour le seul de ses admirateurs qu'elle eût distingué, c'est-à-dire le comte Rossi, qui était alors conseiller d'ambassade à la légation de Sardaigne. Leur mariage fut célébré sans éclat. Le comte craignait les répugnances de ses nobles parents.

Le roi de Prusse, qui porta toujours à la jeune cantatrice un intérêt paternel, ayant été informé de ce mariage, donna sans être sollicité des lettres de noblesse à madame Sontag et le nom de *Lauenstein*, avec sept ancêtres, car le roi ne s'était pas contenté de l'anoblir, il lui avait accordé sept quartiers rétrospectifs.

Ce fut peu de temps après son mariage que madame Sontag débuta à Londres où elle fit une nouvelle moisson de guinées et de couronnes.

Son succès eut un tel retentissement que le roi de Sardaigne consentit à approuver le mariage du comte Rossi avec une artiste si éminente. Un noble sarde peut bien épouser une diva à qui le roi de Prusse a fait cadeau de sept aïeux, et les perles de la couronne de comtesse peuvent se mêler sans honte aux feuilles d'or du laurier poétique.

A partir de ce moment la femme du monde succéda à la femme artiste ; ce fut d'abord à la Haye que le comte Rossi présenta Desdémone à la cour et au corps diplomatique.

Madame la comtesse Rossi fut parfaitement reçue par cette aristocratie la plus hautaine, la plus observée à ne pas ouvrir ses rangs à quiconque ne figure pas depuis des siècles dans l'*Almanach de Gotha;* et certes, c'est là une de ces conquêtes à décourager les plus fermes courages, de faire adopter par un cercle de douairières allemandes lorsqu'on a encore sur la joue le fard à peine essuyé de l'actrice. L'on ne saurait croire combien, tout en affectant de les dédaigner, les femmes du monde sont jalouses de ces couronnes, de ces applaudissements, de ces ovations, de cet éclat qui accompagnent la cantatrice, et comme elles pardonnent difficilement à une femme d'avoir accaparé pour elle seule l'attention et l'admiration générales. A force de tact, de bon goût, de distinction, madame la comtesse Rossi sut se maintenir dans ce milieu difficile sur le pied de la plus parfaite égalité.

Bientôt après le comte Rossi fut envoyé à Saint-Pétersbourg, où sa femme fut comblée de marques d'attention par la cour impériale. L'impératrice voulut donner des représentations dans son palais d'hiver; mais la comtesse Rossi avait pris l'engagement avec le roi de Sardaigne de ne paraître sur aucun théâtre du moment où elle était reconnue publiquement pour la femme de l'ambassadeur. Cependant, grâce à un échange de notes diplomatiques, et par les habiles négociations du comte de

Nesselrode, le monarque sarde céda aux instances de la princesse russe, ce qui empêcha un refroidissement entre les deux cours.

Enfin madame Rossi obtint les mêmes égards, les mêmes hommages de la cour de Prusse pendant le séjour diplomatique de son mari à Berlin ; elle vivait, du reste, dans la fréquentation assidue de toutes les illustrations contemporaines qui s'y trouvaient, telles que Meyerbeer, Humboldt, Mendelssohn, et le grand-duc de Mecklembourg-Strélitz l'affectionnait et la traitait comme sa fille.

L'année révolutionnaire de 1848 vint mettre tout à coup terme à ces longues prospérités. La fortune de madame de Rossi fut renversée par les secousses des insurrections d'Allemagne ; les événements de Sardaigne amenèrent en même temps la ruine du comte.

La direction du théâtre de Sa Majesté à Londres fit faire aussitôt des offres à madame Rossi de la manière la plus délicate. Ces offres furent d'abord refusées ; l'administration les renouvela. En même temps de nouvelles pertes achevèrent de détruire les dernières ressources du comte Rossi. Madame Rossi, pleine de sollicitude pour l'avenir de ses enfants, s'efforça de faire consentir son mari à la laisser remonter sur la scène. Un artiste d'une réputation européenne, Thalberg, qui se trouvait à Vienne, associa ses efforts à ceux de la comtesse. M. Rossi fut enfin ébranlé. Il alla à Turin pour obtenir de son souverain l'autorisation de se retirer momentanément des affaires. Le roi consentit en approuvant d'une manière flatteuse la détermination de la comtesse.

Le comte revint donc à Berlin où M. Lumley était arrivé à point pour faire signer l'engagement. Une semaine après madame Sontag reparaissait sur la scène, et avec quel succès! on le sait. La prodigieuse vogue de Jenny Lind était retrouvée. Le public ne s'aperçut pas que vingt ans s'étaient écoulés depuis la dernière représentation de l'illustre cantatrice, et s'il pouvait y avoir des degrés dans la perfection, madame Rossi l'emporterait sur mademoiselle Sontag.

(L'Ambassadrice. — *Biographie de la comtesse Rossi*, 1850, — et manuscrit sans date.)

FIN.

# INDEX

# H

# I

# J

FIN DE L'INDEX.

# TABLE DES MATIÈRES

PARIS. — IMP. SIMON RAÇON ET COMP., RUE D'ERFURTH, 1

www.ingramcontent.com/pod-product-compliance
Lightning Source LLC
Chambersburg PA
CBHW060950280326
41935CB00009B/678